# 백제 아포칼립스

'한국 고대사의 비밀' 1360년 만에 풀었다!

# 백제 아포칼립스

## ❶ 백강과 기벌포는 어디인가?

서동인 지음

주류성

## 글머리에 두는 저자의 말

스물둘 청춘 때의 일로 기억한다. 고조선 문제를 비롯해서 백강·주류성 周留城 및 그 외 몇 가지 쟁점들을 살아생전에 풀어야겠다고 마음먹은 적이 있다. 그중에서 백강과 주류성에 뜻을 두었던 것은 백제사에 대한 깊은 관심에서가 아니었다. 단지 누군가는 반드시 해결해야 할 한국 고대사의 주요 미스터리 사건 가운데 하나였기 때문이다.

백제인들의 구국운동 중심이었던 백강 및 기벌포와 주류성의 위치를 찾는 일은 백제사 복원에 중요한 핵심 사항이다. 백제 말기에 백제·왜·고구려 '남북' 연합군이 신라·당 '동서' 연합군을 상대로 최후의 결전을 벌인 백강(白江, =기벌포)해전과 '부흥 백제'의 왕성이자 부흥 운동의 중심이었던 주류성에서의 패전은 삼국시대를 마감하는 신호탄이었다. 남북 및 동서 두 연합의 교차점(십자연합)에서 발생한 대규모 충돌은 한국 고대사의 방향을 완전히 바꿔버렸다. 660년 나당군에게 사비성이 함락되고, 의자왕과 지배층 대다수가 포로로 잡혀간 뒤로 3년여에 걸쳐 가열차게 진행된 백제인들의 구국운동은 백강해전 패배에 이어 주류성과 임존성이 함락됨으로써 허망하게 끝나고 말았지만, 특히 주류성과 임존성·가림성(성흥산성)은 나라를 되살리려는 백제인들의 구국 의지와 항전 활동을 대표하는 장소였다. 그중에서도 주류성과 기벌포는 백제 부흥 운동에서 그만큼 중요한 위치를 차지한다.

그럼에도 백제가 나당군을 상대로 해전을 벌인 기벌포(백강)와 주류성이 어디인지는 지금껏 아무도 모르고 있다. 누구도 이 문제를 밝혀보려고 노력한 이가 없었고, 정확하게 연구한 사람도 없다. 그 이유로써 연구자들은 기록과 자료 부족을 문제로 꼽아왔다. 그렇지만 사실은 그들의 핑계와 전혀 다르다. 자료는 있지만 그에 대한 이해와 분석, 연구 역량이 미치지 못한 탓이다. 그리하여 백제인들이 왜·고구려와 함께 대규모 해전을 벌인 최후의 결전지 기벌포伎伐浦(백강) 및 주류성 문제는 이제껏 그대로 방치해 왔다고 해도 틀린 말이 아니다.

자료에 대한 철저한 분석과 다양한 분야의 지식, 그리고 그것을 바탕으로 한 합리적인 상상력과 추리력이 절대적으로 필요한 분야가 고대사이다. 수준 높은 연구 방법 같은 것까지는 기대하지 않더라도 한국과 중국에 전하는 기본 자료만이라도 제대로 이해하고, 올바르게 분석했더라면 그간의 부끄러운 결과는 면했을 것이다. 『구당서』·『신당서』와 같은 전쟁 당사자인 당唐의 1차 사료만이라도 제대로 들여다보고 이해했더라면 백강과 주류성을 적어도 충남 북부권에서 찾으려고 노력했을 것이다. 그런 기본적인 노력조차 없었기에 일제강점기에 일본인들이 이 땅에 들어와서 내세운 전북 만경강 또는 동진강 백강설이나 전북 주류성설과 같은 엉터리 가설을 진작에 청산하지 못한 것이다. 백강(기벌포)과 주류성이 지금의 금강 하류로부터 전북 지역 어딘가에 있었다는 일본인들의 주장은 허구이다. 그들의 허무맹랑한 주장을 맹종하여 그 안에서 허우적거리다 보니 백강이 지금의 충남 당진시 우강면 남원포 일대이고, 주류성이 충남 세종시 전의에 있었다는 사실을 알아내지 못한 것이다.

진실을 가려내지 못하고 발전이 없었던 것은 그렇다 치더라도, 그보다 더 큰 문제는 그런 근거 없는 가설을 비판 없이 추종하여 지금까지 이어온 국내 연구자들의 자세이다. 백제사에서 대단히 비중이 큰 사건인데도 백강·주류성 문제가 이토록 미해결 과제로 남아 있던 가장 근본적인 원인은 무책임하고 안이한 연구자들의 태도에 있었다. '기벌포(백강)와 주류성이 전북 지역에 있었다' 또는 '금강하구가 백강'이라는 잘못된 가설에서 벗어나 정확한 자료와 증거를 제시하고, 정면으로 논박한 이가 하나도 없었다는 사실은 그간의 연구 수준을 읽을 수 있는 척도이다. 이 나라에서 근대 사학이 시작되고, 우리의 과학적인 역사학이 본궤도에 오른 것이 언제인데 역사 연구의 현실이 왜 이래야만 하는가.

간단히 정리하면 40~50년 전과 마찬가지로 지금까지 어느 누구도 기본 자료를 제대로 들여다보지도 않았고, 쓸만한 연구도 내놓은 적이 없다. 그것이 우리 연구자들의 한계였다. 이런 일이 비단 백제사, 나아가 한국 고대사에만 한정된 문제는 아니다. 다른 분야, 어느 곳에도 이와 유사한 일은 얼마든지 있을 수 있지만 백제사 및 고대사 연구자들은 소홀했던 점을 반성하고 자세를 가다듬어야 할 것이다.

저자가 백강(기벌포)과 주류성의 위치를 찾기 위한 답사를 시작한 것이 1984년 가을이었다. 특히 충남북 및 전북 지역에서는 빼놓은 곳이 별로 없을 만큼 많은 곳을 두루 답사하였다. 하지만 그처럼 샅샅이 뒤지는 답사가 별 도움이 안 되는 일이었음을 깨달은 것은 그로부터 10여 년이 지나서 향찰鄕札과 지명에 대한 이해가 이루어진 뒤였다. 기본적인 문헌자료를 바탕으로 우리말과 향찰로 해독하면 기벌포 및 주류성을 쉽게 알 수 있는 일이었다. 그래서 지명과 한국 고대어, 각 지역의 필요한 방언을 추가로 조사하였다. 기호 지방의 방언 가운데 상당수가 백제어 또는 그 이전 마한어일 수 있다는 가정하에 그 지역 방언이 신라어와 다른 점은 무엇이며, 그것이 향찰에 어떻게 반영되었을까 하는 것까지 탐구하였다. 가는 곳마다 지명에 얽힌 내력도 뒤져야 했고, 『삼국사기』 지리지를 비롯하여 조선 시대의 각종 지리서도 빠트리지 않았다. 지명과 고대어·향찰 및 고대 지리학 조사에 많은 시간과 노력이 든 것은 어쩔 수 없는 일이었다.

역사 연구라는 게 그리 단순한 일이 아니다. 특히 한국 고대사의 경우, 고대어나 지리·지명·고고학 외에도 과학과 같은 다양한 분야의 전문지식이 요구되므로 여러 분야에 두루 해박해야 하고 또 깊이가 있어야 한다. 필요한 지식을 쌓는 데 오랜 세월이 걸리므로 역사학을 종합학문이라고 말하는 이들도 있다. 그만큼 많은 시간과 투자가 따라야 하지만, 경제적인 득은 보장되지 않는다.

더구나 향찰의 경우 국문학을 전공하는 학자중에서도 관심 있는 이가 아니면 깊이 연구하는 이가 적고, 특히 역사학 분야에서는 어디든 향찰을 가르치는 이가 없으니 스스로 알아서 터득해야만 한다. 중국의 갑골문과 고대사까지 훑어보았고, 『사기』·『한서』와 『위서魏書』 가운데 향찰 사례를 뒤져가며 그 연원까지 추적해 보았으며, 인명은 물론 한자 지명에도 향찰을 적용한 사례가 따로 있으니 그것도 건너뛸 수 없는 문제였다. 의외로 다양한 분야의 지식이 필요하므로 백강·주류성 문제 하나를 해결하는 데도 오랜 시간이 걸릴 수밖에 없었다.

마지막에 관련 기록을 분석하는 작업은 어려운 일은 아니었으나 시간과 노력이 다소 많이 들었다. 거기에 한·중·일 삼국의 기록물과 최근까지의 발굴 유물이라든가 금석문 같은 문자 자료에 대한 면밀한 분석작업을 위시해서 이제까지 아무도 시도하지 않은 연구 방법을 개발해야 했다. 그렇게 과학적 분석과 증거의 발굴 및 활용, 나아가 과학으로서의 역사 연구라는 점에 집중하다 보니 많은 자료와 씨름해야 했다.

이 책에 소개하는 내용은 백제의 마지막 대단원을 역사적 사실에 최대한 가깝게 복원한 것이다. 멸망한 나라를 되살리려는 백제 유민들의 최후항전지와 항전 과정, 나아가 말기의 백제 부흥운동사를 처음으로 정확하게 고증하여 짚어낸 독창적인 연구라고 하겠다. 각종 기록과 유물·유적에 기초하여 7세기 당시의 역사적 사실을 재구성하여 어디에 내놔도 부끄럽지 않은 내용으로 채웠다고 자부한다. 백제의 멸망과 부흥 운동 과정에서 벌어진 주요 사건을 중심으로 사실에 기초하여 구성하였고, 백강(기벌포)과 주류성의 고증에 많은 비중을 할애했다. 그래서 책의 제명도 '백제 아포칼립스-백강해전·주류성'으로 정했는데, 이것이 앞으로 백제사 연구에 중요한 전환점이 될 것이라고 믿는다.

돌아보니 책을 손에서 놓아본 적이 별로 없는 삶이었다. 그러므로 그간 저자 자신이 걸어온 노정이 평범한 사람들과는 아주 달랐던 게 분명하다. 몇 가지 어려움은 있었지만, 젊은 시절 저자 자신에게 약속한 것 가운데 백강·주류성 문제를 완결하게 되니 그나마 다행한 일로 여긴다.

## 역사상 세계 최대 규모의 국제전 '백강해전'

신라의 통일 전쟁으로 말미암은 백제·고구려의 멸망은 한국 고대사에서 가장 드라마틱한 사건이다. 그 과정에서 치른 두 차례의 백강해전은 고대사의 중요한 분기分期를 이룬다. 폭풍처럼 밀려온 동란으로 수많은 인명이 희생되었지만, 백강해전은 특히 짧은 기간에 많은 사람이 사라진 싸움이었다. 660년 당군이 소야도를 거쳐 맨 처음 백제 땅을 공략한 곳도 백강이고, 그로부터 3년 후 백제가 왜·고구려군의 지원을 받아 나당연합군과 최후의 해전을 치른 곳도 기벌포였다. 기벌포해전에서의 패배로 주류성도 함락되었고, 이어 임존성도 항복하여 백제 부흥 운동이 막을 내렸다. 그리고 676년 신라와 당의 마지막 대해전을 치른 곳도 백강·기벌포였다.

7세기 아시아의 주요 세력이었던 다섯 나라(백제·왜·고구려 : 신라·당)가 참여한 '5국전쟁'은 그야말로 거대한 역사의 물줄기를 뒤바꾸어 버린 대사건이었다. 그중에서도 두 차례의 백강해전은 세계 전쟁사에서 전무후무한 싸움이었다. 그럼에도 지난 1360년 동안 이 해전의 실체가 일반에 전혀 알려지지 않았다.

그간 깊이 있는 연구가 없었으므로 백강해전에 대해서 제대로 파악하지 못했던 것이다. 기벌포 주변, 백강 일대에서 벌어진 해전은 그 전에도, 그리고 그 이후 지금까지도 세계 전쟁사에 그 유례가 없는 최대규모의 국제전이었다. 1차 백강해전에 참가한 왜군 전함만 1천 척이 넘었고, 신라·당군 전선도 수백 척이었다. 여기에 백제·고구려의 수군까지 합치면 백제 연합군 전함의 숫자도 크게 늘어날 것이다. 1차 백강해전 중에서도 특히 663년 9월 8일의 해전(3회전)에서는 신라·당군이 화공으로 왜·백제 연합군의 배 400척을 불태운 엄청난 싸움이 벌어졌다. 당과 신라의 입장에서는 '기벌포(백강)대첩'이라 할 만한 승전이었다.

세계 역사에서 가장 유명한 해전은 기원전 480년 9월 아테네 앞바다 살라미스해협에서 있었던 살라미스해전이다. 스파르타·아테네·메가라 등의 도시동맹 연합군이 370여 척의 전선으로 페르시아 함대 약 650척에 맞서 싸운 이 해전에서 페르시아 함대 약 200여 척이 파손되었다. 대신 그리스의 도시동맹 연합함대도 약 40척이 사라졌다. 결국 그리스의 승리로 끝났지만, 그리스와 동방 페르시아의 이 충돌은 해전 사상 가장 유명한 사건으로 기록되었다. 페르시아와 그리스 폴리스(도시국가) 사이의 이 살라미스해전을 포함하여 칼레(Calais, 1588), 트라팔가(Trafalgar)해전을 통상 세계 3대 해전으로 이야기하고 있으나 이들 어느 것도 기벌포해전에 견줄만한 것은 없다. 칼레해전은 스페인을 상대로 한 영국의 대첩이었고, 살라미스 해전은 그리스 도시동맹 세력과 페르시아 사이 양대 세력의 소규모 충돌에 불과하였으나 백강해전은 당시 동아시아의 주요 세력이었던 다섯 나라가 각자의 명운을 걸고 물자와 인력을 총동원한 역사상 세계 최대 규모의 해전이었다. 양측의 전선은 2천 척에 가까웠고, 전사는 10만을 넘었을 정도로 많은 인력이 투입된 싸움이었다. 특히 바다 물때의 변화라든가 극심한 조석潮汐 간만에 따른 수심차, 연안의 두터운 갯벌 같은 것들은 상륙과 전술·전략의 원활한 수행에 장애가 되는 요소들이다. 이런 어려움을 극복해야 했던 백강해전은 간만 차이나 물때에 따른 수심 변화가 거의 없는 지중해 살라미스해협에서의 싸움과는 큰 차이가 있다.

앞에서 설명한 대로 백강해전은 663년과 676년 두 차례 있었다. 다만 두 해전은 그 성격과 주체가 다르다. 663년 8~9월에 있었던 1차 백강해전은 백제인들이 부흥 운동 과정에서 치른 마지막 대결전이었다. 백제가 왜·고구려의 군사 지원으로 당·신라 연합군과 싸웠으나 이 싸움에서 대패함으로써 백제 부흥 운동은 종말을 맞았다. 그러나 1차 백강해전은 한 번으로 끝난 게 아니라 모두 네 차례 벌어졌다. 663년 8월 27일(1회전), 28일(2회전), 9월 7일(3회전), 9월 8일(4회전)의 네 차례 해전 가운데 3회차의 해전이 가장 격렬하였던 것으로 기록은 전한다.[1]

2차 백강해전(676년)은 백제와 고구려를 정복하기 위해 손을 맞잡았던 신라와 당이 한반도의 주도권을 놓고 다툰 대결로서 신라군이 당군을 완전히 제압하여 물리친 전투였다. 대당전쟁(669~676)의 마지막 결전이 바로 기벌포(백강)에서 있었던 것이다. 2차 백강해전은 자그마치 22차례나 격렬

---

1)    이 네 차례의 싸움을 본문에서는 편의상 1차, 2차, 3차, 4차 해전으로 구분하였다.

하게 전개되었을 만큼 신라로서는 사활을 건 싸움이었다. 결국 신라군은 총 4천여 명의 당군을 죽이고 승리하였다. 그러나 그 스물두 차례의 싸움에 관한 상세한 기록이 없으니 안타깝지만 지금은 2차 백강해전의 전모를 자세히 알 수 없다.

663년과 676년 두 차례의 백강해전은 세계 해전사상 가장 치열하고 규모가 컸던 전쟁이다. 그간 국내 연구가 미진했던 탓에 1차 백강해전조차 제대로 알려지지 않았지만, 앞으로 이와 관련하여 더 많은 사실이 밝혀지기를 기대한다. 고대 지리학의 도움을 받아 기벌포 일대의 지형을 백제 시대의 모습으로 복원해보고, 지명 및 고대어는 물론 과학의 힘을 빌리면 훨씬 더 많은 것들을 알아낼 수 있을 것이다.

본문을 읽어나가기 전에 전체적인 구성과 얼개를 파악하면 전체 내용을 보다 쉽게 이해할 수 있을 것이기에 백강 및 주류성이 어디인가 하는 문제를 연구하면서 저자가 중점을 두었던 몇 가지 사항들을 정리하여 제시해 둔다.

▲ 백제사에서 왜 백강(기벌포)·주류성이 그토록 중요한 문제인가?

백제가 당과 신라를 상대로 한 마지막 구국전쟁을 주류성과 임존성에서 시작했고, 백강(기벌포)해전에서의 패전으로 백제인들의 구국운동(부흥 운동)은 실패로 끝났다. 그러므로 부흥 운동의 중심지였던 기벌포(백강) 및 주류성의 위치와 그곳에서의 당시 상황을 정확히 알아야 부활을 꿈꾼 백제인들의 항전 활동과 구국운동이 패망에 이른 과정을 선명하게 복원할 수 있다.

▲ 왜 일본인들은 백강(기벌포)·주류성을 전북 지역에서 찾으려 했는가?

일본인들은 중국과 한국의 관련 기록을 제대로 들여다보지 않은 채, 막연한 추측에서 이 문제에 접근하였다. 정확한 자료와 증거를 제쳐두고 단순한 상상만으로 전북 지역에서 백강·주류성을 찾으려 했던 것이다. 그런데도 어찌 된 일인지 우리의 연구자들은 일본인들의 역사 인식을 추종하여 스스로 발목에 족쇄를 채우고 말았다. 1백여 년 전 일본인들이 세운 가설을 그대로 이어가려 애쓰는 이들이 지금도 있다.

무엇보다도 한·중·일 삼국의 관련 자료를 제대로 들여다보지 않은 것이 큰 문제였다. 백강을 지금의 금강하구로부터 전북 서부권(김제·부안)의 만경강이나 동진강으로, 주류성은 부안~정읍 등의 전북 지역에 있을 것이라는 일본인들의 주장은 근거가 없는 허구다. 연구자로서 기본 자질이 부족한 자들이 남의 나라에 들어와 온통 혼란을 불렀다. 그럼에도 그에 대한 근본적인 의문조차 제기하지 않고 맹목적으로 그들의 견해를 추종한 국내 연구자들이 있었다.


▲ 당군과 신라군은 어디로 먼저 들어왔는가?

중국 기록에 당군은 덕물도(덕적도)로 들어온 것으로 되어 있다. 그러나 실제로는 소야도가 당군의 첫 주둔지였다. 거기서 당군은 어디를 최초의 공략지점으로 삼았는가 하는 점이 중요하다. 간단히 정리하면 당군은 소야도에서 좌군과 우군 두 진영으로 나누어 좌군은 당진[2]으로, 우군은 웅진강(금강) 하구의 부여로 들어갔다. 따라서 당군과 신라군의 침입 초기 전장은 ①당진 백강 ②웅진강 하구 ③황산벌 세 군데에 형성되었다. 웅진강으로 들어간 우군은 세도면 반조원리에 상륙했다가 그 맞은편으로 옮겨가서 석성면 봉정리 일대를 주둔지로 삼았다. 같은 날 비슷한 시각에 황산벌

---

2) 백제 시대에는 혜군(槥郡) 즉, 오늘의 당진시 면천이었다.

로 들어간 김유신의 신라군은 계백 군대와 싸우느라 10일까지 황산벌에 묶여 있어야 했다. 신라 및 당 연합군은 7월 12일에야 가까운 부여 석성면 지역에서 사비도성을 향해 진군하였다.

▲ 당군의 웅진강 상륙 시간은 언제일까?

소정방과 그가 거느린 우군은 660년 7월 9일(음력) 아침 조금의 오름 물때(들물)에 맞춰 금강(웅진강)으로 거슬러 올라왔다. 그날 아침 바닷물이 불어나는 이른 시간에 반조원리 및 고다진으로 상륙하였다. 그러므로 군산항 조석표를 기준으로 바다 물때를 계산하면 당군이 상륙한 시간을 정확히 계산해낼 수 있다. 그에 따르면 소정방의 상륙 시간은 7월 9일 오전 9시~10시 전후였다. 그리고 그날 저녁(오후 6~7시 이후) 무렵, 두 번째 오름물때에 맞춰 건너편 석성면 봉정리 일대로 상륙을 재개하였다. 이렇게 해서 소정방과 당군은 신라군과의 약속대로 7월 9~10일(무쉬 물때) 사비성 남쪽 20리 지점으로부터 30리 사이의 10리 범위에 집결하였다.

▲ 기벌포(백강)를 추적하는 데 가장 중요한 열쇠는 향찰과 고대어였다.

향찰 및 지명과 한국 고대어(백제어)로써 기벌포(백강)의 위치를 분석해냈다. 한국 고대어가 한자 지명으로 바뀌어가는 과정에 주목하여 기벌포는 현재의 삽교호 내 수면인 당진시 우강면 부장리 남원포임을 밝혔다. 남원포 옆 강문리가 옛 백강구白江口였고, 거기서 상류로 합덕읍 구만리 일대까지가 기벌포 및 백강의 범위였을 것으로 추정하였다. 그리고 백강은 지금의 삽교천이었다. 이런 것들을 해독하는 데 가장 중요한 열쇠는 한국 고대어와 향찰이었다.

## ▲ 주류성周留城은 전성全城, '백제인이 두루 머무는 성'을 의미

주류성周留城을 향찰로 풀면 전성全城, 전기全歧 그리고 한자 본래의 뜻으로는 '백제인이 두루 머무는 성'이다. 주류성이 바로 부흥 백제의 수도에 있던 성이었다. 예산 임존성과 마찬가지로 주류성(운주산성)은 최후의 항전 성으로 그곳엔 부흥백제국의 왕 부여풍의 군 지휘부가 상주하였을 것이다.

그간에는 향찰 연구가 부족했으므로 지명에 얽혀 있는 암호를 해독하지 못하였다. 저자는 현재의 운주산성(충남 세종시 전동면)을 주류성으로 확정하였다. 다만 부여풍과 부흥 운동 지도자들은 운주산성 입구의 미곡리 일대나 지금의 전의읍 읍성을 포함한 평지 어딘가에 거주하였을 것이다.


## ▲ 한·중의 일차 사료를 주의 깊게 보지 않은 게 문제였다.

당시 임존성은 서부의 중심이었고, 주류성은 북부에 있는 부흥백제의 왕성이었다. 해당 지역들을 서부와 북부로 설명한 한·중의 기록을 잘 살펴보았더라면 전북 지방에서 백강과 주류성을 찾는 무지한 일은 없었을 것이다. 물론 백제 부흥을 위한 구국운동을 벌이기 전에는 북부의 중심은 오히려 목천이나 지금의 청주지방이었을 것이다. 그러나 당시의 조건에서 부흥 운동에 가장 적합한 요충이 주류성이었으므로 목천과 주류성을 최후의 저지선으로 택했을 것이다.

나아가 『삼국사기』 문무왕 답설인귀서의 "남방이 평정되고 나니 군대를 돌려 북쪽을 쳤다"(南方已定 回軍北伐)는 내용과 '북부 주류성'이란 기록을 정확히 이해했더라면 최소한 사비 시대 백제 북방 지역으로서 웅진방령(=북방성 방령)의 관할지인 북부에서 주류성을 찾는 시도는 하였을 것이다. 그러나 아무도 그것을 파악하지 못했고 그런 시도 자체가 없었다. 그것이 바로 아무도 관련 기사를 제대로 읽지도 않았고 주목하지도 않았다는 증거이다.

그간 백강·기벌포, 주류성이 어디인가를 두고 '눈 감고 더듬기' 식의 잡론이설이 많았다. 백제 멸망으로부터 지금까지 수수께끼로 남아 있던 문제를 말끔히 해결하였으니 앞으로 이에 관한 논쟁은 더 이상 없을 것으로 본다.

여기에 소개하는 내용을 바탕으로 말기의 백제사 및 3국의 역사를 새로 정리해야 하는 과제가 남았다. 나아가 한국 고대사에 대한 논의가 더욱 활기 있게 진행되고, 보다 풍성한 연구들이 나올 수 있기를 기대한다. 그리고 앞으로 기벌포(백강)해전을 테마로 한 영화, 만화 같은 다양한 콘텐츠들이 나왔으면 좋겠다.

아울러 저자는 이 책에서 여러 가지 역사 연구 방법론을 제시하였다. 고대사 이해에 반드시 필요한 도구임에도 그간 아무도 주목하지 않은 연구방법과 함께 새로운 이론을 처음으로 제시하였다.

그러나 백강, 주류성 문제를 해결하겠다고 처음부터 작정했던 것은 아니다. 정말, 오랜 세월 마음에 두고는 있었지만 잊고 지내려 했다. 이민족의 다른 나라에게 패망한 백제사를 다루고 싶지 않다는 저자 개인의 취향도 얼마간은 있었다. 그러나 지지부진한 국내 연구자들의 연구결과를 보면서 이대로 두면 안 되겠다는 생각이 점차 커졌다. 그것만이 아니었다. 박정희 정부 이후 표준어 정책으로, 우리말 방언이 거의 사라져 가고 있어서 앞으로 고대사에서 지명이나 인명 및 향찰 해독에 큰 장벽에 가로막힐 것이란 생각에 미치다 보니 앞으로 1백여 년 후에는 그 누구도 백강 및 주류성 문제를 풀 수 없을 것이라는 걱정을 하게 되었다. 게다가 일제강점기에 몇몇 일본인 아마추어들이 맥없이 던져놓은 허황한 가설에 빠져서 헤어나지 못하는 국내 일부 연구자들의 '따라지' 연구행태를 보아온 터라(그것이 비록 소수의 경향일지라도) 적어도 백제 멸망기의 역사 연구에서만큼은 새로운 이정표를 세워야겠다는 마음을 갖게 되었다.

이런 몇 가지 문제의식을 바탕으로 그간의 생각들을 정리하였다. 그 과정은 한 마디로 백제 말기의 역사를 완전히 새로 쓰는 일이었다. 아울러 개인적으로 한 가지 바람이 있다. 우리말 방언은 우리의 감정을 다양하게 표현할 수 있는 한국어의 보고寶庫이다. 표준어는 필요하면 언제든 만들 수 있으나 방언은 한 번 사라지면 되찾을 수 없다. 표준어 정책으로 그간 우리는 많은 것을 잃었다. 이왕이면 국립국어원과 국내 주요 포털社들이 협력하여 전국의 방언을 수집하고, 또 보급하는 일을 해주었으면 한다. 더늦기 전에 전국의 방언을 디지털 자료로 저장하여 활용하게 함으로써 각 지역마다의 문화와 특색을 살릴 수 있으면 좋겠다. 그것이 문학 분야에만 도움이 되는 게 아니다. 역사, 경제, 과학 등 여러 전문 분야에 필요한 조어造語, 용어의 생성 등에도 큰 도움이 될 수 있다는 점을 기억하기 바란다. 앞으로 우리의 국어(어문) 교육도 표준어와 방언의 경계를 허물고 각 지역의 방언을 통합하여 사용하는 방향으로 수정하는 게 좋을 것 같다.

2023년 11월
서동인

**목차**

# 1. 백강과 웅진강, 두 갈래 길로 공격한 당군의 전략

## 13만 당군 소야도로 건너오다

『삼국사기』 열전 김유신 전에는 "당나라 대장군 소정방이 유백영劉白英과 함께 13만 명의 군사를 인솔하여 바다 건너 덕물도德物島에 도착하였다."[1] 라고 하였다. 여기서 13만이라는 숫자는 배를 타고 덕적도로 건너온 당나라 정예병 총숫자를 말하는 것인지, 아니면 노를 젓는 격군格軍이라든가 군수 조달 등에 필요한 부수 인력을 모두 포함한 숫자인지는 알 수 없다. 통상 정규군은 전사와 장교·장군을 아우른 것이고, 그와 별도로 군대의 보급과 지원을 맡은 보조 인력도 상당히 많이 운용하였다. 정규군 두 명을 뒷바라지하는 데에는 최소한 한 명의 보조 인력이 필요하였을 것이다. 만약 13만을 당군 병력 총숫자로 보고, 정규군 전사 2명당 1명의 보조 인력을 계산하면 대략 배를 타고 성산(成山, 산동반도의 동북단 끝에 있는 바닷가)에서 덕물도로 건너온 당의 순수 전사戰士 즉, 정규군은 8만7천 명 가량 되었을 것이다. 그러나 13만이란 숫자가 정규군만을 계산한 것이라면 바다를 건넌 총인원은 20만에 가까웠을 것이고, 그렇다면 그들을 태우고 온 배는 최소한 1천여 척이 되었을 것이다.

그런데 『구당서』에는 "현경 5년(660) 3월 좌무위대장군 소정방에게 명령

---

1)   『삼국사기』 권 제42, 열전 제2편 김유신 조

하여 웅진대총관이 되어 수군과 육군 10만을 데리고 가게 하고, 김춘추로 하여금 우이도행군총관이 되어 소정방과 함께 백제를 평정하고[2] 의자왕을 포로로 잡아 궁궐 아래에 바쳤다(11월 1일)."[3]고 하였다. 뿐만 아니라 『자치통감』 660년 3월 기사에도 소정방이 수군과 육군 10만을 데리고 백제를 침공하였다고 하였으며,[4] 『태평어람太平御覽』에도 현경 5년 좌무위대장군 소정방이 웅진도총관이 되어 수군과 육군 10만 명을 데리고 백제로 건너온 것으로 되어 있다.[5] 수군과 육군 정규군을 10만으로 기록한 것이니까 여기에 기준을 두면 『삼국사기』에서 말한 13만이란 숫자는 보조 인력 3만 명을 추가한 것으로 이해할 수 있겠다.

그와 달리 『삼국유사』에는 소정방이 유백영·풍사귀·방효공 등과 군사 12만 2,711명에 배 1,900척을 가지고 와서 백제를 침략하였다고 하였다.[6] 이것이 어디서 가져온 내용인지는 알 수 없으나 사람과 선박의 숫자를 세밀하게 제시하였다는 점에서 언뜻 믿고 싶어진다. 전선戰船과 보급선에 병장기와 얼마간의 군마軍馬 등을 따로 실어왔다면 1,900척도 충분히 가능한 숫자이다.

어떤 경우든 10만이 넘는 수는 대단히 규모가 큰 원정대라고 할 수 있다. 당시 말이나 전차, 식량과 물(식수), 무기며 기타 전쟁물자를 함께 실어

---

2)  당 고종의 백제 침공 명령이 내려진 것은 그해 3월 10일이었다.

3)  顯慶五年 命左武衛大將軍蘇定方爲熊津道大摠管 統水陸十萬 仍令春秋爲嵎夷道行軍總管 與定方討平百濟 俘其王扶餘義慈 獻于闕下(舊唐書 199上 列傳 149上 東夷 新羅)

4)  百濟恃高麗之援 數侵新羅 新羅王春秋上表求救 辛亥 以左武衛大將軍蘇定方爲神丘道行軍大總管 帥左驍衛將軍劉伯英等水陸十萬 以伐百濟 以春秋爲嵎夷道行軍總管 將新羅之衆 與之合勢(『資治通鑑』200 唐紀 16 高宗 上之下)

5)  顯慶五年 命左武衛大將軍蘇定方爲熊津道大惣管 統水陸十萬 仍令春秋爲嵎夷道行軍摠管 與定方討平百濟 俘其王扶餘義慈 來獻(『太平御覽』781 四夷部 2 東夷 2 新羅)

6)  高宗詔左虎衛大將軍荊國公蘇定方爲神丘道行策摠管 率左衛將軍劉伯英[字仁遠]左虎衛將軍馮士貴左驍衛將軍龐孝公 等 統十三萬兵來征[鄕記云 軍十二萬二千七百十一人船一千九百隻 而唐史不詳言之] 以新羅王春秋爲嵎夷道行軍摠管 將其國兵 與之合勢之(『三國遺事』1 紀異 1 太宗春秋公)

왔을 것이므로 인력과 짐을 각기 나누어 실었다고 하면 대선大船 한 척에 2백여 명 안팎의 인원을 실었을 것이다. 다시 말해 대형 군선 한 척당 200여 명과 하물荷物을 적재했다면 13만 명이 바다를 건너는 데는 대략 1천 척이상의 배가 필요했을 것이다. 일부 군마를 따로 실어 왔을 것을 감안하면 아무리 줄여 잡아도 산동반도 성산에서 바다를 건너 덕물도로 오는 데는 최소한 700~800척 이상의 배가 필요하였을 것이다. 배 한 척당 1백 명의 병력과 하물을 실었다면 『삼국유사』의 기록대로 1,900척도 얼마든지 동원가능한 숫자이다.

더구나 이 배들이 일렬로 행진하는데 최소 3~4백m 간격을 유지하며 왔다면 배의 행렬이 300~400km에 이르렀을 것이다. 실제로 당군 총숫자가 13만이었고, 배 사이의 간격을 300m 안팎으로 유지했다면 배의 행렬이 400km 가까이 되었을 것이다. 그야말로 성산에서 마지막에 출발한 배가 항구를 겨우 벗어났을 때, 맨 처음 출발한 배는 이미 덕물도에 도착했을 수도 있다. 만일 그런 조건이었다면 나침판도 필요 없었을 것이다. 바로 이 점에서 『삼국사기』 권 제5의 태종무열왕 7년 6월 기록 가운데 "소정방이 내주萊州에서 출발하였는데, 전함이 머리와 꼬리를 이어 천 리에 뻗쳤으며 해류를 따라 동쪽으로 내려왔다."(定方發自萊州舳艫千里隨流東下)라고 한 기록이 주목된다. 1천 리면 4백km이니 당군 선박이 꼬리에 꼬리를 물고 건너온 상황을 고스란히 설명한 내용으로 볼 수 있다.

당시 당군의 출병은 신라를 제외하고는 철저한 비밀 속에서 이루어졌다. 신라나 당나라 입장에서는 고구려에 출병 사실이 알려져서도 안 되었고, 더욱이 백제에서 알아서는 안 되는 극비사항이었을 것이다. 고구려나 백제에서 미리 알면 지원군이 투입되어 격렬한 저항을 받을 수 있으므로 당군의 출정은 철저히 비밀에 부쳐졌고, 당군이 덕물도에 나타나기까지 백제 측에서는 까맣게 모르고 있었을 것이다.

## 당군, 내주(萊州) 성산(城山)에서 서해 건너 동진(東進)

그 당시 당군은 발해만 연안을 따라 대련大連을 거쳐 압록강구~대동강구~인천~덕물도에 이르는 연안항로를 따라 고구려 지역을 거쳐오는 전통적인 항로를 이용할 수 없었다. 그래서 소정방의 군대는 성산에서 곧바로 동쪽으로 서해를 횡단하였다. 물론 그 이전 수隋와 당 태종의 고구려 원정 때도 내주萊州에서 바다를 건너 북으로 요동과 평양성을 여러 차례 공격하였지만, 소정방의 당군 대선단이 동쪽으로 서해를 횡단한 것은 역사상 그리고 공식적으로는 처음 있는 일이었다. 그래서 앞에서 소개한 대로 『삼국사기』 신라본기 태종무열왕 7년 6월 18일 기록에 "소정방이 내주萊州에서 출

수(隋)와 당(唐)이 고구려 공격에 이용한 묘도열도(廟島列島) 주변의 노철산수도와 신라, 백제가 중국과의 교류에 주로 이용한 연안해로.

성산에서 덕적도까지

발하니 전함이 천 리에 꼬리를 이었으며 해류를 따라 동쪽으로 내려왔다."
라고 하였고, "6월 21일에 왕이 태자 김법민과 김유신·천존·죽지 등을 보
내어 병선 1백 척을 거느리고 가서 덕물도에서 소정방을 맞이하게 하였다.
…"라며 소정방과 김법민의 회합 날짜까지 정확히 전하고 있는 것이다.

  소정방 이전에는 신라의 사절이 당나라를 오가면서 연안항로를 이용했
기 때문에 고구려 지역을 통과할 때 많은 어려움이 있었다. 그 대표적인
사례가 온군해溫君解 사건이다. 진덕여왕 2년(648) 김춘추가 이찬伊飡의 신분
으로 당나라에 가서 태종을 만나고 돌아오는 길에 고구려 해안 순시병을
만났다. 그때의 일을 『삼국사기』 진덕여왕 2년 조에 "김춘추를 수행하던
온군해가 높은 관모와 큰 옷차림으로 배 위에 앉아있으니 고구려 순시병
들이 그를 김춘추로 여기고 잡아 죽였다. 김춘추는 작은 배를 타고 본국에
이르렀다. …"라고 하였다.

  산동반도 북단의 봉래시蓬萊市에서 북쪽 여순旅順·대련大連으로 바다를 건

넌 뒤, 압록강구(단동·신의주)를 거쳐 평안도-황해도-강화도-덕물도에 이르는 연안항로는 신라가 중국과의 교류에서 전통적으로 이용해온 해로였다. 내주에서 대련 사이의 묘도열도廟島列島를 따라서 조류가 봉래시↔여순(대련) 방향으로 흐르고 있어서 이 물길을 노철산수도老鐵山水道라고 불러왔는데, 이 해로는 산동반도 내주(萊州, =東萊)에서 요동반도 남단으로 가는 최단거리 노선이다. 오늘의 봉래시를 포함한 내주(동래)에서 북으로 여순과 대련을 향해 항해하다 보면 중간중간에 여러 섬들이 이정표처럼 늘어서 있어서 그들을 징검다리 삼아 방향을 잃지 않고 항해하기에도 유리하였다. 식수 보급이라든가 휴식을 위해서도 요긴하였고, 비바람을 피해 가며 풍향을 살펴 여유를 가지고 항해하는 데도 이 해로를 택하면 매우 수월하였다. 고구려나 신라에서도 연안을 따라 대련이나 여순에 다다른 뒤에 방향을 남쪽으로 바꾸어 직진하면 봉래시라든가 연태시烟台市·위해시威海市 등지에 비교적 수월하게 접근할 수 있었다.

『신당서』 지리 편의 가탐賈耽이 남긴 도리기道里記에도 이 연안 해로가 자세하게 소개되어 있다.

> 등주登州에서 동북 방향으로 바닷길로 가면 대사도大謝島-귀흠도龜歆島-말도末島
> -오호도烏湖島까지 3백 리이다. 북으로 오호해烏湖海를 건너 마석산馬石山 동쪽의
> 도리진都里鎭(대련 인근)까지 2백 리이다. 동쪽으로 해변을 끼고 청니포靑泥浦-도
> 화포桃花浦-행화포杏花浦-석인왕石人汪-탁타만橐駝灣-오골강烏骨江까지 8백 리이
> 다. 거기서 남쪽 해변을 따라 오목도烏牧島-패강구貝江口-초도椒島를 지나면 신라
> 서북쪽 장구진長口鎭에 이른다.[7]

---

7)  登州東北海行 過大謝島龜歆島末島烏湖島三百里北渡烏湖海至馬石山東之都里鎭二百里東傍海壖 過
    靑泥浦桃花浦杏花浦石人汪橐駝灣烏骨江八百里 乃南傍海壖 過烏牧島貝江口椒島 得新羅西北之長口

이상이 등주에서 묘도열도를 거쳐 대련으로부터 압록강 입구~대동강 입구~몽금포에 이르는 연안항로의 거점들을 표시한 것이다. 패강구는 지금의 남포시 대동강구를 이르는 것이고, 초도는 지금도 그 이름 그대로 남아 있다. 장구진은 황해남도 장연군의 몽금포 옆으로 깊이 후미져 들어간 곳에 있던 항구.

가탐의 도리기는 이와 별도로 지금의 성산에서 동북으로 장구진이나 마전도-고사도-득물도-당은포에 이르는 연안해로도 소개하고 있다.

또 진왕석교-마전도-고사도-득물도를 지나서 천 리를 가면 압록강과 당은포구에 이른다.[8]

진왕석교秦王石橋는 지금의 성산, 마전도麻田島는 백령도, 고사도古寺島는 연평도, 득물도得物島는 덕적도, 당은포는 화성 당항성이다. 이 해로는 당 태종의 당군이 평양성을 공격할 때도 거쳐 간 길인데, 결국 신라 또한 전통적으로 등주-대사도-귀흠도-말도-오호도-도리진-청니포-도화포-행화포-석인왕-탁타만-오골강-오목도-패강구-초도-장구진-마전도-고사도-덕물도-당은포의 긴 연안항로를 이용하였다.

그래서 당 태종 18년(644), 바다 건너 요동 남쪽의 고구려 건안성建安城 일대로 쳐들어간 당군의 고구려 1차 원정도, 당 태종 21년(647)과 22년(648)의 2차 및 3차 원정군도 내주에서 출발하였는데, 그것도 그 지역이 대련을 거쳐 요동과 평양까지 최단거리로 이동할 수 있는 수군의 요지였기 때문이다.

---

鎭(『新唐書』 권43下 地理7下, 賈耽 道里記)

8) 又過秦王石橋麻田島古寺島得物島千里至鴨綠江唐恩浦口(『新唐書』 권43下 地理7下, 賈耽 道里記)

신라 사절은 요동 가까이로 다가간 뒤에 황해도와 경기도의 서해 연안을 따라 항해를 하였는데, 그것은 안전을 위해서였다. 그러나 내려오는 도중에 고구려의 연안 감시선을 만나면 온군해와 김춘추의 사건과 같은 일을 당하곤 하였다.

이런 배경이 있었기에 당군의 백제 침략이 고구려와 백제에 노출되는 것을 꺼려 당군은 이 해로를 버리고 처음으로 성산(城山, 현재의 成山鎮)을 출항지로 선택한 것이다. 여기서 똑바로 동진하여 3~4일만에 덕적도에 이른 것인데, 이것이 당과 신라의 교류사에서 획기적 사건이기도 하다.

백제 침공에 필요한 선박은 오래전부터 건조했거나 준비하였을 테지만, 『구당서』 고종본기에 의하면 고종의 '백제 정벌' 명령이 내려진 것은 용삭 원년(660) 3월 10일이었다. 아마도 그때 인력과 물자가 어느 정도 준비된 상태에서 백제 원정 명령을 내렸을 것이다. 하지만 실제 백제로의 출

소정방의 당군이 상륙하였을 소야도 해변(블로그 영원한 친구 제공).

정은 6월 18일에야 이루어졌다.

당시 성산항구가 아무리 크다 해도 1천 척의 배가 한꺼번에 출발하기는 어려웠을 것이다. 출발 항구의 여건과 준비상황에 따라 출발이 지연되는 사례도 꽤 있었을 것이다. 사람과 짐을 싣고 출발하면서 배마다 시차가 있었을 것이므로 당군의 배는 적어도 3~4백m 이상 5~6백m의 간격을 두고 움직였을 것이다. 물론 당군의 덕물도 도착 날짜라든가 부여에서 신라군과 당군의 회합 일자는 미리 약속되어 있었다. 그것을 짐작할 수 있는 것이 5월 중 신라군의 움직임이다. 당군이 출발하기 한참 전인 5월 26일 태종무열왕은 김유신·진주眞珠·천존天存 등과 함께 경주를 떠나 그다음 달 18일에 이천 남천정南川停에 도착했다. 그로부터 사흘 뒤인 6월 21일에 김법민·김유신 등이 덕물도(소야도)로 마중 나가서 소정방을 만났다.[9] 양측은 소야도에서의 회합 날짜를 처음부터 공유하였을 것이다. 5월 말부터 군사를 동원하여 경주-이천-소야도로 이동한 것을 보면 3월 10일 당 고종의 출정 명령이 소정방에게 떨어진 시점으로부터 두 달 이내에 그 소식이 경주의 김춘추에게 전해졌고, 얼마간의 준비 기간을 가진 뒤에 김법민과 김유신 일행이 이천利川을 향해 경주를 떠났을 것이라고 짐작할 수 있다.

소정방과 김법민·김유신 등의 회합이 이루어진 6월 21일은 물때로는 조금 이틀 전인 13매(물)에 해당하는 날이었다. 이날 신라 태자 김법민과 김유신 등이 대선 1백 척에 군사를 나누어 싣고 가서 소정방과 만난 자리에서 소정방은 '당군은 바닷길로 가고 태자(김법민)는 육지로 가서, 다음 달 7월 10일에 백제 왕도王都 사비성 남쪽에서 만나자'고 약속하였다. 그러나 6월 21일 이후 7월 8일까지 보름 남짓한 동안 당군과 소정방의 행적은 어

---

9)   김법민과 김유신 등은 실제로는 소야도로 가서 소정방을 만났다.

디에도 드러나 있지 않다. 한·중·일 삼국 모두 그에 관한 기록이 없으니 이 또한 미스터리의 하나이다.

물론 소정방이 덕물도(소야도)에 20일 가까이 잠자코 그냥 머물러 있지는 않았을 것이다. 이 기간에 소정방은 따로 배를 내어 진군로라든가 백제의 동태를 정탐했을 수도 있을 테지만, 어디에도 그 흔적을 남기지는 않았다. 일부에서는 그 기간에 전북 변산~만경강 사이로 상륙하지 않았을까 하고 상상하는 이들도 있다.

그러나 아무리 생각해 보아도 그 많은 대군이 백제의 영역에 들어와 있었음에도 그해 6월 말~7월 초까지 사비도성에 당군의 움직임이 전혀 전달되지 않았다는 것도 이상하다. 아마도 의자왕을 비롯한 사비도성의 지도층 일부는 적어도 6월 말경에는 당군이 덕물도에 들어와 있다는 사실 정도는 알고 있었을지 모른다. 그래야만 『삼국사기』 백제본기 의자왕 20년 조의 '고마미지현(古馬彌知縣, 전남 장흥)으로 유배를 가 있던 흥수에게 대책을 물어보았다'는 말이 성립된다. 의자왕이 사비도성에서 신라군과 당군에 대한 대응책을 다시 묻는 과정에서 의직義直과 상영常永 등이 상반된 주장을 내놓자 의자왕은 어느 쪽을 따라야 할지 머뭇거리는 이야기가 나온다. 그리고 그다음에 고마미지현에 유배가 있던 흥수에게 사람을 보내어 그의 의견을 구했는데, 그때 흥수는 백강과 탄현을 굳게 지킬 것을 주문하였다. 그의 이야기를 놓고, 다시 사비성 궁중에서 한바탕 논란이 벌어지고 결국 백강·탄현 방비책으로 결론이 내려진 뒤에야 비로소 의자왕이 "당군이 백강을 지났고, 신라군이 탄현을 지났다"는 전갈을 받는 것으로 그려져 있다. 그 과정을 들여다보면 이야기 전개 행간에서 당군이 백강에 도착하기 한참 전에 흥수에게 사람을 보냈을 것임을 읽을 수 있는 것이다.

부여에서 장흥까지 오고 가는 시간은 아무리 빨라도 사나흘은 걸렸을 것이다. 다리도 없고, 길이 있어도 노폭도 좁은 데다 노면이 험하였던 당시의 조건을 고려하면, 그 먼 길을 말 타고 쉬지 않고 달려도 왕복 2일로는 부족하다. 더구나 당군이 백강에 들어와 백제인들을 살육하고 있는 시점에 부여에서 장흥까지 사람을 보냈다면, 흥수에게 군사전략을 물을 시간적, 심리적 여유가 있을 수 없다. 당군은 7월 7~8일경에 백강에 나타났는데, 최소한 그보다 3~4일 전에는 흥수에게 사람을 보냈어야 앞뒤 정황이 맞는다. 아마도 백제 궁중에서 당군의 움직임을 늦어도 6월 말~7월 초에는 알고 있었기에 가능한 일이었다고 볼 수 있다. 그 당시 도로가 변변치 않았으니 부여에서 장흥까지 편도 2일은 걸렸을 것이다. 그것이 아니면 고마미지현이 부여에서 아주 가까운 곳에 있었어야 하거나.

그래서 이 문제 때문에 고마미지가 서천·보령 지역에 있을 수도 있다는 의견이 제시된 바가 있기는 하지만 설득력이 없다. 기록에 고마미지현으로 되어 있으니 부여 인근으로 보기는 어렵다. 장흥까지 다녀오는 길을 4~5일로 잡으면 사비성 백제 궁중에서는 늦어도 7월 2~3일경에 흥수에게 사람을 보냈으리라고 추리할 수 있다. 계백이 황산벌로 달려간 날을 7월 8일로 본다면, 흥수에게 사람을 보낸 것은 적어도 7월 2~3일 이전이어야 한다. 그러니까 6월 21일부터 10여 일 후에 백제 수뇌부에서는 당군의 덕적도 도착 사실 정도는 알고 있었어야 말이 된다. 그 시기를 아무리 늦춰 잡더라도 7월 초 아니면 그보다 더 일찍 당군의 움직임이 사비도성에 전달되었을 수도 있다. 물론 소야도(덕적도)에 도착한 소정방 군대의 일부가 부여 지역의 사정을 정탐하는 과정에서 6월 말에 당군의 움직임이 노출되었을 수 있다.

당군이 덕적도에서 남쪽으로 내려와 태안 안흥항과 가의도 사이를 지나 좌측에 안면도를 끼고 계속 남행하여 삽시도까지 왔다 해도 그 거리는 소야도↔사비도성 전체 거리의 절반밖에 되지 않는다. 삽시도를 지나서 연안을 따라 계속 내려가면 연도를 만난다. 연도에서 더 내려가면 개야도(군산)를 지나 동쪽으로 뱃머리를 돌려 장항 읍내 앞으로 들어설 수 있다. 현재의 금강하구언이 있는 곳에 들어왔다 하더라도 거기서 부여까지도 만만한 거리가 아니다. 쉬지 않고 노를 저어 강을 거슬러 오른다 해도 하루 이상이 꼬박 걸리는 거리다. 들물에 맞춰 바람을 이용한다면 시간을 줄일 수 있겠지만, 그렇다고 해도 '하루 낮시간'으로는 모자라는 거리다. 인력으로 노를 저어서 많은 짐(병기·군수물자)과 병력을 실은 배를 움직이는 것은 그리 쉬운 일이 아니다. 바람과 조수의 도움이 없으면 소야도에서 부여까지 빨리 가더라도 3~4일은 걸리는 거리다. 더군다나 격군의 휴식을 위해 중간에 몇 차례 쉬어야 할 것이니 부여에 도착하기까지 아무리 빨라도 4일은 걸렸을 것이다. 물론 이것은 최소한으로 잡아본 시간이다. 이 과정에서도 충분히 당군의 움직임이 백제에 노출되었을 수 있다. 더구나 많은 선박과 병력이 움직여야 했으므로 당군의 소야도 출발은 이르면 7월로 들어서면서 시작되었을 수도 있다.

다만, 당군이 부여에 내릴 때까지 백제 측에서 까맣게 모르고 그냥 있지는 않았을 것이다. 장항에서 부여에 이르는 시간을 감안해 보면 아무리 늦어도 7월 8일 저녁 무렵에는 당군이 장항(서천) 앞바다 근처에 들어왔을 것이다. 다시 말해서 당군이 백강을 지났다는 전갈을 사비성에서 받고 얼마 지나지 않아서 당군이 장항 앞바다에 들어왔다는 소식을 의자왕이 다시 들었을 수 있다.

물론 바람과 비 같은 날씨로 말미암아 소정방의 군대가 소야도에서 열흘 이상 발이 묶여 있었을 수는 있다. 통상 음력 6월 하순부터 7월 초까지는 여름철 태풍이나 장마가 있는 때이니 기상 여건 때문에 당군이 그곳에 그냥 머물러 있었을 수도 있다. 1천여 척의 배와 군사가 덕물도~소야도에 집결하여 전열을 정비하고, 휴식을 갖는 시간도 필요하였을 것이다.

## 당군 좌군은 당진 백강, 우군은 부여 웅진강으로 상륙

소정방과 김인문 등이 거느린 당군 우군이 부여로 떠나고, 나머지 좌군은 소야도에서 곧바로 동진하여 당진 백강으로 갔다. 그리고 7월 8일 의자왕은 "당군이 백강을 지났다"는 보고를 받았다. 마침 그날은 서해안 갯벌 지대가 가장 많이 드러나는 조금날이었다. 그러므로 만일 백강 주변이 뻘밭 지대였고, 조금 간조 시각에 당군이 백강에 도착했다면 배를 대고 바로 뭍에 내릴 수 없었을 것이다. 그런 조건이었다면 당군은 백강에 이르기전, 뻘밭이 아닌 곳에 내렸을 것이다. 그리고 7월 8일에 '당군이 백강을 지났다'는 보고를 사비성의 의자왕이 받은 것으로 되어 있지만, 여기에는 의문이 있다. 이에 대해서는 뒤에 자세히 거론하겠지만, 먼저 당군이 백강에 내린 시점은 7월 8일 이전일 수 있다는 점을 제시해 둔다. 하루 전인 7월 7일은 13매(물)이니까 그날 만조 시각에 맞추면 백강구~삽교호 방조제~당진 우강 일대에 내리는 데는 별 어려움이 없었을 것이다. 당군이 실제로 백강에 내린 것은 그보다 하루 이틀 전이었는데, 7월 8일 시점에서 당군이 백강에 이르렀을 것이라는 전달자의 추정이 사비성의 의자왕에게 전달되었을 수도 있다.

당군의 첫 기착지인 소야도는 신라와 당 측에게는 전략적으로 대단히 중요한 이점이 있는 곳이었다. 충남 서북단, 그러니까 백제의 서북단으로 은밀하게 쳐들어갈 수 있는 거점이 될 수 있기 때문이다. 소야도에서 풍도를 거친 뒤, 육도와 입파도·국화도를 지나쳐 아산만 연안을 따라가면

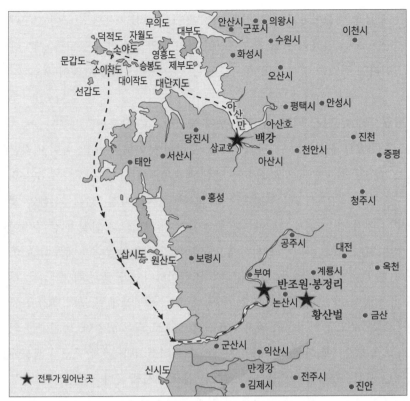

소야도에서 진출한 당군 좌군과 우군 (나당군의 침입 초기 백제의 전장(戰場))

현재의 삽교호가 있는 삽교천과 아산호 줄기인 안성천으로 거슬러 올라
갈 수도 있다. 삽교천으로 직행하여 당진 신평이나 우강에 배를 대고 내린
뒤, 예산-청양을 지나 부여에 이르는 방법도 있다. 백제 말기에 안성천 이
북의 평택시 지역까지는 신라가 차지하고 있었다. 그러나 과거 평택의 중
심이었던 팽성은 아직 백제의 수중에 있었다. 그러니까 대략 안성천~아산
만이 당시 신라와 백제의 경계였다. 현재의 충남 당진·예산과 온양·천안
지역은 사비도성에서 보면 백제의 북단, 신라와의 최전방 접경 지역이었

다. 동시에 그곳은 전통적으로 물산이 풍부한 요지였다. 온양·당진·예산의 내포內浦 지방은 삼한 지역에서 가장 부유한 곳이었고, 천안은 한때 잠시나마 백제 온조왕이 머물던 위례성이 있었던 곳이다. 백제군의 중심지 역할을 한 적도 있는 만큼 매우 중요한 지역이었다. 왕성이 있는 사비도성이나 공주 웅진성에 버금가는 곳이었을 뿐 아니라 마한 시대 이후 오랜 역사와 문화 전통이 있는 곳이었다.

소정방이 소야도를 당군(좌군)의 상륙지점으로 정한 데는 나름의 이유가 있었다. 당군이 성산에서 동쪽으로 직진하여 백제와 고구려에서 당군의 출병 사실을 모르게 하면서 백제 영역에 은밀하게 접근해야 했다. 또 당군과 신라군의 협공을 고려한 것이기도 하였다. 아울러 백제 병력을 분산시키고 사비성의 의자왕과 백제 지도층을 속이기 위한 일종의 성동격서 전략도 포함되었다. 당군의 좌군을 우선 백강으로, 신라군은 황산벌로 집결시켜 백제의 이목과 병력을 두 곳에 집중시킨 다음, 소정방의 본군(우군)이 제3의 장소인 웅진강으로 부여 턱밑까지 밀고 들어가 수도 사비성 진공작전을 병행함으로써 허이실虛而實의 전략 차원에서 백제의 저항을 최소한으로 줄여 소정방과 당군은 상륙에 성공할 수 있었다.

이제, 여기서 660년 7월 8~9일의 상황으로 돌아가 볼 필요가 있겠다. 백강에 당군이 도착한 직후, 계백과 5천 명의 결사대가 연산의 황산벌로 나아가 군영 설치를 끝낸 것은 기록에 7월 8일로 되어 있다. 『삼국사기』 신라본기 태종무열왕 7년 조의 다음 기록은 중요한 기준을 제시한다.

"가을 7월 9일에 김유신 등이 황산의 들판으로 진군해 갔는데, 백제 장군 개백嘗伯(階伯)이 병사를 데리고 와서 먼저 험한 곳 세 군데에 군영을 설치하고 기다리고 있었다. 김유신 등은 군대를 세 길로 나누어 나아가서 네 번 싸웠으나 불리하였다. 사졸들의 힘이 다했다. …… 이날 소정방과 부총관 김인문 등이 기벌포[10]에 이르러 백제병을 만나 싸워서 크게 이겼다."[11]

김유신이 황산벌에 도착한 시각은 7월 9일 아침이었다. 그때 계백군은 이미 3군의 군영을 설치해놓고 신라군을 기다리고 있었다. 그러므로 여기서 백제 측의 준비과정을 역산해볼 수 있다.

부여 사비도성에서 황산벌까지는 대략 80리 거리이니 도보로 하룻길이다. 그 거리를 5천 명의 계백군이 출동하려면 시간이 꽤 걸렸을 것이다. 5천 명이 모두 기병이었다고 해도 현장에 도착하여 황등야산군 책임자인 군장郡將 휘하에 있는 그 지역 민병을 동원하고 진지를 마련하여 방어시설을 갖추려면 아무리 서둘러도 최소한 한나절의 준비시간은 필요했을 것이다. 백제 수비군의 입장에서 무기는 제쳐놓고 생각하더라도, 각종 군수물자와 야영에 필요한 최소한의 장비라든가 보조 인력을 점검하고 그것을 동원하는 데는 꽤 많은 시간이 소요된다. 그러니까 '당군이 백강을 지났고, 신라군이 탄현을 지났다'는 전갈을 받은 시점은 기록상의 7월 8일이 아니라 적어도 그보다 하루 전인 7일 오전쯤이 되어야 백제군이 3군을 모아 진영을 설치하는 데 필요한 시간을 벌 수 있다. 계백군이 사비도성에서 황산벌에 이르는 시간 외에 참호를 파고 군영을 마련하여 방어 준비를 하는 데 걸리는 시간을 한나절로 잡더라도 최소한 7월 8일 아침 일찍 사비도성을 출발했어야 한다. 다시 말해서 황산벌에서 계백이 군영을 설치하기

---

10)  소정방이 기벌포로 들어왔다고 한 것은 『삼국사기』 편자들의 착각이었다. 소정방은 기벌포(백강)가 아니라 부여군 세도면 반조원리로 들어왔으며, 그가 반조원리에 들어오기 전에 이미 당군 좌군은 백강 기벌포(당진)에 상륙했다.

11)  秋七月九日庚申等進軍於黃山之原百濟將軍皆伯擁兵而至先據嶮設三營以待庚信等分軍爲三道四戰不利士卒力竭 …… 是日定方與副摠管金仁問等到伐浦遇百濟兵逆擊大敗之

위한 작업 시점을 7월 8일로 볼 수 있으려면 당군과 신라군이 백강과 탄현을 지났다는 보고를 사비도성에서 받은 날은 7월 7일쯤으로 보아야 자연스러울 것이다. 이르면 7월 6일이었을 수도 있다. 이런 식으로 역산해보면 실제로 당군이 백강구에 도착했을 시점을 대략 7월 7일경으로 보아야 순리에 맞을 것 같다. 앞에서 설명한 대로 최초의 목격자가 백강구에서 당군의 도착 사실을 알렸는데, 그것이 사비도성에 전달될 시점인 7월 8일에는 '지금쯤은 당군이 백강을 지났을 것이다'라는 추정이 기록으로 남았을 것이다. 신라군이 탄현을 지났다는 것도 목격 시점의 기록이 아니라 전달받은 시점에서 '신라군이 탄현 통과했을 것'이라는 추정적 보고가 기록으로 남았을 가능성이 있다.

다음으로, 태종무열왕 7년 조에 "9일에 소정방과 김인문이 기벌포에 도착하여 백제병을 만났다"[12]고 했는데, 이 기록에 대한 검토도 필요하다. 결론부터 말하면 이 기사는 『삼국사기』 편찬자의 실수로 볼 수 있다. 소정방과 김인문이 거느린 군대는 우군이었고, 우군은 소야도에서 기벌포(=백강)로 간 게 아니라 웅진강(금강)으로 갔다. 『삼국사기』 편찬자들이 웅진강(금강)을 백강으로 잘못 알고, "백강은 기벌포라고도 한다"(白江或云伎伐浦)는 『삼국사기』 백제본기 의자왕 20년 조의 기록에서 '기벌포'를 가져다가 백강 대신 써넣은 결과이다. 그 기사 속의 '백강·기벌포'를 웅진강에 있는 것으로 잘못 이해한 것이다.

기록에는 김유신이 7월 9일 이른 아침 황산벌에 도착하여 계백군과 한창 싸우고 있을 때, 소정방이 웅진강에 배를 대고 당군을 하선시켜 웅진강을 사수하려는 백제군과 상륙전을 치렀다. 7월 9일 이른 아침에 이미 계백

---

12)    是日定方與副摠管金仁問等到伎伐浦遇百濟兵

의 백제군은 황산벌에 펼쳐놓은 세 군데의 군영에서 신라군을 기다리고 있었다. 중국과 한국의 기록에는 당군이 백강을 지난 그다음 날(9일) 이른 아침에 소정방이 웅진강에 도착하였으므로 여기서 당군 좌군과 소정방의 우군이 소야도를 출발한 시점을 역산할 수 있다.

그들의 소야도 출발 시점을 알아내기 위해 '7월 8일 당군 좌군이 백강을 지났고, 그 이튿날 소정방의 우군은 부여 웅진강으로 들어갔다'는 사실에서 출발해야 한다. 그런데 ①소야도→백강(좌군), ②소야도→부여(우군)의 거리는 서로 다르니 좌군과 우군은 각기 다른 날짜에 소야도 '담안'의 당군 주둔지를 출발했어야 한다. 부여로 간 소정방의 본대(우군)는 훨씬 먼 거리를 가야 했으므로 좌군보다 먼저 출발하였을 것이다. 소야도에서 부여까지는 대략 4일, 소야도에서 백강까지는 대략 1~2일 거리이니 당군 좌군은 소정방의 우군이 소야도를 떠난 직후에 출발한 것으로 보아도 되겠다.

이후 백강(기벌포)으로 간 좌군의 도착시간과 소정방의 웅진강 상륙 시점은 자연히 각각의 거리에 따른 시차로 결정될 것이다. 앞에서 소야도-백강을 1~2일 거리, 소야도-웅진강을 4일 거리로 가정하였으니 그 시차는 2~3일이다. 그런데 당군과 신라군이 백강과 탄현을 지났다는 보고를 사비도성의 의자왕이 7월 8일에 받았고, 9일 아침에 웅진강에 소정방의 우군이 다시 상륙하였으니 그 시차를 적용해보면 당군 좌군은 7월 6일에, 소정방의 우군은 적어도 7월 5일 아침에 소야도를 떠났을 것이라는 계산이 나온다.

소정방이 직접 인솔한 우군은 소야도에서 나와 남쪽으로 뱃머리를 돌려서 태안군의 안면도를 좌측에 끼고 내려가다가 안면도 남쪽 삽시도를 지나친 뒤, 다시 연도와 군산 북단의 개야도를 끼고 진군해야 했다. 거기서 다시 좌측으로 방향을 틀어 서천 장항의 현재 금강하구언이 있는 곳까지 항해하려면 적어도 3일은 걸린다. 많은 인원과 배를 인솔해야 했고, 바닷물 물때(조수)와 바람(풍향) 등을 고려하면 우군의 진군에는 그것보다도 더 많은 시간이 걸렸을 수 있다.

설령 현재의 금강하구언이 있는 장항 지역까지 왔다고 해도 강경을 지나 부여 반조원리의 웅진강 하구까지 노를 저어 대형 병선이 강을 거슬러 오르는 데는 '낮 시간 하루'로는 부족할 수 있다. 물때와 바람의 도움이 없으면 그것으로도 넉넉하지 않은 거리이다. 소야도에서 부여 웅진강(금강)까지 4일을 잡고, 가는 노정 중에 있을 시간 손실을 감안하여 7월 9일 오전 부여 도착을 기준으로 하면 소정방이 소야도를 출발한 날을 대략 7월 5일 아침으로 역산할 수 있다. 앞에서 설명한 대로 만약 7월 5일 소정방이 소야도를 떠났고, 7월 6일에 좌군이 백강으로 출발했다면 좌군이 백강구 근처에 내린 시점은 7월 7일이나 그다음 날인 8일 아침 무렵이 될 수 있겠다.

여기서 663년 8월 13일 유인궤와 신라군이 주류성을 치기 위해 웅진강을 떠나 17일에 백강에 도착한 기록을 가지고 '부여 웅진강→소야도→백강'에 이르는 시간을 대략 추출할 수 있다. 그 당시 부여에서 백강까지 닷새가 걸린 구체적인 사례로서 소야도~웅진강이 4일 거리였음을 증명하기 위해 이 문제를 거론하는 것이다.

1) 8월 13일 豆率城(두루성, =주류성)에 도착하니 백제인들이 왜군과 함께 나와 진을 쳤다. 우리 군사가 힘써 싸워 크게 깨트리니 백제와 왜의 군사들이 모두 항복하였다.(『삼국사기』 열전 김유신)

2) 가을 8월 임오일이 초하루인 갑오일(13일) 신라는 백제 왕이 자신의 좋은 장수를 참수하였다고 여겨서 곧바로 그 나라로 들어가서 먼저 주유성을 취하겠다고 모의하였다. 이리하여 백제(부여풍을 말함)는 적이 계획하는 바를 알고서

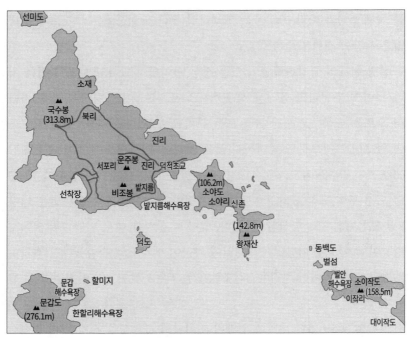

덕적도·소야도

여러 장수에게 말하였다. "지금 들으니 대일본국大日本國의 구원군 장수 이오하라노키미오미廬原君臣는 건아健兒 1만여 명을 이끌고 바로 바다를 건너올 것이라 한다. 여러 장군들은 미리 그것을 도모하기 바란다. 나는 백촌白村으로 가서 기다렸다가 (그들을) 대접하고자 한다."(『日本書紀』 27 天智紀)

3) 8월 무술일(17일) 적의 장수가 주유성에 이르러서 그 왕성을 에워쌌다. 대당군의 장수가 전선 170척을 이끌고 백촌강白村江에 진을 펼쳤다.(『일본서기』 27 天智紀)

1)~3)의 자료를 종합하면 당군은 8월 13일에 사비도성(웅진강)을 떠나 백

촌강(백강)으로 갔으며, 출발일로부터 닷새째 되던 날인 8월 17일에 백강으로 간 당 수군 전선 170여 척이 진을 쳤고, 신라군은 주유성州柔城[=周留城]을 포위하였다. 다만 1)에서는 8월 13일에 '주류성에 도착했다'고 하였는데, 2)의 『일본서기』는 신라군이 이날 주류성을 취하기 위해 장수들이 의논한 것으로 전한다. 이것으로 보아 8월 13일 당군 수군은 여러 논의 끝에 사비성을 출발해 백강으로 갔고, 당군이 백촌강(백강)에 진을 친 17일에 신라 육군은 주류성을 포위했음을 알 수 있다. 주류성을 신라군이 포위한 날짜는 13일이 아니라 17일이었으며, 이것만큼은 『일본서기』의 날짜가 정확하다고 본다. 출발지와 도착지의 거리를 감안할 때, 13일을 출발 날짜로 봐야 바로 그 8월 13일의 상황을 『구당서』·『신당서』·『자치통감』[13]·『책부원구』[14] 등에서 "이에 손인사와 유인원 및 신라 왕 김법민은 육군을 거느리고 나아가고, 유인궤는 별장 두상, 부여륭과 수군 및 군량선을 인솔하여 웅진강에서 백강으로 가서 육군과 만나 함께 주류성으로 나아갔다."[15]고 말한 것으로 볼 수 있다.

이 기록을 통해서 유인궤의 수군이 663년 8월 13일 부여 사비도성(웅진부성)을 떠나 백강까지 가는 데 총 5일이 걸렸음을 비로소 알 수 있다. 소야도에서 백강까지를 하룻길로 계산하면 웅진강에서 소야도까지는 나흘이 걸리는 거리였다.

음력 15일은 사리물때이다. 그러므로 보름 전과 후의 각 2일 또한 바닷

---

**13)** 於是 仁師仁願及法敏 帥陸軍以進 仁軌與杜爽扶餘隆 䌷熊津白江會之 遇倭人白江口(『資治通鑑』 201 唐紀 17 高宗 中之上)

**14)** 於是 帥仁願及新羅金法敏 帥陸軍以進 仁軌乃別率杜爽扶餘隆 率水軍及糧船 自熊津江往白江 以會陸軍 同趣周留城(『冊府元龜』 366 將帥部 27 機略 6 劉仁軌)

**15)** 於是仁師仁願及新羅王法敏帥陸軍以進 仁軌乃別率杜爽 扶餘隆率水軍及糧船 自熊津江往白江 會陸軍同趣周留城(『구당서』)

물의 만조 수위가 가장 높은 시기이다. 그러므로 8월 13일의 물때라면 당군이 부소산 아래 금강변에 배를 대고 군사와 식량을 싣고 떠나기에 편리하였을 것이다. 다만 사리물때 간조 시에는 항해에 상당한 어려움이 있었을 것이다. 다시 말해서 썰물의 바닷물 흐름을 거슬러 대형 군선이 전진하기에는 무척 힘들었을 테지만, 그것도 조간대만 벗어나면 항해에는 별 문제가 되지 않는다.

어쨌든 이때의 상황을 정리해서 분석해보면 부여에서 소야도까지 4일, 소야도에서 백강까지 해로로 대략 1~2일이 걸리는 것으로 볼 수 있다. 이것을 다시 소정방이 소야도를 출발하여 부여 웅진강 하구로 가는 과정에 그대로 적용해보면 소정방은 늦어도 660년 7월 5일에 소야도를 출발했을 것이라는 계산이 나온다. 만약 소야도에서 백강까지를 하루 거리로 계산하면 소야도에서 부여까지는 4일이 소요되었을 것이고, 당군의 백강 도착 시점은 대략 7월 7일, 소정방의 웅진강구熊津江口 도착은 기록대로 7월 9일 오전이 된다.

## '당평백제비'에도 당군 장수 좌군과 우군으로 편성되어 있어

이제까지 당군은 백강으로 간 좌군과 웅진강(부여)으로 간 우군 편제로 운용하였다고 설명하였다. 그런데 이런 가설이 합당한 것일까? 이 문제 또한 동원 가능한 기록을 바탕으로 검증해야 할 것이다.

고대의 전쟁에서는 전통적인 병법 이론에 따라 부대의 이동이나 공격과 퇴각에서 흔히 ①좌군·중군·우군, ②전군·중군·후군의 3군 편성으로 군대를 운용하였다. 상대(적국)에 노출되지 않고 속도전으로 기습하거나 출정 노정에서 적군의 위협이 적을 때, 또는 후방의 위험이 없는 상태에서 최대한 신속하게 전군이 퇴각하는 경우에는 ②의 전군·중군·후군 편성이 효과적이었다. 이것은 그야말로 화살처럼 3군이 목표물을 향해 진군하거나 퇴각하는 전술을 구사할 때 운용하는 방법이다.

그러나 백제 침공 당시의 당군은 기록과 여러 정황으로 보아 좌군과 우군으로 나누어 진격하였다. 그 이유로서 다음 몇 가지를 들 수 있다. 먼저 백제 공격을 시작한 거점인 소야도에서 당군이 좌군과 우군을 나누어 운용하였다면 우군이 웅진강으로 남하하였으니 좌군은 당연히 그곳에서 왼편(동편) 방향인 당진·예산 지역을 공략 지점으로 택하였을 것이다. 이런 조건에서 백제군으로서는 방어해야 할 범위가 넓었다. 현재의 아산호 이남으로부터 충남 서부의 광범위한 지역 가운데 당진·예산(백강·기벌포)과 공주·논산(황산벌) 지역에 군사를 집중 배치해야 했다. 여기에 다시 총사령관이며 동시에 우군을 맡은 대장군 소정방은 부여를 공격 목표로 삼았다. 그곳은 백제의 가장 중요한 곡창 지대이자 인구 밀도가 높은 곳이고, 유사시 백제가 수도권과 요충지 방어를 위해 신속하게 인력과 물자를 충원할 수 있는 지역이었다. 효과적으로 공략하기 위해 백제의 서쪽 지역은 당군이 맡고, 동쪽에서는 신라군이 탄현을 넘어 황산벌로 내려왔는데, 그것은 앞서 설명한 대로 백제 수비군의 전력을 분산시키기 위한 양동작전이자 허이실虛而實의 전략이었다. 당군 침입 초기, 백제는 비록 당의 좌군에게 백강 지역을 내주었으나 수도 사비성에서 가까운 동쪽 연산(황산)은 반드시 먼저 막아야 했다. 그런데 황산벌에서 계백의 5천 결사대가 신라군과 한창 결전을 벌이고 있던 7월 9일 아침, 소정방의 부대가 다시 웅진강구로 들어왔다. 이들은 그때부터 상륙을 시작해 약속대로 10일에는 사비성 남쪽 20리 밖의 사비원泗沘原에 집결하였다. 그리하여 7월 8일 ①백강 지역에 들어온 당군과의 전투를 시작으로 이튿날인 9일 오전에는 ②황산벌과 ③웅진강 하구 세 군데로 싸움터가 확대되었다.

그러나 별도의 당군이 김제·부안을 포함한 전북 지역으로 들어왔다는 기록은 어디에도 없다. 전북 서부 해안 지역에 소정방의 당군이 들어왔었다는 구전도 아직까지 확인되지 않고 있다. 만약 동진강을 끼고 있는 김제·부안 지역을 공략하기로 했다면 웅진강으로 들어간 군대 외에 김제·부안 지역에 별도의 군대를 투입했어야 한다. 그렇게 해야만 백제의 군사력을 분산시켜 효과적으로 제압할 수 있다.

그러나 소정방은 부여 사비도성으로 곧장 진격하여 의자왕과 왕자 및 백제 궁정의 수뇌부를 포로로 잡는 기습작전에 공을 들였다. 백강으로 간 좌군이 백제 수뇌부를 충분히 혼란에 빠트렸으므로 굳이 전북지방까지 공격 범위를 확대할 필요가 없었다. 그곳으로 가려면 소정방이 직접 데리고

**〈백제 침공을 주도한 당군의 주요 장수들〉**

| 장수(將帥) | 직위(職位) | 직위(職位) | 장수(將帥) | 직위(職位) |
|---|---|---|---|---|
| 소정방 (蘇定方) | 대총관 (大摠官) | 神丘嵎夷馬韓熊津 等一十四道大摠官 左武衛大將軍 上柱 國 邢國公 | 조계숙 (曹繼叔) | 우이도부총관 (嵎夷道副摠管) | 嵎夷道副摠管 右武 候中郞將 上柱國 |
| 유백영 (劉伯英) | 부대총관 (副大摠管) | 副大摠管 冠軍大將 軍 △△△衛將軍 上 柱國 下博公 | 두상 (杜爽) | 행군장사 (行軍長史) | 行軍長史 沂州司馬 |
| 동보덕 (董寶德) | 부대총관 (副大摠管) | 副大摠管 使持節 隴 州諸軍事 隴州刺史 上柱國 安夷公 | 유인원 (劉仁願) | 우1군총관 (右一軍摠管) | 右一軍摠管 宣威將 軍 行左驍衛郞將 上 柱國 |
| 김인문 (金仁問) | 부대총관 (副大摠管) | 副大摠管 左領軍將 軍 | 김량도 (金良圖) | 우무위중랑장 (右武衛中郞將) | 右武衛中郞將 |
| 양행의 (梁行儀) | 행군장사 (行軍長史) | 行軍長史 中書舍人 | 마연경 (馬延卿) | 좌1군총관 (左一軍摠管) | 左一軍摠管 使持節 沂州刺史 上柱國 |
| 우원사 (于元嗣) | 우일군총관 (右一軍摠管) | 右一軍摠管 使持節 淄州刺史 上柱國 | 축아사 (祝阿師) | 좌장군총관 (左將軍 摠管) | 左將軍 摠管 右屯衛 郞將 上柱國 |

내려간 우군을 다시 나누어야 하는 까닭에 당군 전력이 분산될 위험이 있었다. 소정방의 당군이 백제를 침공한 직후인 660년 8월 15일에 권회소權懷素가 쓴 「대당평백제국비명大唐平百濟國碑銘」에는 백제 침공에 참여한 당군의 주요 장수들 이름이 기록되어 있는데, 그것을 들여다보면 그 당시의 군사 운용에 관한 실마리를 얻을 수 있다.

앞의 〈도표〉는 「대당평백제국비명」에 기록된 인물들로서 백제 침공에 참여한 당군의 주요 장수들을 정리한 자료이다.

대총관 소정방은 휘하에 3명의 부대총관과 우이도부총관 조계숙, 2명의 행군장사(양행의·두상), 그리고 좌1군총관, 우1군총관, 좌장군, 우무위중랑장 등을 인솔해 왔다. 이들 가운데 우1군총관 우원사와 유인원 그리고 우이도부총관이자 우무후중랑장 조계숙은 우군 장수들이며, 신라 장수 김량도가 우무위중랑장이었으니 우군 소속이었음을 알 수 있다. 부대총관 유백영, 동보덕, 김인문도 우군 소속 장수였다. 따라서 이들은 소정방과 함께 웅진강으로 올라간 것으로 볼 수 있다.

그런데 여기서 주목해야 할 것은 좌장군총관인 축아사와 좌1군총관 마연경이다. 비문에 마연경은 좌1군총관으로 되어 있지만 축아사는 左△軍摠管(좌△군총관)으로 되어 있다. △부분의 글자가 마모되어 그것이 좌1군인지, 아니면 좌2군인지는 알 수 없다. 그 뒤에 우둔위중랑장右屯衛郞將이라는 직책을 추가하였으니 左△軍摠管을 일단 '좌장군총관'으로 보고 있다. 좌군을 맡은 총사령관으로 이해하는 경향이지만 그것을 좌1군총관으로 보고 싶다. 우원사와 유인원이 각기 우1군총관으로 되어 있는 것을 보면 축아사도 '좌1군총관'이었을 수 있다. 이 경우, 좌군이든 우군이든 각기 '1군총관'은 1군, 2군, 3군 등의 차례 구분이 아니라 '하나의 군사 단위'를 나타낸 것으로 볼 수 있다. 다시 말해서 좌군은 1군총관이 두 명으로 되어 있으니 애초 2명의 장군이 각기 1개의 좌1군 즉, 2개의 부대를 거느리고 백강으로 간 것으로 볼 수 있다. 좌1군총관 한 사람이 거느린 병력을 지금의 1개 사단 병력으로 추정해보면 2개 사단 병력이 백강으로 들어간 것으로 이해할 수 있다.

이처럼 장수의 편성표만 보더라도 당군은 좌군과 우군 편제로 백강과 웅진강을 나누어 공격했으며 좌군보다 우군의 수가 훨씬 많았다. 당군 전군이 모두 웅진강으로 거슬러 올라간 것이 아니었다. 좌군을 따로 선발하여 백강 지역을 먼저 공격함으로써 백제 수뇌부를 혼란에 빠트리고, 그다음에 우군이 다른 곳을 점령하여 실리를 거두기 위한 피실격허避實擊虛의 군사 운용을 한 것이다. 즉, '(당군) 좌군이 백강을 지났고, 신라군이 탄현을 지났다'는 소식을 듣자마자 계백군은 곧바로 사비도성을 떠나 황산벌로 갔다. 김유신이 황산벌에 도착하여 계백군과 한창 싸움을 하고 있을 때, 소정방이 거느리고 간 우군이 웅진강으로 다시 들어왔다.[16] 그리하여 백제군은 이때부터 세 군데(백강·웅진강·황산벌)에서 전투를 치러야 했다. 계백과 그의 5천 군사가 황산벌에서 전멸한 뒤에야 비로소 백제군은 웅진강으로 들어온 소정방의 우군을 막는 데 총력을 기울였다.

백제 지도층의 오판을 유도하기 위한 전략으로 소정방은 먼저 당군 일부를 백강으로 보낸 것이니 좌군은 주력군보다는 훨씬 적은 수의 병력으로 구성되었다. 소정방이 부여로 들어가기 전에 좌군을 백강에 먼저 투입한 이유는 백제 주력군을 분산시키기 위한 전략이었다. 여기에 신라군이

---

16) 이에 대해서는 『삼국사기』 7(신라본기 7 문무왕 下)에 문무왕 11년 가을 7월 26일의 기사 가운데 당군 총관 설인귀가 임윤법사를 통해 들려보낸 편지에 대한 문무왕의 답서(大王報書라고도 한다)에서 "수군(당군 지칭)과 육군(신라군을 의미)이 함께 나아갔다. 수군이 겨우 웅진강 입구에 들어설 무렵 육군은 이미 적(백제)을 크게 격파하였으며 두 나라 군사가 함께 왕도에 이르렀다. …"(水陸俱進 船兵纔入江口 陸軍已破大賊 兩軍俱到王都 共平一國 平定已後 …)라고 한 구절로도 김유신의 신라군이 황산벌에 먼저 도착하여 백제군과 한창 싸우고 있을 때 소정방의 당군이 웅진강으로 들어왔음을 알 수 있다.

황산벌로 전선을 확대함으로써 백제의 방어력은 크게 약화되었다.

대신 당군 장수와 병력 대부분은 웅진강으로 진격하였다. 「대당평백제국비명」에는 없지만, 다른 자료에는 우무위장군右武衛將軍 풍사귀馮士貴, 우무위장군 풍사회馮士翽, 좌효위장군左驍衛將軍 방효태龐孝泰[17]와 같은 당군 장수들이 더 있다. 또 소정방은 특별히 당 고종에게 요청하여 풍사훈馮士訓을 데리고 왔다고 하는데, 풍사귀·풍사회 등은 풍사훈과는 형제 관계였을 수 있다. 여러 명의 형제를 함께 전장에 보낸 사례가 더 있다. 임진왜란 때 이여백, 이여매 등 이여송의 4형제가 장수로 조선에 온 것이 대표적인 예인데, 마찬가지로 풍사훈이 소정방을 따라오면서 그의 형제들이 함께 참전한 것으로 볼 수 있다. "풍사훈은 책략에 뛰어났으므로 소정방은 그와 함께 백제를 치러 가겠다고 당 고종에게 요청하였다. 풍사훈은 또 용기가 뛰어나고 잘 싸워서 감히 대적할 자가 없었다."라고 한 기록으로 보아 그가 백제 침공에 참전하게 된 배경을 알 수 있다. 그들 외에도 소정방의 부장으로 참전한 동보량董寶亮이라든가 전술적 참모 역할을 맡았던 육인검陸仁儉[18], 17세의 어린 나이에 부친 유인궤劉仁軌[19]를 따라와 백제를 멸망시킨 공으로 나중에 웅진도독부참군熊津都督府參軍이 된 유준劉濬[20], 백제를 평정한 공으로 상

---

17) 현경 5년 3월에 좌무위대장군 소정방을 신구도행군대총관으로 삼아 좌효위장군 유백영, 우무위장군 풍사회, 좌효위장군 방효태 등을 이끌고 신라의 무리를 징발하여 백제를 토벌하게 하였다. 백제가 고구려의 지원을 믿고 거듭 신라를 침입하였기 때문이다. [(顯慶) 五年三月 以左武衛大將軍蘇定方爲神丘道行軍大總管 率左驍衛將軍劉伯英 右武衛將軍馮士貴左驍衛將軍龐孝泰等 幷發新羅之衆 以討百濟 百濟恃高麗之援 屢侵新羅故也(『冊府元龜』 986 外臣部 31 征討 5)]

18) 현경 5년에 신구도대총관(神丘道大總管) 소정방(蘇定方)은 변방을 다스리는 것이 한(漢)의 위청(衛靑)·곽거병(霍去病)과 같았고 술수가 춘추전국시대의 손무(孫武)·오기(吳起)처럼 교묘하였다. 그는 육인검(陸仁儉)을 불러 막부에 들어오는 빈객으로 삼아 육인검이 가진 많은 계산을 빌려서 예맥(穢貊)을 쓸어버린 공적이 있었다. (「陸仁儉 墓誌銘」, 『全唐文補遺 5』 唐代墓誌滙續集)

19) 유인궤는 나중에 문헌공(文獻公)이라는 시호를 받았다.

20) 나이 17세에 부친 문헌공(文獻公: 劉仁軌)를 따라 백제를 평정하고, 그 공으로 웅진도독부참군(熊津都督府參軍)에 제수되었다. (「劉濬 墓誌銘」, 『全唐文補遺 1』 唐代墓誌滙篇)

주국의 지위까지 오른 손통孫通[21] 그리고 백제를 평정한 공으로 상주국이 된 이서李謂[22] 등도 중국의 자료에서 확인되는 만큼 실제로는 그보다 훨씬 많은 장수들이 참여했음을 알 수 있다. 또 중국『전당문보유(3)』가운데 근 욱묘지명에는 근욱을 웅진군자총관熊津軍子總管이라고 하였으니 근욱은 군수 조달 총책임자로서 백제 침공에 참여하였음을 알 수 있다. 이 외에도 비문 이나 기록에 오르지 않은 당나라 장수가 실제로는 더 많았겠지만, 그 이상 상세한 군사 편제는 알 수 없다.

좌군이 운용되었음을 알려주는 또 다른 자료가 부여 정림사지5층석탑 에 소정방이 남긴 '당평백제기' 첫행 우측 하단 언저리에 '좌군 權 아무개' 라는 각자刻字가 새겨져 있는 것이다. 이것은 당시 좌군의 희생이 컸음에도 좌군의 군공에 관한 기록이 한 줄도 없었고, 논공행상에 반영되지도 않았 기에 좌군 가운데 누군가가 당평백제비가 완성된 뒤에 비면 외곽에 그와 같은 각자를 새겼으리란 짐작이 간다.

이상에서 설명한 대로 소야도에서 백강으로 간 당군이 좌군이었고, 부여 로 간 당군은 우군이 되니 소정방은 좌군과 우군으로 나누어 군사를 운용 하였음이 분명하다. 통상 좌군이 있었다면 우군도 있었다고 보는 것이 순 리에 맞다. 만약 웅진강으로 간 소정방의 군대가 중군이었고, 따로 우군이 있었다면 그 우군은 김제·부안·고창 지역을 겨냥하여 진격하였을 수 있다. 그러나 중군이 운용되었다는 기록은 어디에도 없다. 중군 대신 좌군과 우 군만 있었으므로 소정방과 김인문 등은 우군으로서 웅진강으로 간 것이다.

---

21)　손통(孫通)은 백제를 평정한 공으로 상주국에 이르렀으나, 마음을 비워 거문고를 타고 술을 마시며 △를 즐 겼다. 믿음을 두텁게 하고 인(仁)을 베개로 삼아 삼가 공손하고 겸양하였다. (「孫通 墓誌銘」, 「全唐文補遺」唐代 墓誌滙篇)

22)　현경 5년에 이서(李謂)는 백제를 평정한 공훈으로 상주국에 제수되고 책서로 다른 관직에 임명되었다. (「李 謂 墓誌銘」, 「全唐文新編」)

그런데도 백강을 서천군 일대로부터 장항읍 인근에서 찾는 이들이 있다. 소야도에서 당군이 좌군과 우군으로 나누어 백제를 침공한 사실을 전혀 고려하지 않은 것이다. 7월 8일 '당군이 백강을 지났다'는 보고를 받고 그로부터 하루 뒤인 9일에 다시 '소정방이 웅진강에 도착했다'는 기사가 있으니 이것과 서로 아귀가 맞으려면 백강이 서천~장항 어딘가에 있어야 한다고 판단한 것이다. 그래 놓고 나서 주류성을 찾으려니 난감할 수밖에. 그래서 급기야 주류성은 전북 고부나 동진강 주변 어딘가에 있었을 것이라고 제멋대로 갖다 붙이고 있다. 그렇지만 여러 자료를 면밀히 분석해보면 웅진강에서 4~5일 걸리는 곳에 백강이 있어야 하고, 백강(기벌포)이 내려다보이는 곳에 주류성이 있어야 한다. 그러나 웅진강에서 부안 동진강까지 부대가 이동하는데 4~5일씩이나 걸리는 거리인가? 노를 젓는 범선으로 하루 이틀이면 충분히 닿을 수 있다.

## 2. 소정방의 우군, 사비도성을 함락하다

**소정방, 7월 9일 아침 오름물때에 부여 반조원리로 상륙**

앞에서 설명한 대로 소정방은 660년 음력 7월 초, 백강으로 진군할 좌군과 별도로, 우군을 따로 떼어내어 소야도에서 웅진강으로 내려갔다. 소야도에서 웅진강 상륙지점까지는 뱃길로 대략 210km나 되는 먼 거리이다. 소정방의 당군은 7월 9일 오전의 서해안 첫 오름물때에 맞춰 백제 사비도성 8km 바깥의 웅진강구에 상륙하였다. 그날의 사정을 『신당서』는 다음과 같이 전하고 있다.

> A) …… (소정방은) 신구대총관이 되어 군사를 거느리고 나아가 백제를 정벌하였다. 성산城山에서 바다를 건너 웅진구熊津口에 이르니 적(=백제)은 강가에 병사를 주둔시켰다. 소정방은 좌측 물가로 나아가 산에 올라 진을 치고 적과 더불어 싸웠다. 적이 패하여 죽은 자가 수천이나 되었다.[23]

소정방이 웅진강에 도착하기 하루 전날(7월 8일), 당군 좌군은 백강에 내

---

23) 　出爲神丘道大總管 率師討百濟 自城山濟海 至熊津口 賊瀨江屯兵 定方出左涯 乘山而陣 與之戰 賊敗死者數千 王師乘潮而上 舳艫銜尾進 鼓而譟 定方將步騎 夾引 直趣眞都城 賊傾國來 酣戰 破之 殺虜萬人 乘勝入其郛 王義慈及太子隆北 走定方進圍其城 義慈子泰自立爲王 率衆固守 義慈之孫文思曰 王與太子出 而叔豈 得擅爲王 若王師還 我父子安得全 遂率左右縋城下 人多從之 泰不能止 定方使士登城 建唐旗幟 於是 泰開門請命 其將禰植與義慈降 隆及諸城送款 百濟平 俘義慈隆泰等獻東都(『新唐書』 111 列傳 36 蘇定方)

렸다. 그 시각 신라 김유신 군대는 탄현을 지났고, 그 이튿날 아침 일찍 황산벌에 도착해서 백제군과 치열한 전투를 벌였다. 그때의 사실을 『삼국사기』 백제 의자왕 20년 6월 조는 이렇게 전하고 있다.

B) …… 그러자 또 당과 신라의 군사가 백강과 탄현을 지났다는 말을 듣게 되니 장군 계백을 보내어 결사대 5천 명을 거느리고 황산벌로 나가게 하였다. 이에 신라 군사와 네 차례 싸워 모두 이겼으나 병력은 적고 힘이 다해 끝내 패하여 계백은 죽고 말았다. 그제서야 군사를 모아 웅진강구熊津江口를 막고 강을 따라 병력을 배치하자 소정방이 강 왼쪽으로 나와 산에 올라가서 진을 치므로 맞아 싸웠으나 우리(백제) 군사가 크게 패하였다. 당나라 군사들이 조수를 타고 배들을 앞뒤로 이어 강을 거슬러 오르며 북을 두드리고 떠들어댔다. 소정방은 보병과 기병을 거느리고 곧장 도성으로 짓쳐와서 30리 밖에 멈추었다. 우리 군사가

당군의 웅진강 첫 상륙지인 부여군 세도면 반조원리 일대 강변. 맞은편 봉정리 들판이 보인다.

당군이 상륙한 장소의 하나인 반조원리 심의당터 일대. 오른쪽으로 금강 물이 보인다.

다 동원되어 막았으나 역시 패하여 죽은 이가 1만여 명이었다.

이 기록으로써 7월 9일 김유신의 신라군이 황산벌에서 계백의 백제군과 한창 싸우고 있을 때 소정방이 웅진강에 도착하였음을 알 수 있다. 그리고 "남은 군사를 모아 웅진강 어귀를 막고 강을 따라 병력을 배치하자 소정방이 강 왼쪽으로 나와 산에 올라가서 진을 치므로 맞아 싸웠으나 우리 군사가 크게 패하였다."는 기사를 근거로 계백이 죽은 뒤에 비로소 백제 수뇌부가 웅진강에 군사를 추가 배치한 시점을 추리할 수 있다. 먼저, A)의 기사를 바탕으로 소정방이 상륙하기 전에 당군 상륙 지점의 웅진강가에 백제군을 투입한 사실을 알 수 있고, B)의 기사로써 계백과 5천 군사가 전멸한 뒤에 의자왕이 다시 웅진강 일대에 백제군을 추가 배치하여 당군의 상륙을 막았음을 알 수 있는 것이다. 다만 한 가지 B)에서는 계백이

반조원리 강변의 벌판을 끼고 있는 함박산 앞 일대.

황산벌에서 죽은 뒤, 웅진강에 백제 병력을 다시 배치하였고, 그 때문에 소정방이 강 좌측에 내린 것으로 그리고 있지만 이것은 사실과 다르다.

김유신과 신라군이 황산벌에 도착하여 계백군과 한창 싸우고 있을 무렵, 소정방의 당군이 현재의 부여군 세도면 반조원리 일대로 들어온 사실이 『삼국사기』 7 문무왕 11년(671)의 '문무왕답설인귀서文武王答薛仁貴書'에도 잘 드러나 있다.

C) 현경 5년(660)에 이르러 성상(당 고종)께서는 선대 황제[24]의 뜻이 끝맺음을 보지 못한 것을 유감스럽게 여겨서 전날의 남은 사업을 이루고자 배를 띄우고 장수에게 명령하여 대대적으로 수군을 발동하게 하매 우리 선왕(태종무열왕)께

---

[24]  당 태종을 지칭

소정방 군대가 상륙한 반조원리 강변. 당군은 이 일대로 상륙했다가 맞은편으로 옮겨 갔다.

서는 나이가 늙고 힘이 쇠약해서 몸소 행군할 수 없었으나 지난날의 은혜를 추모하는 감격에서 억지로 국경 지방까지 와서 나에게 군사를 거느리고 가서 귀국의 군사를 맞아들이게 하였다. 동쪽과 서쪽에서 호응하면서 수륙 양면으로 일제히 진격해 '수군이 겨우 강어귀에 들어설 무렵 육군은 이미 대규모의 적군을 깨트렸으며', 두 나라 군사가 모두 백제의 왕도에 도착하여 함께 한 나라를 평정하였다. 평정을 마친 뒤에 선왕께서는 마침내 대총관 소정방과 함께 백제 유민에 대한 조처를 하였다. 당나라 군사 1만 명을 머물게 하고 신라 역시 왕의 아들인 김인태金仁泰의 군사 7천 명이 가서 함께 웅진[25]을 지키게 하였다.[26]

---

25) 사비성, 즉 웅진부성을 이름

26) (文武王十一年 秋七月二十六日) 大唐摠管薛仁貴使琳潤法師寄書曰 …… 大王報書云 …… 至顯慶五年 聖上感先志之未終 成曩日之遺緒 泛舟命將 大發船兵 先王年衰力弱 不堪行軍 追感前恩 勉强至於界首 遣某領兵 應接大軍(6월 21일) 東西唱和 水陸俱進 船兵纔入江口(7월 9일) 陸軍已破大賊(7월 10일) 兩軍俱到王都(7월 12일) 共平一國(7월 18일) 平定已後 先王遂共蘇大摠菅平章 留漢兵一萬 新羅亦遣弟仁泰 領

이 기록 가운데 '(당나라) 수군이 겨우 강어귀에 들어섰을 무렵, (신라) 육군은 이미 대규모의 적군(백제군)을 깨트렸다'는 내용이 바로 당군의 웅진강 도착 시점에 김유신의 신라군이 황산벌에서 계백군을 크게 이기고 있었음을 전하고 있는 것이다.

황산벌에서 계백 군대와 김유신 군대가 결전을 벌이고 있던 9일 아침, 소정방의 당군이 웅진강(금강)으로 들어오자 백제 왕과 수뇌부는 더욱 갈팡질팡하였다. 아마도 당군의 배가 장항·서천 지역에 나타났을 때 그 사실이 사비도성에 전달되었고, 그에 따라 곧바로 백제수비군이 소집되어 부여나성 밖으로 금강변을 따라 배치되었을 것이다. 그리고 그날 오후 황산벌에서 계백이 죽고 나서 웅진강에 상륙하는 소정방의 당군을 막기 위해 백제 수비병이 충원되었다. 애초 소정방이 처음 도착한 웅진강 좌측 세도면에 수천 명의 백제 수비군이 투입되었다. 이렇게 웅진강 싸움은 7월 9일 아침에 시작되어 그날 오후 늦게까지 이어졌다. 그때의 사정을 문무왕 답설인귀서에서 "동쪽과 서쪽에서 호응하며 수륙 양면으로 일제히 진격해 …… 두 나라 군사가 백제를 평정하였다."고 요약하였다.

A)와 B) 두 기록을 종합해보면 김유신과 신라군이 황산벌에서 계백의 5천 결사대와 한창 싸우고 있을 때 소정방은 웅진강을 거슬러 올라왔고, 그들을 막기 위해 백제는 웅진강가에 군사를 배치하였다. 그 때문에 소정방은 강 좌측(반조원리)에 배를 댄 것인데, 이때의 첫 상륙전에서 수천 명의 백제군이 대부분 희생되었다.

---

兵七千 同鎭熊津(『신당서에 9월로 기록』)(『三國史記』 7 新羅本紀 7 文武王 下)

## 당군, 9일 저녁 오름물때에 상륙작전 재개

앞에서 설명한 대로 소정방은 처음부터 부여 석성면 쪽(강 우측)에 배를 대고 상륙한 게 아니었다. 9일 아침 첫 오름물때에 강 좌측의 부여군 세도 면 반조원리에 배를 대고 내렸다가 그날 오후 두 번째의 오름물때에 맞은 편 석성면으로 옮겨간 것이다. 그러니까 9일 아침의 첫 오름물때에 맞춰 소정방이 상륙한 곳은 웅진강 좌측의 부여군 세도면 반조원리이고, 계백 이 죽은 뒤 그 맞은편의 석성면 봉정리 일대로 옮겨간 것은 9일 오후 두 번 째 오름물때가 시작될 때였다.

소정방이 세도면 반조원리에서 건너편 석성면 봉정리 일대로 옮겨 간 사실을 『구당서』 소정방전에서 다음과 같이 다루고 있다.

D) 소정방이 성산에서 바다를 건너 웅진강구에 도착하니 적(=백제)은 강에 의
지하여 군사를 주둔시켰다. ①소정방은 강의 동쪽 물가[27]로 상륙하였다. 산에
올라 진을 치고 적과 더불어 크게 싸웠다. 돛을 세운 배가 바다를 가렸다. ②배
가 서로 꼬리를 물고 강에 이르렀고, 적의 군대는 잇달아 패했으며 죽은 자가
수천 명이었다. 나머지는 도망해 흩어졌다. ③바닷물이 다시 오르는 물때를 만
나 배가 꼬리를 잇대어 강으로 들어갔다. 소정방은 물가에 설치한 진을 끼고
수군과 육군이 함께 나아갔다. 노를 젓고 북을 치며 시끄럽게 사비도성을 향해
곧바로 나아가 사비도성에서 20여 리쯤 되는 곳에 이르니 적은 나라를 기울여
와서 막았다. ④크게 싸워 적을 깨뜨리니 죽이고 사로잡은 자가 1만여 명이었
다.[28]

---

27)  강을 거슬러 오르는 입장에서 보면 동쪽 물가는 우측편에 해당하며, 우측편은 석성면, 성동면 지역이
다.(저자 註)

28)  顯慶五年 從幸太原 制授熊津道大總管 率師討百濟 定方自城山濟海 至熊津江口 賊屯兵據江 定方升

D)의 기사를 이해하기 쉽게 ①~④로 나누어 보았다. ①은 당군이 9일 오후에 석성면 봉정리 일대로 상륙한 사실을 전하는 것이고, ②는 처음 세도면 반조원리에 내려 당군이 상륙전에 성공하면서 그때 희생된 백제군을 수천 명으로 제시하였다. 대신 ③은 9일 오후 6~7시 이후에 다시 시작된 당군의 상륙전을 그린 것이고, ④는 계백 사후 추가 배치된 백제군이 석성면 봉정리 일대에서 희생된 사실을 그린 내용이다.

앞의 『신당서』 A) 기사로써 당군과 소정방이 처음에 강 좌측 반조원리에 내린 사실을 알 수 있다. 그러니까 A), D) 두 자료의 문맥을 이어보면 소정방이 처음 도착하던 9일 아침의 첫 들물시각에 백제는 일차로 소정방군의 상륙을 저지하기 위해 군대를 보내어 막았으며, 그 때문에 당군은 강 좌편(반조원리)에 배를 댈 수밖에 없었다. 이때의 첫 상륙전에서 수천 명의 백제군이 희생되었고 당군은 상륙전에 성공하였다.

금강은 부여나성 밖의 현북리 강변에서 방향을 바꾸어 반조원리 앞까지는 남북 방향으로 흐른다. 그러므로 웅진강을 거슬러 올라 '소정방이 좌측 물가로 나갔다'(定方出左涯)고 한 기록을 지도와 맞춰 보면 소정방이 처음에 반조원리에 내려 '당 고종의 백제 침공 명분을 밝히는 조서詔書를 반포頒布' 하였다는 사실을 확인할 수 있다. 그래서 그 지명이 반조리頒詔里가 되었는데, 나중에 그곳에 역원제의 원院이 설치되었기 때문에 반조원리頒詔院里가 되었던 것이다. 소정방이 처음에 배를 댄 곳은 반조원리 중에서도 삼의당 터가 있는 곳으로부터 함박산까지의 강변 약 2km 범위였을 것이다. "소

東岸 乘山而陣 與之大戰 揚帆蓋海 相續而至 賊師敗績 死者數千人 自餘奔散 遇潮且上 連舳入江 定方
於岸上擁陣 水陸齊進 飛楫鼓譟 直趣眞都 去城二十許里 賊傾國來拒 大戰破之 殺虜萬餘人 追奔入郭
其王義慈及太子隆奔 于北境 定方進圍其城 義慈次子泰自立爲王 嫡孫文思曰 王與太子雖並出城 而身
見在 叔總兵馬 卽擅爲王 假令漢兵退 我父子當不全矣 遂率其左右投城而下 百姓從之 泰不能止 定方
命卒登城建幟 於是泰開門頓顙 其大將禰植又將義慈來降 太子隆幷 與諸城主 皆同送款1364) 百濟悉
平 分其地爲六州 俘義慈及隆泰等獻于東都(『舊唐書』 83 列傳 33 蘇定方)

정방은 좌측 물가로 나아가 산에 올라 진을 치고 적과 더불어 싸웠다."라고 한 기사를 바탕으로 소정방이 올라가서 진을 친 산을 함박산으로 추정할 수 있다. 조선 시대 겸재 정선이 그린 임천고암林川鼓岩이란 그림의 배경이 바로 현재의 삼의당 터가 있는 지역이다. 본래 강변 바위 절벽 지형이

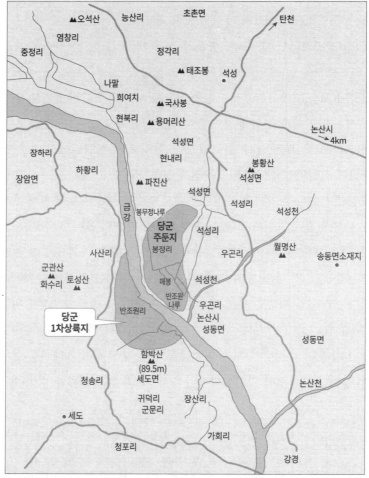

당군의 상류 지점과 최종 주둔지. 석성면 봉정리 일대가 당군과 신라군의 주둔지였다.

어서 이 일대가 당군의 상륙에 유리하였을 것이다.

계백이 황산벌에서 죽고, 9일 오후 두 번째 들물 시간에 백제는 웅진강(금강) 동편(석성면 지역)에 1만여 명의 군대를 추가로 투입하여 당군의 상륙을 저지한 사실을 D)의 ①에서 "소정방은 물가 동쪽으로 올라가 산에 진을 치고 적과 더불어 크게 싸웠다"(定方升東岸 乘山而陣 與之大戰)고 정리하였다. 바로 이 『구당서』의 기사로써 동쪽 강변이 부여군 석성면 봉정리 일대였음을 알 수 있다. 9일 아침에 강 왼편의 부여 세도면 반조원리로 먼저 상륙했다가 그날 저녁 무렵 강 동편 석성면으로 당의 대군이 집결하는 데 성공한 것이다.

소정방과 그의 군대가 부여군 석성면 일대로 옮겨가자 그것을 막기 위해 석성면 일대에 다시 추가 투입된 백제군 1만여 명은 거의 대부분 희생되었다. 소정방은 7월 9일 오후 두 번째 오름물때에 맞춰 석성면 봉정리(강 동쪽)로 군대를 상륙시켰는데, D)의 ③ 내용으로 보면 고다진 나루에서 상류로 거슬러 올라가 봉정리 매봉(45m) 일대로 이동했으리라 추정할 수 있다. 그리고 앞의 기록들을 토대로 계산하면 계백 사후 별도의 백제군을 웅진강 어귀에 허겁지겁 투입한 시기는 9일 오후 바닷물이 다시 불어오르기 시작한 초들물 시각 전이었을 것이다.

결국 A)와 D)로써 9일 오전 중의 당군 상륙작전에서 수천 명의 백제군이 희생되었고, 그날 저녁 무렵의 두 번째 오름물때에 다시 1만여 명의 백제군이 봉정리 일대에서 희생되었음을 분명하게 가릴 수 있다. 석성면으로 당군이 상륙하는 것을 막다가 희생된 군사는 '계백이 죽은 뒤 남은 군사를 모아 웅진강구에 배치한' 바로 그 백제병들이었다. 9일의 두 번째 오름물때는 첫 오름물때 만조 시로부터 대략 12~13시간 후에 있게 되니 7월 9일 오전과 오후 세도면과 석성면 사이 부여 웅진강의 좁은 강을 따라 당나라의 군선들이 꼬리를 잇대어 상륙하며 상륙전을 전개하던 장면을 선명하게 그릴 수 있다.

그러나 똑같은 사실인데도 『신당서』 백제전에서는 "(소정방이) 성산에서 바다를 건너니 백제는 웅진구를 지켰다"라[29]고 하여 매우 짤막하게 줄여 썼다. 다만 '사비도성으로부터 20여리 되는 곳'에서 백제군과의 치열한 상륙전이 있었다고 한 기록을 바탕으로 실제 거리를 측정해보면 당군은 부여 석성면 강가의 파진산 남쪽, 현재의 봉두천 경계까지를 상륙지로 선택한 것으로 보인다. 그 지점이 부여나성에서 대략 8km 거리이기 때문이다.

아울러 조선 시대 토정 이지함의 물때 계산법으로 따져보면 9일의 만조 시각은 대략 오전 11시경에 있었을 것이니 초들물 이후에 당군이 상륙을 시도하였을 것이라고 보면 대략 9일 아침 9~10시경을 소정방 군대의 첫 도착 시점으로 어림해볼 수 있다. 늦어도 그 무렵에는 웅진강에 내렸을 것이다. 그리고 그날 당군의 두 번째 상륙 시작 시점을 대략 저녁 7~8시경으로 볼 수 있을 것 같다. 땅거미 질 무렵부터는 더 이상 당군을 막아서는 백제군은 없었다.

## 부여 석성면 봉정리 일대 10리 벌판에 당군 주둔

그러면 소정방과 당나라 군대가 백강 및 금강에 도착한 660년 7월 8~10일의 조석 시각과 대략적인 간만 차이를 알 수 없을까? 1400여 년 전의 백제 시대에는 조선 시대 또는 지금과 간만 시각이라든가 바닷물 높이에 다소의 차이는 있을지라도 조석 간만과 물때 주기에 따른 이치는 같다. 그러므로 토정 이지함이 개발한 조수왕래법이나 1970년대까지 사용해온

---

[29]    自城山濟海百濟守熊津口

전통 물때 파악법을 적용해보면 대략적인 사정을 추리할 수 있을 것이다.

소정방의 당군이 덕물도에 도착한 날은 660년 6월 21일(음력)이었으니 전통 물때 파악법으로 계산하면 이날의 바다 물때는 12매(물)였다. 만조 수위가 낮아서 썰물 시간에는 조간대潮間帶가 넓게 드러나므로 상륙에 그다지 좋은 조건은 아니었다. 하지만 이때만 해도 만조 시각에 맞추면 덕적도나 소야도에 상륙하는 데는 큰 어려움은 겪지 않았을 것이다. 섬 주변이 자갈밭이나 모래가 섞인 바닥이어서 간조 시각이라 해도 소야도에 배를 대고 상륙하는 데 문제가 없었다.

그러나 당군 일부가 백강에 상륙한 7월 8일과 소정방이 웅진강에 상륙한 7월 9일은 조금과 무쉬(무시)여서 당나라 군대는 접안과 상륙에 어려움을 겪었을 수 있다. 바닷물 수위가 낮아서 최대 만조 시각에 상륙하였다고 해도 대형 군선의 접안 및 상륙 조건에는 적합지 않다. 더구나 썰물 시간에는 조간대潮間帶가 너무 넓게 드러나는 데다 소야도와 달리 갯벌을 끼고 있는 부여 세도~강경 일대 강변은 배를 대고 상륙하는 데 특히 어려움이 있었을 것이다.

우선 부여 웅진강(금강) 하구는 만조 수위라 해도 수심이 워낙 낮고 평평한 갯벌 지대가 넓어서 조금과 무쉬날에는 상륙지점에 크게 제한을 받는다. 6월 말~7월 1일·2일의 사리물때에는 사비도성에 바로 배를 댈 수 있을 만큼 만조 시 바닷물의 물 높이가 높았는데, 왜 하필 당군은 조금물때를 상륙 시간으로 택했을까? 물때를 전혀 파악할 줄 몰라서 그 날짜를 선택한 것이라고 보기는 어렵다. 그 당시에도 최소한 보름과 그믐의 사리 그리고 조금·무쉬 정도는 알고 있었다고 봐야 한다. 그렇지 않고서는 왜 구태여 공격자의 입장에서 굳이 음력 8일과 9일의 조금 그리고 무시를 택했는지를 설명할 수 없다. 당의 군선이 강을 거슬러 오르기 어려운 물때를 골라서 온 데는 그럴만한 이유가 있었을 것이다. 당과 백제 모두 물때를 알고 있었다면 사비도성의 백제 왕과 수뇌부 또한 설마 조금과 무쉬 물때인 음력 8일과 9일, 23일과 24일에는 사비도성 턱밑까지 당군이 배를 타고 들어오리라고는 예상하지 못했을 수 있다.

소정방이 660년 7월 9일 웅진강으로 상륙한 것이나 그로부터 3년 뒤인 663년 9월 7~8일을 당군이 마지막 백강해전일로 정한 것은 다 같은 이치였다. 조선 시대와 1970년대 초까지만 해도 강경포구(황산나루)는 웅진강 하구의 유명한 내륙항이었다. 통상 조금날에는 강경 읍내 황산나루까지밖에 올라올 수 없었다. 그러나 그것은 조선 시대와 1960~1970년대까지의 사정이었다. 백제 시대에는 강경 황산나루에서 4km 이상 더 올라간 부여 석성면~세도면 일대까지 조금과 무쉬에도 배를 댈 수 있을 만큼 강바닥이 깊었다. 음력 7월 9일은 백중사리를 앞둔 조금이었고, 여름철 홍수로 물이 불어났다면 당군이 사비성 남쪽 20~30리 거리의 세도면 반조원리와 석성면 봉정리에 배를 대는 데는 더욱 유리했을 것이다. 그러나 당군은 처음부터 사비성 가까이에 배를 대고 상륙할 의사가 없었다. 약속대로 사비 벌판에 상륙하기 위해 일부러 조금과 무쉬인 7월 8일과 9일이라는 날짜를 선택하였고, 조금과 무쉬에도 배를 댈 수 있는 곳을 택하였다. 그것은 상대의 허를 찔러 실리를 취하는 허이실(虛而實)의 전술이었다. 백제 측에서는 조금과 무쉬에 사비원으로 당군이 상륙하리라고는 전혀 예상을 하지 못했을 것이다. 다시 말해서 9일에는 당군의 배가 사비성까지 바로 들어올 수 없다는 사실을 알고 있었으므로 백제 측에서는 오히려 안심했을 수 있다는 것이다. 조금과 무쉬날에는 석성면 봉정리와 세도면 반조원리까지만 배를 댈 수 있었으니 그날 사비성은 상대적으로 안전하다고 판단했을 것이다. 간단히 정리하면 조금과 무쉬 날에는 사비성 남쪽 20~30리 거리에 있는 고다진까지만 배를 댈 수 있다는 사실을 당군은 역이용한 것이다.

하루 전, 백강을 기습한 당군 좌군과 황산벌의 신라군을 막기에도 버거운 마당에 무쉬날인 7월 9일에 당군이 웅진강으로 곧바로 들어와서 부여 반조원리와 석성면 봉정리에 상륙한 당군 우군을 백제군으로서는 감당할수 없었다. 소정방은 신라 군대와 사비성 남쪽에서 만나기로 약속한 7월 10일에 맞춰서 애초의 계획대로 은밀하게 움직였다. 당군은 9일 아침부터 상륙을 시작하여 백제군과 상륙전을 벌였고, 10일에는 부여 사비도성에서 20리로부터 30리 이내의 범위(석성면 일대)에 집결하였다. 결국 소정방과 그

금강 하구에서 웅진강 하구까지

의 군대는 660년 음력 7월 9일 아침에 웅진강구熊津江口에 도착하여 사비성 남쪽에서 7월 10일에 신라군과 만나기로 한 약속을 지킬 수 있었다.

그러나 김유신의 신라 군대는 황산벌에서 계백 군대의 격렬한 저항혜 막혀 약속날짜에 대지 못하였다. 김유신 군대가 사비성 남쪽 벌판에 도착한 것은 11일이었다. 그 때문에 당군과 신라군의 사비도성 함락을 위한 합동 작전이 신속하게 이루어지지 못하였다. 신라군이 약속 시간을 맞추지 못한 책임을 물어 소정방은 군법에 따라 김유신의 독군 김문영의 목을 베려 하였다. 그때 김유신은 소정방을 향해 '황산벌의 싸움을 보지 않고서 군법으로만 따질 것인가'를 강력하게 주장하면서 한차례 소동이 벌어졌는데, 이 문제는 소정방의 부장 동보량이 나서서 소정방의 발등을 밟으며 '신라군의 집단 저항이 예상된다'고 귀띔하면서 수그러들었다. 7월 11일에 벌어진 당군과 신라군 수뇌부 사이의 이런 갈등은 이튿날에야 겨우 수습되었다.

소정방의 군대가 9일 저녁 늦은 시간까지도 웅진강 상륙전을 계속한 사실을 앞에 제시한 D)의 『구당서』 기록으로 알 수 있다. 소정방의 당군은 9일 이른 아침 바닷물이 불어 오르는 시간과 그날 오후 바닷물이 다시 불어 오르는 저녁 시간에 웅진강으로 상륙하였다. 9일 첫 들물에 맞춰 배를 대고 상륙을 시작해서 그다음 들물에도 당군 선박이 꼬리를 물고 강을 거슬러 올라가던 상황을 D)에서 "遇潮且上 連舳入江"(다시 또 불어오르는 조수를 만나 올라갔다. 배의 고물을 잇대어 강으로 들어갔다)고 표현하였다. 통상 1970년대 이전을 기준으로 보면 조금과 무쉬 물때에는 강경 황산나루 위로 배가 올라갈 수 없었다. 그런데 무쉬 물때인 660년 7월 9일 반조원리와 봉정리 일대에 소정방의 당군이 상륙하였다. 반조원리에 배를 댈 수 있을 만큼 백제 시대에는 웅진강(금강) 수위가 충분히 높았거나 강바닥이 지금과 달리 아주 낮았던 것이다.

## 금강 강바닥 깊어 백제 시대에는 고다진이 내륙항 역할

그러면 그 당시 당군이 봉정리와 반조원리까지 배를 댈 수 있었던 요인은 무엇이었을까? 배가 접안할 수 있었던 웅진강의 여건에 관하여 대략 다음 다섯 가지 요소를 고려해볼 수 있다.

①백중사리(7월 15일)를 앞둔 시기여서 바닷물 수위가 높았을 수 있다. 음력 7월 15일은 연중 바닷물 수위가 가장 높은 때이다. 만조 시 해수면이 가장 높은 때인 만큼 7월 9~10일의 조금이나 무쉬에도 만조 수위가 평소보다 훨씬 더 높았을 수 있다. 그렇다면 별 어려움 없이 반조원리에 배를 댈 수 있었을 것이다.

②여름철 홍수기를 맞아서 강 수위가 높았을 수 있다. 음력 6월 말~7월 초순은 태풍과 호우가 있는 시기이므로 만약 강물이 불어난 상태였다면, 조금물때라 하더라도 오름 수위에 맞춰 반조원리에 겨우 배를 댈 수는 있었을 것이다.

그것이 아니면 다음으로 고려해볼 수 있는 것이 큰 조고차이다. 즉, ③ 백제 시대 달과 지구의 거리가 지금보다 더 가까웠을 가능성이다. 백제 시대 달과 지구의 거리가 지금보다 훨씬 가까웠다면 달의 인력이 크게 작용했을 것이므로 조금물때 만조 시각이라 하더라도 지금보다 바닷물 수위가 한결 높았을 수 있다.

하지만 그게 전부는 아니다. 나머지 고려해봐야 할 요소가 더 있다. ④ 백제 시대 바다 해수면이 지금보다 높았을 가능성과 ⑤웅진강(금강)의 하상河床이 지금보다 현저히 낮았다는 점이다. 그러나 백제 시대에 해수면이 현재보다 훨씬 높았다고는 볼 수 없다. 그보다는 금강하구의 강바닥이 현재보다 훨씬 깊었던 점(⑤)에 주목해야 한다. 즉, 백제 시대 이후 지금의 부여 읍내에서 강경까지 강바닥에는 토사와 퇴적물이 뒤덮여 강바닥이 높아졌다. 그래서 백제 시대 배를 댈 수 있던 봉정리 고다진古多津에서 고려와 조선 시대에는 강경포구로 포구가 후퇴하였다. 그 한 예가 김해만이다. 현재의 김해만 내에 있는 부산 강서구 지역 평지(전답) 대부분은 백제 및 가야 시대에는 존재하지 않았다. 김해시 봉황동 일대 깊숙이 바닷물이 들어왔을 만큼 내만이 무척 넓었다. 그동안 상류에서부터 토사가 밀려 내려와 퇴적되어 강의 모습을 완전히 바꾸었으며, 금강 역시 강바닥에 차곡차곡 쌓인 토사로 강물이 후퇴하여 지금의 모습이 되었다. 이런 현상은 웅진강(금강) 하류의 고다진~강경 일대도 대략 마찬가지였다.

금강하구언이 막히기 전까지, 강경의 황산나루는 조금물때에 배를 댈 수 있는 바닷물의 물끝이었다. 그러나 소정방이 상륙하던 660년 7월 9일 오전 및 백제 시대에는 부여군 석성면 봉정리 앞의 고다진古多津이 조금물때에도 배를 댈 수 있는 바닷물의 물끝이었다고 이해하면 된다. 이와 똑같은 사례를 서부 임존성 부근에서도 찾아볼 수 있다. 지금까지도 예산 지방에 "임존성이 함락되던 날, 현재의 예당저수지 제방 자리의 물가에 커다란 은행나무가 한 그루 있었는데, 흑치상지는 거기에 매어두었던 배를 풀어서 타고 곧바로 당나라로 들어갔다."는 이야기가 구전으로 전해오고 있는데, 이 이야기가 당시의 지형을 이해하는 데 보탬이 될 것이다. 백제 시대 당시에는 예당저수지까지 배가 들어올 수 있었을 만큼 무한천 바닥이 깊었음을 알려주는 전승이다.

그 당시 고다진은 백제 수도 사비성에 가장 가까이 배를 댈 수 있는 내륙항이었다. 그곳이 유명했던 까닭은 백제 수도에 바로 닿는 항구로서 해선海船의 입출항과 대외교역이 활발하게 이루어졌기 때문이다.

앞에서 설명한 대로 ①~⑤의 다섯 가지 조건 중에서 하나만 충족되어도 반조원리에 배를 댈 수 있지만, 그중에서도 가장 주목할 것은 다섯 번째 조건, 즉 웅진강의 하상河床이 지금보다 현저히 낮았다는 점이다. 백제 시대 강바닥이 낮아서 조금때 고다진까지 배를 댈 수 있었는데, 그 후로 강바닥에 토사가 쌓여 내륙항이 고다진에서 지금의 강경으로 후퇴한 것이다. 다시 말해서 조선 시대 이후 강경(황산나루)의 역할을 백제 시대에는 고다진이 맡았던 것이다. 강경포구에서 봉정리 고다진까지는 대략 6km 거리이다.

이와 같이 소정방의 당군이 애초 고다진을 상륙지점으로 설정하여 사비성 남쪽 20리 거리로부터 10리 범위의 벌판을 주둔지로 계획하였고, 그 의도대로 움직인 것을 보면 당시 신라 측에서는 웅진강 일대를 잘 알고 있었으리라 판단할 수 있다.

바닷물은 만조 상태에서 다음 만조까지는 대략 12~13시간이 걸린다. 예를 들어 아침 7시에 첫 만조가 있었다면 다음의 오름물때 만조 시각은 대략 저녁 7시 전후가 된다. 웅진강 하구는 강폭이 좁고 많은 배를 일시에 댈 수 없는 조건이었으므로 그날 저녁 오름물때에도 당군 배가 앞뒤로 뱃머리와 꼬리를 물고 강을 거슬러 올라갔다. 물론 이때 배를 타고 상륙한 병력은 전사戰士가 중심었을 것이고, 군수품이나 장비는 뒤에 내렸을 것이다. 정규군 외에 군량이나 기타 전투에 필요한 보조 인력과 물자 등을 내리는 일은 10일에도 간간이 계속되었을 수 있다.

소정방이 7월 9일 부여군 세도면 반조원리 웅진강으로 상륙한 사실을 『삼국사기』 신라본기 태종무열왕 7년 7월 조의 기사로도 알 수 있다. 또 『신당서』 소정방전은 "당군이 바닷물 오름물때를 타고 강을 거슬러 올랐으며 배의 이물과 고물을 서로 이어 앞으로 나아갔다."[30]라고 전한다. 『구

---

30) 王師乘潮而上 舳艫銜尾進 …

당서』소정방전에도 "소정방이 동쪽 물가로 나가서 산에 올라 진을 쳤다. …… 오름물때를 만나 다시 강을 거슬러 올랐고, 고물을 잇대어 배가 강으로 들어갔다"[31]라고 하였는데, 이러한 기사들로 보면 당군은 9일 아침 첫 오름물때에 상륙을 시작하였고, 간조 시각에 중단되었던 상륙은 저녁 무렵에 다시 이어졌다.

뒤에 '과학적 조석표潮汐表로 보는 당군의 웅진강 상륙 시간' 편에 자세히 설명하였지만, 현대식 물때표를 기준으로 하여 추정해보면(<도표1>) 그날 아침의 만조 시각은 대략 7~9시 전후에 있었고, 저녁 만조 시각은 대략 오후 8~11시 범위 안에 들어 있다. 이런 물때의 주기성은 백제 시대라 해서 별로 다르지 않았다. 따라서 9일 당군의 첫 상륙 시작 시각은 아침 초들 물때인 7~8시경이었을 것이다. 그리고 오후 6~7시경의 두 번째 초들물에 당군의 상륙이 다시 시작되었을 것이다. 9일 오후의 오름물때 상륙작전이 계속된 사정을 『구당서』는 "다시 바닷물이 불어 오르자 배가 꼬리를 이어 강으로 들어갔다"[32]라고 하였고, 『신당서』는 "다시 바닷물이 불어 오르는 물때를 만나 배의 고물과 이물을 가지런히 하여 나아갔다."[33]라고 하였다. 더구나 그 두 번의 오름물때 사이에 밤낮의 변화를 기술하지 않았으므로 당군의 상륙은 9일 이른 아침 시간인 7~8시경부터 이루어졌고, 오후 6~7시 이후로부터 저녁 늦게까지 다시 상륙작전이 계속되었음을 알 수 있다. <도표1>의 2011~2022년 물때표 또한 대략 그 시간대에 간조와 만조가 있었음을 보여준다(p.189 참조).

한편, 당군(우군)이 사비도성에서 20리 거리의 남쪽 사비원泗沘原에 주둔

---

31)    定方升東岸 乘山而陣 … 遇潮且上 連舳入江
32)    遇潮且上 連舳入江
33)    王師乘潮而上 舳艫銜尾進

하였다는 기록을 바탕으로 당시의 사정을 정리해보면, 웅진강구로 들어온 소정방군은 10일과 11일에 사비성에서 20리 밖으로부터 30리 사이의 10리 범위에 주둔하였다. 지금의 부여군 석성면소재지와 봉정리 일대가 부여 사비도성에서 대략 8km 거리이므로, 거기서 다시 밖으로 10리 범위가 당군 및 신라군의 주둔지였던 것이다.

애초 당나라와 신라의 백제 공격전은 수도로 진격하여 신속하게 사비성을 포위하고 항복을 받아내는 것이었다. 될 수 있으면 백제군의 저항을 덜 받고 신속히 수도 사비성으로 직행하여 사비도성의 백제 지배층을 제압하기 위한 수도 진공작전이었으므로 당군이 덕물도에 도착한 시점부터 신라와 당 측은 보안에도 상당한 노력을 기울였을 것이다.

소정방이 소야도에서 내려가 맨 처음 배로 도착한 반조원리領詔院里를 『신증동국여지승람』 임천군 조는 다음과 같이 소개하고 있어서 당군의 상륙지점을 비교적 정확히 알 수 있다.

E) 반조원리는 임천군 동쪽 20리 거리에 있다. 전해오기를 당나라 장수 소정방이 백제를 치러 동쪽으로 왔을 때 당 고종의 조칙을 여기서 반포했으므로 반조원리란 이름으로 부르게 되었다.[34]

당나라 장수 소정방이 임천군 동쪽 20리 거리(현재는 부여군 세도면)의 반조원리에 들어와 당 고종의 조칙詔勅을 반포頒布하였으므로 거기서 반조원리라는 지명이 유래했다는 것이다. 그러면 당나라 고종의 조칙은 어떤 내용이었을까? 그것을 정확히 알 수 있는 자료는 없다. 다만 당나라 고종이 내

---

[34]    領詔院里-在郡東二十里俗傳唐將蘇定方東征百濟時領詔于此院故仍名焉

세운 백제 침공의 명분이라든가 출사표와 같은 것들을 밝혔을 것이다. 그 일면을 추정해볼 수 있는 단서가 '당평백제비'에 있다. 다음은 당평백제비에 나오는 내용 가운데 일부이다.

F) … 어리석은 변방의 오랑캐들이 섬에 몰래 숨어 들어가 살면서 구이九夷를 울타리 삼고, 만 리나 떨어져 있어서 지세가 험준하고 막힌 것을 믿고 감히 하늘의 도리를 어지럽히니 동쪽으로는 가까운 이웃을 정벌하고, 가까이로는 황제의 밝은 조칙을 어기며, 북쪽으로는 도리에 어긋나는 일과 관련되었고, 멀리 올빼미 소리에 호응하였다. 밖으로는 곧고 바른 신하를 버리고, 안으로는 요망한 계집을 믿어 형벌이 미치는 바는 오직 충성되고 어진 사람한테만 있고, 총애와 신임이 더해지는 바는 반드시 아첨하는 자에게 있으니 결혼할 연령에 이른 여인이 원한을 맺고 슬픔을 머금었노라! …… 수레바퀴 자국에 고인 물에서 궁지에 몰린 물고기를 빼내어 주고[涸轍鮒魚], 기울어진 새집에서 위태로운 새알을 건져 주듯이 남은 백성을 애처로이 여기고 저 흉악한 무리를 분하게 여겨서 (당 고종이) 몸소 조벌弔伐하지 않고 먼저 장군들에게 명령을 내렸다. …

이상을 요약하면 '백제가 신라를 치고, 고구려와 결탁하며 당나라에 맞서는 등 외교에 실패하였으며 의자왕의 부인 은고恩古에 휘둘려서 충신을 핍박하고 간신을 믿어 내치內治가 어지러워졌으니 백제를 칠 수밖에 없었다'는 내용이었을 것이다. 이런 내용을 담은 당 고종의 조칙을 소정방이 반조원리에 내려서 읽으며 백제 정벌의 당위성을 반포하였으므로 반조원리라는 지명이 유래했다는 뜻으로 이해할 수 있다.

물론 F)에 나열한 내용은 백제가 외교와 내치內治에 실패하여 정치가 어지러웠으며 그래서 백성을 구하기 위해 당 고종 자신이 출정하지 않고, 여러 장군들에게 정벌하도록 명령했다고 되어 있지만, 그것은 당나라 입장에서 내세운 핑계였다.

『구당서』및『신당서』그리고『신증동국여지승람』임천군조,『충청도읍지忠淸道邑誌』임천군 조[35]도 같은 내용을 전하고 있다.『충청도읍지』임천군林川郡 조에는 660년 7월 9일 백제 침공 때 소정방이 세도면 반조원리의 금강에 도착한 사실을 이렇게 기록하였다.

당평백제비 탁본(국립중앙박물관)

G) 반조원리는 임천군 동쪽 20리 거리에 있다. 전해오기를 당나라 장군 소정방이 백제를 정벌하러 반조원에 와서 당 고종의 조칙詔勅[36]을 반포하였기에 그로 말미암아 반조원이란 이름을 갖게 되었다.[37]

다음으로는『신당서』소정방전을 살펴볼 필요가 있다. 소정방이 웅진강구를 거슬러 올라 반조원리로 상륙하면서 백제군과 전투를 벌이던 음력 7월 9일의 상황을『신당서新唐書』에는 다음과 같이 기록하였다.

---

**35)** 領詔院里在郡東二十里俗傳唐將蘇定方東征百濟時領詔于此院故仍名焉(『忠淸道邑誌』林川郡)

**36)** 백제를 치기 위해 출병하게 된 이유와 동기, 출병의 당위성이나 목적 등을 당(唐) 고종(高宗)의 이름으로 발표하였을 것으로 추정한다.

**37)** 領詔院里在郡東二十里俗傳唐將蘇定方東征百濟時領詔于此院故仍名焉

H) 소정방은 신구대총관이 되어 군사를 거느리고 백제를 쳤다. 성산에서 바다를 건너 웅진구熊津口에 이르렀다. 적(백제군)은 강을 따라 병사를 배치하였다. 소정방은 좌측 물가로 나가 산으로 올라가서 진을 치고 백제군과 싸웠다. 적이 패하여 죽은 자가 수천이나 되었다.[38]

당시 서천 장항으로부터 부여 임천~강경~반조원리 일대에 살던 백제인들은 당군의 대규모 선박이 강과 바다를 가득 메운 채 밀려오고 있는 것을 보고 나서야 비로소 당군이 쳐들어오고 있음을 알았을 것이고, 그 사실을 부랴부랴 사비성에 전달했을 것이다. 그래서 세도면과 석성면의 강 양안에는 급히 백제군이 투입되었던 것이며, 아마도 강 우측(부여 석성면 일대)에는 훨씬 더 많은 백제군이 차례로 배치되었을 것이다. 그래서 소정방과 당군 선발대는 우선 저항이 덜한 반조원리에 상륙했다고 보아야 한다.

그날 반조원리에서 벌어진 상륙전에 관하여 『신당서』에 "적이 패하여 죽은 자가 수천이나 되었다"(賊敗 死者數千)고 하였는데, 이때 희생된 백제군은 현재의 부여 임천면·규암면·충화면·홍산면·세도면과 서천군 일대(백제 당시의 江西 지역)의 방어를 책임지고 있던 가림성 관할 병력이었을 수 있다.

소정방 군대가 처음에 금강 좌측 반조원리로 상륙하여 백제군을 격파하고 나서, 그날 오후의 두 번째 오름물때에 그 맞은편 석성면 봉정리 일대로 옮겨가면서 다시 치른 상륙전에서 다시 또 백제군 1만여 명이 희생되었다. 당시 세도면과 석성면으로부터 강경에 이르는 웅진강 하구 일대엔 당군 선박이 가득 차 있어서 그것을 내려다본 사비도성의 백제 수뇌부는 대경실색하였을 것이다.

---

38)    … (前略) … 出爲神丘道大總管 率師討百濟 自城山濟海至熊津口 賊瀕江屯兵 定方出左涯 乘山而陣 與之戰 賊敗 死者數千 … (下略) … (『新唐書』 卷111 列傳 第36 蘇定方)

소정방이 부여군 세도면 반조원리(조선 시대엔 임천군)로 들어왔음을 알려
주는 또 다른 기록이 있다. 조선 성종 시대 서거정徐居正의 시이다.

옛날 당군이 여기에 주둔했다는 얘기를 보았네
신라 장수 서로 침범하니 그 고통 어떠했으랴!
웅진강 일대는 하늘빛이 맑기도 해라
한산의 산봉우리 하늘에 닿을 듯하네
見說唐兵曾駐此
如何羅將苦相侵
熊江一帶兼天淨
馬邑羣峯接地陰[39]

서거정 역시 소정방이 반조원리로 상륙하였음을 말하고 있는데, 마읍
馬邑은 현재의 서천군 한산韓山을 이른다.[40] 서거정의 이 시에도 백마강이
나 백강은 없고 웅강熊江만 있다. 웅강은 웅진강이다. 한시의 운율과 글자
수를 맞추기 위해 웅진강을 웅강으로 줄여 쓴 것이지만, 서거정은 소정방
의 당나라 군대가 금강하구로 들어왔음을 이 시 한 편으로 간단히 알려주
고 있다. 앞의 『충청도읍지』와 『신당서』 두 기록을 함께 견주어 보면, 서거
정 역시 소정방이 반조원리로 들어왔다가 그 맞은편 석성면 일대로 나아
가 주둔한 기록을 어디선가 보았던 것이다. 그래서 『신당서』 소정방전에
도 소정방이 도착한 반조원 일대를 웅진강구熊津江口로, 『구당서』엔 웅진구

---

39)　四佳詩集 補遺三 그리고 東國輿地勝覽 詩類 林川題詠
40)　정확히는 서천군 마산면(馬山面)이다.

熊津口로 적었다. 앞의 『신당서』 내용 바로 뒤로는 당군이 웅진강구에 상륙하여 사비도성 남쪽에 이르기까지의 과정을 압축하여 설명하는 이야기가 이어진다. 다음은 그중 일부인데, 이것만 보더라도 당나라 군대가 웅진강으로 들어가서 사비도성으로 향하던 상황을 고스란히 알 수 있다.

> I) 당나라 군대는 불어 오르는 조수를 타고 강을 거슬러 올랐다. 배의 고물과 노를 나란히 하여 북을 시끄럽게 치며 앞으로 나아갔다. 소정방은 보병과 기병을 끼고 사비도성으로 곧장 내달았다. 적(백제)은 나라를 기울여 와서 막았다. 한참을 싸워 그들을 깨트렸다. 죽이고 사로잡은 자가 1만 명이었다. 승세를 타고 사비성 외성으로 쳐들어갔다. ……[41]

이것은 『신당서』 소정방전의 일부인데, 7월 9일 저녁 무렵 반조원리에 내렸던 당군과 그때까지 상륙하지 못한 군대가 상류쪽 봉정리 일대로 거슬러 올라가서 주둔한 이후, 사비성의 외성으로 쳐들어간 7월 12일까지의 사정을 전하는 이야기이다.

당시의 전쟁을 고려할 때 당군은 기병이 탈 말이라든가 충차, 운제 등과 같은 전쟁무기도 배로 실어왔을 것이니 그것들을 배에서 내릴 수 있는 여건과 더불어 10만이 넘는 당군의 주둔 문제도 충분히 고려하였을 것이다. 9일 오전 첫 상륙 때 당군은 가림성 관할의 백제군 수천 명을 격파하였고, 이어서 9일 오후 7~8시경 이후 두 번째 오름물때를 타서 맞은편의 부여군

---

**41)** 王師乘潮而上 舳艫銜尾進 鼓而譟 定方將步騎夾引 直趨眞都城 賊傾國來 酣戰破之 殺虜萬人 乘勝入其郛 王義慈及太子隆北走 定方進圍其城 義慈子泰自立爲王 率衆固守 義慈之孫文思曰 王與太子出而叔豈得擅爲王 若王師還 我父子安得全 遂率左右縋城下 人多從之 泰不能止 定方使士登城 建唐旗幟 於是泰開門請命 其將禰植與義慈降 隆及諸城送款 百濟平 俘義慈隆泰等獻東都 定方所滅三國 皆生執其王 … (下略) … (『新唐書』 卷111 列傳 第36 蘇定方)

석성면 봉정리 일대로 건너가 백제군 1만 명을 제압하고 '사비 남쪽 벌판'
에 집결하였다.

## 백제는 당군의 웅진강 침입을 예상하지 못했다!

그러면 백제는 당군이 웅진강으로 침입해 오리라고 처음부터 예상하고
있었을까? 백제 측의 예상과 사전 대비가 있었는지, 아니면 당군의 웅진
강 상륙을 뒤늦게 알고 대응했는지의 문제도 검토해볼 필요가 있다. 이에
대해서는 먼저 『삼국사기』 백제 의자왕 16년 봄 3월 조 좌평 성충의 상서
가운데 나오는 다음 내용을 보면 알 수 있다.

> 가) (의자왕) 16년 3월에 왕이 궁녀들과 절제 없이 음란하고, 쾌락에 탐닉하여
> 술 마시는 것을 그치지 않자 성충成忠이 극력 간하였다.
> "… 제가 평소 시운의 변화를 살펴보건대 필시 전쟁이 있을 듯합니다. 무릇 용
> 병을 하는 데는 반드시 그 지형과 지세를 살펴 가려야 하니 상류에서 적군을
> 맞아야만 보전할 수가 있습니다. 만약 다른 나라의 군사가 오거든 육로로는 침
> 현(沈峴)을 지나지 못하게 하고 수군은 기벌포(=백강)의 언덕에 오르지 못하게
> 하여 험하고 좁은 곳을 의지해서 막아야만 할 것입니다."[42]

일연一然은 이 기사를 『삼국유사』 태종춘추공太宗春秋公 조에 그대로 전재
하였다.[43] 그런데 그로부터 4년 뒤의 기사인 『삼국사기』 백제 의자왕 20년

---

**42)** 臣常觀時察變必有兵革之事凡用兵必審擇其地上流以延敵然後可以保全若異國兵來陸路不使過沈縣
水軍不使入伎伐浦之岸據其險隘以禦之然後可也(『삼국사기』 백제 의자왕 16년 조 좌평 성충의 상서)

**43)** 臣常觀時變時必有兵革之事凡用兵必審擇其地處上流以迎敵可以保全若異國兵來陸路不使過炭縣一云
沈縣百濟要害之地水軍不使入伎伐浦卽長嵓又孫梁一作只火浦又白江據其險隘以禦之然後可也(『삼국
유사』 太宗春秋公 條)

6월 조에는 백제 수뇌부가 고마미지현에 유배 가 있던 좌평 흥수에게 사람을 보내어 쳐들어온 당군에 대한 대응책을 물은 내용이 있다.

나) 이때 좌평 흥수興首가 죄를 짓고 고마미지현古馬彌知縣에 유배가 있었는데 왕이 그에게 사람을 보내어 묻기를 "사태가 위급하다. 어찌하면 좋겠는가"라고 하였다. 흥수가 말하기를 "당나라 군사들은 숫자가 많고 군대의 기율이 엄숙하고 확실하며 게다가 신라와 더불어 앞뒤로 작전을 함께 하고 있으니 만일 평탄한 벌판이나 너른 들에 진을 치고 상대하다가는 승패를 장담할 수 없을 것입니다. 그런데 백강(白江, 혹은 伎伐浦라고 한다)과 탄현(炭峴, 혹은 沈峴이라고 한다)은 우리나라의 요충지로서 한 사람이 창 한 자루만 들고 있어도 만 명이 이를 당해내지 못할 것이니 날랜 군사를 가려 뽑아서 그곳에 보내어 지키게 하여 당나라 군사가 백강에 들어오지 못하게 하고 신라 군사는 탄현을 넘지 못하게 해야 합니다. 또 대왕께서는 성문을 겹겹이 닫아걸고 굳게 지키면서 그들의 물자와 군량이 떨어지고 사졸들이 피로해지기를 기다렸다가 그다음에 떨쳐 일어나 친다면 틀림없이 그들을 쳐부수게 될 것입니다."[44]라고 하였다.

나)는 의자왕 20년(660) 6월 기사에 이어서 쓴 내용인 만큼, 이 기사로써 의자왕과 사비도성의 백제 지도층은 늦어도 6월 말경에는 당군의 침입 사실을 알고 있었다고 보아도 되겠다. 하지만 의자왕이 흥수에게 사람을 보내어 의견을 물어본 시점이 명확하지 않다. 6월 기사로 썼으니 그 시점을 6

---

44)  興首曰唐兵旣衆師律嚴明況與新羅共謀掎角若對陣於平原廣野勝敗未可知也白江或云伐伐浦炭峴或云沈峴我國之要路也一夫單槍萬人莫當宜簡勇士往守之使唐兵不得入白江羅人未得過炭峴大王重閉固守其竇粮盡士卒疲然後奮擊之破之必矣於時大臣等不信曰興首久在縲絏之中怨君而不愛國其言不可用也莫若使唐兵入白江沿流而不得方舟羅軍升炭峴由徑而不得並馬當此之時縱兵擊之譬如殺在籠之雞離網之魚也王然之又聞唐羅兵已過白江炭峴遣將軍堦伯帥死士五千出黃山與羅兵戰四合皆勝之兵寡力屈竟敗堦伯死之於是合兵禦熊津口

월로 보아야 하겠으나 날짜를 정확히 제시하지 않은 것이 문제다. 소정방이 6월 21일 덕적도에 왔고, 7월 9일 부여 세도면으로 상륙하기 전까지는 그의 행적에 관한 기록이 전혀 없고, 홍수에게 사람을 보낸 날짜를 정확히 제시하지 않은 탓이다. 다만 나) 기사의 앞에 "소정방이 군사를 이끌고 성산에서 바다를 건너와 나라의 서쪽 덕물도에 이르니 왕이 이 말을 듣고 여러 신하들을 모아 싸우고 지키기 위한 대책을 물었다."로 시작되는 의자왕의 대응 뒤에 좌평 의직의 의견과 달솔 상영의 의견이 대립하는 이야기가 이어지고, "왕이 머뭇거리며 어느 쪽의 말을 따라야 할지 몰랐다."는 기사가 제시되고 난 뒤에 비로소 나)의 기사가 나오는 것으로 보아 소정방이 덕적도(소야도)에 도착한 사실을 부여 사비도성의 의자왕은 적어도 6월 말경에는 알고 있었을 것이라고 추정할 뿐이다. 더구나 고마미지현에 유배가 있던 홍수로부터 답변을 들은 직후에 비로소 "당군과 신라군이 백강과 탄현을 지났다"는 말을 들은 것으로 기록되어 있으므로 일단 아무리 늦어도 사비도성에서는 7월 6~7일 이전에 홍수의 조언을 들었을 것으로 판단된다.

이상에 소개한 『삼국사기』 백제본기 의자왕 16년 조와 20년 조의 홍수와 성충 관련 내용 중에서 핵심이 되는 것은 신라군과 당군이 침입할 경우 탄현과 기벌포를 반드시 막아야 한다는 것이었다. 그러나 누구도 성충과 홍수의 말을 귀담아듣지 않았다. 『삼국유사』는 이 기사를 그대로 전재하면서 다음과 같이 간단히 기록하였다.

"홍수의 말은 대략 좌평 성충의 말과 같았으나 대신들은 믿지 않았다."[45]

---

45)    興首曰大槪如佐平成忠之說大臣等不信 …

그러나 전해오는 자료 모두가 기벌포(백강)와 침현(탄현)에 대한 대비를 말하고는 있으나 웅진강 방비에 대해서는 한 마디도 거론하지 않았다. 의자왕에게 마지막 조언을 한 흥수와 성충도 탄현(침현)과 기벌포(백강) 방어는 강조했으나 웅진강 방비는 말하지 않았다. 그것은 백제인 누구도 당군의 웅진강 상륙을 예상하지 못했다는 증거이다. 다만, 다음 기사를 통해 웅진강과 부소산 뒤편~왕흥사 일대의 방비가 허술하여 백제 수뇌부가 불안하게 생각했으면서도 웅진강에 대한 방비를 전혀 고려하지 않았음을 알 수 있다.

다) 6월에 왕흥사王興寺의 여러 승려가 모두 배의 노 같은 것을 보았는데, 큰물을 따라 절 문으로 들어갔다. 모습이 야생 사슴 같은 개가 서쪽에서 와서 사비하 가에 이르러 왕궁을 향하여 짖는 일이 있었는데, 얼마 지나지 않아 떠난 곳을 몰랐다. 왕도에 개떼가 길 위에 모여 혹은 울고 혹은 짖었는데, 때가 옮겨지면 곧 흩어졌다. 어떤 귀신이 궁중에 들어가 크게 외치기를, "백제는 망한다. 백제는 망한다."라고 하고, 곧 땅으로 들어갔다. 왕이 그것을 괴이하게 여겨 사람을 시켜 땅을 파게 하니, 깊이가 3척 남짓 되는 곳에 거북이 한 마리가 있었는데 등에 "백제는 달이 바퀴와 같고 신라는 달이 새로운 것과 같다."는 글자가 쓰여 있었다. 왕이 그것을 묻자 무당이 말하였다. "달이 바퀴와 같다는 것은 꽉 찬 것이니, 꽉 차면 이지러집니다. 달이 새로운 것과 같다는 것은 아직 차지 않은 것이니, 차지 않으면 점차 차게 됩니다." 왕이 노하여 그를 죽였다. 다른 이가 말하였다. "달이 바퀴와 같다는 것은 번성한다는 것이고, 달이 새로운 것과 같다는 것은 미미하다는 것입니다. 그 뜻은 우리 국가는 번성하나 신라는 점차 미미해진다는 것입니다." 왕이 기뻐하였다.("삼국사기』 28 백제본기 6)

계백장군 동상(사진작가 임영선 제공)

　이것으로 보아 백제 지도층은 당군의 웅진강 침입을 전혀 예상하지 못
했다고 판단할 수 있다. 다만 서천·장항 지역에 당군 배가 새까맣게 몰려
들어오고 있는 것을 본 뒤에야 비로소 당군의 웅진강 침입을 알게 되었고,
그제서야 허겁지겁 대비를 하였을 것이다. 소정방이 웅진강에 도착할 시
점에 웅진강 강변을 따라 백제군을 배치한 것이라든가 황산벌에서 계백과
5천 결사대가 죽은 뒤에 비로소 웅진강에 백제군을 추가로 투입했다는 기
사로써 당군이 임박한 뒤에 백제 측의 긴밀한 대응이 있었음을 알게 된다.
　7월 9일에 김유신과 신라군이 황산벌에 도착했을 때 계백과 백제의 5천
결사대는 이미 세 군데에 군영을 설치하고 신라군을 기다리고 있었다. 사
비도성에서 황산벌까지는 대략 80리(32km) 길이다. 조선 시대 거리에 관한
기록을 보면 하루에 성인이 걸을 수 있는 거리를 최대 90리로 계산하고 있
다. 또 전해오는 말로, 조선 시대 성인 여성은 하루 최대 70리를 걸었다고

황령산성에서 본 황산벌(사진작가 임영선 제공)

한다. 즉, 일일정一日程(하루에 걸을 수 있는 거리)을 70~90리로 보는 것이 일반적인 계산이었다. 70~80리라면 보병이 짐과 병기를 싸 들고 꼬박 하루를 걸어도 도달하기 어려운 거리다.

물론 계백과 5천 결사대가 전부 말을 탄 기병이 중심이었고, 백제 당시의 황등야산군(지금의 금산군 진산면 및 대전 진잠동과 연산면 일대)의 황산벌 현지민을 동원하여 진지를 구축하고 대비하였다면 8일 중에 황산벌에 도착하여 그날 안에 준비를 마쳤어야 한다.

하지만 군영을 설치하는 데는 아무리 빨라도 한나절 이상 하루는 걸리는 점을 고려하면, 앞에서 설명한 대로 당군의 백강구 통과시점은 늦어도 7월 7일경, 백강 도착 시점은 8일 이른 아침으로 보아야 자연스럽다. 소야도에서 백강까지는 뱃길로 약 46km이니 소야도를 출발한 당군이 백강에 들어오기까지 대략 하루는 걸리는 거리이다. 당군의 배가 서풍을 받아 한

논산시 부적면 신풍리, 과거 황산벌에 있는 계백장군 묘(사진작가 임영선 제공). 근래에 만든 가묘이다.

시간에 대략 15~16km를 순항한다고 가정하면 한나절에도 도착할 수 있을 것이다. 그렇지만 음력 7월 초순 아침 시간에 강한 서풍을 기대하기는 어렵다. 당군 좌군이 소야도를 출발한 시점을 7월 6일쯤으로 보고, 백강까지 가는데 이틀이 걸리는 것으로 계산하면 7월 7일 오후나 되어야 백강에 도착했을 것이다. 현재로서는 당군의 이동 시점을 추정할 수밖에 없지만, 아마도 소정방이 소야도를 떠난 직후인 6일쯤에 좌군이 소야도를 출발하였을 것이다. 즉, 소정방이 소야도를 출발한 날짜를 7월 5일로 보면 그로부터 4일째에 소정방이 웅진강구에 도착한 것이다. 실제로 소정방이 부여로 떠난 그 이튿날 당군 좌군이 소야도를 출발했다면 빠르면 7월 7일경에 백강구에 도착하였을 것이고, 그 시각 신라군은 동쪽에서 탄현 가까이에 이르렀을 것이다. 그래야 7월 8일 "당군이 백강을 지났고, 신라군이 탄현을 지났다"는 전갈을 받고 계백이 황산벌에 나가 준비를 할 시간이

논산시 부적면 신풍리에 있는 계백장군 사당(사진작가 임영선 제공)

생긴다.

　김유신의 신라군과 계백의 싸움은 7월 10일 늦게서야 끝났다. 그러니까 계백 사후에도 백제군은 사투를 벌여 김유신의 신라 군대를 막은 것이다. 7월 9일 오후에 계백이 죽고 나서도 김유신의 신라군은 황산벌에서 하루를 더 백제군과 싸워야 했다. 우리는 지금까지 계백과 그의 5천 결사대가 싸운 줄만 알았지, 황등야산군 일대에 집결한 백제인들이 9일과 10일 이틀을 목숨을 걸고 사력을 다해 싸운 사실은 제대로 알지 못하였다. 그런데 연산(황산벌)에서 부여 석성까지는 직선으로도 20km나 되는 거리다. 7월 10일 오후에 황산벌 싸움을 끝내고 신라군이 그날 저녁을 연산벌에서 보냈다고 가정하면 11일 점심 무렵이 되어서야 김유신 군대가 석성면에 다다랐을 것이다. 실제로 김유신 군대는 11일에 사비성 남쪽 석성면 석성리 일대에 도착하였다. 그러나 김유신의 사비원 도착 시점이 11일 오전인지 오후인지는 알 수 없다. 황산벌에서 석성까지의 거리를 감안하면 아마도 김유신은 11일 점심 무렵 이후에야 석성면에 다다랐을 것이다. 통상 4km를 한 시간에 걸을 수 있으니 그렇게 계산할 수 있다. 7월 9일 부여 세도면 반조원리와 석성면 봉정리에 상륙한 소정방으로서는 2일을 기다린 셈이다. 김유신 군대가 사비원에 도착한 11일, 의자왕은 왕자 등으로 하여금 고기와 가축 등을 가지고 소정방에게 가서 군사를 물릴 것을 요청했으나 소정방은 들어주지 않았다.

## 한·중 양국의 기록에도 웅진강은 백강이 아니다

660년 7월 9일 소정방이 웅진강(금강)으로 상륙하기 전에 당군의 일부가 먼저 침공한 곳이 백강이다. 덕적도(소야도)에 들어와 있던 당군 가운데 부여로 간 소정방의 부대보다 하루 먼저 백강에 내린 당군이 따로 있었던 것이다. 그로부터 3년 뒤인 663년 8~9월에도 바로 그 백강에서는 백제·왜·고구려 연합군과 신라와 당 연합군이 집결한 가운데 양측의 마지막 대결전으로서 백강해전이 치러졌다. 7백 년 가까운 백제사의 마지막을 장식한 대해전의 결전장으로서 주류성과 더불어 백강은 백제사에서 매우 중요한 곳이다. 그러면 대체 백강은 어디인가? 이 문제는 사실 백제 멸망 이후 1천 3백여 년 동안 미스테리한 사건으로 남아 있다.

백강 및 기벌포에 대하여 『삼국사기』 백제 의자왕 16년 봄 3월 조 좌평 성충의 상서에는 이렇게 되어 있다.

a) "… 제가 평소 시운의 변화를 살펴보건대 필시 전쟁이 있을 듯합니다. 무릇 용병을 하는 데는 반드시 그 지형과 지세를 살펴 가려야 하니 상류에서 적군을 맞아야만 보전할 수가 있습니다. 만약 다른 나라의 군사가 오거든 육로로는 침

현沈峴을 지나지 못하게 하고 수군은 기벌포의 언덕에 오르지 못하게 하여 험하고 좁은 곳에 의지해서 막아야만 합니다."[46]

반면 『삼국사기』 백제 의자왕 20년 6월 조는 다음과 같이 전하고 있다.

b) "그러자 또 당과 신라의 군사가 백강과 탄현을 지났다는 말을 듣게 되니 장군 계백을 보내어 결사대 5천 명을 거느리고 황산벌로 나가게 하였다. 이에 신라 군사와 네 차례 싸워 모두 이겼으나 병력은 적고 힘이 다해 끝내 패하여 계백은 죽고 말았다. 그제서야 군사를 모아 웅진강구熊津江口를 막고 강을 따라 병력을 배치하자 소정방이 강 왼쪽으로 나와 산에 올라가서 진을 치므로 맞아 싸웠으나 우리(백제) 군사가 크게 패하였다.

a)에서 말한 기벌포가 b)의 흥수 관련 기사에 나오는 백강이다. 바로 의자왕 20년 조의 기사에서 '기벌포=백강'[47]임을 명확히 제시하였기 때문이다.

이들 두 가지 자료로써 '웅진강과 백강은 다르며, 기벌포는 웅진강(금강)에 없었다'는 사실을 알 수 있다. 웅진강이 백강이고, 백강이 곧 기벌포라면 기사 b)는 성립되지 않는다. 다시 말해서, 만약 백강이 웅진강의 별칭이라면 '백강구=웅진강구'라야 한다. 하지만 백강이 웅진강이고, 백강구가 웅진강구라면 심각한 모순이 발생한다.

기록에 당군이 7월 8일 백강구를 지났고, 이날 신라군도 탄현을 지났다는 전갈을 사비도성에서 의자왕이 받은 것으로 되어 있다. 그리고 백

---

**46)** 臣常觀時察變必有兵革之事凡用兵必審擇其地上流以延敵然後可以保全若異國兵來陸路不使過沈縣水軍不使入伎伐浦之岸據其險隘以禦之然後可也(『삼국사기』 백제 의자왕 16년 조 좌평 성충의 상서)

**47)** "백강 혹은 기벌포라고 한다."(白江或云伎伐浦)

공주 고마나루(문화재청)

제에서 추가로 병사를 보내어 웅진강을 막은 시점을 황산벌에서 계백군이 죽은 뒤(7월 9일 오후)로 제시하였으니 '백강이 웅진강'이라면 큰 문제이다. 그렇게 되면 앞뒤가 맞지 않는다. b)의 기사 자체가 성립될 수 없는 것이다. 당군이 백강구를 지난 시점(7월 8일)에 신라군이 탄현을 넘었는데 어찌해서 '그다음 날' 백강구(웅진강)를 지난 당군을 막기 위해 또다시 백강구에 백제가 병력을 배치해야 하는가? 강구江口는 강의 입구이다. 즉 하구河口를 말함이니 7월 8일에 당군이 백강(웅진강)구를 이미 지났는데 그다음 날 다시 백강구에 백제군을 보내어 막을 까닭이 없다. 웅진강이 백강이었고, 웅진강에 기벌포가 있었다면, 그래서 b)의 기사는 성립될 수 없는 것이다. 이처럼 계백이 죽은 뒤에 백제군을 모아 웅진강을 지키게 하였다는 b)의 기사 하나만으로도 백강과 웅진강은 별개의 지명임을 명확히 알 수 있는 것이다.

당군과 신라군이 백강과 탄현을 지났다는 소식을 듣고 계백을 황산벌에 보낸 시점도 7월 8일 이전이라야 한다. 그런데 어쩐 일인지 7월 8일 당군이 백강구를 지났다는 보고를 받았고, 그 이튿날 소정방이 웅진강에 나타났다고 한 것을 바탕으로 근래엔 서천·장항 일대가 백강구이고, 강경~세도 지역을 백강(웅진강)이라고 우기면서 b)의 기사를 토대로 장항·서천의 백강구를 지난 당군이 그 이튿날 부여 웅진강(=백강)으로 들어왔다고 주장하는 이들이 있다. 당군이 7월 8일 백강구(장항읍 일대)를 지났으니 그 이튿날 부여 세도면과 석성면의 백강(웅진강)에 도착한 것이 시간적으로나 순리적으로 맞다고 판단하는 것이다. 서천·장항 지역을 백강구, 강경~부여 일대를 웅진강(백강)으로 이해한다는 뜻이다.

웅진熊津 부근의 강을 웅진강熊津江이라 했고, 부여 사비泗沘 주변의 강을 백강白江이라고 했다고 보는 일부의 주장도 마찬가지다. 그것이 사실이라면 애초 소정방이 도착한 웅진강구熊津江口는 웅진 부근의 강이었어야 한다. 그렇게 되면 소정방 군대가 부여 사비도성을 공격하기 위해 부여에 도착한 게 아니라 부여를 지나쳐 공주로 올라갔다가, 거기서 다시 부여로 내려와서 사비성을 공격했다는 얘기가 된다. 이것은 앞뒤가 전혀 맞지 않는 주장이다. 한 마디로 웅진 근처가 웅진강이고 부여 아래 또는 서천·장항 지역이 백강이라는 주장은 얼빠진 잠꼬대이다. 그런데 예식진의 묘지명에는 그의 출신지를 웅천熊川이라고 하였다. 이것을 보면 웅진 부근의 강은 백제 시대 웅천이었지 웅진강도 아니었다. 공주(웅진) 부근의 금강을 이르는 부분 명칭이 웅천이나 웅진강이었고, 사비도성 인근의 사비하를 웅진강으로 부른 사실도 기록으로 입증된다. 다시 말해서 부여 인근의 강을 백마강이나 백강으로 부른 것도 백제 멸망 이후의 일이다.

장항 읍내 현재의 금강하구언에서 세도면 반조원리 앞까지는 물길로 대략 43km이다. 가벼운 범선이 순풍을 타면 한나절에도 이를 수 있지만, 대형 군선이 사람과 짐을 가득 싣고 노를 저어 가려면 빨라도 하루 낮시간은 걸린다. 그렇지만 여기에 커다란 변수가 있다. 썰물 시간에는 배를 움직일 수 없는 것이다. 금강하구로부터 부여 세도면까지 가는 동안 겪어야 할 밀물과 썰물이다. 강경 아래 지역은 썰물의 영향을 많이 받는 조간대가 넓다. 썰물 시간에는 갯벌이 드러나 배를 움직일 수 없는 곳이 많다. 따라서 당군의 이동시간에 물때 시간도 고려해야 한다. 백제 시대 배를 댈 수 있는 바닷물의 물끝은 봉정리 고다진이었다. 조선 시대의 기준으로 보더라도 조금물때에도 배가 오갈 수 있는 곳은 강경까지였다. 만약 7월 8일 저녁 7~9시 사이에 만조가 있었고, 그 만조물때에 맞춰 당군의 배가 장항·서천을 통과하고 있었다면, 소정방과 당군은 이튿날(9일) 오전 6~7시 이후의 초들물을 타고 강을 거슬러 올라가 세도면 반조원리에 도착할 수 있었을 것이다.

## 부여 세도면~석성면 일대 백제 시대 '웅진강구'

백제 시대엔 임천 지역은 물론 금강 전체를 웅진강으로 불렀다. 지금의 금강(=웅진강)은 백강이 아니었다. 따라서 현재의 부여 임천면 아래 서천군 지역도 백강이 아니었다. 여기서 『신증동국여지승람』임천군林川郡에 관한 기록 가운데 "수륙의 요충지이며 물가 남쪽은 바다"[48]라고 소개한 구절을 참고할 필요가 있겠다.[49] 조선 시대 하륜河崙 관련 기록에 나오는 이 내용으로부터 조선 시대 사람들도 임천 남쪽은 민물(강물)이 아니라 바다로 인식

---

48)　　水陸之衝地濱南海(河崙記)
49)　　조선 시대에는 지금의 세도면까지가 임천군이었다.

하였음을 알 수 있다.

조선 시대 조금 만조 때의 바닷물 물끝이 강경까지 닿았다. 그래서 강경 위의 금강권도 바닷물의 영향을 크게 받았다. 서해안 사리만조 때 한강물 수위가 올라 서울 반포지구의 물 높이가 최소 8~9m 이상 높아지는 것도 같은 이치다. 금강하구언이 들어서기 이전에는 사리 만조 때 부여에서 한참 위인 청양의 왕진나루까지 대형 범선이 오르내렸다. 그러므로 소정방이 보름과 그믐의 사리물때를 택했다면 부소산 아래에 배를 댈 수 있었다. 간단히 정리하자면 조선 시대에는 강경은 조금물때에 배를 댈 수 있는 바닷물의 물끝이었다. 그러나 그것은 1970년대 금강하구언이 들어서기 전까지의 사정이었다. 백제 시대엔 지금보다 금강(웅진강)의 하상(河床)이 훨씬 더 낮았으므로 강경에서 5~6km나 더 올라가서 봉정리 고다진까지만 배를 댈수 있었다. 백제 시대에는 고다진~강경포구 일대는 모두 바다였던 것이다.

고려와 조선 시대 이후로 강경 아래를 바다로 이해한 것도 바닷물의 움직임에 기준을 둔 것이다. 동시에 수운과 해운을 바탕에 둔 구분이기도 한데, 이것이 백제 말기의 상황을 이해하는 데 중요한 실마리가 될 수 있다. 강과 바다를 구분하는 기준이 전통적으로 강경으로부터 임천군 일대에 있었으니 오늘의 한산 지역에 해당하는 임천 이하 금강 하구권은 웅진강이나 금강이 아니라 바다이다. 다시 말해서 임천 상류의 강경~세도면 지역이 웅진강의 강구이다. 임천군 이하는 강구를 벗어난 곳이니 백강(白江)이 아니며 웅진강일 수도 없다. 그래서 『구당서』·『신당서』에 석성면~세도면 지역을 웅진강구라고 하였다. 이러한 인식은 매우 오랜 전통에 따른 것이다.

『충청도읍지』 서천군 조의 "장암진은 서천군 남쪽 20리 서천포 앞에 있고, 산 만큼 커다란 바위가 바다에 의지해 있으며 물의 수원은 백강에서 나온다."[50]라고 한 기록에서도 조선 시대 사람들조차 서천포 일대를 바다로 인식하였음을 알 수 있다. 물론 여기서 지금의 금강(웅진강)을 백강으로 본 것은 잘못이며, 서천 장암진을 『삼국유사』에 근거하여 백강 기벌포로 본 것도 잘못이다. 그러니까 강경 황산나루(강경포구) 아래로는 바닷물이 드나드는 바다였으므로 웅진강도 아니고 백강도 될 수 없다. 물론 『구당서』와 『신당서』, 『자치통감』과 같은 중국 기록에 적힌 백강은 웅진강을 가리키는 게 아니다. 웅진강은 지금의 금강이고, 백강은 웅진강이 아니다. 오늘의 금강을 백강으로 부른 국내의 기록들은 신라의 삼국통일 뒤, 그것도 고려 시대 이후에 등장한 것이다. 이런 기본적인 사실조차 이해하지 못하고 서천군 일대의 수면을 백강이라고 주장하고 있는 이들이 있으니 이 일을 어쩌랴!

백강에 관한 기록은 『삼국사기』 백제본기의 기록이 신뢰할 만하다. 『삼국사기』의 백강 관련 내용이라 하더라도 그 외의 백강 관련 기사는 『삼국사기』 편찬 당시의 오류가 반영되어 있기 때문에 믿을 수 없다. 즉, 『삼국사기』 편자들조차 백강을 웅진강으로 잘못 이해하고 백강=웅진강, 백강구=웅진강구로 받아들이고 보니 '웅진강 기벌포'라든가 '소부리주 기벌포' 등으로 제멋대로 왜곡하여 쓴 것이다.

만약 백제 말기에 백제인들이 강경이나 임천, 그리고 기타의 금강 하구를 백강이라고 불렀다면 지금의 서천이나 한산·장항 등지의 금강 하류 지역을 중국의 기록에서는 백강으로 기록하였을 것이다. 그러나 중국 측의 기록 어디에도 지금의 충남 서천 지역 금강하구를 백강이라고 하지 않았다. 금강을 웅진강, 그리고 그 웅진강이 아닌 백강을 엄격히 구분하여 적

---

50)  長巖津在郡南二十里舒川浦前如山大石據海源出白江

은 것이다. 백강이나 웅진강에 대한 중국의 기록이 중요한 까닭은 당시의 지명을 그들이 직접 와서 들은 대로 기록했을 것이기 때문이다. 『구당서』 권83 열전 제33 소정방전에서는 " …… 현경 5년(660) 웅진도대총관을 제수하고 군대를 이끌고 가서 백제를 치도록 하였다. 소정방은 성산에서 바다를 건너 웅진강구에 이르렀다. 적은 강에 의지하여 병사를 주둔시키고"[51]라며 지금의 금강을 웅진강구熊津江口로 적었다. 『신당서』 권111 열전 제36 소정방전[52]에도 웅진강으로 되어 있다. 지금의 세도~강경~임천의 금강을 웅진강 또는 웅진강구로 적었으니 당시의 웅진강 하구를 웅진강구로 본 것이 분명하다.

중국과 우리의 여러 기록에 따르면 소정방은 강경을 거쳐 부여 세도면(조선 시대 임천면) 반조원리로 들어왔으므로 강경~반조원리 일대를 웅진강구로 인식한 것이 틀림없다. 그중에서도 반조원리-봉정리 사이의 금강을 웅진강 하구라는 의미에서 웅진강구라고 하였다. 『신당서』 또한 이 부분에서는 같다. 이들 기록은 한결같이 소정방이 도착한 곳을 웅진강구로 적었다. 다만 『신당서』는 '웅진구熊津口'로 기록하였는데, 이것 역시 웅진강의 하구를 가리키는 것이다. 그러므로 백제 시대 당시의 웅진구 및 웅진강구

---

51) … (前略) … 顯慶五年 從幸太原 除授熊津道大總管 率師討百濟 定方自城山濟海 至熊津江口 賊屯兵據江 定方升東岸 乘山而陣 與之大戰 揚帆蓋海 相續而至 賊師敗績 死者數千人 自餘奔散 遇潮且上 連舳入江 定方於岸上擁陣 水陸齊進 飛楫鼓譟 直趣眞都 去城二十許里 賊傾國來拒 大戰破之 殺虜萬餘人 追奔入郭 其王義慈及太子隆奔于北境 定方進圍其城義慈次子泰自立爲王 嫡孫文思曰王與太子雖並出城 而身見在 叔總兵馬 卽擅爲王 假令漢兵退 我夫子當不全矣 遂率其左右投城而下 百姓從之 泰不能止 定方命卒登城建幟 於是泰開門頓顙 其大將禰植又將義慈來降 太子隆幷與諸城主同送款 百濟悉平 分其地爲六州 俘義慈及隆泰等獻于東都 … (下略) … (『舊唐書』 권83 列傳 제33 蘇定方傳)

52) … (前略) … 出爲神丘道大總管 率師討百濟 自城山濟海至熊津口 賊瀕江屯兵 定方出左涯 乘山而陣 與之戰 賊敗 死者數千 王師乘潮而上 舳艫銜尾進 鼓而譟 定方將步騎夾引 直趣眞都城 賊傾國來 酣戰破之 殺虜萬人 乘勝入其郭 王義慈及太子隆北走 定方進圍其城 義慈子泰自立爲王 率衆固守 義慈之孫文思曰 王與太子出 而叔豈得擅爲王 若王師還 我父子安得全 遂率左右縋城下 人多從之 泰不能止 定方使士登城 建唐旗幟 於是泰開門請命 其將禰植與義慈降 及諸城送款 百濟平 俘義慈隆泰等獻東都 定方所滅三國 皆生執其王 … (下略) … (新唐書 卷111 列傳 第36 蘇定方)

는 지금의 장항 지역을 가리킨 게 아니다.

앞에서 설명한 대로 조선 시대나 고려 시대 사람들 모두 금강과 바다가 만나는 곳이 부여 석성·세도~강경 일대라고 믿었다. 다시 말해서 금강이 끝나고, 바다가 시작되는 곳을 백제인들은 반조원리·봉정리 고다진으로 생각한 것이다. 그것을 조선 시대에는 강경이 대신하였다. 앞에서 설명한 대로 강바닥이 높아져서 조금물때에 배를 댈 수 있는 항구가 고다진에서 강경으로 후퇴한 결과이다. 그래서 1970년대 중반까지도 강경에는 바다 에서 올라온 새우젓배와 각종 대형 범선들로 성황을 이루었다. 군산항에 버금가는 내륙항이 강경이었던 것이다.

바다와 강물이 만나는 강구江口의 기준은 바닷물의 높이에 있다. 대개 한 달 중 해수면이 가장 낮은 조금날의 만조 시 바닷물이 어디까지 오느냐를 기준으로 삼는데, 현재의 기준으로 보아 금강의 경우 강경이 여기에 해당 한다. 강경 아래가 바다인 것이니 결국 강경 아래는 강이 아니므로 강경 하류 지역엔 웅진강도, 백강도 없어야 하는 것이다. 고려~조선 시대에 이 일대에 살던 사람들이 그랬듯이 『구당서』나 『신당서』『자치통감』 등 당나 라 관련 기록에는 부여 세도면과 석성면 봉정리 고다진이 배를 댈 수 있는 상한점이었고, 그곳이 바로 웅진강구였기에 소정방의 상륙지점을 웅진강 구라고 기록한 것이다. 그러므로 이제부터는 강경~장항 사이를 백강이라 고 우기는 일이 더는 없기 바란다.

# 3. 역사상 세계 최대의 해전, 백강해전

**당과 신라의 마지막 나당전쟁을 치른 곳도 백강·기벌포**

앞에서 이제까지 설명한 대로 '당군이 백강을 지났다'는 소식을 사비도 성에서 의자왕이 들은 날은 7월 8일이며, 황산벌에서 계백이 죽은 것은 9일 오후이다. 9일 아침의 첫 오름물때에 소정방이 세도면 반조원리에 상륙했다가 그다음 저녁 오름물때를 타고서 다시 강 건너편의 부여군 석성면 봉정리와 석성리 일대로 옮겨가서 주둔한 것도 앞에서 설명한 대로 9일 저녁의 일이다. 즉, 소정방 군대는 웅진강으로 상륙하였지 백강으로 가지 않았다.

그리고 백강은 주류성周留城과 가까운 곳으로서 넓은 바다를 면한 곳에 있어야 하며, 주류성 어딘가에서 백강이 내려다보여야 한다. 더구나 강경~서천 사이에는 백강이 없는 것도 명확하므로 주류성이 서천군 일대에 없는 것도 분명하다.

여기서 다시 기벌포가 세도~강경 아래 지역, 즉 서천 지역에 있었다고 쓸데없는 고집을 피우는 이들의 견해를 좀 더 세밀하게 검토할 필요가 있겠다. 그 한 예가 "백강은 당군이 덕물도에 일단 들어와 있다가, 수로로 금강에 들어가서 왕도를 공격하는데 통과하는 수면이며 백강은 강폭이 좁고 흐름에 연하여 배를 방형으로 갖출 수 없는 조건"이라면서 "당군이 백강을 지났다는 말을 듣고 의자왕이 웅진강구를 막도록 지시했다고 하였으니 백강은 웅진강구 바깥인 웅진강의 하류가 된다."(노도양)고 한 주장이다. 이런 맥락을 지금까지 이어받아 오면서 금강하구 장항·서천 지역을 백강 기벌포로 보려는 이들이 있다. 강경 황산나루로부터 지금의 서천 장항 사이 어딘가에서 백강(기벌포)을 찾으려 하는 이런 막무가내식 주장들은 너무나도 집요하게 이어지고 있지만, 안타깝게도 그것이 하루 이틀 된 것도 아니다.

물론 이런 잘못된 이해는 멀리 『삼국유사』와 『삼국사기』에도 있다. 『삼국유사』의 '卽長嵓又孫梁一作只火浦又白江'(즉 장암은 또 손량이다. 지화포라고도 하고 또 백강이라고도 한다)고 한 설명이 대표적인 사례이다. 이 기사를 토대로 처음엔 부여 읍내 건너편의 장암면 강가를 장암이라고 하더니 근래엔 장암을 서천(장항)이라고 보고, 백강을 서천에 갖다 대고 우기는 것이다. 백강과 기벌포가 장항 지역에 있었다고 주장하는 이들은 자신들의 주장이 잘못되었다는 점을 빨리 인정하지 않으면 안 된다.

일연이 『삼국유사』에 '기벌포가 장암이며 손량(손돌)이고 그곳이 곧 지화포이고 백강'이라고 한 것은 그 자신의 시각에서 추가한 것이지만, 그렇다고 해서 그것이 믿을 수 있는 자료는 아니다. 고려 시대의 이 기록을 비판 없이 신봉하여 서천 지역 금강하구 즉, 백강이라고 믿는 이들은 앞으로 관련 자료를 좀 더 면밀하게 분석하고, 좀 더 과학적인 연구 방법을 개발하기 바란다.

한편, 기벌포가 소부리주에 있다는 『삼국사기』의 기록은 따로 설명한 것처럼 백강을 웅진강(금강)으로 보고 기벌포가 소부리주에 있는 포구라고 잘못 생각한 결과이다. 그러나 『삼국사기』 백제본기에 백강의 다른 이름을 기벌포라고 하였으니 기벌포와 백강은 같은 지역에 있어야 한다. 다만 소부리주에 백강과 기벌포가 있다는 설명이 잘못되었다. 소부리주에 기벌포가 있었다고 하는 『삼국사기』 문무왕 16년(676)의 다음 기록이 바로 '금강

(웅진강) 백강설'을 제기한 이들이 가장 중요한 근거로 삼는 핵심 자료이다.

c) "16년 겨울 11월에 사찬 시득施得이 수군을 거느리고 설인귀와 소부리주 기
벌포伎伐浦에서 싸우다 패배했으나 다시 진군하여 스물두 번의 크고 작은 싸움
에서 이기고 4천여 명의 목을 베었다."

이것은 백제 및 신라 땅을 지배하려는 당의 야욕을 분쇄한 신라의 마지
막 통일 전쟁에서 당과 치른 결전을 전하는 이야기이다. 그런데 『삼국사
기』는 1145년에 세상에 나왔다. 위 기사 가운데 '소부리주 기벌포'라고 한
것이 잘못이다. 백제 시대에는 지금의 금강을 백마강이나 백강으로 부르
지 않았다. 백마강과 백강을 혼동하였고, 그것을 바탕으로 백강에 기벌포
가 있으며 기벌포는 소부리주에 있다는 의식이 반영된 이 기사는 명백한
잘못이다. 백마강과 백강을 혼동한 것은 고려 중기 『삼국사기』 편찬 당시
의 시대상을 반영한다. 『삼국사기』 편찬자들은 지리정보가 대단히 부족했
던 데다 백강 문제를 잘 몰랐으므로 문무왕 16년에 신라가 당군을 상대로
싸운 기벌포를 소부리주所夫里州에 있는 것으로 착각하여 백강이 웅진강이
라는 막연한 생각에서 '소부리주 기벌포'라고 잘못 전한 것이다. 『삼국사
기』 편찬자 중에도 백제본기의 편집을 맡았던 이와 신라본기를 집필한 이
가 따로 있어서 백제본기는 백제사 자료를 바탕으로 그대로 전재하였을
것이고, 신라본기는 이전 신라사를 토대로 구성하였다고 볼 수밖에 없다.
그렇다면 백제의 영역이었던 백강·기벌포에 관한 기록은 신라사보다는
백제사 관련 자료를 바탕으로 구성한 『삼국사기』 백제본기를 따라야 할
것이다.

당군의 침입이 있기 4년 전, 좌평 성충成忠은 기벌포와 탄현[炭峴 또는 沈峴]

의 중요성을 역설하였다.[53] 그래서 일연은 『삼국사기』 백제본기 의자왕 16년 조의 내용을 『삼국유사』 태공춘추공 조에 그대로 옮겨놓았다.[54] 반면, 신라본기 편집자는 '백강 기벌포'의 백강을 오늘의 금강인 웅진강으로 오해하고, 그 웅진강이 소부리주에 있었으니 '소부리주 기벌포'라고 잘못 기술하였다. 그래서 『삼국사기』 백제본기 의자왕 20년 조에 "백강은 기벌포라고도 한다"(白江或云伎伐浦)고 한 반면, 『삼국사기』 신라본기 문무왕 16년 조의 c)에서는 사찬 시득施得의 수군이 당군 설인귀와 싸운 기벌포伎伐浦를 '소부리주'에 있는 곳으로 설명한 것이다. 이들 상이한 두 기록 중 어느 것을 믿어야 할까? 백강 및 기벌포와 주류성은 백제 땅이었으므로 당연히 백제인들이 남긴 백제본기의 내용을 믿을 수밖에 없다.

백제 부흥 운동 마지막 시기인 663년 7월에 당 고종이 손인사를 급파한 기록에도 웅진강과 백강은 전혀 다른 곳으로 되어 있다. 당 고종은 과거 제齊 나라 지역인 치주淄州·청주青州·래주萊州의 수병水兵 7천 명을 징발하여 손인사와 함께 웅진으로 보냈는데, 이 손인사 부대가 백강해전에 참전하였다. 그리고 『구당서』 권 199 열전 제149 동이 백제 조의 다음 기록에도 백강을 웅진강과 명확히 구분하여 썼다. 백강해전은 고구려와 왜의 지원군이 663년 6~7월에 백강과 백제 지역에 들어와 있던 상황에서 당군과 신라군이 전략적으로 기획하여 치른 싸움이었다. 『구당서』 동이 백제전에는 663년 6~8월 당군과 신라군 및 부여륭의 군대가 웅진강에서 백강 및 주류성으로 가던 사정이 간단하게 소개되어 있다.

---

**53)** 臣常觀時察變必有兵革之事凡用兵必審擇其地上流以延敵然後可以保全若異國兵來陸路不使過沈縣水軍不使入伎伐浦之岸據其險隘以禦之然後可也(『삼국사기』 백제 의자왕 16년 조 좌평 成忠)

**54)** 臣常觀時變必有兵革之事凡用兵必審擇其地處上流以迎敵可以保全若異國兵來陸路不使過炭峴一云沈縣百濟要害之地水軍不使入伎伐浦卽長嵓又孫梁一作只火浦又白江據其險隘以禦之然後可也

d) ··· 부여풍이 그것을 알고 친히 믿을 수 있는 사람들을 데리고 가서 몰래 복신을 죽였다. 그리고 또 고구려와 왜국에 사신을 보내어 지원군을 요청하여 당군에 저항했다. 손인사가 백제로 건너오던 길에 고구려와 왜군을 맞아 깨트리고 마침내 유인원의 군대와 합하니 군대의 세력이 크게 떨쳤다. 이에 손인사·유인원 및 신라와 김법민은 육군을 거느리고 나아가고, 유인궤 및 별군장수 두상·부여륭은 수군 및 군량선을 인솔하여 웅진강에서 백강으로 가서 육군과 만나 함께 주류성으로 달려갔다. 유인궤는 백강구에서 부여풍의 군대와 만나 네 번 싸워 모두 이기고, 그 배 400척을 불사르니 적이 크게 무너졌다. 부여풍은 몸을 빼어 달아났고 가짜 왕자 부여충승과 부여충지 등은 사녀와 왜군 무리를 데리고 함께 항복하니 백제 모든 성이 다시 귀순하였다. ···[55]

손인사가 군대를 이끌고 덕적도를 거쳐올 때 일본군 수군을 만나 싸웠다고 한다. 물론 고구려에도 원병을 요청했으니 손인사가 격파한 군대 중에는 왜군 외에 고구려군도 있었을 것이다. 그러면 그때 손인사가 왜군과 고구려군을 만난 곳은 어디일까? 이치상으로는 덕적도와 웅진강 사이, 또는 덕적도와 백강 사이의 어느 수면이어야 한다. 그러나 손인사가 왜군을 만나 싸웠다고만 했을 뿐, 백강이나 웅진강이란 말이 없으니 일단 금강하구 밖으로부터 덕적도~아산만에 이르는 지역 어딘가에서 일본 수군을 만난 것으로 보고자 한다.

부여풍이 왜와 고구려에 원병을 요청한 당시의 사정을 『책부원구』는

---

[55] ··· 扶餘豊覺而率其親信掩殺福信又遣使往高麗及倭國請兵以拒官軍孫仁師中路迎擊破之遂與仁願之衆相合兵勢大振於是仁師仁願及新羅王金法敏帥陸軍進劉仁軌及別帥杜爽扶餘隆率水軍及糧船自熊津江往白江以會陸軍同趨周留城仁軌遇扶餘豊之衆於白江口四戰皆捷焚其舟四百艘賊衆大潰扶餘豊脫身而走僞王子扶餘忠勝忠志等率士女及倭衆竝降百濟諸城皆復歸順 ··· (『구당서』 동이 백제전)

"부여풍이 남쪽에 왜적을 끌어들여 관군(당군)에 저항하였다."[56]고 하였고, 『자치통감』은 "부여풍이 사신을 보내어 고구려와 왜국에 군사를 빌어다가 당군에 저항하였다."[57] 또는 "백제 왕 풍이 남쪽에 왜인을 끌어들여 당군에 저항하였다."[58]고 전하고 있다.

부여풍이 복신을 죽이고 고구려와 왜에 사람을 보내어 지원군을 요청한 것은 663년 6월의 일이다. 손인사가 당나라에서 7천 명의 군사를 데리고 건너오던 길에 고구려와 왜군을 맞아서 깨트린 것은 그해 7월 1일 이후 7월 16일 사이에 있었던 일이다. 그런데 "7월 17일에 손인사가 유인원의 군대와 합치니 군사들의 사기가 크게 떨쳤다." 또는 "용삭 3년(663)에 (…) 손인사가 요격하여 격파하였다. 마침내 유인원의 무리와 서로 합하여 병사들의 기세가 크게 떨쳤다."[59]거나 "용삭 3년 7월 17일에 문무왕은 직접 김유신·김인문金仁問·천존·죽지竹旨 등 장군을 이끌고 나갔다. 웅진주熊津州에 주둔하여 수비하는 유인원과 병사를 합쳤었다."[60]라는 등의 기록은 부여풍이 요청한 고구려와 왜의 원군이 6~7월 중에 백강과 백제 지역에 들어와 있었고, 그것을 알고 있던 당나라와 신라는 백제 평정의 마지막 싸움으로 백강해전과 주류성 전투를 계획하였음을 알려준다.

더구나 이들 자료에도 웅진강과 백강白江, 백강구白江口를 구분하였으니 백강이 웅진강이 아님은 명백하다. 그러므로 『구당서』유인궤전(권84 열전 제34)에는 663년 8월, 주류성을 공격하러 가다가 치른 백강해전 관련 다음

---

56) (龍朔三年) 扶餘豊南引倭賊 以拒官軍(『冊府元龜』366 將帥部 27 機略 6 劉仁軌)
57) 福信專權 與百濟王豊浸相猜忌 福信稱疾 臥於窟室 欲俟豊問疾而殺之 豊知之 帥親信襲殺福信 遣使詣高麗倭國 乞師以拒唐兵(『資治通鑑』200 唐紀 16 高宗 上之下)
58) 百濟王豊 南引倭人 以拒唐兵(『資治通鑑』201 唐紀 17 高宗 中之上)
59) 『冊府元龜』366 將帥部 27 機略 6 劉仁軌
60) 『三國史記』42 列傳 2 金庾信 中

기록을 676년(문무왕 16년) 사찬 시득이 설인귀의 당군과 벌인 c)의 기벌포 (백강)해전 기사와 비교하여 백강의 조건을 살펴봐야 한다. 먼저『구당서』유인궤전의 일부.

e) 자기 부여풍이 복신을 습격하여 죽였다. 또 사신을 고구려와 왜국에 보내어 군사를 요청하고 당군에 저항하니 우위위장군 손인사에게 병사를 거느리고 바다를 건너가서 구원하도록 하였다. 손인사가 유인궤 등과 서로 군사를 합하니 병사들이 크게 떨쳤다. 이에 여러 장수와 회의를 하였는데, 어떤 장수는 '가림성은 수륙의 요충이니 먼저 가림성을 치자'고 하였다. 유인궤는 '가림성은 험하고 방비가 단단하니 급히 공격하면 군사를 상하거나 잃게 된다. 굳게 지키면 오랜 시일이 걸리니 먼저 주류성을 공격하는 것만 못하다. 주류성은 적의 소굴이라 흉악한 무리가 모여있는 곳이다. 악을 제거하려면 뿌리부터 뽑아야 하고, 모름지기 그 근본을 없애야 한다. 만약 주류성을 부수면 모든 성이 스스로 무너질 것이다.'라고 하였다. 이에 손인사와 유인원 및 신라 왕 김법민은 육군을 거느리고 나아가고, 유인궤 및 별장 두상杜爽, 부여륭은 수군과 군량선을 거느리고 웅진강으로부터 백강으로 갔다. 육군을 만나 함께 주류성으로 나아가다 유인궤는 백강구에서 왜병을 만나 네 번 싸워 이겼다. 그 배 4백 척을 불사르니 연기와 불꽃이 하늘을 가리고 바닷물이 붉게 물들었다. 적의 무리가 크게 무너져 부여풍은 몸을 빼어 달아났다. 부여풍의 보검을 손에 넣었다.[61]

---

61) 俄而餘豊襲殺福信 又遣使往高麗及倭國請兵 以拒官軍 詔右威衛將軍孫仁師率兵 浮海以爲之援 仁師既與仁軌等相合 兵士大振 於是諸將會議 或曰 … 加林城水陸之衝 請先擊之 仁軌曰 加林險固 急攻則傷損戰士 固守則用日持久 不如先攻周留城 周留賊之巢穴 群凶所聚 除惡務本 須拔其源 若克周留則諸城自下 於是仁師仁願及新羅王金法敏帥陸軍以進 仁軌乃別率杜爽 扶餘隆率水軍及糧船 自熊津江往白江 會陸軍同趣周留城 仁軌遇倭兵於白江之口 四戰捷 焚其舟四百艘 煙焰漲天 海水皆赤 賊衆大潰 餘豊脫身而走 獲其寶劍(『구당서』유인궤전 권84 열전 제34)

이때의 사실을 『삼국사기』 문무왕(하)의 '답설인귀서'에서는 이렇게 전한다.

f) 용삭龍朔 3년(663)에 총관 손인사孫仁師가 군사를 거느리고 와서 부성府城[62]을 구원하였는데, 신라 역시 병마를 동원하여 함께 치게 되어 일행이 주류성 아래에 이르렀습니다. 이때 왜국의 수군이 백제를 도우러 와서 왜의 선박 1천 척이 백강白江에 정박해 있고, 백제의 정예기병이 해안 언덕 위에서 배를 지키고 있으므로 우리 신라의 날랜 기병들이 당군의 선봉이 되어 우선 강 언덕의 적진을 깨트리니 주류성이 혼비백산하여 마침내 곧 항복하였습니다. 남쪽 지방이 이미 평정되어 군사를 돌려 북쪽을 치는데 임존성 한 곳만이 어리석게도 항복하지 않으므로 두 나라 군사가 힘을 합해 성 하나를 쳤으나 굳게 지키면서 막아 저항하는 바람에 쳐부수지 못하였습니다.

663년의 백제 부흥군을 상대로 한 백강해전에서 왜군 전함은 1천여 척이 참전하였다. 그렇다면 신라와 당군이 동원한 수군 선박도 그에 버금가는 숫자가 있었을 것이다. 그런데 정작 『일본서기』에 의하면 이 무렵 당군이 백촌강에 이끌고 와서 진을 친 배는 170척이었다.

그로부터 13년 뒤인 676년 사찬 시득이 기벌포에서 당군을 상대로 싸웠을 때 신라군이 동원한 군사와 선박도 상당하였을 것이다. 그런데 백강이 웅진강이라면 그 많은 선박이 금강하구로부터 강경 일대까지의 강폭이 좁은 수면에 대치하여 그토록 큰 대규모 해전을 치를 수 있었을까? 서천~부여 임천 지역의 금강하구 수면은 이 조건을 충족시키기 어렵다. 이

---

62)    사비도성의 웅진부성을 이른다.(저자 註)

또한 백강을 금강수계 이외의 다른 곳에서 찾아야 하는 이유라고 할 수 있다.

더구나 『구당서』 유인궤전에서 "유인궤 및 별장 두상, 부여륭은 수군과 군량선을 거느리고 웅진강으로부터 백강으로 갔다"라고 하였으니 백강은 주류성으로 가는 도중에 있어야 하고, 백강 싸움에서 백제군이 패하는 것을 보고 주류성이 항복하였다는 기록을 바탕으로 추리해보면 백강은 주류성에서 내려다보이는 곳에 있어야 한다. 이런 문제 때문에 금강 밖의 군산으로부터 변산에 이르는 전북 지역에서 백강을 구하려는 견해가 일찍이 제기된 적이 있는데, 그나마 이것은 금강계에서 기벌포를 찾으려는 시각보다는 사료 해석에 있어서 훨씬 진전된 견해라고 하겠다. 사료를 보다 깊이 있게 들여다보면 기벌포가 금강 하류 어딘가에 있을 수 없음을 알게 되기 때문이다. 그래서 군산 및 전북 옥구 남쪽의 회현면 일대 만경강을 백강으로 추정하거나 『일본서기』의 백촌강, 『구당서』 및 『신당서』의 백강구를 동진강으로 보려는 주장도 있었지만 그것 역시 잘못된 견해이다. 물론 만경강이나 동진강을 백강으로 보고 나서 변산 일대에서 주류성을 찾으려는 시도도 있었지만, 그것 역시 기록과 사료를 제대로 들여다보지 않았기 때문에 나온 잘못이었다.

"백강은 기벌포라고도 한다"(白江一云伎伐浦)라고 한 『삼국사기』 백제본기 의자왕 20년 조를 바탕으로 웅진강 어딘가에 백강·기벌포가 있었다고 본 이들은 일찍이 주류성이 금강 하류 서천 지역에 있었을 것이라는 주장을 내세웠다. 그 대표적인 예가 한산 건지산성을 주류성으로 본 시각이다. 그러나 건지산성에 올라가 보면 그곳이 주류성일 수 없음을 바로 알게 된다. 동네 야산 같은 곳에서 수많은 백제 부흥군이 어떻게 활동했겠는가. 백강과 주류성에 관한 연구가 미진했던 시기에 나온 어린아이 같은 주장들이다.

맨 처음 "백강(기벌포)은 웅진강이 아니다"고 본 이들은 백강의 후보지로 서 전북의 동진강이나 만경강 또는 줄포만 등을 제시하면서 그 인근에 주류성이 있을 것으로 추정하였지만, 그 역시 올바른 견해는 아니다. 다만 그들의 주장 가운데 올바른 것 한 가지는 웅진강이 백강이 아니라고 이해한 것뿐이다.

그러면 이번에는 660년 9월 3일 소정방이 본국(당나라)으로 철군한 뒤에 벌어진 사건으로 시선을 돌려 보기로 한다. 『구당서舊唐書』 동이東夷 백제전百濟傳의 기록이다.

g) "왕문도는 바다를 건너서 죽었다. 백제 승려 도침, 옛 장수 복신은 무리를 데리고 주류성에서 반란을 일으켰다. 사신을 왜국에 보내어 옛 왕자 부여풍을 맞아 왕으로 세우니 그 서부와 북부가 나란히 성을 뒤집어 그에 응했다. 그때 낭장 유인원이 백제부성이 남아서 지키고 있었는데 도침 등이 병사를 이끌고 가서 그를 포위하였다. 대방주자사 유인궤가 왕문도를 대신하여 무리를 통솔하였다. 편리한 대로 신라 병사를 뽑아 군사를 합해가지고 가서 유인원을 구하였다. 향하는 곳마다 모두 함락시키니 도침 등이 웅진강구에 양책兩柵을 세우고 관군(당군)에 저항하였다. 유인궤와 신라 병사가 4면에서 함께 공격하니 적의 무리는 물러나 양책으로 들어가니 물에 막히고 다리가 좁아 물에 떨어져서 급기야 죽은 자가 1만여 명이었다. 도침 등은 이에 유인원의 포위를 풀고 임존성으로 물러났다."[63]

---

63) 文度濟海而卒百濟僧道琛將福信率衆據周留城以叛遣使往倭國迎故王子扶餘豊立爲王其西部北部竝翻城應之時郎將劉仁願留鎭於百濟府城道琛等引兵圍之帶方州刺史劉仁軌代文度統衆便道發新羅兵合契以救仁願轉鬪而前所向皆下道琛等於熊津江口立兩柵以拒官軍仁軌與新羅兵四面夾擊之賊衆退走入柵阻水橋狹墮水及戰死萬餘人道琛等乃釋仁願之圍退保任存城 …

여기서도 도침道琛 등이 웅진강구熊津江口에 양책兩柵을 세우고 신라군과 당군에 저항하다가 대패하여 임존성으로 퇴각한 것으로 그리고 있다. 참고로, 양책이나 이벽二壁이라고 하는 것은 금강을 건널 수 있도록 다리를 놓고 그 양쪽을 따라가며 통나무로 마치 벽처럼 세운 목책 가림막이자 방어벽일 것으로 추정된다. 이처럼 도침의 부흥군이 나당군을 상대로 싸운 곳이 웅진강구로 되어 있다. 웅진강이 백강이라면 왜 한 번도 백강이라고 기록하지 않고, 웅진강이라고만 했을까. 백제 부흥군이 백강에서 싸웠다면 당연히 "도침 등이 웅진강구에 양책을 세우고 관군에 저항하였다"(道琛等於熊津江口立兩柵以拒官軍)는 말 대신 "도침 등이 백강에 양책을 세우고 관군에 저항하였다."(道琛等於白江立兩柵以拒官軍)라고 했어야 한다.

뿐만 아니라『자치통감』마저도 "도침 등이 웅진강구에 양책을 세우고 관군에 저항하였다"(道琛等熊津江口立兩柵以拒官軍)라고 하여 분명히 웅진강구熊津江口라고 했지 백강白江·백강구白江口 또는 기벌포伎伐浦라고 하지 않았다.『구당서』소정방전에서 "소정방은 성산에서 바다를 건너 웅진강구에 이르렀다"[64]라고 하였으며, "백제군이 강에 의지하여 병사를 주둔시키니 소정방은 강 동쪽 물가로 상륙하여 산에 올라가서 진을 쳤다."[65]라고 한 것도 마찬가지다.

도침이 '웅진강구에 2벽二壁을 세웠다거나 양책兩柵'을 세웠다는『구당서』백제전[66]이나『신당서』백제전[67]은 물론『신당서』유인궤전에도 "유

---

64)  定方自城山濟海至熊津江口

65)  賊屯兵據江定方升東岸乘山而陣

66)  劉仁軌代文度統衆便道發新羅兵合契以救仁願轉鬪而前所向皆下道琛等於熊津江口立兩柵以拒官軍
     仁軌與新羅兵四面夾擊之賊衆退走入柵阻水橋狹墮水給戰死萬餘人道琛等乃釋仁願之圍退保任存城

67)  龍朔元年仁軌發新羅兵往救道琛立二壁熊津江仁軌與新羅兵夾擊之奔入壁爭梁墮溺者萬人新羅兵還
     道琛保任存城

인궤가 대방주자사로서 왕문도의 군사와 신라 병사를 데리고 가서 유인원의 포위를 풀자 도침은 임존성으로 물러나 지켰다."[68]라고 하였으니 『신당서』·『구당서』백제전과 다르지 않다. 그 당시에 사비도성 인근의 금강을 백강이라고 했다면 반드시 어디선가 한 번쯤이라도 "도침 등이 백강구에 양책을 세우고 관군에 저항하였다"라고 기록하였을 것이다. 이들 기사에 웅진강은 등장해도 백강은 보이지 않으니 웅진강이 백강이 아님을 알 수 있다. 『구당서』에서도 웅진강은 금강의 총칭으로 사용되었다. 그렇다면 『구당서』에 "웅진강으로부터 백강으로 갔다"(自熊津江往白江)라고 한 것은 물론, 『신당서』에 "웅진강으로부터 백강으로"(繇熊津白江)라고 한 기록 역시 웅진강과 백강이 별개의 강임을 명확히 한 것이다.

다른 한편으로 백강·백강구 및 기벌포는 주류성의 위치를 결정하는 매우 중요한 요소이다. 만약 백강이 웅진강의 하류, 다시 말해서 부여 세도~강경 아래 어딘가에 있었다면 가림성加林城을 먼저 공격할지 아니면 주류성을 먼저 공격할지를 놓고 유인궤와 당군 장수들이 고민할 필요가 없었다. 임천에 가림성이 있으니 주류성 가까이에 기벌포와 백강이 있었다면, 주류성도 가림성에서 멀지 않은 곳에 있었어야 하니까 주류성을 먼저 공격해보다가 안 되면 가림성을 공격해도 되므로 굳이 고민할 대상이 되지 않는다.

여기서 한 가지 더 고려해야 할 것은 웅진강구라는 지명과 그곳이 가진 여건이다. 웅진강구라 하면 웅진강이 바다로 들어가는 곳을 이른다. 즉, 바다와 강이 만나는 곳이 강구江口이다. 앞에서 설명한 대로 서천군 지역은 금강이 아니라 바다이다. 다시 말해서 『구당서』와 『신당서』의 "웅진강에

---

68)  詔仁軌檢校帶方州刺史統文度之衆并發新羅兵爲援仁軌將兵嚴整轉鬪陷陣所向無前信等釋仁願圍退保任存城

서 백강으로 가서 싸웠다"라는 기사는 당군과 신라군이 웅진강을 따라 장항-군산 너머 바다로 나간 뒤, 주류성으로 가는 길목의 백강(백강구)에서 일본 수군을 만났음을 말한 것이다. 그러므로 웅진강이 백강일 수 없고, 웅진강 하류에 백강이 있다고 볼 수도 없다.

여기서 잠깐 『삼국사기』 백제본기 의자왕 20년 6월 조의 다음 기사를 떠올려 보자.

> "당과 신라의 군사가 백강과 탄현을 지났다는 말을 듣고, 장군 계백을 보내어 결사대 5천 명을 거느리고 황산벌로 가게 하였다. 이에 신라 군사와 네 차례 싸워 모두 이겼으나 병력은 적고 힘은 다해 끝내 패하여 계백은 죽고 말았다. 그제서야 군사를 모아 웅진강구熊津江口를 막고 강을 따라 병력을 배치하자 소정방이 강 왼쪽으로 나와 산에 올라가서 진을 치므로 맞아 싸웠으나 우리(백제) 군사가 크게 패하였다."

물론 이 기사는 『구당서』와 『신당서』 소정방전을 인용한 것이지만, 실제 있었던 일과는 조금 다르게 기록되었다. 실제로는 당군이 웅진강으로 올라온다는 소식을 접하고, 사비도성의 의자왕과 가림성의 성주는 웅진강변 반조원리 일대에 백제군을 투입하였을 것이다. 적군이 밀려오는데 그냥 보고만 있지는 않았을 테니까. 강 왼쪽에 투입된 백제군이 크게 패했다는 기록은 소정방의 첫 상륙 때 벌어진 일을 말한 것이다.

다음으로, 소정방이 웅진강에 도착하기 하루 전인 7월 8일 백강을 지난 당군은 어디로 갔으며, 9일에 소정방이 다시 웅진강으로 들어왔을까 하는 문제에 대해서도 고민해 봐야 한다. 만일 웅진강 하구 어딘가가 백강이라면 7월 8일에 백강을 지난 당군은 바로 소정방이 인솔한 당군이라야 한다.

그래야 그다음 날 소정방이 웅진강에 도착한 것이 된다. 이렇게 생각하는 게 바로 서천 및 장항 백강설의 입장이다. 그러나 백강에 먼저 도착한 당군이 따로 있었다. 9일에 다시 그들을 뒤따라 소정방이 웅진강으로 들어온 게 아니다. 백강은 웅진강(=금강) 수계에 없었다.

정말로 백강이 웅진강이라면 여기서 더 큰 문제가 발생한다. 계백이 황산벌로 출동하기 전에 '당군이 백강을 지났다'는 보고를 받았으니 이미 백강을 지난 당군이 어떻게 다시 백강에 들어와서 당 고종의 조칙을 읽었을 것인가. 그 문제라면 적어도 소정방이 애초 백강으로 갔어야 논할 수 있는 게 아닌가. 하지만 그날 소정방은 백강으로 가지 않았고, 소정방 이전에 웅진강으로 들어온 당군은 없었다. 소정방이 강 좌측 반조원리에 내려서 당 고종의 조칙을 읽었으니 이것만으로도 웅진강이 백강이 아님을 알 수 있다.

백강이 금강의 부분 명칭으로서 강경 아래 서천 지역에 있었다면 백강구는 장항 읍내, 웅진강구와 웅진강은 강경 상류에 있어야 한다. 강구는 유일한 것이니까. 하지만 웅진강구 아래로는 백강이 없었고 웅진강 위로도 백강이 없었다. 그러므로 『삼국사기』의 이 기사는 명확히 오류이다.

따로 자세하게 설명하였지만, 백강이 부여 인근의 소위 '백마강'을 이르는 이름도 아니었다. 오늘의 백마강, 즉 사비하는 청양 까치내로부터 석성천이나 논산천까지로 볼 수 있으니 만약 백강이 사비하였고 웅진강이었다면 '백강과 백강구를 지난 당군'은 공주로 올라갔어야 마땅하다. 부여 인근의 강을 백강(사비하)이라고 한 것이 되니 부여를 지나야 공주를 갈 수 있는 게 아닌가? 그래서 그 기사는 반드시 '백강이 웅진강이 아니라야' 성립된다.

황산벌에서 계백의 군대가 참패한 뒤에 의자왕은 웅진강에 병력을 추가 배치하고 당군을 방어하도록 하였다. 그러므로 서천 지역에 백강구와 백강이 있었다면 소정방의 군대가 백강구와 백강을 지나 반조원리 웅진강에 도착하는 노정은 순리에 맞을지 모른다. 그래서 '7월 8일 당군이 백강을 지났다'라는 보고는 당군이 장항·서천을 지난 시점에 사비성에 전달된 것이라고 이해하고, 이것을 그 이튿날 소정방이 웅진강에 도착한 사실에 대입하여 이해하려는 게 서천·장항 백강설의 핵심이다. 그렇지만 그것은 기록을 제대로 들여다보지도 않았고, 지명에도 무지한 데서 나온 허황된 주장이다. 그렇게 되면 당군이 거쳐온 노정과 시간은 대략 맞을지 모르나 그것은 660년 7월 8~10일에 웅진강(현재의 금강) 하구에서 실제로 있었던 일이 아니다.

## 부여 석성−세도 아래는 강이 아니라 바다

다음은 『신당서』 백제전의 용삭龍朔 3년(663) 8월 기사의 백강 관련 문제이다. 이 기사는 당나라 본국으로부터 손인사에게 딸려 보낸 제齊 지역의 병사 7천 명을 지원받고 유인원의 부대가 사기가 올라 8월 13일 신라 왕 김법민과 함께 보병과 기병을 거느리고, 유인궤는 수군을 인솔하여 웅진강으로부터 백강을 거쳐 주류성으로 나아간 것으로 전한다. 그리하여 백강해전을 치르게 되었는데, 그 싸움을 "부여풍의 무리는 백강구에 진을 치고 있었는데, 네 번 만나(싸워) 모두 이기고 배 400척을 불사르니 부여풍이 달아났으며 그가 간 곳을 알 수 없다."[69]라고 하였다. 『구당서』 백제전에서는 "손인사·유인원·신라 왕 김법민이 육군을 거느리고 나아가고, 유인궤·별장 두상·부여륭은 수군과 군량선을 거느리고 웅진강으로부터 백강

---

69) 仁願得濟兵士氣眞乃與新羅王金法敏率步騎而遣劉仁軌率舟師自熊津江偕進趣周留城豊衆屯白江口四遇皆克火四百艘豊走不知所在

으로 가서 육군과 만나 함께 주류성으로 내달았다. 유인궤는 부여풍의 무리를 백강구에서 만나 네 번 싸워 모두 이기고, 그 배 400척을 불사르니…"라고 하였다. 『구당서』와 『신당서』 모두 당군과 신라군이 '웅진강에서 백강(또는 백강구)으로' 갔다는 줄거리는 같다. 그러므로 백강은 부여에서 주류성에 이르는 노정 가운데 어딘가에 있는 지명이고, 주류성에서 보이는 곳에 백강이 있어야 한다. 백강과 주류성은 그리 멀지 않은 곳에 있었던 것이다.

백강전투가 벌어진 곳을 『신당서』 유인궤전[70]과 『구당서』 백제전[71] 모두 백강 또는 백강구로 기록하여 웅진강과 분명하게 구별하였다. 『신당서』 유인궤전은 "손인사와 유인원 및 김법민은 육군을 데리고 나아가고, 유인궤·두상·부여륭은 웅진강에서 백강으로 갔다. 백강구에서 왜인을 만나 네 번 싸워 모두 이기고 배 4백 척을 불사르니 바닷물이 붉게 물들었다. 부여풍은 몸을 빼어 달아났다. 그의 보검을 주웠다. 왕자 부여충승·부여충지 등이 그 무리와 왜인을 데리고 항복하였다."라고 하여 그 내용이 『구당서』 백제전과 대동소이하다. '4백 척의 배를 불사르자 그 연기와 불꽃이 하늘을 가리고 바닷물이 모두 붉었다'라는 묘사도 대략 같다.

이와 같이 『신당서』 유인궤전과 『구당서』 백제전은 기사 내용이 대략 같다. 다만 4백 척의 배를 불사른 사실까지는 같고, 그다음 '연기와 불꽃이 하늘을 가리고 바닷물이 모두 붉었다'라는 기사를 『신당서』 유인궤전에서

---

70) 詔遣右威衛將軍孫仁師率軍浮海而至士氣振於是諸將議所向惑日加林城水陸之衝蓋先擊之仁軌日兵法避實擊虛加林險而固攻則傷士守則曠日周留城賊巢穴群凶聚焉若克之諸城自下於是仁師仁願及法敏帥陸軍以進仁軌與杜爽扶餘隆繇熊津白江會之遇倭人白江口四戰皆克焚四百艘海水爲丹扶餘豊脫身走獲其寶劍僞王子扶餘忠勝忠志等率其衆與倭人降

71) 仁師仁願及新羅王金法敏帥陸軍進劉仁軌及別帥杜爽扶餘隆率水軍及糧船自熊津江往白江以會陸軍同趣周留城仁軌遇扶餘豊之衆於白江口四戰皆捷焚其舟四百艘……

는 '바닷물이 붉게 되었다'(海水爲丹)라고 하였고, 『구당서』 소정방전은 '연기와 불꽃이 하늘을 가려 바닷물이 모두 붉었다'(煙焰漲天 海水皆赤)라고 한 차이만 있다. 그러나 『구당서』 백제전에는 그런 내용이 없다.

다만 백제·왜의 군대와 신라·당군의 해전이 벌어진 백강을 『삼국사기』 신라 문무왕 11년 조의 답설인귀서答薛仁貴書에서만은 백사白沙로 기록하였다. 백사에 대한 설명이 따로 없으니 정확히 알 수는 없지만, 이것이 백강의 이칭일 것 같지는 않다.[72] 백강 인근 어딘가에 있는 별도의 지명이었을 가능성이 훨씬 높아 보인다. 더군다나 『일본서기』 천지천황天智天皇 2년(663) 8월 기록에는 일본과 당 사이에 백촌강白村江에서 해전이 있었던 것으로 되어 있다. 이 경우 백촌강을 백강의 별칭으로 이해할 수도 있다. 대부분 일본의 기록과 한국의 일부 자료에 있는 백사白沙와 백촌강白村江이라는 지명을 백강의 이칭으로 파악하고 있지만, 이런 것들도 백강의 이해에 다소의 혼란을 주고 있다. 어찌 되었든 백촌강이 백강의 이칭이라면 백강변에 있는 마을이 백촌일 것이고, 백사는 백강 해안의 흰 모래톱을 가리키는 지명일 가능성이 있다.

그러면 백강은 과연 어디일까? 『삼국사기』 7 신라본기 7 문무왕(하) 조의 다음 내용은 백강이 주류성에서 내려다보이는 곳에 있어야 함을 알려준다.

h) 용삭 3년(663)에 이르러 총관 손인사가 군사를 거느리고 와서 부성府城(=사비성)을 구원하자 신라 역시 병마를 동원하여 함께 치게 되었다. 일행이 주류성 아래에 이르렀다. 이때 왜국의 수군이 백제를 돕기 위해 왜의 선박 1천 척이 와

---

72) 至龍朔三年摠管孫仁師領兵來救府城新羅兵馬亦發同征行至周留城下此時倭國船兵來助百濟倭船千艘停在白沙百濟精騎岸上守船新羅驍騎爲漢前鋒先破岸陣周留失膽遂卽降下

서 백사白沙에 정박해 있었고, 백제의 정예 기병이 해안 언덕 위에서 배를 지키고 있었다. 우리 신라의 날랜 기병이 당군의 선봉이 되어 우선 해안 언덕의 적진을 깨뜨리니 주류성이 낙담하여 마침내 곧 항복하였다. 남쪽 지방이 평정된 뒤에 군대를 돌려 북쪽을 친 것인데, 임존성 한 곳만이 어리석게도 항복하지 않으니 두 나라 군사가 함께 성 하나를 쳤으나 굳게 지키면서 저항하는 바람에 쳐부수지 못하였다."[73]

663년 7월 중순 당군 총관 손인사가 함락 위기를 맞은 사비성을 구하고, 신라군은 주류성을 공격하였다. 그리고 8월 13일 부여를 떠난 유인원·유인궤 등의 당군 장수와 김법민·부여륭 등은 백강에서 1천 척의 왜 수군 및 백제군을 격파하였고(9월 7일), 그것을 내려다본 주류성의 백제인들이 항복을 결정(9월 8일)한 것으로 그리고 있으니 바로 이 백강해전과 주류성 공격이 북벌의 최종 목표였음을 알 수 있다. 그런데 『삼국사기』 열전 김유신전은 부흥 백제의 왕성인 주류성을 663년 8월 13일(실제로는 17일)에 신라군이 포위하였음을 알려준다.

i) "용삭 3년 계해(663)에 백제의 여러 성이 몰래 부흥을 꾀했는데 그 우두머리가 두루성豆率城에 웅거하며 왜국에 원군을 청하였다. 대왕이 몸소 김유신·김인문·천존·죽지 등 장군들을 거느리고 7월 17일에 토벌을 떠나 웅진주熊津州에 이르러 당의 진수관 유인원과 군사를 합하였다. 8월 13일 두루성率城에 도착하니 백제인들이 왜군과 함께 나와 진을 쳤다. 우리 군사가 힘써 싸워 크게 깨

---

트리니 백제와 왜의 군사들이 모두 항복하였다."(『삼국사기』 열전 김유신전)

그 당시 일본 수군의 움직임을 『일본서기』는 "이때 왜국의 선박과 병사가 와서 백제를 도왔다. 왜선 1천 척이 백사白沙에 정박하였다. 백제의 정예기병이 해안에 정박한 배를 지켰다."[74]라고 하였고, 『당서』에는 "왜인을 백강구에서 만났다."(遇倭人白江口) 또는 "왜인이 와서 공격하였다"(倭人來攻)고만 하였다. 그로부터 2주 뒤인 8월 27일에 백제와 왜는 당군과 교전하여 크게 패했고, 그 이튿날 부여풍은 고구려로 달아났다. 28일 일본군은 중군의 군졸을 인솔하여 당군 중앙으로 치고 들어갔지만, 당군은 진을 견고하게 지키고 있었다. 좌우에서 당군과 신라군이 협공하니 왜군과 백제군이 크게 패해 전력의 상당 부분을 잃었다. 그리고 9월 7일과 8일의 마지막 해전에서 당군은 400척의 왜선을 불태워 백제·왜 연합군은 전멸하다시피 했다. 백강에서는 이렇게 4차에 걸쳐 해전이 있었고, 그 싸움에서 왜·백제는 모두 패했다.

그런데도 『삼국사기』와 『삼국유사』 등에서 마치 백강과 사비하가 금강의 별칭인 것처럼 잘못 전하는 바람에 지금까지도 백강과 웅진강을 같은 곳으로 인식하게 되었다. 백강 전투가 있었던 백강이 따로 있었는데도 웅진강(금강)을 백강으로 받아들이다 보니 큰 혼란이 생긴 것이다. 어느 기록에서든 사비하는 사비 일대의 금강을 이르는 것이며, 백강이 아니다. 또 『구당서』나 『신당서』·『자치통감』 등의 중국 기록에 보이는 웅진강은 금강의 총칭이지 백강이 아니다. 더구나 고대 기록의 웅진강구는 강경~세도 지역을 가리킨다. 백강은 오늘의 금강과는 전혀 다른 수계水系에 있

---

74)    此時倭國船兵來助百濟倭船千艘停在白沙百濟精騎岸上守船

었다.

부여에서 백강 사이의 거리를 가늠하기 위해 우리는 다음 몇 가지 자료에서 663년 8월 13일과 17일에 있었던 사건을 비교해볼 필요가 있다.

① "가을 8월 13일(갑오일), 백제 왕이 자신의 훌륭한 장수를 참수하였다는 말을 듣고 신라는 곧바로 그 나라로 들어가서 먼저 주유성을 취하려고 의논하였다."(『일본서기』 27 天智紀)

② "8월 무술일(17일) 적(=신라)의 장수가 주유성에 이르러서 그 왕성을 에워쌌다. 대당군의 장수가 전선 170척을 이끌고 백촌강白村江에 진을 펼쳤다."(『일본서기』 27 天智紀)

③ "8월 13일 두루성豆率城(=주류성)에 도착하니 백제인들이 왜군과 함께 나와 진을 쳤다. 우리 군사가 힘써 싸워 크게 깨트리니 백제와 왜의 군사들이 모두 항복하였다."(『삼국사기』 열전 김유신)

위 세 자료를 종합해보면 신라는 8월 13일 주류성을 치려고 의논하였으며, 유인궤의 당군은 8월 13일에 부여를 출발하여 백강으로 간 것으로 추정된다. 그리하여 신라군은 8월 17일 주류성을 포위하였고, 당군은 이날 전선 170척으로 백강에 진을 쳤다. '백제 왕이 자신의 훌륭한 장수(복신을 지칭)를 죽이고 왜와 고구려에 군사를 요청한 것'은 두 달 전인 6월의 일이었다. 부여풍이 복신을 죽인 사실을 신라와 당나라 측은 6~7월에 알고 있었고, 그것을 계기로 백강해전 및 주류성 전투를 계획하였다. 그러나 신라가 실제 군사를 움직이기 시작한 것은 7월 17일부터다. 신라 육군은 주류성으로 가고, 나당연합군은 웅진강을 내려가 백강으로 집결하였다. 결국 "손인사와 유인원 및 김법민은 육군을 데리고 나아가고, 유인궤 및 별군 장수 두상과 부여륭은 수군 및 군량선을 이끌고 웅진강에서 백강으로 가서 육군과 만나 함께 주류성으로 향하였다."라고 한 『구당서』 백제전의 기사는 8월 13일 당군과 신라군 수군 및 부여륭 등이 부여를 떠나던 날의 사정을 전하는 이야기로 볼 수 있다. 그렇다면 나당군이 웅진강에서 백강까지 가는 데 걸린 기간은 13일을 포함하여 17일 도착 날까지 모두 5일이 된다. 바로 이 기사를 토대로 부여에서 백강까지 뱃길로 5일이 걸리는 거리였음을 알 수 있다. 따라서 이 자료를 가지고 역산을 해보자. 소야도에서 백강까지 46km이니 이것을 하룻길로 보면 단순 계산으로도 부여에서 소야도까지는 4일이 걸리는 거리(210km)로 볼 수 있을 것이다.

다음으로, 만일 백강이 지금의 임천林川이나 한산韓山 지역 어딘가에 있었다면 사비성泗沘城에서 불과 8~10km 밖의 금강으로 올라와 코앞에서 위협하는 소정방의 군대를 놔두고 어찌하여 계백의 군대는 그보다 3배나 먼 연산連山(황산벌)의 신라군부터 막았을까? 김유신의 신라군 5만 명보다는 사비성 코앞의 웅진강 하구까지 밀고 올라온 당군이 훨씬 더 위협적이었다. 게다가 개미 떼처럼 많은 당군 대군은 가히 충격적이었을 것이다. 만약 백강이 웅진강이고 웅진강에 기벌포가 있었으며, 그 기벌포가 소정방이 배를 대고 상륙한 웅진강 하구 어딘가에 있었다면 턱밑까지 닥쳐온 소정방의 당군을 놔두고 그보다 네 배나 먼 연산 황산벌에 계백과 결사대를 먼저 보내는 일은 결코 있을 수 없다. 그렇게 했다면 의자왕과 백제 조정의 수뇌부가 중요한 순간에 전략적으로 심각한 잘못을 저지른 것이다.

과연 그랬을까? 당군이 백강(기벌포)을 지났다는 소식을 들은 시점, 그러니까 계백과 5천 결사대 파견을 바로 앞둔 시점에 소정방이 직접 거느린 군대는 지금의 금강계 어디에도 나타나지 않았다. 그러므로 백강의 당군에 대한 방어 대신 황산벌의 신라 육군을 먼저 막도록 한 것은 매우 합당한 대응이었다.

앞에서 설명한 대로 황산벌로 계백을 내보낸 것은 최소한 황산벌보다 훨씬 먼 곳에 백강이 있었음을 시사한다. 9일 오후 계백과 5천 결사대가 죽고 나서 웅진강에 백제 수비군을 추가 배치하여 소정방의 당군을 막은 것도 황산벌이나 웅진강 반조원리 및 석성면이 백강보다 훨씬 가까이에 있었기 때문이다. 백강 방어는 사비도성에서 볼 때 석성면 일대 웅진강보다도 급하지 않았던 것이다. 이 또한 웅진강이나 사비하泗沘河가 백강이 아니었음을 말해주는 것이다.

소정방은 덕물도德勿島(정확히는 소야도)에서 먼저 웅진강으로 떠난 뒤에 군대 일부를 백강으로 보냈다. 물론 그 좌군은 미리 계획된 것이었지만, 어쨌든 소정방 자신은 우군을 지휘하여 웅진강으로 진격했다. 소정방이 웅진강으로 떠난 직후, 소야도를 출발한 좌군은 하루 먼저 백강에 도착하였다. 그리하여 사비도성의 의자왕은 7월 8일 당군 좌군이 백강을 지났다는 소식을 들었다. 그다음 날 아침 소정방이 부여 반조원領詔院[75]에 들어와 당唐 고종高宗의 조서詔書를 읽으면서 백제 침공의 명분을 선포하였으니 이상의 여러 요소들을 감안하면 백강白江이 웅진강에 있어서는 안 된다.

소정방은 우군을 데리고 소야도에서 부여로 내려갔고, 똑같이 소야도를 떠난 좌군이 도착한 백강은 소야도의 동쪽(좌측) 지역, 즉 아산만 주변 지역이라야 한다. 하지만 오늘의 평택 지역은 그 당시 신라 땅이었고, 아산만이 신라와 백제의 최북단 경계였으니 좌군이 맨 처음 도착한 곳은 당진 지역이라야 한다.

당군의 첫 주둔지가 소야도였으므로 소야도에서 가까운 충남 북부권에

---

서 백강을 찾아야 함을 『삼국사기』 문무왕답설인귀서 가운데 h)의 "남방이정 회군북벌南方已定 廻軍北伐"(남쪽 지방이 평정되었으므로 군대를 돌려 북쪽을 친 것이다)이라는 구절이 알려주고 있다. 신라군은 663년 2~3월에 백제의 남부 지역을 평정하였고, 5~6월까지는 익산과 논산 지방까지 진압하였다. 바로 그 무렵, 부여풍이 복신을 죽였다. 그 사실을 확인한 나당군은 7월 중에 북벌을 계획하였다. 그에 따라 7월 17일 신라군이 먼저 움직였다. 8월 13일부터 당군과 신라군은 백강과 주류성으로 이동하였다. 그러므로 백강은 부여를 출발한 당군 수군이 소야도(덕적도)를 거쳐 주류성으로 가는 길 중간에 있어야 한다. 바로 이 점 때문에 백강은 소야도에서 쉽게 진입할 수 있는 곳 어딘가에 있었으리라고 판단할 수 있다.

다음으로는 가림성과의 관계에서 백강·주류성의 위치를 살펴봐야 한다. 한때 일부에서 주류성周留城과 가림성加林城은 서로 인접해 있어야 한다고 본 이들이 있었다. 하지만 실제로는 그들의 주장과 정반대다. 주류성과 가림성은 멀리 떨어져 있어야 한다. 주류성이 가림성 근처에 있을 거라고 본 시각은 다음의 『구당서』 권84 열전 제34 유인궤전劉仁軌傳의 다음 내용을 잘못 이해한 데서 비롯되었다.

j) "우위위장군 손인사에게 조서를 내려 병사를 데리고 바다를 건너가서 그를 지원하게 하였다. 손인사는 유인궤와 만나 서로 세력을 합치니 병사들의 사기가 크게 떨쳤다. 이에 여러 장수 회의를 하였는데, 어떤 장수는 '가림성은 수륙의 요충이니 먼저 그곳을 공격할 것을 청합니다'라고 말했다. 유인궤는 '가림성은 험하고 높은데 있으니 급히 공격하면 전사들이 다치거나 상하게 된다. 굳게 지키면 오래도록 날짜만 지날 것이니 먼저 주류성을 공격하느니만 못하다. 주류성은 적의 소굴이다. 흉악한 무리가 모여있는 곳이니 악을 제거하려면 먼

저 뿌리부터 없애 모름지기 그 원천을 뽑아버려야 한다. 주류성을 함락시키면
여러 성들은 스스로 무너질 것이다. ……"76)


이처럼 손인사孫仁師·유인궤劉仁軌의 병사와 여러 장수들은 수군과 육군의
요충인 가림성을 먼저 치자고 건의했으나 유인궤는 주류성 공격을 고집하
였다. 그의 주장 대로 주류성 공격으로 결론이 났는데, 여기서 핵심이 되
는 것은 백강과 주류성이 어디에 있었느냐 하는 것이다. 그런데 어쩐 일인
지 유인궤가 웅진강을 내려가 백강으로 간 것을 두고, "지금의 공주公州에
서 부여 지역의 강으로 내려간 것이며 웅진강熊津江은 웅진의 강, 백강白江은
사비泗沘 즉, 부여扶餘 부근의 강을 말하므로 공주에서 부여 일대 금강으로
이동한 것을 의미하고 주류성은 백강 근처 어디엔가 있어야 한다."거나 백
강구白江口를 현재의 서천 또는 한산으로 보는 이들이 있다. 그 외에도 동진
강東津江·줄포만茁浦灣 또는 만경강으로 보는 견해, 나아가 아산만牙山灣으로
보는 의견이 한때 있었다. 이런 것들은 한 마디로 잠꼬대 같은 주장들이어
서 이제부터는 그런 것들에 현혹되어서는 안 된다. 정말로 웅진강이 웅진
의 강이고 백강이 부여 인근의 어느 한 부분을 가리키는 이름이라면『구당
서』의 "웅진강으로부터 백강으로 가서 육군과 만나 함께 주류성으로 나갔
다. 유인궤는 백강구에서 왜병을 만났다."77)라고 한 구절이 심각한 문제를
일으킨다. 당시 소정방을 따라온 군진의 기록자가 웅진강과 백강을 혼동

---

76)　… 詔右威衛將軍孫仁師率兵浮海以爲之援 仁師旣與仁軌等相合 兵士大振 於是諸將會議 或曰 加林城
　　 水陸之衝 請先擊之 仁軌曰加林險高 急攻則傷損戰士 固守則用日持久 不如先攻周留城 周留賊之巢穴
　　 群兇所聚 除惡務本 須拔其源 若克周留 則諸城自下 於是仁師仁願及新羅王法敏帥陸軍以進 仁軌乃別
　　 率杜爽 扶餘隆率水軍及糧船 自熊津江往白江 會陸軍同趣周留城 仁軌遇倭兵於白江之口 四戰捷 焚其
　　 舟四百艘 煙焰漲天 海水皆赤 賊衆大潰 …

77)　 自熊津江往白江 會陸軍同趣周留城 仁軌遇倭兵於白江之口

하여 이런 기록을 남겼을까?

더군다나 유인궤의 군대가 왜군을 만난 백강지구白江之口는 '백강의 입구'
란 의미이다. 백강의 입구는 백강이 바다와 만나는 곳이다. 그러니까 유인
궤의 부대는 백강 하구, 즉 백강구에서 왜군을 만난 것이다. 여기서 확인
해야 하는 것이 웅진강이 공주 일원의 강이고 백강이 부여 인근의 강이라
면 부여 인근 백강의 범위를 벗어나면 이미 백강이 아니며 바로 그 백강의
하류 쪽 한계점이 백강구라는 얘기가 된다. 그렇다면 이미 백강구를 벗어
난 유인궤 군대가 어떻게 백강구에서 다시 왜군을 만날 수 있는가? 이 간
단한 사실 하나에도 의문을 갖는 이가 없었다는 것이 백제사 연구에 얼마
나 많은 문제가 있는지를 잘 보여준다.

지금의 장항(서천) 지역 금강하구는 웅진강구가 아니다. 그런데 어떻게
그곳이 백강구가 될 수 있는가? 백강구는 금강수계 밖의 전혀 다른 곳에
있어야 한다. 애초부터 현재의 금강 하류 어딘가에 백강이 있다고 가정한
게 문제이다. 주류성은 백강에서 가까운 곳에 있어야 하니까 결국 주류성
이 서천 일대나 전북 북서부 어딘가에 있어야 한다는 생각을 버리지 못하
고 위 『구당서』 권84 열전 제34 유인궤전의 사료를 들여다보았기 때문에
여러 가지 허무맹랑한 주장이 등장한 것이다.

여기서 다시 앞의 기사(2. 소정방의 우군, 사비도성을 함락하다)에서 제시한 예
문 A)의 『신당서』 소정방전蘇定方傳 가운데 "성산에서 바다를 건너 웅진구에
이르니 적은 강가에 병사를 주둔시켰다. 소정방은 좌측 물가로 나아가 산
에 올라 진을 치고 적과 더불어 싸웠다."[78]고 한 구절과 『구당서』 D)의 "소
정방이 성산에서 바다를 건너 웅진강구에 도착하니 적은 강에 의지하여

---

78)    自城山濟海至熊津口 賊瀕江屯兵 定方出左涯 乘山而陣

군사를 주둔시켰다. 소정방은 강의 동쪽 물가로 상륙하였다. 산에 올라 진을 치고 적과 더불어 크게 싸웠다."[79]라고 한 기록을 다시 살펴보자. 앞에서 설명한 대로 A)에서 소정방이 배를 대고 상륙한 곳을 우리 기록은 지금의 부여군 세도면 반조원리라고 전하고 있는 반면, 자료 D)는 반조원리에서 건너편 석성면 봉정리로 옮겨간 사실을 전하고 있으니 위 두 자료로써 소정방의 군대가 웅진강구에 상륙한 과정을 명확히 나누어 설명하였음을 알 수 있다.

이처럼 당시의 일차 사료이자 원 사료인 중국 자료에는 웅진강과 백강을 명확히 구별하였다. 만약 공주·부여 아래의 강을 백제 시대에 백강이라고 불렀다면 왜 그것을 백강이라고 기록하지 않고 웅진강 또는 웅진강구로만 기록했겠는가? 이 문제는 간단한 것이다. 자꾸 반복되는 얘기지만, 백제 시대 한산·서천 지역 금강하구 수면을 백강이라고 부른 적이 없고, 강경~세도 지역을 백강 또는 백강구라고 부른 적도 없다. 백제인들은 강경~세도 지역의 금강을 웅진강 또는 웅진강구라고 불렀다. 이것은 백제 기록으로도 입증되는 문제이다. 백제 말의 기록에도 사비성 인근의 강은 사비하였지 백강이 아니었다. 다만 지금의 금강 전체를 웅진강이라고 불렀던 것이다.

따라서 663년 8월 백제 부흥군을 공격하기 위해 유인궤가 손인사·부여륭 등과 함께 주류성으로 가는 장면으로서 "이에 손인사와 유인원 및 신라왕 김법민은 육군을 거느리고 나아가고, 유인궤는 별군 두상을 데리고 가고, 부여륭은 수군 및 군량선을 인솔하여 웅진강에서 백강으로 가서 육군과 만나 함께 주류성으로 나아갔다. 유인궤는 백강구에서 왜병을 만나 네

---

79) 定方自城山濟海 至熊津江口 賊屯兵據江 定方升東岸 乘山而陣

번 싸워 이겼다."[80]라고 한 구절 가운데 나오는 백강은 웅진강[錦江]의 부분
명칭이 아니다. 그렇다고 서천·장항 일대의 금강하구언 부근을 가리키는
것도 아니다. 백강은 오늘의 금강이나 금강하구언 부근에 없었다.

---

80)  於是仁師仁願及新羅王金法敏帥陸軍以進 仁軌乃別率杜爽 扶餘隆率水軍及糧船 自熊津江往白江 會
     陸軍同趣周留城 仁軌遇倭兵於白江之口 四戰捷(『구당서』권 84 열전 제 34 유인궤전)

# 4. 백강은 어디인가?


## 백강과 사비하는 어떻게 다른가?

그러면, 이제 백강과 기벌포 문제를 논하기에 앞서 사비하라든가 백마
강·웅진강은 물론 백강과 관련된 기록으로는 어떤 것들이 있는지, 그리고
사비하·백마강·웅진강은 백강과 어떻게 다른지 그것부터 먼저 검토하고
가는 것이 순서이겠다. 여러 기록 중에서도 우선적으로 살펴봐야 할 것이
『삼국사기』 백제본기이다. 백제 측의 기록에서 백강과 사비하가 맨 처음
등장하는 것은 동성왕東城王과 무령왕武寧王 때이다.


### 『삼국사기』 백제본기의 백강 및 사비하 관련 기사들

부여를 사비로, 사비 근처의 강을 사비하로 부른 사례는 6세기 초, 처음
으로 백제의 기록에 나타난다. '백강'이란 지명이 등장하는 것은 무령왕
시대이다. 사비 및 사비하와 별개로, 백제인들에게는 너무나도 유명하였
을 백강이 동성왕과 무령왕 시대에 처음으로 나타난다.


### 동성왕

① 9월에 왕이 나라 서쪽 사비泗沘의 들판에서 사냥을 하였다.(동성왕 12년)

② 여름 6월에 웅천熊川의 물이 불어나서 왕도의 2백여 가옥이 물에 떠내려가거
나 잠겼다.(동성왕 13년)

③ 겨울 10월에 왕이 사비泗沘의 동쪽 들에서 사냥을 하였다. 11월에 웅천熊川의 북쪽 들에서 사냥을 하고 또 사비의 서쪽 들에서 사냥을 했는데, 큰 눈으로 길이 막혀 마포촌馬浦村에서 묵게 되었다.(동성왕 23년)

그러나 동성왕 시대의 기록에는 사비와 웅천은 있어도 사비하泗沘河나 백강은 기록에 나타나지 않는다. 다만 '사비' 옆으로 흐르는 지금의 금강 일부를 '사비하'로 불렀음을 알 수 있다. 위의 내용들이 『삼국사기』 편찬자들의 백제 관련 참고 자료를 충실히 옮겨 적은 것이라면 '사비의 서쪽 들' '사비의 동쪽 들판' 또는 '웅천'은 있어도 왜 백강은 없는가 하는 의문을 갖게 된다.

### 무령왕

④ 원년 봄 정월에 좌평 백가苩加가 가림성에 웅거해 반란을 일으켰다. 왕이 군사를 거느리고 우두성에 나가서 한솔 해명解明에게 명해 토벌하게 하였다. 백가가 나와 항복하자 왕이 그의 목을 베어 백강白江에 던졌다.[81]

### 무왕(武王)

⑤ 3월에 왕은 좌우 신하들을 데리고 사비하 북쪽 포구에서 잔치를 벌였다. 사비하 북포北浦의 양쪽 연안에는 기암괴석이 늘어서 있고, 그 사이에는 기묘한 꽃과 특이한 풀들이 있어서 한 폭의 그림 같았다. … 사람들은 그곳을 대왕포大王浦라 하였다.[82]

---

81)　春正月佐平苩加據加林城叛王帥兵馬至牛頭城命扞率解明討之苩加出降王斬之投於白江(『삼국사기』 권 제26 백제본기 제4 무령왕 원년)

82)　… 三月王率左右臣寮遊燕於泗沘河北浦兩岸奇巖怪石錯立間以奇花異草如畵圖王飲酒極歡鼓琴自歌

④에서 보듯이 6세기 초의 무령왕 시대에 처음 백강이 확인된다. 물론 동성왕이나 무왕 시대에도 백강이 어딘가에 따로 있었을 것이다. 그런데 무령왕 관련 기사 ④와 무왕 기사 ⑤를 비교해 보면 사비하와 백강은 다른 곳이었음을 알 수 있다.

무왕 조에서 거론한 사비하는 분명히 지금의 부여 인근 금강 일부를 이른 것이다. 부소산을 끼고 흐르는 강을 사비하라고 하였지 백강이라고 하지 않았기 때문이다. 만일 백강이 사비하라면 이들 두 강 이름을 서로 다르게 쓰지는 않았을 것이다. 다시 말해서 사비하와 백강은 전혀 다른 별개의 강이었으므로 두 이름이 모두 기록에 남은 것이다.

또 ④의 무령왕 기사에서 거론한 우두성牛頭城은 백강 가까이에 있는 성으로 볼 수 있으며, 이 역시 사비하와는 거리가 있다. 그런데도 가림성이 금강변에 있으니 백제 시대 웅진강(금강)을 백강이라고 불렀으리라고 보아 가림성이 있는 부여 임천 지역 어딘가에 백강이었을 것이라고 본 일부의 무책임한 주장이 혼란을 키웠다.

특히 좌평 백가가 가림성加林城에서 반란을 일으키자 무령왕은 우두성으로 나가 있으면서 한솔扞率 해명解明을 보내어 토벌하도록 하였다. 백가가 나와 항복하자 그의 목을 베어 백강에 던졌다고 하였는데, 가림성과 우두성은 모두 백강 가까이에 있는 곳이라고 보아 당연히 백강은 백제 시대의 웅진강熊津江, 즉 지금의 금강의 일부라고 생각한 것이다. 하지만 백강과 사비하는 본래 다른 곳이다. 지금의 금강을 백제 시대에는 웅진강으로 불렀음을 이 대목에서 다시 상기할 필요가 있다. 사비하 가운데 그 하류 부여 세도~강경 일대를 웅진강구라고 불렀다. 청양 사수(까치내)에서 논산천(비

---

從者屢舞時人爲其地爲大王浦 … 『삼국사기』권 제 27 백제본기 제45 무왕 37년)

수)까지만을 따로 떼어내어 사비성 인근의 강이라는 의미를 부여한 것이다. 그런데도 가림성 앞의 임천면 일대를 백강으로 본 것이 심각한 잘못이었다. 무령왕은 직접 병마를 이끌고 우두성으로 나갔다. 가림성은 높고 험한 산성이어서 공격하기가 쉽지 않았다. 더구나 남쪽에서 금강을 건너 가림성을 공격하기는 어렵다. 가림성 남쪽은 익산 웅포이다. 무령왕과 그 군대가 훤히 내다보이는 웅포 쪽으로 가서 강을 건너 가림성을 공격한다는 것은 전략상 말이 되지 않는다.

무령왕은 가림성의 북쪽이나 동쪽 어딘가 그 배후가 될 만한 곳으로 은밀하게 나갔을 가능성이 더 크다. 하지만 무령왕은 가림성 근처에도 가지 않았다. 가림성을 공격하여 항복을 받아낸 것은 해명이었다. 무령왕은 우두성으로 나가 있다가 가림성을 나와 항복해온 백가의 목을 베어 백강에 던졌으므로 백강 가까운 곳에 우두성이 있었던 것이 틀림없다. 다시 말해서 무령왕이 나가 있던 백강과 우두성은 오히려 가림성에서 먼 곳에 있었을 가능성이 더 크다.

동성왕은 재위 23년(501) 7월에 탄현에 목책을 설치하여 신라의 침입에 방비를 하였고, 그다음 달 8월에 가림성을 쌓고 위사좌평 백가로 하여금 지키게 하였지만 백가는 가림성으로 가고 싶어하지 않았다.[83] 그러나 그가 가려 하지 않은 이유가 무엇인지는 드러나 있지 않다. 그래서 백가의 기반이 공주 수촌리 일대에 세력을 두고 있던 가문일 것이라는 의견이 제기된 바 있다. 그 주장 대로 만약 공주 수촌리 일대에 세력을 두고 있던 백가가 모반을 일으켰다면 평소 서로 긴밀하게 호응할 수 있는 친백가 세력이 근처에 있었을 것이고, 그런 조건이었다면 친백가 세력과 백가의 연합

---

83) 秋七月設柵於炭峴以備新羅八月築加林城以衛士佐平苩加鎭之 …… 初王以苩加鎭加林城加不欲往辭
以疾王不許是以怨王至是使人刺王

을 차단하기 위해 무령왕은 해명을 청양 정산이나 공주 유구·신풍 또는 그 외 금강 이북의 배후가 됨직한 지역으로 보내어 가림성의 백가를 치도록 하였을 것이며, 무령왕 자신 또한 백가와 연합할 수 있는 세력을 견제하기 위한 곳으로 나갔을 가능성이 더 높다. 이 문제를 좀 더 깊이 들여다보기 위해 백제 시대 행정편제를 살펴보기로 한다.

본래 가림군加林郡은 마산현馬山縣과 대산현大山縣 두 개의 현으로 구성되어 있었다. 마산은 현재의 한산군 마산면이고 대산현은 지금의 부여 홍산면이다. 또 임존성(경덕왕 때의 임성군)에는 고량부리현古良夫里縣과 오산현烏山縣이 속해 있었다. 고량부리현은 현재의 청양군이다. 다만, 현재의 청양 정산면은 부여에 속해 있었다. 이런 행정편제는 군사제도와도 밀접한 관련이 있다. 이와 같은 배경을 감안하면 해명은 가림군으로, 무령왕은 청양 및 예산을 관할하는 곳으로 나갔으리라고 보는 게 오히려 합리적이다. 그렇다면 청양을 흐르는 강은 남쪽으로 금강과 까치내(사수탄) 뿐이니 오늘의 예산이나 당진 지역에서 우두성과 백강을 찾아야 맞을 것이다.

해명이 백가를 포박하여 우두성으로 데려왔고, 무령왕은 그의 목을 베어 백강에 던졌다는 기록으로만 보면 우두성은 반드시 백강 근처에 있어야 한다. 가림성 남쪽의 웅진강이 백강이 아니며, 사비하도 백강이 아닌 것 또한 분명하니 우두성과 백강은 금강권에 있는 지명이 아니다. 오히려 예산·당진 지역에 있는 강이어야 한다. 그 당시 백제인들이 누구나 알고 있었을 지명인 백강과 관련하여, 663년 8~9월의 싸움에서 당군·신라군·백제군·왜군이 동원한 1천여 척의 배가 들어와 교전할 수 있는 널찍한 바다를 낀 강은 금강을 제외하고 충남 북서부 지역밖에 없다. 우두성을 예산·당진 등지에서 찾을 경우 백강이라 부를 만한 수계水系가 과연 어디에 있을까? 지금의 기준으로 보면 천안~온양을 흐르는 곡교천曲橋川과 예산~

당진 지역의 삽교천挿橋川[84] 및 무한천 일대로 그 대상지를 압축할 수 있다.

## 중국 기록엔 금강이 모두 '웅진강'으로 되어 있어

그런데 사비하 및 기벌포·백강 문제는 다음 『삼국사기』 백제본기 의자왕 16년 이후의 기록을 보면 더욱 선명해진다.

㉮ "만약 다른 나라의 군사가 오면 육로로는 침현沈峴을 지나지 못하게 하고, 수군은 기벌포의 언덕을 오르지 못하게 하여 험하고 좁은 곳에서 막아야만 될 것입니다."라고 하였다. 그러나 왕은 그 말을 살피지 않았다.(의자왕 16년 3월)

㉯ 왕도王都 서남쪽 사비하에서 큰 물고기가 나와 죽었는데 길이가 3장이나 되었다.(의자왕 19년 5월)

㉰ 왕도의 우물물이 핏빛이 되고 서쪽 바닷가에 작은 고기들이 물 밖으로 나와 죽었는데 백성들이 다 먹을 수가 없을 지경이었으며, 사비하의 물도 핏빛처럼 붉었다.(의자왕 20년 봄 2월)

㉱ 왕흥사王興寺의 여러 승려들 모두가 마치 웬 배 돛대 같은 것이 큰 물을 따라 절문으로 들어오는 것을 보았다. 들사슴처럼 생긴 개 한 마리가 서쪽에서 사비하 기슭로 와서 왕궁을 향해 짖어대다가 금방 간 곳을 알 수 없었으며, 왕도의 많은 개들이 길 위에 모여서 짖거나 울다가 얼마 뒤에 흩어졌다. …… 왕이 머뭇거리며 어느 쪽 말을 따라야 할지 몰랐다. 이때 좌평 흥수興甞가 죄를 짓고 고마미지현古馬彌知縣에 유배를 가 있었다. 왕이 그에게 사람을 보내어 "사태가 위급하다. 어찌하면 좋겠는가"라고 물었다. 흥수는 "당나라 군사들은 숫자가 많

---

**84)** 삽교천(挿橋川)이란 이름은 '삽다리'를 한자로 번역한 일종의 향찰 표기이다. 원래 '삽내' 또는 '삽살'이라 불렀다. 사읍천(沙邑川)이라고 한 조선 시대의 기록도 있는데, 그것 역시 '삽내'의 한자 표기이다. 홍성 장곡면에서 시작하여 불과 58km밖에 안 되는 작은 하천이지만 과거 충남 북부권의 수운 교통에 중요한 역할을 했던 수계(水系)이다.

고 군대의 기율이 엄숙하고 확실하며 게다가 신라와 더불어 앞뒤로 작전을 함께 하고 있으니 만일 평탄한 벌판이나 너른 들에 진을 치고 상대하다가는 승패를 장담할 수 없을 것입니다. 그런데 白江(혹은 伎伐浦라고 한다)과 炭峴(혹은 沈峴이라고 한다)은 우리나라의 요충지로서 한 사람이 창 한 자루만 들고 있어도 만 명이 이를 당해내지 못할 것이니 날랜 군사를 가려 뽑아서 그곳에 보내어 지키게 하여 당나라 군사가 백강에 들어오지 못하게 하고 신라 군사는 탄현을 넘지 못하게 해야 합니다. 또 대왕께서는 성문을 겹겹이 닫아걸고 굳게 지키면서 그들의 물자와 군량이 떨어지고 사졸들이 피로해지기를 기다렸다가 떨쳐 일어나 친다면 그들을 쳐부수게 될 것이 틀림없습니다."라고 말하였다.

이때 대신들은 그 말을 믿지 않고 "흥수는 오랫동안 옥에 갇힌 몸이므로 임금을 원망하고 나라를 사랑하지 않을 것이니 그의 말을 채택해서는 안 될 것입니다. 차라리 당나라 군사로 하여금 백강에 들어와서 강물을 따라 배를 나란히 할 수 없게 하고 신라 군사도 탄현에 올라 좁은 길 때문에 말을 나란히 할 수 없게 하는 편이 낫습니다. 이때 우리가 군사를 풀어 그들을 친다면 비유하건대 마치 조롱에 든 닭과 그물을 떠난 고기를 잡는 일이나 같은 것입니다."라고 하였다. 왕이 이 말을 수긍하였다.

그러자 또 당과 신라의 군사가 백강과 탄현을 지났다는 말을 듣게 되니 장군 계백階伯을 보내 결사대 5천 명을 거느리고 황산黃山으로 출동하게 하였다. 이에 신라 군사와 네 차례 싸워 모두 승리했지만, 병력은 적고 힘이 다해 끝내는 패했으며 계백은 죽고 말았다. 그제서야 군사를 모아 웅진강구를 막고 강을 따라 병력을 배치하자 소정방이 강 왼쪽으로 나와 산에 올라 진을 치므로 더불어 싸웠으나 우리 군사가 크게 패하였다. 당나라 군사들이 조수를 타고 배들을 앞뒤로 잇대어 북을 두드리며 떠들어댔다. 소정방은 보병과 기병을 거느리고 곧장 도성으로 짓쳐와 30리 밖에 멈추었다. 우리 군사가 다 동원되어 막았으나 역시 패하여 죽은 이가 1만여 명이었고, 당나라 군사는 승세를 타고 성에 육박하였다.(의자왕 20년 6월)[85]

㉮~㉰에서 말하는 사비하는 우리가 알고 있는 그대로 사비 즉, 부여 인근의 금강(백마강)을 말한다. 왕흥사[86]가 부소산 건너편 서쪽 금강가에 있었으므로 ㉰에서 말하는 사비하도 부여 인근의 강임을 분명하게 알 수 있다. 이와 함께 ㉰의 뒷부분에 나오는 기사로써 백강의 위치를 보다 선명하게 알 수 있다. 당군이 소야도에서 출발하여 부여로 쳐들어오는 상황을 설명한 대목으로서 "… 당과 신라의 군사가 백강과 탄현을 지났다는 말을 듣게 되니 …… 그제서야 군사를 모아 웅진강 어귀를 막고 강을 따라 병력을 배치하자 …"라고 한 구절에서 비로소 웅진강과 백강은 전혀 다른 곳임을 알 수 있고, ㉰의 앞부분에서 거론한 사비하가 후반부에서 말하는 웅진강의 부분 명칭이었음도 알게 된다.

그러면 가림성 앞의 금강하구를 백강이라고 불렀다고 볼 수는 없을까? 부여 임천면에서 상류 부여 세도면 반조원리까지는 물길로 대략 18km 거리이다. 노를 저을 경우 대략 한나절이 걸린다. 장항 읍내에서 임천면까지는 대략 27~28km 거리이니 설령 백강이 장항~서천 어딘가에 있었다고 가정할 경우 장항읍에서 세도면 반조원리까지는 대략 46~67km(120리)나 되는 길이다. 쉬지 않고 부지런히 노를 저어야 군선軍船이 하루에 겨우

---

85) 興首曰唐兵旣衆師律嚴明況與新羅共謀掎角若對陣於平原廣野勝敗未可知也白江或云伐浦炭峴或云沈縣我國之要路也一夫單槍萬人莫當宜簡勇士往守之使唐兵不得入白江羅人未得過炭峴大王重閉固守其資粮盡士卒疲然後奮擊之破之必矣於時大臣等不信曰興首久在縲紲之中怨君而不愛國其言不可用也莫若使唐兵入白江沿流而不得方舟羅軍升炭峴由徑而不得並馬當此之時縱兵擊之譬如殺在籠之雞離網之魚也王然之又聞唐羅兵已過白江炭峴遣將軍堦伯帥死士五千出黃山與羅兵戰四合皆勝之兵寡力屈竟敗堦伯死之於是合兵禦熊津口(『三國史記』百濟 義慈王 20年條 佐平 成忠 興首)

86) 무왕 35년(631) 봄 2월 완성

닿을 수 있는 거리다. 다시 말해서 '서천·장항 백강설'의 입장에서 보더라도 660년 7월 8일 백강을 지났다는 당군이 다음날 아침 웅진강구로 들어와야 할 만큼 많은 시간이 걸리는 거리임은 분명하다. 만약 백강이 임천면 근처 어딘가에 있었다면 "당군이 임천(백강)을 지났다"는 보고를 사비성에서 받았을 무렵엔 당군은 이미 세도면 일대에 들어왔어야 한다. 그리고 만약 그런 상황이었다면 계백을 황산벌로 보낼 게 아니라 세도면이나 석성면 강변으로 먼저 결사대를 보냈어야 한다. 황산벌보다 부여 세도면과 석성면 일대가 3배나 가까운 곳에 있으니 사비도성에서는 웅진강으로 들어오는 당군부터 막아야 했다. 그러나 ㉖의 기록대로라면 백제 측에서 웅진강 강변을 따라 수비군을 배치한 것은 7월 9일 반조원리로 소정방이 들어왔을 때였다. 소정방이 처음에 강 왼쪽 반조원리로 상륙한 것은 강 동편(우측) 봉정리 일대에 배치된 백제군 때문이었다. 그것이 아니면 조금 만조 시 수위가 낮아 봉정리에는 배를 댈 수 없어서 일단 반조원리(서편)로 내렸을 수 있다. 소정방이 반조원리 함박산 앞~삼의당 터 사이의 1km 남짓한 구간에 우선 내렸다가 저녁 들물 시간에 다시 1.5km 가량 거슬러 올라가 봉정리에 주둔하게 된 것은 물때 변화에 따른 수위 및 군선의 무게 때문이었을 것이다. 당군 배의 규모가 크고, 흘수선이 높은 데다 사람과 짐을 많이 실어서 원래의 계획에 차질이 생긴 것으로 볼 수 있다. 그때 당군의 반조원리 상륙전에서 죽임을 당한 백제군 수천 명은 당군이 들어오고 있다는 사실을 전달받고 투입된 가림성 중심의 방어군이었을 것이다.

그리고 7월 9일 오후 계백과 5천 결사대가 모두 죽었다는 소식을 접한 뒤에 비로소 사비도성에서는 부여군 석성면 일대에 상륙하는 당군을 막기 위해 백제군 1만여 명을 추가로 투입했다. 바로 그 무렵 소정방은 9일 오후 두 번째의 오름물때를 타고 건너편 석성면 일대로 자리를 옮겨서 다시 상륙전을 치렀고, 이때 백제 방어군 만여 명이 당군의 상륙을 막지도 못하고 희생되거나 포로로 잡혔다. 이후 당군 병력은 사비도성 20리 밖 봉정리 일대에 집결하였다. 그 당시의 전투장면을 묘사한 『구당서』와 『신당서』 등의 소정방 관련 기록을 보더라도 웅진강(금강하구)은 있었어도 임천면 대흥산의 가림성(성흥산성) 앞이라든가 임천면 아래쪽 서천군 지역 어디에도 백강은 있지 않았다.

그러면 정작 백강은 어디에 있었는가? 백강 및 웅진강이라는 지명은 중국 측의 기록에서도 명확히 구분되어 있으니 먼저 그 기록들을 살펴봐야 하겠다.

### A. 『구당서』 권84 열전 제34 유인궤전

"이에 손인사와 유인원 및 신라 왕 김법민은 육군을 거느리고 나아가고, 유인궤는 별장 두상杜爽을 데리고 갔으며, 부여륭은 수군과 군량선을 거느리고 웅진강으로부터 백강으로 가서 육군을 만나 함께 주류성으로 나아갔다. 유인궤는 백강 입구 즉, 백강지구白江之口에서 왜병을 만나 네 번 싸워 이겼다. 그 배 4백 척을 불태우니 화염과 연기가 하늘을 가렸고, 바닷물이 붉게 물들었다. 적의 무리는 크게 무너졌고, 부여풍은 몸을 빼어 달아났다. 그 보검을 손에 넣었다."[87]

### B. 『신당서』 유인궤전

"이에 손인사와 유인원 및 김법민은 육군을 데리고 나아갔다. 유인궤와 두상·부여륭은 웅진강으로부터 백강으로 가서 만났다. 백강구에서 왜인을 만나 네

---

87) 於是仁師仁願及新羅王法敏師陸軍以進 仁軌乃別率杜爽 扶餘隆率水軍及糧船 自熊津江往白江 會陸軍同趣周留城 仁軌遇倭兵於白江之口 四戰捷 焚其舟四百艘 煙焰漲天 海水皆赤 賊衆大潰 餘豊脫身而走 獲其寶劍

번 싸워 모두 이겼다. 배 4백 척을 불태우니 바닷물이 붉게 물들었다. 부여풍은 몸을 빼어 달아났다. 그의 보검을 주웠다."[88]

## C. 『구당서』 동이 백제전

"도침 등이 웅진강구熊津江口에 양책兩柵을 세우고 당군에 저항하였다. 유인궤와 신라 병사가 4면에서 협격하니 적의 무리는 달아나 양책으로 들어갔다. 물이 가로막고 다리는 좁아서 물에 떨어져 죽은 자가 만여 명이 되었다. 도침 등은 이에 유인원의 포위를 풀고 임존성으로 물러나 지켰다. …… 부여풍이 알고 그가 신임하는 사람을 몰래 데리고 가서 복신을 죽였다. 또 사신을 고구려와 왜국에 보내어 병사를 청해다가 당군에 맞섰다. 손인사는 오는 길에 그들을 맞아 깨트리고 마침내 유인원의 무리와 합하니 병사들의 기세가 크게 떨쳤다. 이에 손인사와 유인원 및 신라 왕 김법민은 육군을 거느리고 나아가고, 유인궤와 별군 장수 두상, 부여륭은 수군 및 군량선을 인솔하여 웅진강에서 백강으로 가서 육군과 만나 함께 주류성으로 내달았다. 유인궤는 부여풍의 무리를 백강구에서 만나 네 번 싸워 모두 이겼다. 그 배 400척을 불사르니 적의 무리가 크게 무너졌다. 부여풍은 몸을 빼어 달아났으며 가짜 왕자 부여충승과 부여충지 등은 사녀 및 왜의 무리를 데리고 항복하였다. 백제의 모든 성이 다시 귀순하였다."[89]

---

88) 於是仁師仁願及法敏帥陸軍以進仁軌與杜爽扶餘隆繇熊津白江會之遇倭人白江口四戰皆克焚四百艘海水爲丹扶餘豊脫身走獲其寶劍

89) 道琛等於熊津口立兩柵以拒官軍仁軌與新羅兵四面夾擊之賊衆退走入柵阻水橋狹墮水及戰死萬餘人道琛等乃釋仁願之圍退保任存城 …… 扶餘豊覺而率其親信掩殺福信又遣使往高麗及倭國請兵以拒官軍仁師中路迎擊破之遂與仁願之衆相合兵勢大振於是仁師仁願及新羅王金法敏帥陸軍進劉仁軌及別帥杜爽扶餘隆率水軍及糧船自熊津江往白江以會陸軍同趣周留城仁軌遇扶餘豊之衆於白江口四戰皆捷焚其舟四百艘賊衆大潰扶餘豊脫身而走僞王子扶餘忠勝忠志等率士女及倭衆竝降百濟諸城皆復歸順(『구당서』 권 199 열전 제149 東夷百濟)

D. 『신당서』 동이 백제전(龍朔 3年)

“유인원이 제齊 지역의 병사를 얻자 병사들의 사기가 떨쳤다. 이에 (유인원은) 신라 왕 김법민과 함께 보병과 기병을 데리고 가고 유인궤는 수군을 데리고 웅진강에서 함께 주류성으로 나아갔다. 부여풍의 무리는 백강구白江口에 주둔하고 있었다. 네 번 싸워 모두 이기고 배 4백 척을 불살랐다. 부여풍은 어디로 갔는지 그 소재를 알 수 없었다. 가짜 왕자 부여충승과 부여충지가 나머지 무리와 왜인들을 데리고 살려줄 것을 청하였다. 모든 성이 다시 회복되었다.”[90]

A~D는 당과 신라의 수군 및 육군이 총력전을 펼치기 위해 663년 8월 백강으로 모이는 과정을 그린 기사이다. 여기서 웅진강과 백강을 별개의 강으로 설명하고 있다. 애초에 당군의 여러 장수들은 가림성을 칠 것을 주문하였다. 그러나 유인원과 유인궤는 험해서 공격하기 어려운 가림성과 임존성 대신 주류성을 공격하기로 결정하였다. 그런데 앞의 h)의 예문(110쪽)을 보면 백강은 반드시 주류성에서 보이는 곳에 있어야 한다. 그것도 양측의 수군과 많은 선박이 한데 어울려 교전할 수 있는 널찍한 수면을 끼고 있는 곳이라야 한다.

그러나 지금의 금강하구는 그런 조건이 못 된다. 『구당서』에서는 웅진강구熊津江口[91], 『신당서』 소정방전에는 웅진구熊津口[92]라 하였는데, 어쩐 일인

---

90) 仁願已得齊兵士氣振乃與新羅王金法敏率步騎而遣劉仁軌率舟師自熊津江偕進趣周留城豊衆屯白江口四遇皆克火四百艘豊走不知所在僞王子扶餘忠勝忠志率殘衆及倭人請命諸城皆復

91) 顯慶五年 從行太原 制授熊津道大總管 率師討百濟 定方自城山濟海 至熊津江口 賊屯兵據江 定方升東岸 乘山而陣 與之大戰 揚帆蓋海 相續而至 賊師敗績 死者數千人 自餘奔散 遇潮且上 連舳入江 定方於岸上擁陣 水陸齊進 飛楫鼓譟 直趣眞都 去城二十許里 賊傾國來拒 大戰破之 殺虜萬餘人 追奔入郭 其王義慈及太子隆奔于北境 定方進圍其城 義慈次子泰自立爲王(『구당서』 권83 열전 제33 소정방전)

92) 出爲神丘道大總管 率師討百濟 自城山濟海至熊津口 賊瀕江屯兵 定方出左涯 乘山而陣 與之戰 賊敗死者數千 王師乘潮而上 舳艣銜尾進 鼓而譟 定方將步騎夾引 直趨眞都城 賊傾國來 酣戰破之 殺虜萬人 乘勝入其郛 王義慈及太子隆北走 定方進圍其城 義慈子泰自立爲王 率衆固守 義慈之孫文思曰 王

지 백강이 어딘지에 대한 언급은 없다. 백강과 웅진강이 함께 거론된 것은 『구당서』 유인궤전과 『신당서』 유인궤전, 그리고 『구당서』 및 『신당서』 백제전 등이다. 그중에서도 110쪽의 h)는 문무왕이 설인귀로부터 서신을 받고, 그에 대한 답신으로 보낸 기사의 일부이다. 이 기록을 통해 주류성은 백강이 내려다보이는 곳에 있었음을 알게 된다. 1천 척이 넘는 왜군 선박이 해안에 정박해 있고, 그 뒤로 백제 기병이 선박을 지키고 있는 상황에서 신라 기병이 습격하여 백제 기병과 왜군 선박을 공격하여 궤멸시켰다. 기록대로라면 663년 9월 7일 왜군 선박 1천여 척 가운데 4백 척이 불에 탔으며, 해안의 백제 기병이 무너지고 백강해전에서 패하자 드디어 주류성이 스스로 항복하였다.

그런데 지금까지 백강의 위치와 관련하여 문제가 되고 있는 구절은 앞의 A 기사이다. B, C, D의 기사는 모두 A의 기사를 토대로 이루어진 것으로 볼 수 있다. A의 기사에서도 웅진강과 백강은 전혀 다른 수계水系의 강임을 알 수 있다. 그런데도 일부에서 지금의 금강하구(웅진강 하구) 어딘가에 백강이 있었다고 고집하는 이들은 웅진강을 웅진 일대의 강으로, 사비하를 사비도성 인근의 강, 백강은 임천 이하에 있었다고 보았다. 그리하여 공주 웅진강으로부터 유인궤와 두상 및 부여륭이 가림성 근처의 백강으로 내려와 가림성을 먼저 칠 것인가 아니면 주류성을 칠 것인가를 논의하였던 것이므로 주류성은 가림성과 가까운 거리에 있어야 한다고 보면서 서천 지역에 백강이 있다고 주장한다. 자료에 대한 면밀한 분석 없이 마구잡이로 갖다 붙이는 억지 주장들인데, 주류성이 가림성 근처에 있었다면 당

與太子出 而叔豊得擅爲王 若王師還 我父子安得全 遂率左右縋城下 人多從之 泰不能止 定方使士登城 建唐旗幟 於是泰開門請命 其將禰植與義慈降 隆及諸城送款 百濟平 俘義慈隆泰等獻東都 定方所滅三國 皆生執其王(『신당서』 권111 열전 제36 소정방전)

군과 신라군, 부여륭이 수백 척의 선박과 수군을 이끌고 강을 내려갈 필요가 없다. 가림성을 공격해보다 안 되면 주류성을 공격해도 되니까 당과 신라의 주력군은 사비도성에 그냥 있어도 된다. 그러나 가림성과 주류성은 가까이에 있지도 않았고, 가림성 인근에 백강도 없었다. 현재의 서천 및 장항 일대의 금강하구 어딘가에 백강이 있었다는 주장을 내세운 근거는 의자왕 20년 조의 다음 내용에 있다.

> "당과 신라의 군사가 백강과 탄현을 지났다는 말을 듣게 되니 장군 계백을 보내 결사대 5천 명을 거느리고 황산黃山으로 나가게 하였다. 이에 신라 군사와 네 차례 싸워 모두 승리했지만, 병력은 적고 힘이 다해 끝내는 패했으며 계백은 죽고 말았다. 그제서야 군사를 모아 웅진강구를 막고 강을 따라 병력을 배치하자 소정방이 강 왼쪽으로 나와 산에 올라 진을 치므로 더불어 싸웠으나 우리 군사가 크게 패하였다."

"당군이 백강을 지났다는 소식을 듣고 계백이 황산으로 나가 싸워 죽은 뒤에 웅진강구를 막았다."고 한 구절을 토대로 백강의 입구가 백강구白江口이니 현재의 금강하구가 백강구임이 틀림없는 만큼 백강구를 지나야 백강으로 들어갈 수 있고, 백강을 지나서 웅진강으로 들어가는 게 순서에 맞다."고 이해한 데서 금강하구 백강설이 출발하였다. 당군이 7월 8일에 백강을 지났다고 하였으니 그 이튿날인 7월 9일 당군이 웅진강에 도착한 것으로 단정하고, 현재의 금강하구(장항)에서 부여 세도까지 하루 걸린 것으로 계산한 것이지만, 그것이 가장 치명적인 실수였다. 일찍이 그러한 인식이 잘못된 것임을 알고 백강을 금강 밖에서 찾으려 한 사람들이 있었다. 그들은 대신 전북의 동진강이나 만경강에서 백강을 찾으려 했다. 비록 전북권에서 백강을 찾으려 한 잘못은 있지만 그들은 '백강이 금강하구 밖에 있어야 한다'는 사실을 처음으로 인정한 사람들이라고 봐도 되겠다.

앞에 제시한 자료들(A~D)에는 백강과 웅진강이 별개의 강으로 되어 있다. 만약 백강이 웅진강이었다면 백강과 웅진강을 각기 따로 기록에 남기지는 않았을 것이다. 그 둘을 따로 명기하였으니 백강이 웅진강이 아님이 명백하다. 백강이 웅진강이라는 잘못된 인식은 대략 고려 이후에 생긴 것으로 보인다. 부여 웅진강(금강)을 백강으로 간주하고 보니 '백강=기벌포'라는 기록을 바탕으로 금강(웅진강)에 기벌포가 있는 것으로 잘못 전했다. 지금의 금강에 기벌포가 있는 것으로 기록한 대표적인 사례가 『삼국유사』이다. 일연은 기벌포가 장암이며 손량(손돌)이고, 그곳이 곧 지화포이고 백강이라고 하였다.[93] 일연이 『삼국사기』 백제본기 의자왕 20년 조의 백강·기벌포 기사를 가져다가 그저 아무 생각 없이 옮겨놓은 것이다. 그리하여 이 기록을 바탕으로 최근에는 '장암'이 장항 인근에 있었다며 일연이 말한 장암이 기벌포이고 손돌이며 지화포라고 우기면서 장항 지역을 백강이라고 보는 기막힌 억지가 계속되고 있다. 더구나 기벌포가 소부리주에 있다는 기록은 연구자들을 아주 혼란스럽게 만들었다. '소부리주 기벌포'로 설명한 대표적인 사례가 문무왕 관련 다음 내용이다.

> "문무왕 16년(676) 겨울 11월에 사찬 시득施得이 수군을 거느리고 설인귀와 소부리주 기벌포에서 싸우다 패했으나 다시 진군하여 스물두 번의 크고 작은 싸움에서 이기고 4천여 명의 목을 베었다."

---

93)  臣常觀時變必有兵革之事凡用兵必審擇其地處上流以迎敵可以保全若異國兵來陸路不使過炭峴一云沈峴百濟要害之地水軍不使入伎伐浦卽長嵓又孫梁一作只火浦又白江據其險隘以禦之然後可也(『삼국유사』, 태종춘추공 조)

『삼국사기』 편자들은 백제사 관련 자료를 들여다보지 않았을 수 없었다. 그 흔적이 『삼국사기』 백제본기 의자왕 20년 조의 "백강을 다른 이름으로 기벌포라고도 한다"(白江—云伎伐浦)라는 내용이다. "백강을 달리 기벌포라고도 한다"라고 명확히 전했으면서 정작 신라본기에는 엉뚱하게도 '소부리주 기벌포'라고 적어놓았다. 이렇게 되면 '소부리주 기벌포'와 '백강 기벌포' 가운데 어느 것 하나만을 선택해야 한다. 과연 어느 것이 맞는가?

간단히 정리하자. 백강·기벌포는 본래 백제 지명이니 백제 관련 기록을 우선해야 할 것이다. 백제본기의 내용도 결국은 그 이전 어딘가 백제 관련 기록에서 따왔을 것이므로 백강이 곧 기벌포임이 분명하다. 반면 신라본기 편찬자는 '기벌포를 금강(백강)에 있는 곳'이라고 여기고, 백강을 오늘의 금강으로 잘못 이해하였다. 다시 말해서 여기서 말하는 백강이 고려 이후의 백마강일 것이라고 단순히 생각하여 백마강이 소부리주에 있었으니 기벌포 앞에 소부리주를 추가한 것으로 볼 수밖에 없다. 이렇게 해서 백강과 기벌포가 소부리주에 있다는 잘못된 설명이 생겨난 것이다.

일찍이 구암久庵 한백겸韓百謙은 백강을 백마강에 갖다 대는 것을 부정하였다. 그는 『동국지리지東國地理志』에서 백마강 하류는 지형상 대형 군선인 방주方舟를 댈 만한 곳이 아닌데, 그와 관련하여 보다 자세한 자료를 찾아보지 못했음을 밝히면서 백강=웅진강설을 의심하였다.[94]

앞에서 설명한 대로 소정방이 660년 음력 7월 9~10일에 배를 댄 부여 세도면과 석성면 지역을 당나라 측에서 웅진강구로 적은 것은 세도~강경 일대를 웅진강의 입구로 보았다는 뜻이다. 그러니까 그 아래는 바다로 인

---

[94] 興首曰白江炭峴國之要衝一夫可以當百 …… 或云沈峴卽炭峴伎伐浦卽白江愚按百濟聞羅軍已過炭峴遣堦白拒之戰於黃山之野則炭峴疑在黃山之東勝覽以黃山爲連山縣炭峴在扶餘東十四里公州境與此不同恐有誤白馬江下流不得方舟處形勢亦未得見更詳之(『동국지리지』 形勢 關防 條 白江 炭峴 편)

식했다는 의미이니 백강은 웅진강구 아래의 서천 지역에 있을 수 없다. 전혀 다른 수계에 있어야 한다. 위 A~D의 기록은 물론 『자치통감』역시 소정방이 당군을 이끌고 간 부여 세도면 일대를 웅진강구로 기록하였다. 어디까지나 부여 석성·세도 일대까지만 웅진강이었던 것이다.

한편 『일본서기』에는 백강이란 이름 대신 백촌강白村江 또는 백강구白江口로 기록되어 있다. 백촌강이란 지명으로 보아 백강 인근에 백촌白村이라고 불리던 꽤 큰 마을이 있었을 것임을 미루어 알 수 있다.

물론 기록으로만 보면 신라 및 당군은 주류성으로 가다가 왜·백제군을 백강구에서 마치 조우한 것처럼 그리고 있다. 그러나 실제로는 왜군 지원병이 온 사실을 유인원·손인사·김법민 측은 이미 알고 있었다. 그런 정보를 바탕으로 공격 목표를 백강과 주류성으로 설정하여 진군했던 것이다. 그것을 알려주는 자료가 바로 『구당서』유인궤전의 주류성 공격을 논의하는 내용에 앞서 "부여풍이 복신을 죽였다. 또 사신을 고려와 왜국에 보내어 군사를 청하여 당군에 맞섰다."[95]라고 한 것과 『구당서』백제전의 "또 사신을 고려(=고구려)와 왜국에 보내어 군사를 청하여 당군에 저항하였다. 손인사가 중도에서 그들을 격파하였다."[96] 그리고 h)에서 "왜 수군 선박 1천 척이 백강에 정박해 있다."라고 한 내용이다. 고구려 및 왜에서 온 지원군이 백강에 주둔하고 있는 사실을 알고 신라 및 당군이 '북벌北伐'이란 이름의 마지막 총공격을 벌이는 과정에서 치른 싸움이 백강해전이었다.

그러면 이제 본론으로 돌아가서 백강과 기벌포는 어디서 찾아야 할 것인가? 앞에 제시한 여러 기록에 당군과 신라군은 '웅진강에서 백강으로

---

95) 餘豊襲殺福信 又遣使往高麗及倭國請兵 以拒官軍
96) 又遣使往高麗及倭國請兵以拒官軍孫仁師中路迎擊破之

갔다'고 하였고, '백강구에서 왜선을 만났다'고 하였으므로 일단 백강을 충남에서 찾는 것이 순리일 것이다. 그 첫 번째 이유는 당과 신라의 군대가 7~9월 백강해전 및 주류성 전투를 벌인 것이 '북벌'의 핵심 작전이었기 때문이다. 다시 말해서 북방성北方城, 즉 웅진(웅주) 관할의 북방은 현재의 충남 지역이 중심이었고, 그중에서도 금강 이북이 북벌의 대상이었다. 『삼국사기』 신라본기 문무왕(하) 편 '문무왕답서'의 내용으로 663년 백강해전과 주류성 전투, 그리고 임존성을 함락시키기 위한 북벌의 전후사정을 살펴볼 수 있다.

앞의 자료 h)는 백강해전 당시의 정황을 간단하게 요약하여 전해주면서 주류성과 백강(기벌포)의 위치까지 알려주고 있어 소중하다. 그중에서도 "남쪽 지방이 평정되었으므로 군사를 돌려 북쪽을 친 것이다."(南方已定廻軍北伐)라는 구절로부터 주류성의 위치를 가늠할 수 있다. 663년 2~3월에 신라는 백제 남쪽 지방에 파견된 왜군 지원병을 무찔렀다. 어렵사리 신라가 백제 남방을 정리하고서 5~6월에는 백제 중부지역의 왜군까지 격파하였다. 그리고 나니 6월에 부여풍이 복신을 죽였다는 소식이 경주에 전해졌다. 이에 신라군과 당군은 마침내 가을(음력 7월)로 접어들면서 북벌에 들어갔다. 그러니까 북벌의 대상이 백강과 주류성이었으므로 백강과 주류성은 당연히 백제의 북방에서 찾아야 하는 것이다.

그때까지 백제 부흥군은 대전에서 공주와 부여에 이르는 신라군의 보급로를 차단하고 사비성을 고립시키는 작전을 펼치고 있었다. 그렇지만 당군과 신라군은 백제의 남부와 중부 지역을 모두 평정하였고, 7월부터 계획대로 백강과 주류성으로의 진군을 서둘렀다. 8월 중에 당군과 신라군은 본격적으로 북벌을 감행함으로써 네 차례의 백강해전에서 승리하였고, 마지막 9월 7~8일, 2일 간의 해전에서 최종적으로 승리함으로써 주류성의 항복을 받아냈다.

한 마디로 당군과 신라군의 북벌北伐은 금강 이북의 현 충남 지역에 대한 총공격이었다. 막바지에 백제 부흥군의 활동 무대는 금강 이북 지역 중에서도 공주~연기~천안~팽성 서쪽과 아산만 이남의 충남 지역으로 좁혀졌으므로 『구당서』 유인궤전에서 거론한 백강은 어디까지나 북벌의 대상인 북방에 있어야 한다. 나당연합군은 대략 금강 이남 지역을 평정하고 나서 마지막으로 북벌을 감행하였으니 백강 및 주류성은 금강 이북 지역, 아산만 이남에서 찾아야 마땅하다.

백제 말기 북방은 북방성인 웅진熊津 관할이었다. 북방성의 대장이었던 예식禰植(=예식진)이 의자왕을 묶어가지고 그 형 웅진 방령方領 예군禰軍과 함께 웅진성을 나와 사비성으로 가서 소정방에게 항복한 사실에서 알 수 있듯이 당시 공주 웅진성이 웅진방령의 주둔지였다. 방령은 백제가 5방에 둔 방의 책임자이며, 웅진은 서부와 북부를 관할하던 북방성北方城으로 추정된다. 그러므로 백강·기벌포·주류성은 북벌의 대상지인 북방, 그중에서도 서부와 북부에 있어야 한다. 문무왕답서 가운데 "南方已定廻軍北伐"(남방이 평정되자 군사를 돌려 북쪽을 쳤다)고 한 기본적인 자료조차 제대로 이해하지 못했기 때문에 그간 전북 지역에서 백강과 주류성을 찾으려는 무모한 시도가 계속되었다. 그런데도 아직까지 백강을 금강하구로 보는 이들의 막무가내식 억지 주장을 대하다 보면 참으로 딱하다는 생각이 든다.

다시 말해서 백강과 주류성을 금강 이남 지역에서 찾아서는 안 되는 것이다. 오히려 부흥 운동 당시의 실정을 고려할 때 현재의 대전 지역에서 찾는다고 하면 그럴 수도 있겠다고 말할 수 있을지 모르겠다. 왜냐하면 그 당시 신라군과 당군에 대항하여 백제 부흥군의 치열한 싸움이 대전 지역에서 끊이지 않았기 때문이다. 하지만 마지막으로 주류성을 공격하기 위해 신라군과 당군이 사비성을 출발한 시점에는 부여~공주 이남 및 전북 지역은 이미 백제 부흥군의 활동무대에서 벗어나 신라와 당군에게 들어간 상태였다.

## 주류성은 북부의 성, 백강구는 서부 백강이 바다와 만나는 곳

백강해전에서 백제군 및 왜군이 패하는 것을 보고 주류성이 9월 7~8일에 항복하였다고 하였으니 양측의 전장戰場인 백강을 내려다볼 수 있는 주류성은 백제 북부, 즉 북방성 관할 지역에 있어야 한다. 무엇보다도 『삼국사기』 문무왕답서의 "남방이정 회군북벌南方已定 廻軍北伐"이란 말에 그 해답이 있다. 북벌의 대상이 백제의 북방성 관할 지역이었으므로 백강과 주류성을 북방성 관할구역 내에서 찾아야 하는 것은 당연하다. 그렇다면 백강을 현재의 아산만~삽교호揷橋湖 일대에서 찾을 수밖에 없다.

당시 삽교천은 백제의 서부 관할 지역이고, 주류성은 북부의 성이었다. 백강은 당진시 우강면의 삽교천 하구임을 따로 설명하였다. 전의읍이 백제 시대 주류성의 핵심 지역이며, 현재의 세종시 전의면과 전동면·연서면·소정면 일대를 주류성의 범위로 볼 수 있다. 그러나 전의·전성全城은 높지 않은 데 있어서 당진시 우강 일대를 바라볼 수 없다. 대신 아산 및 천안 지방의 높은 산들에서는 대부분 삽교천과 아산만 줄기가 환히 내려다보인다. 당시 아산·천안 지역의 주류성 근처 어딘가에서 본 백강해전 패전 사실이 곧바로 주류성에 전달되었을 것이다. 물론 과거 전의 지역 가운데서 삽교천 우강면 일대를 내려다볼 수 있는 곳으로는 운주산을 가장 먼저 꼽을 수 있다. 운주산에서는 합덕읍과 우강면·신평면 일대의 삽교천 일부를 아산 배방산 뒤로 내려다볼 수 있다. 충남 예산 수덕사 뒷산인 덕숭산 만공탑 위로 올라가면 안면도 천수만이 모니터에서 보듯이 손바닥 만하게 보이는 것처럼 운주산 산정에서 바라보면 삽교호 수면 일부가 내려다보인다. 1300여 년 전인 백제 시대 말, 주류성의 백제 유민들은 8월 27·28일과 9월 7~8일 네 차례의 백강해전에서 왜군과 백제 부흥군이 연이어 패배하는 장면을 고스란히 내려다 보았고, 그것이 주류성의 부흥 백제 지도층 인사들에게 곧바로 전달되었을 것이다. 당시의 상황으로 판단할 때 운주산성 또한 주류성의 관할 범위 가운데 중요한 곳이었다. 운주산과 운주산성은 전의역에서 동쪽 전동면 방향으로 약 2km 거리에 있고, 운주산에서 백강이 있는 당진시 우강면까지는 직선으로 대략 40km 거리다.

하지만 이곳 말고도 아산 및 천안 지역의 이름 있는 산이면 백강 및 백강구 일대의 삽교호를 발밑에 내려다볼 수 있어서 당시 백제인들은 백강해전의 시작과 결말을 고스란히 지켜보았을 것이다.

백강은 삽교천의 원명이며, 백강구는 삽교천 입구의 당진시 우강면 강문리를 중심으로 그 상류 구만리 일대로부터 남원포가 있는 부장리 및 그 하류 운정리 일대를 모두 가리키는 지명이었다. 그리고 백강구는 백강이 바다에 면한 곳이다. 현재의 삽교호 상류 지역인 우강·합덕 일대의 백강을 지나 당군은 예산·청양 등으로 향했을 수 있다. 동시에 현재의 아산호牙山湖 일대로 거슬러 올라 평택으로 들어갈 수도 있다. 팽성彭城을 신라가 장악한 뒤로는 팽성이 신라군과 당군의 군사 보급기지로 사용되었다는 『동경통지』의 기록을 감안할 때 당나라 군대가 애초 팽성도 염두에 두었을 가능성은 있다. 일부에서는 경기도 안성의 본래 지명이 백성白城이었으므로 안성천을 백천白川 또는 백강으로 보려는 이도 있는 줄 안다. 그러나 백성白城은 신라가 삼국통일 후에 고쳐 부른 이름이니 백천 또한 그 후의 작명으로 보아야 한다.

삽교천의 좌측 지류로서 온양·천안 지역을 관통하는 곡교천曲橋川도 본래 '곱은다리'라는 우리말 이름에서 나온 것으로 볼 수 있다. 사실 곱은다리는 '곱은달'[곱달]→白壤(백양)의 의미인데 곡교(곱은다리)로 잘못 정착되었을 것이다. 우리말 곱돌[白石], 곱똥의 사례로 알 수 있듯이 '곱'은 본래 '희다'는 의미이다. 곱돌은 얼음처럼 하얀 활석滑石을 이르는 순우리말이고, '달'(다리)은 '들판'을 가리키는 말. 원래 이 강은 '곱달내'로서 백양천白壤川의 의미이던 것이 고분다리내→고분다리천→곡교천으로 변천되었을 것이다. '곱다'를 '굽다'(曲이)의 의미로 이해하고, 평야를 뜻하는 말인 '달' 또는 '다라'를 다리[橋]로 받아들여 곡교천曲橋川으로 정착시킨 결과이다. 이렇게 보면 곡교천도 백강의 의미로 받아들일 수 있다. 즉, 백제 시대 곡교천도 백강의 범위로 불렸을 가능성이 있다. 신라가 삼국을 통일한 뒤에 아산 신창을 기량현祁梁縣으로 바꾼 것을 보더라도 현재의 삽교호 선장 및 곡교천을 포함한 신창 지역이 사람과 물자의 이동에 중요한 역할을 하던, 수운水運과 관방상關防上의 중요한 위치에 있었음을 알 수 있다. 참고로, 과거 신창 지역은 예산 대흥에 속한 때도 있었다. 신창과 그 맞은편 당진 지역이 모두 대흥에 속한 수운의 요충이었던 것이다.

다만 揷橋(삽교)라는 지명은 본래 '삽다리'의 한자 번역어이지만, 그 한자 지명의 의미는 '부러진 다리'이다. 그렇지만 원래, 삽교천의 본래 이름이 삽살 또는 삽내였으니 삽교를 '부러진 다리로 볼 수 없다. 정리하자면 揷橋(삽교)는 '삽다리'의 향찰 표기이다.

## 백강(白江)에 관한 종래의 여러 견해는 모두 허구

백강 및 주류성은 20세기 초 근세 사학의 시작과 더불어 일본인들에 의해 본격적으로 연구대상이 되었다. 그리하여 여러 가지 주장과 견해가 제기되었는데, 지금까지 나와 있는 그들의 '백강설'은 일고의 가치도 없다.

다만 그 또한 백제사 '연구사'의 일부이니 그간의 흐름을 고려하여 몇몇 연구자들의 견해를 중심으로 그들이 내놓은 백강(기벌포)설의 뼈대를 간단히 소개하는 것으로 그친다. 그들이 내놓은 백강설은 모두 허구이고 사실이 아니므로 각각의 견해를 다 소개할 필요가 없기 때문이다.

1) 먼저 츠다소우기치(津田左右吉, つだそうきち)라는 일본인은 1913년 '당군이 들어온 기벌포伐浦를 금강 하구'로 보았다. 『삼국사기』신라본기 문무왕 16년 조에 '소부리주所夫里州 기벌포伐浦'로 기록하였으니 소부리는 사비 인근을 가리키는 지명이고, 백제본기 의자왕 20년 조에 '백강은 기벌포라고도 한다'(白江一云伎伐浦)라고 하였으므로 지금의 금강을 백강으로 파악하고, 금강변 어딘가에 기벌포가 있었다고 이해한 것이다.

백강해전에서 백제군이 패한 뒤에 주류성이 함락되었으니 백강 가까이에 주류성이 있었다고 판단하여 백강구를 금강하구로 보고, 금강하구로부터 멀지 않은 곳에 주류성이 있었다고 믿었다. 그러다 보니 『자치통감』 및 『구당서』에 "당군이 웅진강으로부터 백강으로 갔다."라고 한 기록을 두고, 당군은 금강 상류에서 하류로 내려간 것이며 웅진강 부근을 웅진강, 금강 하구를 백강"[97]이라고 한다는 의견을 내놓았다. 이것은 결국 '기벌포가 서천·장항 인근에 있다'라는 전제를 바탕에 깔고 있는 주장이다. 기록과 자료에 대한 이해 부족에 백제 말기의 사정을 충분히 파악하지 못했기 때문에 이런 주장이 나왔다.

2) 이케우치히로시(池內宏, いけうちひろし) 역시 츠다소우기치津田左右吉의 설

---

97)     津田左右吉, 「百濟戰役地理考」, 『朝鮮歷史地理 1』, p.169~172, 1913

을 따라 웅진강을 백강으로 보았다. 웅진강과 백강 모두 금강의 중류와 하류를 통칭하던 이름으로 이해한 것이다. "웅진강熊津江이란 이름은 중국의 사료에 보이며 『삼국사기』의 웅진강 기사는 중국 측의 사료에 근거를 둔 것이다. 백강은 백제의 명칭이지만 웅진강은 당나라 사람의 명명이다. 웅진강과 백강 모두 금강의 중류 및 하류를 이르는 지명인 것 같다."면서 "기벌포伎伐浦는 백강구白江口와 함께 금강의 하류를 가리킨다."[98]고 하여 웅진강은 웅진 부근의 부분명칭이며, 기벌포는 웅진강구 및 백강구처럼 금강 입구를 말하는 것이라고 이해하였다. 그러나 그는 웅진강도 백강도 그 당시 백제와 신라 사람이 부르던 이름 그대로 중국 기록에 오르게 되었다는 사실을 외면한 것 같다.

더욱이 공주公州의 백제 시대 이름은 Kom-naru(곰나루)였고, 『일본서기』의 구마나리久麻那利는 그 음역音譯이니 모두 웅진 부근의 강이름"이라고 이해하였다.[99] 웅진강은 웅진 부근의 금강 이름이며 기벌포는 웅진강구 및 백강구와 같이 금강 입구를 말하는 것이라고 보았다. 그리하여 "『삼국사기』의 웅진강이란 이름은 중국의 기록에 근거를 둔 것이며, 백강은 백제의 명칭이고 웅진강은 당나라 사람들이 부른 이름"이라며, "금강 하류 우안右岸의 서천 길산천吉山川 하류 구릉지에서 산성 터 일대에 주류성이 있었을 것"으로 보았다.[100] "손인사孫仁師와 유인원劉仁願, 신라 왕 김법민金法敏(文武王)은 육군을 거느리고, 유인궤와 두상杜爽, 부여륭扶餘隆 등은 수군을 거느리고 웅진강에서 백강으로 가서 육군을 만나 주류성으로 향했으며, 유인궤

---

98)　池內宏,「百濟滅亡後の動亂及び唐·羅·日三國の關係」,『滿鮮地理歷史研究報告 14』, p.141~144, 1934

99)　참고로, 곰나루(또는 고마나루)의 '곰'이나 '고마'는 원래 '곰'에서 나온 말이다. '곰'은 뒤를 뜻하며 '곰배'는 항문이다. 곰나루는 '뒷개'의 뜻이고, 이것을 후포(後浦)로 번역해야 맞다. 곰나루의 '곰'이 熊으로 발전하였고, 그것이 다른 한편으로는 公州로 정착되었으나 곰나루(곰개)의 실제 의미는 뒷개(후포), 즉 후포이다.

100)　今西龍, 朝鮮地理歷史研究報告 14, p.21

의 군대는 부여풍의 부흥군을 백강지구白江之口에서 만났다."라고 한 기록으로 보아 주류성은 백강구 연안 가까이에 있는 성이며, 백강의 위치가 주류성의 위치 비정에 중요한 요소라고 보았던 것이다.

이러한 주장들은 모두 츠다소우기치津田左右吉가 백강을 금강하류로 보고 주류성이 한산 지역에 있을 것[101]으로 본 설을 지지한 입장이었다.

3) 그다음에 이마니시류今西龍는 기벌포伎伐浦를 백마강 고다진古多津으로 보았다. 그는 안정복安鼎福의 『동사강목東史綱目』에 '기벌포는 일명 백마강이다. 지금 부여현 서쪽 5리에 있다'[102]라고 한 기록과 『삼국유사』의 '장암 또는 손량이다. 지화포라고도 하고 백강이라고도 한다'(長岩又孫梁一作只火浦又白江)라고 한 자료를 이용하여 장암長岩을 부여군 장암이라고 추정하고, 손량孫梁은 음운상 부여 세도世道와 비슷하다 하여 백마강白馬江 고다진이 백강이라고 주장했다. 그는 나아가 "『삼국사기』 및 『삼국유사』의 백강白江은 당나라 사료에 보이는 백강과 이름이 같으나 실제로는 다른 강"이라고 하였다. 『삼국사기』 및 『삼국유사』의 백제 도성 함락 기사에 보이는 백강은 지금의 금강 일부를 부르는 이름인 백마강白馬江이며 기벌포의 별칭은 아니라고 보았다. 그는 또 "백마강과 백강해전에 보이는 백강 또는 백촌강白村江은 전혀 다른 곳이며, 실제의 백강은 전북 변산반도 부근이 될 것"이라고 주장하였다. 이를 다시 간단히 정리하면 우리의 기록에 보이는 백강은 사비하이며, 부여풍의 백제 부흥군과 왜군이 나당군을 상대로 벌인 백강해전

---

101)  "주류성의 위치는 금강 연안이다. 백강은 백제기에 기벌포(伎伐浦)의 별칭이라고 하니 금강 하구 또는 하구에서 멀지 않은 하구"라고 보고 주류성을 금강 상류 북안(北岸)의 한산(韓山) 지역으로 추정하였다.(『조선역사지리』 제1권 百濟戰役 地理考 p.255, 256)

102)  伎伐浦一名白馬江在今扶餘縣西五里

의 전장이었던 '백강'은 변산반도 어딘가에 있었다는 뜻이다.

4) 그러나 오다쇼고(小田省吾, おだしょうご)는 만경강이 아닌 전북 부안의 동진강을 백강으로 보는 새로운 주장을 내놓았다. 그는 "백강은 금강 즉, 웅진강 하류를 이르는 것으로 보는 데 동의할 수 없다. 그 이유는 금강의 하구는 『삼국사기』에 웅진강구 또는 웅진구로 되어 있고, 백강의 하구는 따로 백강구라고 기록되어 있으므로 이들을 동일 하천으로 볼 수 없기 때문이다. 또 『삼국사기』 주류성 관련 기록에 유인궤와 그 수군이 웅진에서 백강으로 가서 당군과 만났다고 한 것으로 보아 당 수군은 웅진강구를 나와서 백강으로 간 것이 틀림없다. 이로 보아 두 강은 분명히 다르다."라고 주장하였다. 그 근거로써 전북 정읍과 부안을 흐르는 동진강구東津江口에 계화도界火島가 있는데, 이 계화도의 계화界火가 기벌포伎伐浦의 기벌伎伐과 음이 서로 같다는 점을 들어 "백강구 즉, 기벌포를 동진강구로 비정한다."라고 밝혔다. 따라서 주류성도 부안읍 또는 그 근처의 옛 성지일 것으로 추론하였다.[103] 오다쇼고는 당과 신라 수군이 지금의 금강하구를 빠져나가 백강으로 갔다며 '웅진강과 백강이 다른 곳'이라는 사실을 명쾌하게 인정하였으나 동진강을 백강으로 본 게 잘못이었다.

그러나 웅진강의 하류가 백강이 아니라고 본 이들 중에도 백강을 어디로 보느냐에 따라 몇 갈래가 있다. 오다쇼고小田省吾는 백강을 만경강으로 보았고,[104] 山口照吉는 동진강東津江을 백강으로 보았다.[105] 오하라토시타케(大原利武, おはら としたけ)는 만경강萬頃江을 백강으로 보고 주류성도 그 부근

103)    朝鮮史講座上世史 p.194, 1924
104)    조선사대계朝鮮史大系(上古史)
105)    『歷史と地理』白江考 참고

어딘가에 있을 것이라고 보았다.[106]

신라군과 당군이 웅진강을 내려가 하구를 벗어난 뒤, 바다로 가서 부안 방향에서 그 인근에 있는 주류성으로 가는 길이었다면 이런 주장들이 성립될 수 있을 것이다. 이런 견해들을 그대로 따라서 "주류성은 전북 부안군 우금암산성遇金岩山城이며 백강은 변산반도 근방에서 구해야 할 것"(노도양)이라는 앵무새 주장이 나왔다. 만경강萬頃江이나 동진강을 백강으로 보는 주장 외에도 줄포를 백강으로 본 이도 있다. "줄포 내포는 바닷물이 비교적 깊숙이 들어가는 곳이고, 나당군이 주류성과 고사비성古沙比城 두 백제성 가운데 고사비성을 내버려 두고 주류성만을 포위 공격하는 일은 없었을 것이며, 일본에서 주류성을 구원하기 위해 온 군선이 줄포에 들어왔을 가능성이 대단히 크다."는 가정에서 나온 주장이다. 하지만 주류성과 고사비성은 전북지방에 있지도 않았다.

그러면 지금은 어떨까? 『삼국유사』의 '장암長嵓'을 금강 하구 장항 인근으로 보고, 그곳이 백강이며 주류성은 전북 고부~부안 일대 어딘가에 있을 것이라는 주장을 고집하는 이들이 있다. 『삼국유사』는 "장암을 또 손량이라고 한다. 지화포라고도 하고, 또 백강이라고도 한다"(即長嵓又孫梁一作只火浦又白江)라고 하였는데, 근래에 와서 이 장암을 충남 장항에 있는 곳으로 이해하면서 장항 지방을 백제 시대 백강으로 불렀다고 주장하는 것이다. 장항읍에서 부여까지 직선거리로 36km, 장항읍~백제대교 사이의 거리를 강줄기를 따라가면 약 58km이다. 그러니까 만약 장항 어딘가에 있는 백강구를 당군이 지났다는 보고를 받은 시점을 7월 8일로 보면, 그다음 날 소정방이 웅진강에 도착한 것이 노정과 시간상 순리에 맞는다는 주장

---

106) 『舊唐書』의 … 定方自城山至熊津江口 … 라고 한 구절과 『삼국사기』 김유신전의 … 沿海入伐伐浦 … 라고 한 구절을 근거로 백강을 만경강으로 본 것이다.

을 펴는 것이다.

하지만 이러한 주장들은 철저한 자료 분석도 하지 않고, 상상력조차 전혀 없는 이들이 세운 허구이다. 한 마디로 '귀신 씨나락 까먹는' 헛소리이다. 20세기 초 근세 사학의 태동기에 역사연구 지식이 부족한 일본인들이 내놓은 주장들로부터 우리 연구자들이 이제껏 한 걸음도 빠져나오지 못하고 헤매고 있는 꼴이다. 비유하자면 '일본인들이 쳐놓은 그물을 벗어나지 못하는 잔챙이 물고기 신세'이다. 1945년 일제의 손아귀에서 독립한 지 얼마의 세월이 흘렀는데, 아직까지 우리 연구 수준이 이래야 하는가?

## 백강구는 당진 삽교천 하구 우강 강문리 일대!

김부식을 비롯한 고려의 문인들은 그 전부터 전해오던 삼국의 역사 기록과 중국의 사료들을 참고하여 『삼국사기』를 완성했지만, 백제 멸망 후

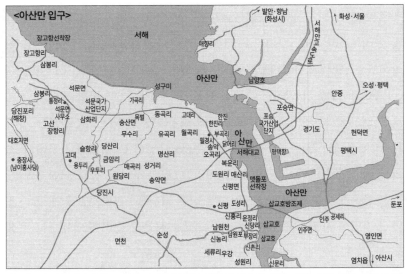

삽교호~삽교천, 백미지 및 그 주변 지역들(남원포, 성원리, 강문리, 합덕, 우강, 신평, 한진, 맷돌포 등)

480여 년이 흐른 뒤에 흩어져 있던 자료를 모아 이리 맞추고 저리 기웠으므로 믿기 어려운 내용도 더러 있으며, 사실과 연대에 의문이 있는 내용도 섞여 있다. 특히 지명에 관해서는 그 정확성에 문제가 있다. 사서史書로서 적지 않은 결함이 있는데, 백제 멸망기 당군과의 주요 전장이었던 백강과 기벌포에 관한 기록 중에서도 태종무열왕 7년(660) 조, 김유신전 등의 웅진강 및 기벌포(백강) 관련 기사를 그 대표적인 예로 들 수 있다. 웅진강이나 백강 및 기벌포 관련 기사는 『구당서』나 『신당서』와 같은 중국의 기록을 가져다가 12세기 당시의 왜곡된 내용을 적당히 가감하여 『삼국사기』 및 『삼국유사』에 싣는 바람에 역사적 사실과 기록자의 주관이 뒤섞였고, 믿을 수 없는 내용까지 추가되었다. 게다가 부여 인근의 사비하泗沘河를 백강으로 탈색시키고, 여기에 다시 금강(웅진강)을 백마강으로 바꾼 신라인들의 지명 인식을 그대로 이어받은 고려인과 『삼국사기』 편찬자들의 지명에 대한 무비판적인 태도 또한 백강과 기벌포에 대한 혼란을 부풀리는 데 큰 몫을 하였다. 그리하여 역사적 사실과 후대의 잘못된 인식이 뒤섞였고, 일부 허구적 내용까지 추가되어 지금에 와서는 그 진위를 가리기가 퍽 어렵게 되었다. 이런 여러 가지 문제 때문에 지금까지 백강·기벌포 그리고 주류성 문제는 백제사 및 한국 고대사의 최대 미스터리 가운데 하나로 남게 되었다.

『삼국사기』 백제본기 의자왕 20년 6월 조에 '백강은 기벌포라고도 한다'(白江或云伎伐浦)라고 하였다. 이것은 백강에 기벌포가 있음을 말한 게 아니다. '백강의 다른 이름이 기벌포'임을 명확히 한 것이다. 그러면 도대체 왜 백강의 다른 이름을 기벌포라고 한 것일까? 과연 그 둘이 같은 이름이었을까? 다시 말해서 이름이 다르면 다른 지명이어야 하는 게 아닐까? 설령 두 지명이 같은 지역에 있었다 할지라도 하나는 강이고, 다른 하나는 포구이다. 두 가지 이름이 이렇게 다르니 서로 다른 지명이어야 하지 않을까? 우선 그것부터 궁금해진다.

그리고 백강과 기벌포가 다른 장소인가 아니면 같은 곳에 있었는가 하는 문제도 가려야 한다. 『삼국사기』 신라본기에는 ①"소정방과 부총관 김인문 등이 기벌포에 이르러 백제병을 만나 크게 격파하였다."[107]라고 하였고, 『삼국사기』 문무왕 16년(676) 조에는 ②"겨울 11월에 사찬 시득이 배와 병졸을 이끌고 설인귀와 함께 소부리주 기벌포에서 싸웠다. 적들이 패했다. 또 나아가 크고 작은 싸움을 22번이나 하여 이기고 4천여 급의 머리를 베었다."[108]라고 하였다. 또 『삼국사기』 열전 김유신 전(중)에 ③"장군 소정방과 김인문 등은 바다를 끼고 기벌포伎伐浦에 들어왔으나 바닷가의 진창에 빠져 나아가지 못하자 버드나무 자리를 펴서 군사를 내리게 하였다."라고 한 것도 마찬가지다. 신라사 관련 기록에는 '소부리주 기벌포'라 하여 현재의 금강을 백강 또는 기벌포라고 전하였으니 이것이 사실이라면 소정방이 상륙한 곳이 백강이라야 한다. 그러나 그것은 사실이 아니다. 먼저 ①과 ③은 사실이 아니며 ②의 사찬 시득이 설인귀와 더불어 싸운 곳은 소부리주 아니면 기벌포 어느 한 곳이어야 한다.

여기서 우선 기억해 둘 것은 소정방이 도착한 곳이 부여 웅진강(금강)이었다는 사실이다. 그 당시 중국인들은 지금의 금강을 웅진강이라 불렀다. 물론 그것은 백제인들이 부르던 대로 중국인들이 와서 듣고 기록한 것이다. 백제를 상대로 벌인 나당전쟁 당사자인 중국의 기록이 모두 소정방이

---

107)  定方副摠官金仁問等到伎伐浦遇百濟兵逆擊大敗之
108)  冬十一月沙湌施得領船兵與薛仁貴戰於所夫里州伎伐浦敗積又進大小二十二戰克之斬首四千餘級

도착한 곳을 웅진강으로 기록하였으니 백강이 곧 웅진강이라야 앞에 설명한 기벌포 관련 기사들이 성립된다.

그러나 웅진강은 백강이 아니었다. 웅진강에 기벌포는 없었다. 그럼에도 『삼국사기』 신라본기 편자들은 그곳을 기벌포로 전했다. 그것으로도 모자라서 '기벌포'를 '소부리주'에 있다고 잘못 적어놓았다. 소정방이 내린 곳을 기벌포로 제시하고 보니 기벌포는 소부리주에 있는 곳이라야 했고, 그리하여 '소부리주 기벌포'로 되어버린 것이다. 그렇다면 소부리주는 백제 멸망기에 백제의 주州로 존재했어야 한다. 하지만 안타깝게도 『삼국사기』는 소부리주가 설치된 시기를 백제와 고구려가 멸망하고 한참이 지난 뒤로 기록하였다.

"문무왕 11년(671) 소부리주를 설치하고 아찬 진왕眞王을 도독으로 삼았다."

'소부리주 기벌포'로 설명한 대표적 사례(135쪽)의 내용이 실제 소부리주에서 있었던 일이라면 아찬 진왕 대신 전공을 높이 평가하여 사찬 시득을 소부리주 도독으로 삼았을 것이다.

## 기벌포는 소부리주 및 서천 지역에 없었다

그러니까 소정방의 백제 침공 때는 소부리주가 없었다. 그러므로 그때엔 '소부리주 기벌포'란 명칭도 있을 수 없다. 기벌포는 소부리주와 아무런 관련이 없는 것이다. 이런 근거가 있으니 이제 우리는 반드시 소부리주와 기벌포는 분리해서 생각해야 한다.

『삼국사기』 백제본기 의자왕 20년 6월 조에 '백강을 기벌포라고도 한다'는 사실에 맞춰 보면 앞에서 설명한 대로 백강이 웅진강(지금의 금강)이라야 '소부리주 기벌포'가 성립된다. 그러나 웅진강은 백강이 아니었다. 백제 시대는 물론 그 이후에도 웅진강이 백강으로 불린 적이 없다.

그러면 이제 우리는 위의 상이한 기록을 어떻게 받아들여야 할 것이며, 어째서 이런 일이 벌어진 것일까? 그것은 간단한 문제다. 『삼국사기』 백제본기 의자왕 20년 조엔 "백강을 기벌포라고도 한다"라고 하였고, 신라본기에는 기벌포를 '소부리주 기벌포'로 적어 놓은 데 그 단서가 있다. 똑같은 『삼국사기』의 내용인데도 백제본기에는 백강의 별칭을 기벌포라 하였고, 신라본기에는 기벌포가 소부리주에 있다고 하였으니 둘 중 하나는 틀린 것이다. 『삼국사기』 기록자들의 실수로 볼 수 있다. 기벌포가 고려 시대에 슬그머니 웅진강으로 자리를 옮긴 게 아니고서야 이런 일이 있을 수 없다.

따로 설명하였듯이 『삼국사기』 백제본기에는 백강을 사비하와도 분명히 구별하여 썼는데, 어쩐 일인지 신라본기의 기사에는 백강을 '기벌포' 또는 '소부리주 기벌포'로 적거나 '웅진강 기벌포'라 하였다. 웅진강을 백강으로 인식한 뒤, '백강 기벌포' 또는 '소부리주 기벌포'로 잘못 이해한 탓이다. 이런 인식은 사비하라는 이름에서 비롯되었다. 사비하泗沘河의 '사비'를 '숨다(白)'의 뜻으로 이해하고, 사비하(숨+河)를 백강白江으로 인식하여 '웅진강=백강'(금강)이라고 전한 게 잘못이었다. 사비하를 백강으로 탈바꿈시킨 주체는 신라인들이 아니면 『삼국사기』 편찬자인 고려인들이었다.

여기서 한 걸음 더 나아가 『삼국유사』는 기벌포를 지화포只火浦라고 하였다. 그것이 기벌포의 다른 이름이라고 기록한 것이다. 일연은 기벌포伐伐浦에 관하여 "장암場巖이라고도 하며, 또 손량이라고도 한다. 백강이라고도 한다."[109]는 주석을 달아놓았다. 백강과 기벌포를 장암으로도 부른다고 추

---

109)　卽長嵒又孫梁一作只火浦又白江

가한 것이다. 그러나 원래의 장암은 지금의 백마강변에 있는 부여군 장암면場巖面 석동리石東里, 구룡천과 금강이 만나는 곳의 작은 마을 이름으로 남아 있다. 그 이전에는 임천군 내동면[110] 장암리였다.

이곳 말고도 『충청도읍지』 서천 편에는 "장암진은 서천군 남쪽 20리에 있다. 서천포 앞에 산 만한 바위가 바다에 의지해 있는데, 물은 백강에서 나온다."[111]라고 하여 추가로 서천 장암을 제시했다. 그래서 이 기록을 바탕으로 근래엔 서천 장암을 백강·기벌포로 받아들이는 이들이 있다. 하지만 이것 또한 사실이 아님을 앞에서 이미 설명하였다.

'사비하=백강=백마강=웅진강'이라는 잘못된 인식이 대를 물려가며 정확한 고증도 없이 서로 베껴서 전하다 보니 이런 자료들이 백강의 이해에 온갖 혼란을 부추겨왔다. 『구당서』·『신당서』·『자치통감』 등의 기사에 보이는 백강을 포함하여 『삼국사기』 백제본기의 백강은 본래 사비성 부근의 사비하, 그러니까 오늘의 백마강을 가리키는 이름이 아니다. 다시 말해서 백제인의 백강은 사비하나 백마강 및 백제 시대 웅진강(금강)과 아무런 관련이 없다. 그렇다고 기벌포가 부여 사비도성 근처나 부여~서천의 금강하구 어딘가에 있었던 것도 아니다.

조선 시대 「임천읍지」 산천 조에 전하는 내용도 마찬가지다. "장암강은 군 북쪽 15리에 있다"(場巖江在郡北十五里)라거나 거기서 더 나아가 "장암이 강 속에 들어가 높이 솟아있는데 그 위에는 1백 명은 족히 앉을 수 있다."(場巖陡入江中上可坐百人 …)라고 횡설수설하였다. 그래놓고 다시 장암을 손량으로 부른다고도 하였는데, 정작 손량孫梁에 관해서는 따로 설명이 없

---

110)  內洞面, 후에는 內南面으로 고친 적이 있다.
111)  長巖津在郡南二十里舒川浦前如山大石據海源出白江

다. 손량의 우리말 표기는 '손돌'이다. 「임천읍지」에는 "군 동쪽 29리에 물살이 험악한 곳이 있다"(在郡東二十九里水勢險惡)라면서 그곳이 바로 고다진古多津이며 그 맞은편이 세도면世道面이라고 설명하였는데, 이것만은 참고가 될 듯하다. 고다진古多津의 맞은편이 세도면이라 하였으니 세도면 맞은편의 석성면 봉정리 일대에 고다진이 있었던 것이다. 아무튼 일연이 『삼국유사』에서 백강에 장암 또는 손량이 있다는 별주를 추가해놓은 뒤로 백강을 임천~서천 지역으로 추정하는 잘못들이 계속 이어졌다. 순암順庵 안정복安鼎福도 『동사강목』에서 "기벌포는 일명 백마강이다. 부여현 서쪽 5리에 있다."[112]라고 한 내용을 비판 없이 받아들였다. 하지만 그것은 사실이 아니다. 장암은 기벌포에 없었다.

한편, 『동국여지승람』 부여현 조에는 이런 설명이 있다.

"백마강은 부여현 서쪽 5리에 있다. 양단포와 금강천이 공주의 금강과 합류하여 이 강이 된다. 임천군 경계로 들어가 고다진古多津이 된다."[113]

이 기록은 백마강을 설명하고 있지만, 실제로는 사비하의 범위에 대한 기준을 알려주고 있다. 『신증동국여지승람新增東國輿地勝覽』 부여현扶餘縣 산천山川 조에 실려 있는 백마강白馬江 관련 설명도 같다. "백마강은 금강천金剛川, 그러니까 지금의 까치내와 금강이 합류하는 곳으로부터 임천군과의 경계에 있는 고다진古多津까지"[114]였다. 까치내는 지금의 청양에 있으니 이에 따르면 청양 금강천과 금강이 만나는 곳으로부터 석성면 봉정리 석성천이나

---

112)    伎伐浦一名白馬江在今扶餘縣西五里
113)    白馬江在縣西五里良丹浦及金剛川與公州之錦江合流爲此江入林川郡界爲古多津
114)    在縣西五里良丹浦給金剛川與公州之錦江合流爲此江入林川郡界爲古多津

논산천과 금강의 합류 지점 또는 고다진까지를 백마강의 범위로 보는 게 좋겠다.

그런데 백제인들이 부르던 이름인 사비하는 삼국통일 후 언젠가 슬그머니 백강으로 탈바꿈했고, 여기에 또다시 백마강이란 이름이 추가되었다. 앞에서 설명한 대로 백강과 백마강은 아무런 관련이 없다. 고다진은 세도면 맞은편, 그러니까 석성면 봉정리에 있는 강변 나루라고 했으니 고다진이 백마강의 하한으로 보는 것이 옳다. 고려 시대 사람들은 바로 이 사비하를 백강 그리고 백마강으로 잘못 알았던 것이다.

# 5. 백강과 기벌포의 위치를 알려주는 증거들

**어원적 의미로 본 기벌포와 백강의 위치는 '당진'**

백강의 별칭이 기벌포라고 하였으니 백강을 찾는 데는 기벌포가 중요한 기준이 될 것이다. 즉, 기벌포의 위치를 알면 백강을 자연스레 추적할 수 있을 것이다. 그러면 이번에는 백강과 기벌포에 관한 문제를 해결하기 위해 좀 특별한 방법을 동원해야 하겠다. 지명과 언어학적 토대에서 백강과 기벌포를 특정特定하려는 것이다. 지명은 매우 고집스럽다. 그러므로 백제 시대의 지명이 지금까지 고스란히 살아남아 있을 수도 있고, 전혀 다른 이름으로 바뀌었을 수도 있다. 만약 다른 형태로 바뀌었다면 어떤 식으로든 그 잔흔殘痕을 남기게 되어 있다.

여기서 우리는 몇 가지 전제를 바탕으로 해야 한다. 삼국을 통일한 신라인들은 본래 백제 지명을 신라어로 바꾸었거나 그것이 아니면 한자명으로 바꾸면서 본래 하나였던 백제 시대 지명이 여러 개로 분화했을 가능성이 있다. 백제어와 삼한어 또는 신라어와의 합성어로 지명이 바뀌었을 수도 있다. 이런 몇 가지 요소들을 감안하여 우선 '기벌포'를 어소 별로 해체한 다음, 그것이 현재 어떤 형태로 남았을지를 지명과 언어의 변화 관계 속에서 추리하기로 한다.

먼저, 기伎에 관해서이다. 한자 伎는 재주나 기술·기예, 광대·배우를 뜻하는 글자이다. 영어의 Talent에 정확히 부합한다. 그러나 이 글자는 한자의 본래 뜻을 나타내기 위해 선택한 게 아니었다. 단지 백제어의 소릿값 '기'를 저장하기 위해 빌린 글자이다. 백제어에서 '기'는 ①나무[木] ②성城의 두 가지 의미로 쓰였다. '기'가 '나무'의 의미로 쓰이는 사례는 대표적으로 '막대기'라는 단어에 그 흔적이 남아 있다. '막대'는 '짤막한 대'이다. '짧은 나무 막대'가 막대기이다. 다시 말해서 나무로 된 것이라야 '막대기'이다. 이것을 '쇠막대기' 또는 '쇠막대'라는 말과 비교해 보면 금세 이해가 간다. 이미 설명한 대로, 백제어 '기'가 ①나무의 의미로 쓰였다면 '쇠막대기'는 틀린 말이 된다. '쇠막대'라야 한다. 쇠는 나무가 아니니까 막대기 형태로 만들었어도 '막대기'는 될 수 없다. 그리고 '나무'의 중부지방 방언 '낭구'에 남아 있는 '구'는 실제로는 '기'가 변형된 것이다.

다음으로, 백제어에서 '기'는 성을 가리킨다. ②성城의 뜻으로 쓰인 대표적인 사례는 백제지명 결기군(結己郡, 충남 홍성군 결성면)과 열기현(悅己縣, 충남 청양 정산)이다. 이들은 나중에 각기 결성結城과 열성悅城으로 개명되었다. 다만 이 경우 己라는 한자를 써서 성城의 뜻을 갖고 있는 백제어 '기'를 대신하였다.

백제어 '기'가 ① 또는 ②로 변화하여 정착한 또 다른 사례로서 충남 예산군 삽교읍 목리木里와 성리城里를 더 들 수 있다. 고덕과 예산의 중간에 있는 이 두 곳은 서로 인접한 작은 마을인데, 그곳 사람들도 왜 그런 이름이 붙게 되었는지를 모른다. 편편한 평지 마을이다. 백제 시대에도 이 마을에 나무는 있었겠지만, 성터는 없다. 성 자리가 없는데도 마을 이름이 성리城里여서 그 마을 사람들은 이상하게 생각하고 있다. 그런가 하면 충남도청이 있는 내포신도시 인근의 삽교읍 목리木里도 있어 왜 이런 지명이 생겼는지 의아해한다. 그러니까 성리와 목리 두 마을은 본래 백제 시대에는 '기촌'으로 불렸을 것이다. 그것을 己村 쯤으로 표기했을 수 있다. 한글이 없던 시절이었으니까 이런 식으로 백제 시대 '기'라는 소릿값의 지명을 갖고 있다가 후대에 한자 지명으로 바뀌면서 하나는 목리로, 하나는 성리로 바뀐 것으로 이해할 수 있다. 아마도 己村 또는 其村과 같은 한자로 표기되었다가 한 마을은 목리로, 한 마을은 성리로 정착하였을 것이다.

그런데 여기에 예외가 있다. ①나무나 ②성城과는 전혀 관련이 없는 말로 바뀐 사례도 있다. 나무의 방언 형태인 '남구(남기)' 또는 '남'의 소릿값만을 따다가 南이라는 한자로 치환하여 전해온 사례가 있다. 전남 목포가 대표적인 예이다. 목포는 본래 '남개'였다. 원래의 의미는 '남쪽 개'였다. 그러므로 한자명으로는 남포南浦로 썼어야 했다. 목포 북항이 있어서 그것과 구분하기 위해 '남개'[=南浦]라 했던 것인데, 후에 '나무개(남개)'로 잘못 인식하여 木浦로 정착되었다. 이것은 분명히 음과 뜻을 잘못 적용한 결과이다. 그러나 한국 고대어를 한자화하는 과정에서 발생한 현상이므로 기벌포를 찾는 데에도 이런 사례까지 감안해야 한다. 다시 말해서 기벌포의 백제어 '기'가 ③南으로 변화하여 어딘가에 남아 있을 가능성도 염두에 둬야 한다는 얘기다. 정리하면, 백제어 '기'는 ①목木이나 ②성城, ③남南과 같은 한자로 치환되었을 수 있다.

다음은 벌伐에 관한 것이다. 伐이라는 한자는 사람(人)이 창(戈)을 갖고 있는 모습에서 뜻을 빌린 글자이다. 여기서 '치다', '공격하다'라는 전의轉義를 갖게 되었는데, 이 글자 역시 한자 본래의 의미로 쓰이지 않았다. 우리말 '벌'을 표기한 것이다.

이 말은 본래 삼한어일 것이다. '벌'이란 말은 가야·신라 및 백제 지역에서도 함께 쓰였으니 삼한어로 보는 것이 옳다. 본래 이것은 벌판을 의미하는 말이었다. 경주의 서라벌徐羅伐이나 대구의 달구벌達句伐, 백제 지역의 황산벌黃山伐과 함께 충남 당진을 벌수지伐首只[115]라고 부른 사례가 있으니 삼국 이전의 삼한 시대 지명으로 보는 것이 타당하다. 바로 이 벌伐이라는 말이 나중에 다시 한자 뜻에 따라 지명을 바꾸면서 벌판이나 평야의 의미를 가진 ⓐ原 ⓑ野 ⓒ坪 ⓓ平과 같은 한자들로 치환되었을 수 있다. 물론 伐 그대로 계승되었을 수도 있다. 황산벌黃山伐이 대표적인 사례가 되겠다. 나아가 '벌'과 '불'을 혼용하여 火나 弗 또는 角(뿔, 뿔의 고형 불)과 같은 한자로 바뀌었을 수도 있다. 평양平壤이란 지명에서 보듯이 '땅'의 의미인 벌伐이 양壤으로 바뀌었을 수도 있다. 그러나 이들 중에서 가장 널리 쓰일 수 있는 지명은 ⓐ의 원原일 것이다.

아울러 '벌'과 유사한 뜻을 가진 순우리말 대응어가 '개'이다. 이것은 다만 물과 관련된 글자인 점이 다르다. 이것이 후에 津, 澤, 渡라든가 水, 泥 등과 같은 글자로 바뀌었을 수도 있으므로, 고대 지명을 추적하는 과정에서 이런 점들도 감안해야 하겠다.

뿐만 아니라 조선 시대 역원제驛院制나 수운(해운) 제도의 운용에 따라 ⓐ, ⓑ, ⓒ, ⓓ의 뜻을 가진 지명이 훗날 院(원)으로 탈바꿈하였을 수도 있다. 이것들이 전해오는 과정에서 元, 源, 遠 등과 같이 전혀 다른 글자로 잘못 정착되었을 가능성도 염두에 둬야 하겠다. 요약하면 이들 여러 가지 사례 중에서 우리말 '벌'이 '원'으로 바뀌었을 가능성을 우선적으로 짚어보는 게 좋겠다.

그리고 마지막으로 포浦에 관한 것인데, 이것은 같은 의미를 갖고 있는 한자 ㉠津이나 ㉡渡(渡口) 또는 ㉢瀆(독)과 같은 글자로 옷을 갈아입었을 수

---

115) 伐首只는 '벌말지' 즉, '벌말길'이라는 소릿값을 한자로 옮겨놓은 것이다. 只(지)와 일본어 ぢ(路)는 고대 일본어와 고대 한국어에서 똑같이 길이라는 의미로 사용되었다. 이것은 현재의 일본어에서도 그대로 사용되고 있다. 일본어에서는 ぢ=路이며 한국어에서는 '지→질→길'로의 변화과정을 거쳤다.

도 있다. 『일본서기』 등에 백강을 백강구, 백촌강 등으로 기록한 예가 있으니 도구(渡口, =나루)나 강구江口의 口(구) 또는 門(문)과 같은 말이 붙어 있는 지명에도 반드시 주목할 필요가 있다. 물론, 이것 말고도 마을이 '리里' 단위로 편제되면서 '포浦'라는 말을 대신했을 가능성도 있다.

이상을 기본지식으로 하여 '기벌포'의 어소 세 개를 바탕으로 한 각각의 조합수를 만들어보기로 한다.

① **백제어 '기'가 木으로 정착되었을 경우** - 이 경우 伐을 벌판·평야·갯벌 등의 의미로 바꾸어 새로운 지명으로 정착시켰다면 原·野·伐·坪(平)·院·元·壤과 같은 한자로 치환하였을 가능성이 있다. 그 조합사례를 다음 〈도표〉의 ①ⓐ, ①ⓑ, ①ⓒ, ①ⓓ, ①ⓔ, ①ⓕ, ①ⓖ로 정리하였다.

앞의 사례 중에서 실제로 ①ⓒ木伐(목벌)은 충주시 목벌동(구 목벌리)이 있다. 하지만 그곳 사람들이 전해오는 말로는 본래 '나무벌'이라는 이름이었는데 '목벌'로 바뀌었다고 한다. 그러므로 기벌포의 사례에서는 제외된다. 이 외에 당진시 송산면 가곡리 성구미포구 인근에도 목벌 마을이 있다. 이것이 백제 시대부터 내려온 지명이라면 기벌포의 잔재형으로 볼 수도 있겠다.

② **백제어 '기'가 성(城)의 의미로 변한 경우** - 이 경우에도 伐이 原·野·伐·坪(平)·院·元·壤으로 정착했을 것으로 보면 ②ⓐ~②ⓖ의 7가지 조합 수가 나온다.

③ **'기'가 '南'으로 지명에 반영되었을 경우** - 이 경우의 조합수 또한 ③ⓐ부터 ③ⓖ까지로 상정해볼 수 있다.

다음으로 伎伐浦의 浦는 그대로 浦로 남아 있을 수도 있고, 浦와 유사한 뜻을 가진 渡·津·瀆과 같은 지명으로 바뀌었을 수도 있으며, '기벌포'가 아예 '○○리'라는 이름의 마을로 남아 있을 수도 있다.

이상을 정리하면 다음 〈도표〉와 같이 된다.

**'기벌포'의 의미와 지명변천 경우의 수 조합사례**

| 순서 | 기벌포 | 의미 어소 | '기벌'의 의미상 경우의 수 조합사례 |
|---|---|---|---|
| A | 기(伎) | ①木(나무) ②城 ③南 | ①ⓐ木原, ①ⓑ木野, ①ⓒ木伐, ①ⓓ木坪(平), ①ⓔ木院, ①ⓕ木元 , ①ⓖ木壤 |
| B | 벌(伐) | ⓐ原 ⓑ野 ⓒ伐 ⓓ坪(平) ⓔ院 ⓕ元 ⓖ壤 | ②ⓐ城原, ②ⓑ城野, ②ⓒ城伐, ②ⓓ城坪(平), ②ⓔ城院, ②ⓕ城元, ②ⓖ城壤 ③ⓐ南原, ③ⓑ南野, ③ⓒ南伐, ③ⓓ南坪(平), ③ⓔ南院, ③ⓕ南元, ③ⓖ南壤 (또는 基壤) 등 여러 조합수가 많다. |
| C | 포(浦) | | ㉠津 또는 ㉡渡나 ㉢瀆으로 바뀌었을 수도 있고, 마을이 里 단위로 편제되어 ○○리로 바뀌었을 수도 있다. |

위 〈도표〉 가운데 관심을 갖고 들여다봐야 할 대상은 ①기伎-목木·성城·남南, ②벌伐-원, ③포浦-'구口·문門'의 조합이다. 그중에서도 우선 주목할 만한 이름은 성원, 목원, 남원, 남평 등으로 간단하게 정리할 수 있다.

그러면 이상의 사전 지식을 바탕으로, 부흥 운동의 중심지로서 나당군의 최종 북벌北伐 대상지였던 충남 북부지역에서 이것들과 유사한 지명을 찾아보기로 한다. 북부 주류성을 치러 가는 길에 백강에서 나당군이 백제·왜군을 만나 대해전을 치렀으니 백강도 주류성도 북부에 있어야 하니까.

그 한자 표기야 어떻든 모든 사례를 적용해나가다가 먼저 '남원포'라는 지명을 찾아본다. 기벌포가 변형된 형태로 볼 수 있는 이름인데, 아주 다행스럽게도 충남 당진 우강면에 그 사례가 있다. 그러나 막상 한자 지명을 보니 南院浦이다. 아마도 지금의 南院浦(남원포)라는 이름은 본래 南原浦에서 온 것일 수 있겠다. 현재의 남원포는 조선 시대 역원 및 수운의 중요한

당진시 우강면 부장리의 남원포교. 여기서 동쪽으로 삽교호 물을 건너면 아산 선장이다. 삼교호방조
제가 생기기 전에만 해도 남원포 일대 농경지가 바닷물 침수 피해를 입었다.

거점이었기 때문이다. 이곳은 인근 당진군 송악면 대진(大津, =한진포구)과
더불어 예산·당진 곡창 지대에서 나는 곡물을 실어 나르던 조운漕運의 거
점이었다. 즉, 역원제驛院制의 시행으로 백제 시대 이후 南原 또는 南源으로
쓰이던 지명이 南院으로 바뀌었을 가능성이 높다는 뜻이다. 백제 시대 기
벌포伐浦가 모습을 바꾸어 남원포로 남아 있는 것으로 볼 수 있으니 일단
이곳을 주목해 두기로 한다.

　다음으로 '벌'은 평야, 벌판의 뜻이니 백제어 '기'를 ②성城으로 바꾸어
정착시켰다면 성원(城原, 原으로 정착)이 되었을 것이다. '성원리'를 지도에서
찾아 나가다 보면 우강면 성원리가 나온다. 참 신기한 일이지만, 그것도
남원포 바로 옆에 있다. 남원포는 현재 행정구역상으로 우강면牛江面 부장
리富長里이고, 성원리는 부장리 상류 쪽 바로 옆에 붙어 있는 물가(본래는 갯
가) 마을로서 역시 우강면에 속해 있다. 이것도 '기벌포'의 흔적을 갖고 있

소위 우강평야(합덕평야)라고 불리는 우강면 간척지. 삽교호 방조제(1979년 10월 준공)가 들어서기 전에는 우강, 신평 일대 들판에는 바닷물이 들어오는 곳이 많았다.

는 후보로 볼 수 있다.

그런데 성원리의 한자 지명은 成元里(성원리)이다. 신라의 삼국통일 이전에는 '기벌포'였는데, '기벌 마을'에 중심을 두어 한자로 城原里 또는 城源里 등으로 변환되었다가 후대에 좀 더 편리한 글자로 바뀌었거나 전달과정에서 혼란을 겪어 成元里(성원리)로 정착되었을 수 있다. 정리하자면 기벌포란 백제 지명이 후일 한자 지명으로 바뀌면서 남원포와 성원리라는 이름으로 각기 따로 분화하여 정착했을 수 있다.

다음으로, 삽교와 삽다리라는 말을 살펴볼 필요가 있다. 지금의 삽교揷橋는 본래 '삽다리'라는 지명에서 비롯되었다. 그런데 이 지명에 사용된 '삽'도 본래는 '솗다'(白, =아뢰다)는 말의 어간 '솗'에서 유래한 것이며, '다리'는 들판·평원을 뜻하는 만주어 '다라'에서 온 말로 볼 수 있음을 앞에서 설명하였다. 즉, 삽교의 본래 의미는 백양白壤인 것이다. 1960~1970년대까지만 해도 서산·당진·예산 사람들은 삽교라는 이름보다는 주로 '삽다리'라는 지명을 더 널리 사용하였다. 그리고 지금의 예산보다도 삽다리(삽교)가 훨씬 더 크고 번화해서 그 지역의 중심지 역할을 하였다.

더구나 삽교천의 본래 이름은 삽내였다. 이것도 '솗다'(白)에서 그 원형을 찾을 수 있다. 그러니까 '솗(白)+내(川, 江)→솗내(白江)→삽내'로의 조어 과정을 거친 말이다.

그것만이 전부가 아니다. 성원리 바로 옆(삽교호 수면 쪽)으로는 강문리江門里가 있다. 우리는 이 지명에 특히 주목해야 한다. 강문江門이라는 이 지명의 실제 의미는 강구江口이다. 口와 門은 다른 글자이지만 그 의미상 쓰임새가 거의 같다. 거슬러 올라가면 강구리江口里가 언젠가 강문리로 바뀌었을 가능성이 있다. 본래 삽내[白江] 하구의 강구江口 또는 강문江門에 해당하는 곳이었다는 얘기다. 다시 말해서 '백강의 강구江口'이므로 이곳이 백제 시대 백강구白江口로 불렸을 것이다. 이 지명으로 보건대 아주 오래전, 백강의 주된 강줄기가 강문리로 흘렀을 가능성이 아주 높다. 실제로 이 일대는 1964~1965년경 경지정리 작업을 하면서 삽교천 하류 샛강(=삽내, 백강) 지류가 완전히 없어지거나 바뀌었다. 백강白江이나 백강지구白江之口 또는 백강구白江口라는 지명은 본래 이 삽내의 하류 강문리 일대를 이르는 지명이었다고 보는 바이다.

마지막으로, 성원리에서 상류 쪽으로 더 올라가면 삽교호 우측 줄기인 삽내(삽교천)와의 합류 지점에 구양도가 있다. 구양도를 과거에 '九陽渡'로 표기하였는데, 이것 역시 기벌포에서 시작된 지명일 가능성이 있다. 우리말 고어에서 나무를 '남구'(낭구) 또는 '남기'라고 썼다. 사실 이 말은 1970년대까지는 충남과 경기도 일대에서 흔히 쓰였다. 이때의 '구'나 '기'를 한자어 九로 반영하였을 수 있다는 뜻이다. 伎伐浦의 伎와 유사한 음으로서

양수陽數 가운데 최대수인 九를 따오고, 伐은 벌판, 땅의 의미이니 '땅壌' 자를 선택하였을 것이다. 이렇게 해서 기벌포란 이름이 九壌渡(구양도)로 바뀌었다가 나중에 九陽渡가 되었을 가능성이 있다.[116] 다만 이곳은 사람들의 이동 길목이었으므로 나루[渡口]로서 중요한 기능을 하였다. 합덕에서 예산으로 가려면 반드시 구양도를 건너야 했다. 따라서 이것 또한 기벌포가 다른 형태로 정착한 사례로 이해할 수 있을 것 같다.

이상에 제시한 몇 가지 경우로 보더라도 본래 기벌포는 바로 이 구양도(삽내와 삽교호의 합류 지점)로부터 남원포까지의 바닷가 마을을 가리키던 지명이었으리라고 보는 게 타당하다. 구양도는 포구로서의 기능보다는 나루의 기능을 하던 곳이라는 데 의미를 두고, 渡를 붙여 구양도가 된 것이니 기벌포와 구양도 또한 소릿값과 의미가 서로 통한다고 볼 수 있다. 사리 만조 시에는 구양도(합덕읍 옥금리) 일대 수위가 최대치로 올라 1970년대 초반까지도 삽교천을 따라 삽교 읍내까지 대형 범선이 오르내렸다. 반대로 조금물때에는 만조 때라 하더라도 현재의 삽교호 방조제 아래까지밖에 바닷물이 올라오지 않았다. 그러므로 신평면 운정리와 남원포로부터 구양도 일대까지를 기벌포의 범위로 볼 수 있다. '백강을 기벌포라고도 한다'(白江或云伎伐浦)라는 『삼국사기』 백제본기 의자왕 20년 6월 조의 기록은 바로 이 지역을 이르는 지명이었을 것으로 판단한다.

결론적으로 지금의 우강牛江이 백강의 범위라고 할 수 있다. 본래 백강(삽교천)의 하구를 백강구라 했고, 백강·백강구 주변, 즉 우강면과 신평면 일대 해안을 기벌포라고 불렀을 것이다. 인구가 적고 지명이 분화되지 않았던 때이니 백제 시대 경우에 따라서는 맞은편 아산 인주면과 선장면 지역

---

116) 구양도 인근의 포구를 과거엔 구만포(九萬浦)라고 하였다.

수면 일부도 그냥 어림해서 백강으로 불렀을 가능성이 있다.

남원포가 있는 부장리나 성원리 등은 모두가 당진시 우강면牛江面에 있다. 牛江이라는 지명 또한 본래 백제 시대 백강白江에서 유래한 것으로 볼 수 있다. 숲사리(삽사리)·숲내(삽내)가 白川·白江에 해당하므로 이 지명의 또 다른 형태가 우강牛江이라는 지명에 반영되어 있다고 보는 것이다. 다시 말해서 백제 시대에는 숲내(숲내)를 그 뜻에 충실하게 번역한 한자 지명으로 백강白江이라고 표기하였는데, 그 뒤로 언젠가 의미는 같으면서 다른 한자 素로 치환하여 소강素江이라 부른 적이 있었고, 그 뒤에 다시 '소강'(쇠 강)의 우리말 소릿값 '소'(쇠, 세)를 한자 牛(소, 쇠)로 번역하여 우강牛江으로 정착시켰을 가능성이 충분히 있다. 素는 부사로 쓰일 때는 '본래', '본디'의 뜻을 가지며 형용사로 쓰일 때는 '희다'는 뜻. 그 소릿값 '소'를 우리말 '쇠'(소)로 이해하여 우강牛江으로 바꾼 것으로 볼 수 있으므로 그 전신이 백강白江이었으리라고 판단한다. 본래 삽교천은 우리말로 '삽사리'(삽내)였는데 한자로 옮겨 적으면서 백강이 되었고, 이것이 소강('소'는 '쇠'·'세'로도 쓰였다) 및 우강으로의 변화과정을 거쳤을 것으로 이해한다는 말이다.

이에 대하여는 위 사례와 조금 다른 경우의 수를 생각해볼 필요도 있겠다. 白江의 白을 '세'로 읽으면서 나타난 결과로 볼 수도 있기 때문이다. '머리가 세다'라고 할 때의 '세다'는 머리털이 하얗게 바뀌었다는 뜻이다. 즉, '세' 자체가 '희다'는 뜻을 갖고 있는 말이다. 이것이 때로 쇠(소, =牛)와 같은 소리로 들린다. 또한 '세'는 때로 '새'와 혼용된다. 그러니 '세·새·쇠' 모두 '희다'는 뜻으로 새길 수 있다. '쇠백로'는 흰 백로라는 뜻으로 백로의 색을 강조한 말. 여기서 '새말'을 하나의 예로 들어본다. '말'은 마을의 뜻이니 한자 村으로 대치될 수 있다. 그러므로 새말은 白村으로 번역되어 쓰였을 수 있다. 신라어에서는 '새'가 풀이란 뜻이니 그 한 예가 '잎새'이다. 또, 속새라는 풀이 있다. 그 원형이 '속사'이므로 잎새의 '새'가 '사'에서 왔음을 알 수 있는 지명인데, 속새라는 풀이 많은 곳이어서 강원도 속초(束草)라는 이름이 나왔다. 따라서 이 경우 '새'가 薪村(신촌, =섶벌)[117]이란 지명이나 草村(초촌)으로 정착했을 수 있다. 그 외에도 새말이 鳥村(조촌)과 같은 지명으로 정착되었을 수도 있다.

반면 '새'에는 다른 뜻이 더 있다. ⓐ'새롭다'의 '새'와 ⓑ동쪽의 뜻이다. 이를테면 '붉새'는 해뜰녘에 동쪽 하늘에 태양이 유난스레 검붉게 물드는 현상을 가리킨다. 일종의 햇무리인데 이것이 나타나면 당일에 비가 내린다. 이런 것을 '붉새한다'고 말한다. 동쪽을 '새'(원형은 '사')로 읽는 대표적인 사례이다. 그래서 신라의 고어 '사라'를 동쪽 땅 즉, 동토東土로 새기기도 한다.[118] 이런 예에서 보듯이 새말을 때로는 新村(신촌)이나 東村(동촌)으로 한자화한 것은 ⓐⓑ의 본래 뜻에 기인한다.

'새말'이 白村(백촌)이 된 사례를 앞에서 잠깐 설명하였는데, 순우리말 지명을 한자화하는 과정에서 경우에 따라서는 '새말'을 '쇠마리'로 이해하여 쇠(=소, 牛), 마리(=머리, 首, 頭)로 번역, 牛頭(우두), 牛首(우수)로 정착된 경우가 있을 수 있다. 쇠마리에서 우두리 또는 우수리로 분화, 변천하는 사례가 된다. 이를테면 우두성牛頭城, 우두리도 쇠말(또는 새말)에서 시작된 이름일 수 있는 것이다. 이런 예들로 보듯이 白村이나 新村(신촌), 東村(동촌) 및 우두리牛頭里와 같은 이름은 원래 그 출발이 같았을 수 있다. 따라서 우두성牛頭城도 백촌白村에 있었을 수 있고, 백강 근처에 백촌이 있었을 수 있다는 뜻이니 『삼국사기』 백제본기에 (무령왕 원년) '봄 정월에 왕이 우두성에

---

117) 섶벌(섶벌)의 실제 사례가 충남 태안군 원북면 신두리 '섶벌' 마을이다.
118) '라' 또는 '나'는 우리말 고어에서 본래 땅을 의미하였다.

나가서 한솔 해명에게 명하여 백가를 토벌하게 하였다. 백가가 나와서 항복하자 왕이 그의 목을 베어 백강에 던졌다'라고 한 백강과 우두성은 실제로 삽교천을 끼고 있는 예산 및 당진 합덕 지역에 있었을 수 있다.

## 삽교천의 원래 이름은 '삽내' 및 '삽살'

여기서 참고할 것이 한 가지 더 있다. 구양도 인근의 합덕읍 대전리에는 삽사리방죽이라는 저수지가 있다. 후백제 견훤이 군마軍馬에게 물을 먹이기 위해 축조했다고 전해오는 방죽인데(『충청도읍지』), 이것을 한자로는 백미제[白米堤] 또는 백미지[白米池]라고 표기하였다. '삽사리'의 원형을 '삽살'(본래 원형은 '숩살')로 보아 그렇게 표기한 것인데, 바로 이 '삽사리'(삽살)가 백강의 순우리말이다. '살' 또는 '사리'를 쌀[米]로 인식하여 백미지白米池로 한역한 것은 경상도 사람들의 영향일 것이다. 앞에서 이미 설명한 대로 '숩다'

삽교천 하구와 삽교호 수면의 합류 지점 어름에 있는 구만교. 당진(합덕)~예산 간 도로를 잇는 중요한 다리이다.

는 말은 본래 '아뢰다'[白] 또는 '사뢰다'[白]라는 의미이다. 그러니까 백미지(삽사리방죽)라는 이름은 바로 옆 삽교천에서 유래한 것으로 이해할 수 있다. 삽교천의 본래 이름인 '삽사리' 근처에 있는 방죽이 삽사리방죽이니까.

실제 백강·기벌포는 당진시 우강면의 강문리·성원리·부장리 남원포 일대를 지칭하는 이름이었다. 백강은 지금의 삽교천이다. 삽교천의 본래 이름이 '삽사리'였고, 그것이 나중에 다시 '삽내'로 전해졌다. 조선 시대 지리서에 삽교천을 사읍천沙邑川으로 기록한 사례가 있는데, 沙邑川 또한 '삽내'의 한자 표기이다. 삽사리→삽내→삽교천으로 지명이 변했지만 본래는 '숲내'였다. '숲내' 즉, '삽내'가 바로 백강이며, 그 흔적이 당진시 우강면의 우강牛江에도 남아 있는 것이다. 그러나 '삽내'(사읍천)로 쓰이기 전의 백제 시대에는 삽사리방죽의 '삽살'에서 보듯이 삽내가 아니라 '삽살이'나 '삽사리'로 불렸음을 알 수 있다.

구만교에서 바라본 삽교천 상류 방향. 이곳을 통해 삽교 읍내로 배가 오르내렸다. 1868년 독일인 오페르트가 덕산의 남연군 묘를 도굴하려 할 때도 배를 타고 이곳을 거슬러 덕산으로 들어갔다.

후백제의 견훤이 유금필 군대와 싸우면서 군마(軍馬)에게 물을 먹이기 위해 쌓았다고 전해오는 삽사
리방죽(충남 당진시 합덕읍 대전리).

　그런데 여기서 '살'은 본래 '물살'이라는 단어에서 보듯이 흐르는 물을
의미한다. '살'을 이해하는 데 보탬이 되는 단어로서 '살여울'이라는 단어
가 더 있다. 물이 흐르는 여울이 살여울의 본래 뜻. 그래서 '살'은 川, 江,
河, 溪 등으로 번역될 수 있다. '흐른다'는 뜻을 갖고 있다.

　'시' 또한 '흐른다'는 뜻을 갖고 있는 말이다. 그래서 '시내'는 물이 흐르
는 내이고, '마른내'는 물이 마른 내이다. 어린아이의 오줌을 뉘일 때 '쉬-'
라는 말을 쓰는데, 사실 그것은 본래 '시'가 강화된 것으로 '흘려 보내라'
는 의미. 다문 입술에 검지를 세워서 갖다 대고 '쉬-'라고 하는 것도 마찬
가지. 새 나가는 것을 막으라는 시늉이며, 한 마디로 '누설 금지'를 요청하
는 몸짓이다. 모두 '시'는 흐른다, 샌다, 누설(Leakage)을 의미하는 것이다.
우연이지만 이것은 독일어에서도 'Sch'로 우리와 같다.

　그러므로 '시궁'은 흐르던 물이 멈춘 곳이다. 다시 말해서 '궁'이 멈춘

다, 머무른다는 의미인 것이다. 그것을 알 수 있는 말이 '궁둥이'에 남아 있다. 궁둥이의 '궁'은 순우리말로 '머문다', '정지한다'라는 뜻이다. '둥이'는 '궁'을 하는 주체이다. 그러니까 바닥에 대고 앉아 머무는 신체 부위가 바로 궁둥이이다. '바람둥이'에서 '둥이'가 바람을 피우는 주체이니 궁둥이는 '엉덩이 아랫부분으로서 바닥에 대고 머물기 위한 주체'('둥이')이다.

참고로, 우리나라에 있는 지명 가운데 궁말·궁모루·궁갓·궁평리宮坪里·평궁리枰宮里·신궁리新宮里·본궁리本宮里 등과 같이 '궁'이란 말이 들어간 지명이 전국에 의외로 많다. 이 지명들도 '정착하다' 또는 '머물다'는 의미를 반영하는 대표적인 사례가 될 것이다. '궁'이라는 글자가 들어가는 지명이 삼국시대 이후 왕자나 공주와 같은 왕가 사람들과 관련이 없는 곳이라면, 청동기시대 이후 유목 생활을 접고 사람들이 정착한 흔적으로 파악할 수 있을 것이므로 그 마을 주변에 고인돌이나 거석 등과 같은 청동기 유적이 흔히 나타날 수 있다. 그 하나의 예가 경기도 포천시 가산면 금현리의 궁말이다. 여기서 북으로 2km 거리에 고인돌 마을이 있으니(고인돌도 있다) 유랑생활을 하던 사람들이 농업을 위해 정착하던 단계에서 궁말이란 정착 마을도 생겼고 고인돌도 세웠음을 알 수 있는 것이다.

이상의 근거로써 '숲사리'는 '숲내'이며 '숲내'는 백강白江이고 백천白川임을 알 수 있을 것이다. 그래서 한 세대 전까지만 해도 나이 든 예산 사람들은 삽교천을 '삽내'라고 불렀다.

이처럼 당진시 우강면 한 지역에 남원포·강문리·성원리·삽내·삽사리 방죽과 같은 이름이 밀집하여 분포하는 까닭은 무엇일까? 663년 8월 유인궤가 손인사·유인원·김법민의 육군, 자신과 별장 두상·부여륭의 수군이 주류성으로 가다가 백강구에서 왜병을 만나 왜군 4백 척을 불살랐다는 『구당서』 유인궤전의 내용은 바로 이 일대에서 벌어진 대규모 해전을 기록한 것이다. 물론 이 지역으로부터 현재의 삽교호 방조제 아래 지역까지를 백강 또는 백강구의 범위로 어림해서 불렀을 수도 있다. 663년 8~9월 백강해전 당시 왜선이 1천 척이었고, 당군 수군 또한 그에 맞먹는 수가 있었을 것이니, 그 많은 배가 한데 어울려 싸울 수 있는 조건에도 합당한 곳이다. 하지만 강경 황산나루 아래~임천 지역은 백강도 아닐뿐더러 1천 척 가까운 양측의 많은 배가 함께 어울려 싸울만한 조건도 되지 못한다.

삽교천을 거슬러 오르면 고덕-삽교-덕산-대흥(임존성)-광시[119]를 거쳐 청양 장평면과 부여 은산면으로 갈 수 있다. 삽교호의 또 다른 상류인 무한천을 거슬러 오르면 예산-대흥-신양-유구-공주로 길이 이어진다. 아울러 지금의 삽교호 수면으로 들어서서 좌측 선장과 인주 방면으로 배를 대면 온양(아산) 및 천안과 선장-도고-풍세-전의 등지로 갈 수 있다. 이 지역이 이른바 내포內浦 지방의 주요 지역들로서 전통적으로 자연재해가 적고, 평야와 바다에서 나는 물산이 풍부하여 사람이 살기 좋아 일찍부터 인구밀도가 높은 곳이었다. 더구나 천안·아산 지역은 백제 온조왕과 관련된 이야기가 전해오는 곳으로서 백제 시대에도 상당히 중요한 곡창지였다. 유인궤가 주류성을 '賊之巢穴'(적의 소굴)이라 하여 오늘의 천안 지역을 백제인들이 밀집해 있는 곳으로 지목하고 마지막으로 북벌에 들어간 까닭도 일차적으로 이런 측면에서 이해할 수 있을 것이다.

다음으로 기벌포가 있었던 당진시 우강면의 지리 여건에 관한 문제 하나를 더 짚고 넘어가야 하겠다. 남원포가 있는 부장리로부터 구양도가 있

---

119) 광시(光時)라고 하는데, 세종실록 지리지에는 광세(光世)를 잘못 쓴 것이라고 하였다.

는 합덕읍 일대는 백제 시대 혜군槥郡(지금의 당진시 면천면) 사평현沙平縣이었다. 그와 함께 벌수지현伐首只縣과 여촌현餘村縣 3개의 현이 혜군槥郡 관할이었다. 「세종실록지리지」는 면천을 "본래 백제의 유군杻郡인데, 신라에서 혜성군槥城郡으로 고쳤다"라며 혜성군 이전에 백제 유군이었음을 알려주고 있다.

백제 시대 당진의 중심은 면천이었으며, 혜군(면천)에 속한 3개 현의 지명은 모두 경덕왕 때 바뀌었다. 벌수지현은 당진현唐津縣으로, 여촌현餘村縣은 여읍현餘邑縣(서산 운산면 여미)으로, 사평현은 신평현新平縣으로 바뀌었는데, 여기서 주목할 것은 벌수지현이 당진현으로 바뀐 것이다. 벌수지현은 어떤 의미이며, 왜 '벌수지'가 당진으로 바뀐 것일까? 伐首只는 한국고대어를 한자로 표기한 향찰이므로 간단한 설명이 필요할 것 같다. '伐'은 벌판이나 갯벌을 의미한다. 당진은 본래 그 영역 전체의 절반이 해안이어서 갯벌로 이루어진 곳이 아주 많았다. 여기서 '벌'은 갯벌을 뜻한다. 首는 머리이다. 고대에는 '마리'로 썼다. 하지만 여기서는 '마을'의 뜻으로 사용되었다. 음지말·양달말·큰말·작은말 등이 그 사례이다. 따라서 '伐首'를 지금의 우리말로는 '뻘말' 즉, 갯벌마을로 새길 수 있다. 只는 한국고대어 '지'이다. 한자어로 路(일본어 じ)이다. 다시 말해서 이 말은 한국과 일본이 공통으로 사용한 한국고대어이다. '길'이라는 뜻으로 쓰였다. 이렇게 보면 伐首只는 한국고대어로 '벌말지'(=뻘말길)이다.

그렇다면 이런 단순한 지명을 신라가 왜 당진이란 이름으로 바꾸었을까? 660년 당나라 군대가 배를 대고 상륙한 곳이란 의미에서 唐津(당진)이란 이름을 갖게 된 것으로 추리할 수 있다. 그것을 알 수 있는 보다 구체적인 내용이 김정호의 『대동지지大東地志』에서 전한다.

1) 백제 의자왕 20년 당나라 장수 소정방이 덕물도에 정박하고 당진에 상륙하

였다. 조선 선조 32년(1592) 명나라 수군 도독 진린陳璘이 절강浙江 지역의 병사를 배 5백 척에 태워 바다 건너 당진에 정박하였다.[120]

'소정방이 당진에 상륙하였다'라는 이 내용이 어떤 기록에 근거를 둔 것인지는 설명이 없어 알 수 없다. 그러나 이것이 전혀 근거 없이 지어낸 것일 수는 없다. 진린이 임진왜란 때 중국 남부 절강 지방의 병사를 동원한 것은 그 지역 사람들이 전통적으로 배를 잘 다루며, 수리水理에 밝아서 해전에도 능한 사람들이었고, 중국인들이 외적을 막는데 전통적으로 변방 사람들을 이용하는 전략을 구사하였기 때문이다. 왜군을 막기 위해 진린이 절강 지역 병사를 데려온 것이 정확한 근거가 있는 내용인 만큼 소정방의 군대가 당진에 상륙하였다는 기록도 근거가 있는 것으로 봐야 할 것 같다.

그런데 『대동지지』 면천沔川 전고典故 편에는 백제의 군창軍倉에 관한 설명이 있어 이 또한 당군의 당진 상륙 및 백강·기벌포 문제와 연계하여 반드시 살펴봐야 할 내용이다.

2) 백제 때 석두石頭 동쪽, 즉 가리포加里浦에 창고를 설치하고 벼를 쌓아두어 수군의 밑천으로 삼았는데 후에 당나라 군사가 바다를 건너와 창고를 어지럽히고 없애버렸다. 신라가 백제를 평정하고 다시 그 자리에 창고를 두었다. 또 혜산槥山의 동쪽 제방에 관청 건물을 세우고 그곳에 많은 곡식을 쌓아두니 백성들이 그것을 숙관槥館이라고 하였다. 당나라 선박이 오면 사신과 심부름꾼, 장사치가 모두 숙관에 나가고 신라인은 조공하였다. 오고 가는 자 모두가 이 길로

---

120) 百濟義慈王二十年唐將蘇定方駐軍德勿島泊唐津下陸, 本朝宣祖三十二年水軍都督陳璘領浙兵五百艘渡海泊唐津『대동지지(大東地志)』(金正浩) 唐津 典故 편]

나가니 사람들은 그곳을 대진大津이라 하였다.[121]

이것 또한 어디서 가져온 기록인지는 알 수 없지만, 이 내용이 김정호 자신의 상상으로 지어낸 것이라고 보기는 어려울 것이다. 백제의 가리포와 대진(大津, 한진)을 주요 곡식 창고로 거론하고 있는데, 특히 대진의 숙관은 흥미롭다. 숙관稤館이란 궁중에서 소용되는 비용을 충당하기 위한 재원을 쌓아두는 곳이란 의미이니 물론 이것은 통일신라 시대 이후의 사정을 이르는 명칭으로 볼 수 있다.

대진은 현재의 충남 당진시 송악면에 있는 한진포구이다. 위 2)의 자료 뒤로 이어지는 내용이 더 있는데, 그 가운데 고려 태조 16년(933) 후백제 견훤이 혜산성(면천)의 아불진 등을 약탈한 내용과 태조 왕건이 보낸 유금필庾黔弼과 병졸 8천 명이 사탄槎灘에 이르러 견훤군에게 패하는 내용이 나온다. 이 무렵 견훤은 당진 합덕 대전리 일대에 포진하고 있었는데, 그때 말에게 물을 먹이기 위해 저수용으로 만든 것이 '삽사리방죽'이었다. 사탄을 경계로 왕건의 유금필 군대와 견훤의 군대가 대치한 상황에서 유금필의 군대가 패한 것이다. 그런데 여기서 말하는 사탄이 조선 시대 사천槎川이며, 사천은 면천에서 순성면과 신평면 신흥리를 거쳐 현재의 우강면 남원포교 아래로 흘러 삽교호 수면으로 들어가는 개천(남원천)을 이른다. 조선 후기 면천 출신의 문인 이병연李秉淵(1671~1751)의 호가 바로 사천이었고, 그가 남긴 문집으로 『사천시초槎川詩抄』가 있는데, 그것 역시 바로 이 면천

---

121)  百濟時置倉於石頭東(卽加里浦)積粟爲水軍之資後唐兵渡海因亂倉廢新羅平百濟復置倉於古址又置館於槎山之東堰多積穀民呼爲稤館凡唐舶之使价商賈皆就館羅人朝貢往返者皆就途因呼大津人物之無如此界至甄萱之亂皆沒於賊, 高麗太祖十六年後百濟王甄萱劫掠槎山城阿弗鎭(今嘉禾)等處太祖遣庾黔弼进(?)壯士八千人赴之至槎灘(未詳)甄萱軍潰黔弼至新羅留七日而返遇神釖等於子道(未詳)與戰大克 恭愍王七年倭侵沔州新平龍城(水原南界屬縣)知事郭翀龍與戰獲賊舡二艘 …… 『대동지지』 沔川 典故)

의 '사천'에서 빌린 것이었다. 김정호의 기록을 감안할 때 가리포와 백제 군창은 바로 신평면과 우강면을 가르는 사천(남원천) 하류 제방 가까이 어딘가에 있었던 것으로 짐작할 수 있다. 현재의 삽교호 수면 연안 가운데 선적과 하역에 유리한 조건을 갖춘 곳이었을 것이다. 그곳이 아마 현재의 우강면 남원포와 부장리에서 신당리~운정리~부수리(신평면) 일대 어딘가 일 것이다.

여하튼 2)의 "백제 때 석두石頭 동쪽, 즉 가리포加里浦에 창고를 설치하고 벼를 쌓아두어 수군의 밑천으로 삼았는데 후에 당나라 군사가 바다를 건너와 창고를 어지럽혀 없애버렸다. 신라가 백제를 평정하고 다시 그 자리에 창고를 두었다."라는 『대동지지大東地志』 내용은 소정방의 군대가 당진에 상륙하지 않았으면 있을 수 없는 내용이다. 바꿔 말해서 소정방의 군대 전부가 웅진강으로 간 것이 아니었음을 이 기록으로도 분명히 알 수 있다. 현재의 우강면 부장리나 신흥리 주변 '사천 가리포'에 당군이 밀려 들어와 식량을 약탈한 사실을 전해주는 기록이니 이로써 남원포라든가 현재의 삽교호 부장리~성원리~강문리 일대 갯마을이 660년 7월 초, 가장 먼저 당군의 공격을 받은 백강이었음을 알 수 있다. 백제의 가리포는 그 당시의 행정편제로 보면 혜군(槥郡, 면천) 사평현(沙平縣) 석두石頭 동쪽의 갯가마을 백강 인근으로서 후일 가리포加里浦로 불린 곳이었으니 대략 지금의 우강 부장리~신평 부수리 일대로 이해하고 넘어가기로 하자.

소야도에서 혜군 사평(현재의 신평)까지는 뱃길로 최단거리이다. 소정방의 당군이 처음 도착한 소야도는 서해에서 아산만으로 들어가는 초입에 있다. 잘 훈련된 격군格軍이 교대로 쉬지 않고 노를 젓거나 서풍의 도움을 받아 순항하면 소야도에서 당진 신평과 우강까지는 몇 시간 또는 하루면 다다를 수 있는 거리이다(소야도~삽교호 방조제 65km).

산동반도 북단 끝머리 성산城山에서 바다를 건너 동쪽으로 직진하여 덕물도-소야도에 들어온 소정방은 소야도의 지리적 이점을 명확히 알고 있었다. 소야도에서 당진으로 가는 뱃길이 최단거리이며, 신라의 주요 항구였던 화성 남양의 당항성黨項城이 가깝고, 신라 육군과의 합전이 수월한 이점도 있어서 일단 소야도를 택해 당진을 먼저 친 것이다.

그러나 부여 사비도성 공격이라는 측면에서 보면 소야도는 상당히 애매한 곳에 있다. 소야도에서 부여까지는 대형 군선이 적어도 3~4일은 걸려야 도달할 수 있는 거리이다. 더구나 거기서 부여로 가려면 소정방이 성산에서 소야도로 건널 때 겪지 않았던 '연안 조간대의 심한 조수와 물때에 따른 간만 차'를 극복해야 하는 어려움이 있었다. 그 외에도 소정방의 군대가 웅진강에 성공적으로 상륙하려면 상륙 시점이나 군사 규모 등에 관한 사전 정보가 백제 측에 알려져서는 안 되므로 여러 가지로 어려움이 많았을 것이다. 소정방이 소야도에 도착한 이후 어느 시점엔가 의자왕은 고마미지현(전남 장흥)에 유배 가 있던 흥수에게 대책을 물어봤고, 소정방은 백제의 대응책도 대략 예상하고 있었을 것이다. 백강으로 군대의 일부를 먼저 보내어 사비성의 의자왕과 지배층을 적당히 속이는 동시에 소정방의 본군이 웅진강으로 상륙하는 양면작전을 구사한 것도 미리 계획한 일이었다. 즉, 백강으로 보낸 소정방의 좌군은 '성동격서聲東擊西' 전략의 일환이었으며, 백제의 예상을 뒤엎고 소정방의 본군(우군)이 웅진강으로 상륙한 작전은 '피실격허'에 해당하는 전략이었다고 하겠다.

앞에서 설명한 대로 소정방이 부여로 떠난 하루 뒤인 660년 7월 6일 아침 일찍 당군 좌군이 소야도를 출발했다면 그들은 늦어도 7월 7일 중에는 당진 백강구 또는 백강에 도착하였을 것이다. 그리고 사비도성의 의자왕은 그 이튿날 '당군이 백강을 지났다'라는 전갈을 받았을 것이며, 같은 시각 탄현으로부터도 '신라군 침입' 전갈이 날아들었을 것이다. 그리하여 7월 8일 중에 계백이 연산(황산벌)에 도착하여 세 군데에 군영을 구축한 것이다. 계백의 선발대로 황산벌의 김유신 군대를 막고, 백제 서부의 인력으로 백강의 당군을 막음으로써 우선 급한 불을 끈 뒤에 군사를 동원해 정면으로 승부를 내겠다는 의자왕의 계획은 7월 8일경까지는 문제 될 것이 없었겠지만, 소정방이 인솔한 우군 본대가 부여 웅진강(금강)으로 들어오고, 계백이 황산벌에서 죽은 7월 9일 오후에는 돌이킬 수 없는 상황이 되었다고 판단하였을 것이다. 의자왕이 "성충의 말을 듣지 않다가 이 지경에 이른 것이 후회스럽다"고 말한 것도 이 무렵이었을 것이다.

### '동진강=백강' 및 '부안 기벌포 설'도 허구

현재의 금강(백제 시대 웅진강)이 백강이 아니라고 정확히 이해한 사람들 가운데 동진강이나 만경강을 백제 시대 백강이라고 본 이들이 있었다. 그들은 부여풍이 마지막 항전 성인 주류성이 김제·부안 또는 정읍 고부 지역에 있었다고 믿고, 두량윤성豆良尹城과 고사비성古沙比城 또한 현재의 전북 지역에서 찾으려 하였다. 그러나 그것은 시작부터 잘못된 설정이었다.

고사비성古沙比城을 전북 고부의 백제지명 고사부리古沙夫里로, 두량윤성과 주류성도 고사비성 가까이에 있다고 믿고, 만경강·동진강 또는 곰소만 등을 백강이라고 주장하여 지난 수십 년 동안 쓸데없는 혼란을 벌여온 이들 때문에 우리는 지금껏 백제 패망기의 사정을 제대로 들여다볼 수 없었다. 애초 이런 잘못된 주장이 나오게 된 것은 한·중 양국의 기록을 제대로 들여다보지 않았기 때문이다. 따로 설명한 대로 주류성과 백강은 말기 백제의 북부권에 있어야 한다. 한 마디로 동진강·만경강·곰소만 등의 백강설은 번지수가 틀린 것이다. 그에 대한 또 하나의 증거가 있다. 지금도 전북 부안과 변산 지역 사람들은 "왜군 지원군이 변산 앞바다까지 와서 백제가 멸망했다는 소식을 듣고, 그곳에서 바로 배를 돌려 돌아갔다"라는 전승을 서로 전하고 있다. 만경강이나 동진강이 백강이고, 주류성이 그 인근 어딘가에 있었다면 '백제가 망했다'라는 말만 듣고 왜군 지원군이 지척에 있는 현장을 확인하지 않고 변산 앞바다에서 그냥 돌아가지는 않았을 것이다. 주류성과 백강이 부안이나 김제에서 훨씬 더 먼 곳에 있었으므로 가서 확인할 엄두를 내지 않고 변산 앞바다에서 그대로 회군한 사실을 전하는 이야기로 보아야 한다.

뿐만 아니라 일부에서 아직도 '계화도界火島'를 백강 기벌포로 잘못 이해하고 있어서 구구하게 언급하고 싶지는 않지만, 전북 부안 동진강 입구에 있는 계화도를 기벌포라고 한 것이 왜 잘못된 것인가에 대해서는 명확히 짚고 넘어가야 할 필요가 있기에 설명한다. 부안 '계화도'의 界火를 '기벌'의 향찰로 파악한 것이 계화도 백강·기벌포 설의 핵심인데, 그러면 과연 界火가 우리말 '기벌'의 표기였는가? 그것이 '기벌'과 가까운 소릿값을 갖고 있다는 점을 들어 '계화도 기벌포 설'을 제기한 것인데, 그게 사실이라면 伎伐浦의 伎伐=界火라야 한다. 하지만 그것은 시작부터 잘못된 설정이다. 界火는 '기벌'이 아니라 계화 또는 '계불'(개불)로 읽어야 한다. '기벌'로 읽을 수는 없으며 오히려 '갯벌'의 향찰 표기로 볼 수도 있다.

지금의 부안군은 부령扶寧과 보안保安을 합쳐서 만든 지명이다. 본래 부령은 지금의 부안읍이었다. 보안은 줄포가 있는 동네 인근의 보안면을 가리킨다. 그곳 사람들조차 보안면을 부안면이라고 하는 이들이 있다. 그런데 백제 시대에는 부안을 개화皆火로 불렀으며 혹은 계발戒發로도 썼다는 점을 들어, 여기서 火의 소릿값이 '불' 또는 '발發'에 가깝다는 점에 착안하였다. 일본인 오다쇼고小田省五가 『조선사대계』 상고사에서 '계화도界火島'의 계화

界火를 '기벌'에 가장 가까운 것이라고 본 게 그 시작이었다. 기벌포는 웅진 강의 일부가 아니라 계화도 인근이라고 본 것인데, 이렇게 해서 결국 『삼 국사기』 백제본기 의자왕 20년 조의 '백강은 기벌포라고도 한다'라는 기 록을 근거로 백강해전이 있었던 곳이 개화도 일대라는 주장을 내놓게 되 었다. 여기서 더 나아가 오다쇼고는 백촌白村이 기벌포에 있었고, 백제를 지원하기 위해 왜 수군이 타고 온 배가 정박한 곳도 그 일대라고 보았다.

이런 주장을 펼친 이들은 송나라 시대에 나온 『광운廣韻』을 참고하여 "伎 와 只의 소릿값이 반절로 之爾('지')이고, 계戒나 계界는 반절로 古拜(개), 皆 는 반절로 古諧(개)이니 기벌포는 부안 바닷가에 있는 계화도"라고 본 것 이다.

그러나 界火를 '기벌'의 향찰표기로 본 것은 잘못이다. 伎와 只를 之爾 ('지')의 반절로, 계戒나 계界의 반절이 古拜(개)이며, 개皆는 반절로 古諧(개) 라는 사실에다가 界火를 끼워 맞추려다 보니 이런 결과를 얻은 것이다. 하 지만 伎의 소릿값이 之爾('지')인데, 그것이 어떻게 계戒나 계界의 소릿값 古 拜(개)와 같은가. 伎의 소릿값이 '지'라면 伎伐浦를 지벌포라고 읽었어야 하지 않는가? 伎는 '기'이고 只는 '지' 또는 '기'로 쓰였지만 伎에는 '지'란 소릿값이 아예 없었다. 쉽게 말해서 '지'와 '개'가 같은 것이라고 우긴 얘 기이다. 그 주장에 따르면 백제 지식층이 '기'와 '지', '개'와 '계'의 소릿값 을 제대로 구분하지 못했다는 말이 된다. 伐과 火도 마찬가지다. 우리말 '벌'과 '불'을 표기한 향찰 伐과 火를 구분하지 않고 그런 식으로 썼다면, 마치 백제인들이 '발'[足]과 '벌'[蜂 또는 原]을 구분하지 못하고 혼용했다는 말 과 다를 게 없다.

다음으로 한국 고대어, 그것도 백제어를 추리하는데 어찌해서 중국 송 나라 시대에 나온 『광운廣韻』에 기준을 두고 설명하는가? 그 자체부터가 모순이다. 백제 시대 사람들이 향찰을 사용할 때는 당음唐音이 아니라 한음漢音을 주로 사용하였다. 당음은 표기가 어렵고 읽기도 힘들다. 대신 한음은 예를 들어 『설문해자』에 그 기준이 되는 소릿값이 제시되어 있어서 사용하기에 편리한 점이 있었다. 고구려·백제·신라는 모두 다 당唐과 교류가 많았음에도 향찰 표기에는 당음唐音을 사용하지 않고, 주로 한음漢音으로 표기하였다. 한자음 한음은 한나라 시대 귀족들의 표준음이었고, 그 후로도 한국에서는 한음을 기준으로 삼았다. 이미 기원전 2세기를 전후해서부터 몇 차례에 걸쳐 한자를 갖고 내려온 고조선 및 북방의 유민들은 주로 한음을 써왔고, 이런 전통은 그 후로도 그대로 이어졌다.

한음으로 伎의 소릿값은 '기'이다. 백제에서도 그렇게 썼고, 지금도 그렇다. 당음을 따라가니 伎의 소릿값이 之爾(지-)라고 우긴 것이지만, 그렇지 않다. 하나의 사례이지만 『삼국사기』 지리지의 결기군結己郡과 열기군悅

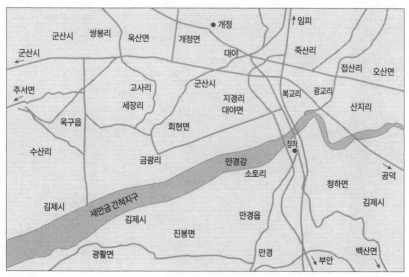

만경강

郡의 지명에 쓰인 '근'(기) 또한 백제어 '기'라는 소릿값을 적용한 대표적인 사례이다.

기벌포伐浦에 쓴 伐나 백제 지명에 쓴 근는 소릿값이 모두 '기'이다. 그런데 伐伐이 백제 시대 지명 皆火의 소릿값 '개화'와 어떻게 같은가? '기'와 '개'는 소릿값도 의미도 다르다. 그렇다고 그것이 '지'도 아니다. 다른 데도 같다고 우기는 것은 억지이며 한국 고대어의 의미나 음운을 무시한 주장이다. 그렇게 따지면 오히려 개화皆火는 '개불'이나 '개벌'로서 '갯벌'의 한자표기였다고 주장해도 반박할 수 없을 것이다. 호남 지방의 고대 지명에는 '비리'나 '부리'라는 이름을 많이 썼다. 卑離(비리)나 夫里(부리)는 '벌판'의 뜻이니 그렇게 이해할 수도 있는 것이다. 그렇지만 皆火(개화)를 바닷고기 '개불'의 표기이며 개화도는 '개불섬'의 뜻이라고 우겨도 향찰을 잘 모르는 사람은 반론을 내놓을 수 없을 것이다.

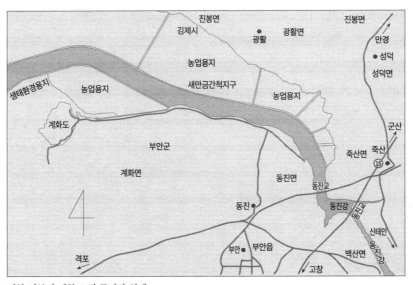

전북 서부의 계화도 및 동진강 일대

그러나 실수는 그 한 번으로 끝나지 않았다. 백제 시대 지명 皆火를 '기벌'(기불)로, 기벌포를 부안 계화도로 설정하고 보니 부안 우금산성禹 金山城을 주류성으로 보거나 심지어 변산邊山의 邊을 '邊두리'('邊+두리'의 동어 반복, 邊=두리)로 이해하여 여기서의 '두리'가 周留

하늘에서 본 동진강

城의 周留(두리)에 해당한다고 보아 변산 인근이나 고부 또는 부안·김제 등 전북 지역에 주류성이 있었을 것이라는 주장까지 내놓은 이들이 있었다. 한국 고대어와 향찰, 음운에 대한 깊은 지식 없이 자신의 막연한 생각이나 단순한 추정을 마치 사실인 양 단정적으로 주장하다 보니 이런 해괴한 견해들이 나온 것이다. 어떻게 周留를 '두리'로 읽는가. 비록 한글이 없던 백제 시대에도 사람들은 자음과 모음을 명확히 구분할 줄 알았다.

전북권에서 백강을 찾고자 한 이들은 전주 서편 또는 그 서남쪽에서 주류성을 찾으려 하였다. 그렇지만 한결같이 그들이 실패한 이유는 향찰을 이해하지 못한 데다가 자료에 대한 기본적인 이해나 분석조차 하지 않았기 때문이다. 기초부터 잘못 설정한 이야기를 사실인 것처럼 내세우다 보니 백강·기벌포 및 주류성 문제를 더욱 복잡하게 만들었다.

## 전북 동진강이나 만경강은 백제의 백강이 아니다

그것만이 아니다. 동진강 주변에 白이란 글자가 들어가는 지명이 많다고 주장한 것도 문제이다. 전북 김제의 백제 시대 지명 碧骨(벽골)의 碧이라든가 避城(피성)의 避가 白(백)에 가까우며 부안 지역에 白이란 글자가 들어가는 지명이 많은 것으로 보아 동진강이 백강이며, 『일본서기』의 백촌강해전은 계화도 부근에서 벌어진 사건이라고 주장한 이들이 있었다. 논리적 근거도 빈약하고, 고대 한자표기에 대한 이해도 부족한 데다 이치에 맞지 않는 해괴한 주장을 하는 것이다. 白山(백산)이 대표적인 사례인데, 그들의 주장대로 설령 백산이나 皆火(개불)는 있다 하여도 白江의 존재는 아직도 구명하지 못하였다. 그저 동진강 주변에 '白'이라는 지명이 많이 있으니 동진강이 백강이라는 것이다. 그렇다면 그들의 주장 대로 『삼국사기』 백제본기 의자왕 20년 조에 '白江或云伎伐浦'라 하였으니 기벌포의 위치도 동진강 내에서 증명했어야 한다. 하지만 계화도는 동진강 밖에 있는 바다의 섬이니 우선 "백강을 혹은 기벌포라고도 한다"라는 조건에 맞지 않는다. 기벌포도 중요하지만, 백강은 더욱 중요한 문제이다.

나아가 위금암산성(우금산성) 조사 결과를 보더라도 이제는 위금암산성이 주류성일 수 없다는 사실이 한층 명확해졌다. 따라서 계화도가 기벌포이고, 백강이 동진강이라는 등의 해괴한 주장은 쓸데없는 일이 되었다. 위금암산성이 주류성이 아니라는 사실도 이제는 순순히 인정해야 한다.

여기서 만경강이나 동진강 및 변산 지역을 백강·주류성 후보지로 꼽는 이들이 제시한 주장의 문제점 몇 가지를 짚고 넘어갈 필요가 있다. 먼저 『삼국사기』 태종무열왕 7년 7월 9일 조의 "이날 소정방과 부총관 김인문 등은 기벌포에 도착해 백제 군사를 만나 크게 싸워 이겼다."라고 한 기사를 어떻게 해석해야 하는가의 문제이다. 『삼국사기』 편자는 소정방과 김인문이 웅진강으로 들어왔다는 사실을 '기벌포'로 잘못 이해하였다. 간단히 말해서 이 기사는 백강을 웅진강으로 잘못 적은 것이다. 중국 측의 『구당서』와 『신당서』 등에는 소정방이 웅진강 또는 웅진강구로 들어왔다고 전해주고 있으니 『삼국사기』가 잘못 기록한 것이 틀림없다.

따로 설명한 대로 백제 침공 당시 당군은 좌군과 우군 편성으로 나누어 진군하였다. 소정방과 대부분의 장수들은 우군으로서 웅진강을 따라 들어왔다. 백강으로 간 좌군은 상대적으로 적은 병력이 운용된 것으로 보인다. 그렇다면 만약 부안이나 전북 지역에 별도의 당군이 상륙하지 않았을까? 전북 지역으로 들어간 당군이 따로 있었다는 기록이나 증거가 있어야 할 것이다. 만약 있었다면 그것은 소정방의 우군이었어야 한다. 이 경우라면 웅진강으로 들어간 소정방과 김인문은 중군을 인솔한 것이 된다. 그러나 정작 전북 지역으로 당군이 들어갔다는 기록이나 전승이 없고, 소정방은 웅진강으로 들어온 게 확실하다. 그러니까 웅진강에 기벌포가 없었다면, 660년 7월 9일 '소정방과 김인문이 기벌포에 도착했다'라는 이야기는 잘못된 것이다. '백강=기벌포'이니 웅진강이 백강이라야 '웅진강 기벌포'가 성립된다. 그러나 웅진강은 백강이 아니다. 기벌포는 웅진강에 없었고 소부리주에 있는 것도 아니었다. 웅진강과는 멀리 떨어진 '백강'에 있었다.

소정방이 웅진강으로 들어간 사실은 여러 기록으로 확인된다. 『신당서』 소정방전에 "군대를 거느리고 백제를 쳤다. 성산에서 바다를 건너 웅진구에 이르렀다. 적은 물가에 군사를 배치하여"[122]라고 한 것이나 『구당서』 소정방전에 "소정방은 성산에서 바다를 건너 웅진강구에 이르렀다"[123]라고

---

122) 率師討百濟 自城山濟海至熊津口 賊濱屯兵
123) 率師討百濟 定方自城山濟海 至熊津江口 賊屯兵據江

하여 웅진구 또는 웅진강구에 도착한 사실을 전해주고 있다. 그러므로 이 기사를 보면 소정방이 우군을 이끌고 지금의 전북 지역으로 들어간 게 아니다. 그렇다고 그가 백강(=기벌포)으로 간 것도 아니다.

여기서 만약 소정방이 전북 지역으로 상륙했다고 가정해보자. 그렇다면 그것은 더욱 큰 문제이다. 신속하게 부여 사비도성을 공격하여 점령하고 백제 왕과 왕자 등 지도층을 포로로 잡을 계획이었는데, 부여로 진격하지 않고 김제나 부안 지역으로 내려갔다가 거기서 다시 익산과 논산을 거쳐 부여로 올라간다는 게 말이 되는가?

소정방이 웅진강으로 들어가 사비도성을 공격, 백제 왕과 태자를 사로잡은 사실이 『삼국사기』 열전 김인문전에도 생생하게 그려져 있다.

때마침 당 고종이 소정방을 신구도대총관神丘道大摠管으로 삼아 군사를 거느리고 가서 백제를 치게 하였다. 황제가 김인문을 불러 도로의 사정과 오고 가는 편의를 묻자 김인문이 일일이 대답하였다. 황제가 기뻐하여 그에게 '신구도부대총관' 직을 내어주고 소정방의 군영으로 가라고 명령하였다. 김인문이 드디어 소정방과 함께 바다를 건너 덕물도에 이르자 왕이 태자에게 명령하여 장군 김유신·진주·천존 등과 함께 큰 전함 1백 척에 군사를 싣고 가서 그들을 맞이하게 하였다. 웅진구에 이르자 적들이 강가에 병력을 배치하고 막으니 싸워 쳐부수었으며, 승세를 타고 그 도성에 들어가 섬멸하였다. 소정방은 백제 왕 의자와 태자 효孝, 왕자 태泰 등을 사로잡아 당으로 돌아갔다.

그것 말고도 『삼국사기』 열전 김유신전에도 대략 같은 내용이 더 있다.

태종대왕 7년 경신(660년) 여름 6월에 대왕이 태자 법민과 함께 바야흐로 백제를 정벌하고자 크게 군사를 일으켜 남천南川에 이르러 군영을 설치하였다. 이때 군대를 요청하러 당에 들어가 있던 파진찬 김인문이 당의 대장군 소정방 및 유백영劉伯英과 함께 군사 13만 명을 인솔해 바다를 건너 덕물도德勿島에 도착했으며 우선 종자 문천文泉을 보내 그 사실을 보고하였다. 왕은 태자와 장군 김유신, 진주眞珠, 천존天存 등에게 명해 큰배 1백 척에 군사를 싣고 가서 당의 군대와 회동하게 하였다. 태자가 장군 소정방을 만났을 때 소정방이 태자에게 말하였다. "우리는 바닷길로 가고 태자는 육지에 올라 출발하여 7월 10일에 백제의 왕도인 사비성泗沘城에서 만납시다."

아울러 『삼국사기』 태종무열왕 7년 5월과 6월 기록에는 다음과 같은 내용이 있다.

여름 5월 26일에 왕이 김유신, 진주, 천존 등과 함께 군사를 거느리고 수도를 떠나 6월 18일에 남천정南川停에 이르렀다. 소정방은 내주萊州에서 출발하니 전함이 천 리에 꼬리를 잇대었으며, 해류를 따라 동쪽으로 내려왔다. 21일에 태자 법민을 보내어 병선 1백 척을 거느리고 덕물도에서 소정방을 맞이하게 하였다. 소정방이 김법민(후일의 문무왕)에게 이르기를 "나는 7월 10일에 백제 남쪽에 도착하여 대왕의 병력과 만나 의자왕의 도성을 무찌르려고 한다."라고 하였다.

위 자료들 모두가 소정방과 김인문이 덕물도(덕적도)를 거쳐 웅진강구에 이른 사실을 소상하게 적었다. 계화도가 기벌포이고 동진강이 백강이라면 모든 기록에 소정방과 김인문이 660년 7월 9일 동진강으로 들어갔다고 했어야 한다. 그러나 당군은 만경강이나 동진강으로 들어가지 않았다.

그리고 김유신전에 "웅진구에 이르자 … 승세를 타고 그 도성에 들어가

적을 섬멸하였다."라고 한 사실로도 알 수 있지만, 당시 당군과 신라군은 빠른 시간에 사비도성으로 진격하여 도성 함락과 의자왕 및 백제 지도층을 포로로 잡기 위한 작전을 전개하였다. '사비의 남쪽 소부리의 벌판' 또는 '사비원'에 집결하여 '사비도성'을 목표로 진군한 것이다. 그리고 태종 무열왕 7년 7월 12일 기록에 "당과 신라의 군사가 의자의 도성을 에워싸려고 소부리所夫里의 들로 나아갔다."라고 하여 사비성 남쪽 소부리 벌판을 거론하고 있다. 이와 같이 사비성 가까이에 접근하려는 마당에 목표지점인 사비도성에서 멀리 벗어난 동진강이나 만경강으로 당군이 돌아가야 할 이유가 어디 있는가? 동진강으로 들어갔다면, 군사적으로 그 목표는 부안이나 김제 지방 어딘가가 되어야 한다. 적어도 그 지역에 사비성보다 먼저 격파하지 않으면 안 되는 대상이 있어야 소정방이 자신의 우군 일부를 떼어서 그곳으로 보냈다고 주장할 수 있다. 그렇지만 660년 7월 소정방은 전북 부안, 김제 등에 병력을 집중할 하등의 이유가 없었다. 그 당시 나당군의 공격 목표는 어디까지나 부여 사비도성이었다.

당군 일부가 만약 김제나 부안으로 갔다면 그것은 더욱 큰 문제이다. 김제·부안에서 익산~논산을 거쳐 그 먼 길을 북상하여 사비도성으로 가야하는데, 그렇게 되면 해당 지역의 백제 측 '지역방어군' 저항에 부딪혀 진군에 큰 어려움을 겪을 수밖에 없다. 그러므로 굳이 사비도성을 지나쳐서 멀리 돌아가야 할 이유가 없다. 그것은 신라 및 당나라 군대가 의도한 공격 방향과는 정반대이다. 그런 전략은 군사 전술상으로 있을 수 없다. 소정방이 웅진강을 거슬러 곧바로 사비도성으로 향한 것은 많은 선박을 거느린 상태에서 신속하게 이동하여 백제군의 저항을 줄이기 위한 최선의 선택이었다. 어떤 주장을 하려면 기록과도 부합하는 이론을 제시해야 하는데, 동진강이나 만경강 및 변산설은 도무지 여기에 맞지 않는다.

다만, 김유신이 탄현을 넘어 황산벌로 진격할 때 3군 편제로 진격하였 듯이 당군 좌군은 백강, 중군은 웅진강, 그리고 우군은 전북 지역으로 들 어갔다고 가정해 볼 수는 있겠다. 그러나 앞에서 몇 차례 설명하였듯이 당 군이 3군 편제로 만경강이나 동진강 또는 부안이나 변산 및 고부 지방으 로 가야 할 이유가 없고, 그곳으로 상륙했다는 기록이나 전승을 어디에서 도 찾을 수 없다. 실제로 유인원기공비라든가 중국 측의 기록을 종합해 보 면 당군은 좌군(백강)과 우군(웅진강)의 2군 편제로 운용되었다.

동진강이나 만경강 백강설은 또 다른 측면에서 문제가 있다. 그 대표적 인 예가 문무왕 16년(676) "겨울 11월 사찬 시득施得이 수군을 거느리고 설 인귀와 더불어 소부리주 기벌포에서 싸우다 패했다. 그러나 다시 진군하 여 스물두 번의 크고 작은 싸움에서 이기고, 4천여 명의 목을 베었다."라 는 기사의 해석 문제이다.

이 일이 있기 한 해 전인 문무왕 15년(675) 2월 유인궤가 칠중성을 함락 시키고, 신라는 백제의 남은 땅을 아울렀으며 북으로 고구려 남쪽 땅까지 올라가서 주州와 군郡을 설치했다. 그러자 설인귀가 9월에 고구려 남쪽 영 역이었던 천성泉城으로 쳐들어왔다. 이때 신라에서 장수 문훈을 보내어 설 인귀의 군사 1,400명의 목을 베고 병선 40척을 빼앗았다. 설인귀가 포위 를 풀고 도망하자 전투마 1천여 필을 노획하였다. 이어 9월 29일에는 파주 매초성買肖城[124]에 주둔해 있던 이근행의 20만 병력을 몰아내고 3만3백80필 의 전투마를 노획하는 등, 당군과 신라군은 임진강과 한탄강 주변 지역에 서 결전을 벌이고 있었다. 설인귀는 일찍이 당 태종이 요동으로 쳐들어가 안시성安市城 싸움을 벌일 때 고연수高延壽 등이 20만 병사로 맞서자 그때 두

---

124) 경기도 파주시 적성면 주월리, 임진강 남쪽 강변에 있는 육계토성을 매초성(買肖城)으로 추정하고 있다.

각을 드러내어 태종에게 발탁된 인물로, 그 뒤 당 고종에게도 잘 보여 평양성 전투에 나갔으며, 당 태종이 고구려 요동 땅을 침입하였을 때 설인귀는 흰옷을 입고 창을 잡고 활집을 차고 활을 당기면서 돌진하는 곳마다 적이 쓰러지는 것을 보고 당 태종이 "짐이 요동을 얻은 것은 기쁘지 않지만 설인귀를 얻은 것은 기쁘다"라고 했을 만큼 당 태종이 흡족해했던 인물인데, 신라를 상대로 벌인 전쟁에서 그는 이근행 등을 데리고 행군총관으로 왔다.[125] 물론 그 후로도 당군이 말갈과 거란의 군사를 데리고 쳐들어와 칠중성을 포위했을 때 당군은 한강 이남 지역을 빼앗기 위해 군대를 집중하였다. 신라 또한 그에 맞서야 했는데, 사찬 시득이 설인귀 군대와 싸운 '기벌포'는 663년 8월과 9월 백강해전이 있었던 바로 그 기벌포라야 한다. 임진강과 한탄강을 중심으로 양측이 치열하게 싸움을 계속하게 되자, 임진강 이남의 현 경기권을 빼앗고자 당군은 당항성에서 가까운 백강에서 신라군과 마지막 결전을 치른 것이다. 사실 이 기사 뒤로 당군과 신라군의 교전이 사라지는 것으로 보아 676년 11월 사찬 시득이 당군을 상대로 한 백강해전(기벌포전)이 나당전쟁의 마지막 싸움이었다. 그러나 동진강은 당군과 신라군이 대치하던 곳에서 너무 동떨어져 있다. 이것이 동진강에 백강 및 기벌포가 있을 수 없는 또 하나의 이유이다.

---

125) 薛仁貴絳州龍門人 少貧賤 以田爲業 將改葬其先 妻柳曰 … 夫有高世之材 要須遇時乃發 今天子自征遼東 求猛將 此難得之時 君盍圖功名以自顯? 富貴還鄕 葬未晩 仁貴乃往見將軍張士貴應募 至安地 會郎將劉君卭爲賊所圍 仁貴馳救之 斬賊將 係首馬鞍 賊皆慴伏 由是知名 王師攻安市城 高麗莫離支遣將高延壽等率兵二十萬拒戰 倚山結屯 太宗命諸將分擊之 仁貴恃驍悍 欲立奇功 乃著白衣自標顯 持戟腰鞬兩弓 呼而馳 所向披靡 軍衆之 賊遂奔潰 帝望見 遣使馳問 先鋒白衣者誰? 曰 薛仁貴 帝召見 嗟異賜金帛 口馬甚衆 授遊擊將軍 雲泉府果毅 令北門長上 師還 帝謂曰朕舊將皆老 欲擢驍勇付閫外事 莫如卿者 朕不喜得遼東 喜得(力+虎)將 遷右領軍中郎將 高宗幸萬年宮 山水暴至 夜突玄武門 宿衛皆散走 仁貴曰當天子緩急 安可懼哉? 遂登門大呼 以驚宮內 帝驚出乘高 俄而水入帝寢 帝曰賴卿以免 始知有忠臣也 賜以御馬 蘇定方討賀魯 仁貴上疏曰臣聞兵出無名 事故不成 明其爲賊 賊乃可服 今泥熟不事賀魯 爲其所破 虜係妻子 王師有於賀魯部落轉得其家口者 宜悉取以還 厚加賚遺 使百姓知賀魯爲暴而陛下至德也 帝納之 遂還其家屬 泥熟請隨軍效死[설인귀전(『신당서』 권 111 열전 제36)]

물론 그 이전에 당군이 웅진강으로 쳐들어와 충남 이북 지역을 장악하려 한 사건도 있었다. 671년 6월 "장군 죽지竹旨 등을 보내어 가림성의 벼를 짓밟게 하고, 마침내 당나라 군사와 석성에서 싸워 5천3백여 명을 목 베어 죽이고 백제 장군 두 사람과 당나라 과의果毅 여섯 명을 사로잡았다."라는 신라의 대응이 그것을 잘 보여준다. '웅진강' 또는 '소부리주 기벌포'로 소정방이 들어온 게 사실이라면 이때도 웅진강이나 소부리주 또는 그와 관련된 지명이 등장해야 하는데, 어찌하여 여기서는 그저 가림성·석성 등으로만 표현했을까?

676년 6월에 이르러서야 신라는 사비성 일대에 남아 있던 당군을 몰아내고 현재의 충남 이남 지역 백제 고토를 완전히 장악한 것으로 볼 수 있다. 뒤이어 그해 11월에 벌어진 사찬 시득의 백강(기벌포)해전은 임진강과 한탄강 이남의 현 경기권을 당군으로부터 분리하여 나당전쟁을 마무리한 싸움이었다. 그것이 아산만 삽교천 일대에서 벌어진 신라와 당 사이의 마지막 결전이었다. 사료의 해석이나 전후 정황 등 여러 가지 사정을 고려하여 종합적으로 판단할 때, 신라군과 당군이 대치한 지역이 부안 계화도나 동진강에서 너무 멀리 벗어나 있다. 이 점 하나만을 보더라도 백강과 기벌포가 전북 지역에 있었다고 보기 어렵다.

# 6. 소정방과 당군의 웅진강 상륙 시간

## 바다 물때로 알아본 당군의 웅진강 상륙 시간

소야도를 떠난 소정방의 당군은 부여 세도면 반조원리의 웅진강(금강)에 7월 9일 아침 오름물때에 맞춰 상륙하였다. 그리고 오후 간조 시각에 쉬었다가 저녁 무렵이 되어 그날 두 번째 오름물때에 다시 상륙작전을 전개하였으며, 그때 당군은 반조원리 맞은편의 부여군 석성면 봉정리 일대로 옮겨가 주둔하였다. 그러면 이날 반조원리와 봉정리에 각각 도착한 당군의 상륙 시간은 언제쯤일까? 그것을 바다 물때로 비교적 정확히 짚어낼 수 있다. 대략 오전 8~9시 전후와 저녁 7~8시경이다. 지금과 백제 시대의 간만干滿 시각에 큰 차이가 없었을 것이므로 현대의 물때표와 토정 이지함의 전통적인 조수왕래법으로도 소정방이 웅진강에 도착한 시간을 대략 어림해낼 수 있다.

## 당군의 웅진강 상륙 시간은 7월 9일 오전 9시 전후

바닷물은 하루 두 번의 썰물과 두 차례의 밀물을 보이니 모두 네 차례 들고 난다. 달이 매일 50분씩 늦게 뜨며 바닷물의 움직임에 변화를 주고 있으므로 바닷물은 달의 움직임과 가장 관련이 깊다. 음력 8일의 조금, 9일의 무쉬에 바닷물 움직임은 가장 적고, 보름 전후에 바닷물은 사리 만조에 이르렀다가 다시 조금과 무쉬를 향해 차츰 낮아지는 주기성과 규칙성을 보인다. 음력 날짜에 따라 들고나는 바닷물의 높이와 대략적인 밀물·썰물 시간이 정해져 있으므로 음력 날짜를 알면 밀물과 썰물이 대략 언제쯤 있을지를 헤아릴 수 있다. 바다의 조석 간만은 일정한 주기를 갖고 되풀이되는 자연현상이므로, 조선 시대에 개량된 전통 물때 파악법과 현대의 과학적인 바다 물때 자료로써 당군의 백제 상륙 시점을 정확히 알아낼 수 있는 것이다. 소정방이 당군을 데리고 웅진강에 상륙한 것이 660년 음력 7월 9일이니 당군은 당일 몇 시쯤 부여 웅진강 하구 고다진에 상륙을 시작하였을까?

### 1) 과학적 조석표(潮汐表)로 보는 당군의 웅진강 상륙 시간

지금까지 사비도성의 의자왕은 7월 8일에 "당군이 백강을 지났고, 신라군이 탄현을 지났다"는 보고를 받았으며, 소야도에서 백강으로 간 좌군은 7월 7~8일에 당진 우강 지역으로 상륙하였고, 소정방은 7월 9일에 부여 세도면에 도착하였다고 설명하였다. 이것은 660년 7월 9일 오전 소정방이 웅진강변의 반조원리에 상륙하기 전에 신라군을 거느리고 황산벌로 내려온 김유신이 계백군의 세 군데 군영[三軍營]을 보았다고 기록한 『삼국사기』의 내용을 바탕으로 역산하여 이끌어낸 결론이었다. 당진 우강으로 간 당군 좌군은 7월 6일경에 백강을 향해 소야도를 떠났을 것이고, 7월 7일 아니면 8일 오전 일찍 백강에 다다랐을 수 있다. 중국의 여러 기록에는 7월 9일 소정방이 웅진강에 상륙한 것으로 되어 있지만, 소정방의 상륙 시간을 상세하게 설명한 자료는 없다. 그것을 알려면 바닷물의 조석潮汐 시각을 파악해야 한다. 조석 시각을 알려면 먼저 과학적인 물때표나 음력에 따른 해당 날짜의 물때(조석 간만) 시각을 파악해야 한다.

### 〈도표1〉 전북 군산항 기준 조석표(潮汐表)

| 월 일 | | 2011년 | 2012년 | 2013년 | 2014년 |
|---|---|---|---|---|---|
| 7월 | 8일(조금) | 02:47(226)<br>08:21(563)<br>15:05(160)<br>21:28(581) | 02:40(241)<br>08:12(547)<br>14:57(171)<br>21:21(574) | 01:48(201)<br>07:26(622)<br>14:09(159)<br>20:09(615) | 01:25(186)<br>07:11(623)<br>13:51(168)<br>19:42(593) |
| 7월 | 9일(무쉬) | 04:05(273)<br>09:33(515)<br>16:22(188)<br>22:57(569) | 04:06(278)<br>09:33(507)<br>16:23(193)<br>22:58(568) | 02:43(245)<br>08:20(579)<br>15:05(183)<br>21:19(590) | 02:09(224)<br>07:54(587)<br>14:36(186)<br>20:39(572) |
| 7월 | 10일(1물) | 05:45(279)<br>11:05(496)<br>17:55(188)<br>…… | 05:46(269)<br>11:14(505)<br>18:02(179)<br>…… | 04:01(279)<br>09:34(541)<br>16:23(196)<br>22:48(581) | 03:08(262)<br>08:51(550)<br>15:36(200)<br>21:53(561) |

| 월 일 | | 2015년 | 2016년 | 2017년 | 2018년 |
|---|---|---|---|---|---|
| 7월 | 8일(조금) | 00:56(167)<br>06:40(621)<br>13:15(152)<br>19 07(597) | 01:37(203)<br>07:30(592)<br>14:01(182)<br>20:04(561) | 01:55(223)<br>07:42(562)<br>14:10(189)<br>20:24(554) | 02:07(178)<br>07:50(604)<br>14:28(158)<br>20:36(587) |
| 7월 | 9일(무쉬) | 01:32(204)<br>07:15(585)<br>13:51(175)<br>19:51(570) | 02:19(246)<br>08:11(549)<br>14:45(209)<br>21:00(531) | 02:42(271)<br>08:29(513)<br>14:59(223)<br>21:31(521) | 02:57(238)<br>08:38(549)<br>15:17(196)<br>21:35(551) |
| 7월 | 10일(1물) | 02:17(244)<br>07:59(544)<br>14:38(200)<br>20:50(544) | 03:27(286)<br>09:07(507)<br>15:45(230)<br>22:17(516) | 03:54(307)<br>09:40(473)<br>16:11(246)<br>23:03(512) | 04:06(285)<br>09:43(502)<br>16:24(223)<br>23:01(535) |

| 월 일 | | 2019년 | 2020년 | 2021년 | 2022년 |
|---|---|---|---|---|---|
| 7월 | 8일(조금) | 02:38(176)<br>08:22(608)<br>15:07(151)<br>21:07(591) | 02:32(192)<br>08:07(585)<br>14:50(148)<br>20:59(557) | 01:46(153)<br>07:26(635)<br>14:10(131)<br>20:04(616) | 01:52(183)<br>07:38(613)<br>14:19(160)<br>20:16(590) |
| 7월 | 9일(무쉬) | 03:41(231)<br>09:20(555)<br>16:07(180)<br>22:23(568) | 03:38(248)<br>09:09(527)<br>15:55(184)<br>22:21(565) | 02:37(204)<br>08:16(586)<br>14:59(155)<br>21:09(589) | 02:43(226)<br>08:28(572)<br>15:09(173)<br>21:23(575) |
| 7월 | 10일(1물) | 05:04(267)<br>10:35(516)<br>17:22(194)<br>23:49(569) | 05:13(277)<br>10:35(490)<br>17:22(199)<br>23:59(570) | 03:46(252)<br>09:20(536)<br>16:07(177)<br>22:32(574) | 03:56(264)<br>09:33(531)<br>16:18(182)<br>22:45(573) |

이상에 도표로 제시한 자료는 2011년부터 2022년까지 군산항을 기준으로 한 실제 조석표潮汐表이다. 현대의 과학적 측정자료로서 여기에 소개한 자료는 음력 7월 8일부터 9일과 10일 사흘간의 조석 간만潮汐干滿 시각과 그 시각의 조고潮高 즉, 바닷물 물 높이이다. 소정방이 웅진강구에 도착한 660년으로부터 따지면 1350여 년 뒤의 물때 자료여서 정확한 시간, 물 높이에 다소의 차이가 있을지라도 대략적인 시간을 가늠하는 데는 중요한 기준이 된다. 백제 말기에 지구와 달 사이의 거리나 해수면이 지금과 정확히 같지는 않았을 것이므로 간만 조석 시각과 물 높이를 그대로 비교하는 것은 문제가 있을 수 있다. 그러나 조석 간만 시각과 물 높이에 다소의 차이는 있을지라도 그것은 별 문제가 되지 않는다. 큰 틀에서 보면 백제 시대와 지금의 물때에는 큰 차이가 없으므로 간만 물때 시간을 이용하여 당군의 움직임과 웅진강 상륙 시간을 어느 정도 정확히 알 수 있는 것이다.

금강하구언이 들어서서 바다를 갈라놓기 전까지만 해도 금강은 바다 물때의 영향을 민감하게 받았다. 군산항을 기준으로 측정한 현대의 물때표를 참고하면 가장 정확한 백제 시대의 물때 시간을 추정할 수 있다.

소정방의 군대가 금강하구(당시의 웅진강구)를 거슬러 오른 날과 똑같은 음력 7월 8~10일의 간만 시각과 바닷물 높이를 표시한 〈도표1〉의 물때표(2011년~2022년)에서 2011년 7월 8일의 경우, 네 가지 숫자 가운데 맨 앞의 숫자 02:47은 간조 시각인 오전 2시 47분을 나타내며 그다음 숫자 226은 간조시 바닷물 높이 즉, 조고潮高 226cm를 나타낸 것이다. 그다음 08:21은 오전 8시 21분의 만조 시각을 나타낸다. 즉, 오전 2시 47분에 간조 상태였던 바닷물이 오전 8시 21분에 만조를 이루었음을 나타낸 것이다. 그 상태에서 다시 바닷물이 빠져, 당일 15시 05분에 160cm 수위로 내려갔다가 저녁 21시 28분에 581cm의 물 높이로 만조를 이룬 것을 나타낸다. 즉, 7

월 8일 하루에 두 번의 썰물과 두 차례의 밀물 상태를 보기 쉽게 나누어 표기한 것이다(<도표2> 설명 참조).

**〈도표2〉 2011년 7월 8일 물때표 읽는 법**

| 만조 | | 간조 | |
|---|---|---|---|
| 시각 | 조고 | 시각 | 조고 |
| 08:21 | 563 | 02:47 | 226 |
| 21:28 | 581 | 15:05 | 160 |

다른 날짜의 조수 간만 시각과 물 높이를 읽는 방법도 이와 같다. 이것은 과학적으로 측정한 자료값을 알기 쉽게 도표화한 것인데, 이해를 돕기 위해 2011년 7월 9일(무쉬)의 물때표 읽는 법을 다시 설명한다. 오전 4시 05분에 273cm의 물 높이로 빠졌던 바닷물이 오전 9시 33분에 515cm의 물 높이로 만조를 이루었다. 이것이 오후 4시 22분에 188cm로 간조를 이루었다가 저녁 10시 57분에 다시 569cm의 물 높이로 만조가 되었다.

〈도표1〉의 물때표(조석표)는 바닷물의 간만 시각을 분 단위까지 측정한 현대의 과학적인 자료이다. 그러나 이들 조석 시각 및 물 높이[潮高]와 함께 날짜 옆에 부기한 조금·무시(무쉬)·1매·2매 …… 12매·13매 등의 단위는 날마다 달라지는 간만 시각과 바닷물의 물 높이를 알기 쉽게 만들어 예로부터 써오고 있는 전통 물때표이다. 즉, 항간에 사용해오고 있는 물때 배열법과 과학적 측정 자료인 바닷물의 간만 시각, 해수면 수위를 날짜에 맞춰서 보기 쉽게 배열한 것이 〈도표1〉의 물때 표기식이다.

이런 과학적인 측정자료로서의 정밀한 물때표가 없던 옛날에는 간조·만조물때 시간은 물론 바닷물 높이의 변화도 정확하게 알 수 없었다. 단지 대략적인 간만 시각과 바닷물의 물 높이를 어림할 뿐이었다. 바닷물의 움직임(물때)은 달의 영향을 가장 많이 받는다. 즉, 달은 보름에 만월이 되었다가 차츰 이울어서 그믐에는 뜨지 않는다. 이와 같은 달의 변화는 보름을 주기로 이루어진다. 그래서 바다의 물때를 표시하는 전통 물때표 또한 음력 날짜를 기준으로 하며, 편의상 보름 단위(15일)로 설정하여 조석의 움직임을 파악한다. 바닷물의 간만 시각과 물 높이를 어림하여 편리하게 계산하기 위해 고안해낸 방법인데, 우선 앞에서 잠깐 소개한 대로 음력 8일과 23일을 조금潮禁이라고 한다. 옛 기록에는 조금을 조감潮減이라고도 하였다.[126] 음력 8일의 조금은 바닷물이 조금밖에 들어오지 않는 날이어서 '조금'이라 부르게 되었다고 하며, 8일로부터 15일째가 되는 음력 23일도 조금이다. 따라서 조금은 8일과 23일로, 한 달에 두 번 있다.

조금 뒷날인 9일과 24일은 무쉬이다. 물이 쉬는 날이라서 무쉬인데 흔히 '무시'로도 쓴다. 그런데 실제로는 조금날에도 바닷물의 움직임이 조금은 있고, 무쉬 날에도 물은 쉬지 않는 경우가 있다. 그러나 옛사람들은 그것이 물이 정지해 있는 것으로 알았기 때문에 '물도 쉰다'라고 보아 무쉬라고 명명하였던 것이다. 조금이나 무쉬는 정확히 말하면 밀물과 썰물의 차가 가장 적은 날이다. 물론 과학적 측정 자료로도 정말 '물이 쉬는 날'이 있다.

무쉬 뒷날인 음력 10일부터는 1매(10일), 2매(11일), 3매(12일), 4매(13일), 5매(14일), 6매(15일), …… 12매(21일), 13매(22일)까지 순서에 따라 부른다.[127] 7일과 22일의 13매 이후는 다시 조금(8일, 23일) 및 무쉬(9일·24일)이다. 이런

---

126)  潮減(조감)은 글자 뜻 그대로 바닷물 수위가 줄어든다는 뜻을 갖고 있다.

127)  여기서 '매'는 '물'이라는 뜻으로서 경상도(신라) 지역에는 애초 이 말이 없었다. '매'는 고구려 및 백제 지역, 그중에서도 충남 이북 지역에만 있어 북방어로 파악하고 있다. 1980년대 이후 경상도 사람들의 영향으로 이제는 '매'라는 용어 대신 '물'을 더 많이 쓰고 있지만, 본래 선조들이 사용한 용어는 '매'였다.

순서는 한 달에 두 번 되풀이된다. 그러니까 전통 물때는 1매에서 13매까지만 있다. 13매 다음은 조금(8일·23일), 7일과 22일은 똑같이 13매(열세 매)이고, 보름(15일)과 그믐(29일 또는 30일)의 6매는 '사리'이다.

달의 공전주기는 29.5일. 이것을 현실 생활에 편리하게 맞춰 쓰려고 달력에 적용하다 보니 음력 작은달(29일)과 큰달(30일)을 만들었다. 그러니까 음력에서는 한 달이 29일과 30일 두 가지만 있으니 30일로 끝나는 큰달엔 30일이 6매(여섯 매)이다. 그런데 문제는 29일(5매)로 끝나는 작은 달이다. 그래서 이 경우 29일을 다섯 매이자 여섯 매로 계산하고, 그다음 날 1일은 무조건 7매로 고정시켜 놓았다. 통상 6매를 사리물때라고 하는데, 5매나 7매도 사리에 준하는 물때로 본다. 조금과 무시의 만조 물 높이는 가장 낮은 반면, 사리 때의 만조 시각 물 높이가 가장 높다. 또 연중 사리물때 중에서도 물 높이가 가장 높은 시기는 음력 7월 15일의 백중사리이다.

이것을 간단히 정리하여 '보름(=望, 15일)과 삭(朔, 30일)에 최고조最高潮[128]에 이르렀던 바닷물은 음력 8일과 23일에 최저치로 낮아져 최저조最低潮 상태를 보인다.'라고 말한다. 간조와 만조의 물 높이 차이가 조고차潮高差인데, 앞에서 설명한 대로 조금이란 바닷물의 움직임이 적어서 간만의 차이가 조금밖에 나지 않는 날을 이른다. 이런 전통 물때 계산법에서 1매, 2매, 3매 … 와 같은 수치는 매일 달라지는 바닷물의 물때 시간과 물 높이(간만의 차)를 15일 주기로 누구나 알기 쉽게 표시한 수단일 뿐, 그 수에 따른 과학적 근거는 없다.

이와 같은 전통적인 물때 파악법은 조선 시대 토정 이지함이 정리한 것으로 전해오고 있다. 조선 시대 그에 의해서 보강된 민간 물때 파악법의

---

[128]  사리물때

정식명칭은 조수왕래법潮水往來法이다. 바닷물의 간만 주기와 물 높이를 쉽게 나타내는 전통적인 물때 계산법을 도표로 정리하면 아래와 같다.

〈도표3〉 날짜별 전통 물때 계산법

| 1일 | 2일 | 3일 | 4일 | 5일 | 6일 | 7일 | 8일 | 9일 | 10일 | 11일 | 12일 | 13일 | 14일 | 15일 |
|---|---|---|---|---|---|---|---|---|---|---|---|---|---|---|
| 7매 | 8매 | 9매 | 10매 | 11매 | 12매 | 13매 | 조금 | 무쉬 | 1매 | 2매 | 3매 | 4매 | 5매 | 6매 |
| 16일 | 17일 | 18일 | 19일 | 20일 | 21일 | 22일 | 23일 | 24일 | 25일 | 26일 | 27일 | 28일 | 29일 | 30일 |
| 7매 | 8매 | 9매 | 10매 | 11매 | 12매 | 13매 | 조금 | 무쉬 | 1매 | 2매 | 3매 | 4매 | 5매 | 6매 |

앞의 〈도표1〉에 제시한 군산항 기준 조석표에서 2011년과 2012년 7월 10일의 물때표에는 만조 시각과 조고潮高(만조 시 물 높이)가 한 군데씩 빠져 있는데, 바로 이것이 바닷물의 움직임이 없는 무쉬이다. 이런 물때 구분법에 의하면 9일이 무쉬여야 하고, 실제로 이날에는 바닷물의 높낮이 변화가 없어야 한다. 그렇지만 이것은 하나의 기준일 뿐, 예외가 있다. 실제로는 무쉬가 있을 때도 있고, 아예 없을 때도 있다. 또, 실제 무쉬가 9일보다 늦거나 조금 빠를 수도 있다. 다시 말해 실제 무쉬(음력 9일) 다음날인 10일에 무쉬 현상이 올 수도 있고 9일에 무쉬가 올 수도 있다는 뜻이다.

조석 시각과 조고潮高의 차이는 달의 움직임과 직접적인 관계를 갖고 있다. 매일 달은 약 50분씩 늦게 뜨며, 그에 따라 바닷물의 움직임에도 시차가 있다. 앞의 〈도표1〉로 돌아가 보자.

2011년 7월 8일 오전 8시 21분에 만조를 이룬 바닷물은 오후 3시 05분에 간조를 맞았다. 그 후 다시 저녁 9시 28분에 만조를 이루었으며, 무쉬 날인 9일에는 오전 4시 5분에 273cm로 바닷물의 높이가 낮아졌다가 오전 9시 33분에 515cm로 만조가 되었고, 오후 4시 22분에 188cm로 빠졌던 물은 밤 10시 57분에 569cm 높이로 다시 만조를 이루었다. 무쉬임에도 실제로는 바닷물의 움직임이 꽤 높이 들고 났음을 알 수 있다. 그런데 7월 10일 오전 5시 45분에 썰물이 이루어져 279cm로 낮아진 바닷물은 오전 11시 25분에 496cm로 만조를 이루었다. 즉, 이것이 1물때인 음력 10일의 첫 간만 시각과 바닷물 높이[潮高]이며, 그다음 17시 55분에 188cm로 바닷물이 빠졌다.

7월 10일 오전 11시 5분 만조 시각을 기준으로 보면 7월 10일의 첫 만조 시각은 전날(7월 9일)의 9시 33분보다 1시간 32분 늦게 있었다. 바닷물의 움직임은 달의 영향을 가장 많이 받지만, 그렇다고 바닷물이 움직이는 시간과 달의 움직임이 정확하게 맞는 것은 아니다. 액체 상태의 바닷물이 달의 인력을 받아 이동하는 데는 그만큼 더 시간이 걸린다.

앞에 제시한 물때표에서 12년 동안의 자료를 분석해 보면, 조금날의 첫 간조 시각은 대략 오전 0시 56분에서 02시 47분까지로서 2시간 51분의 시간 폭 안에 들어 있다. 반면 조금날의 첫 번째 만조 시각은 6시 40분부터 8시 22분까지로, 대략 2시간 범위에서 주기적으로 바닷물이 움직이고 있음을 알 수 있다. 백제 시대에도 달이 지금과 같은 거리에서 움직이고 있었다면 이런 주기성은 똑같이 되풀이되었다고 볼 수 있다. 그러나 달과 지구의 거리는 수시로 조금씩 달라지고, 그에 따라서 간만 시각과 물 높이에는 다소의 차이가 있으므로 이상의 자료를 그대로 똑같이 적용할 수는 없다. 그렇지만 위에 예로 든 7월 8일의 아침 만조는 6시 40분~8시 22분 사이에 있었고, 저녁 만조 시각 역시 19시 7분~21시 7분으로 대략 7~9시 전후에 있었다. 9일의 경우 7시 15분에서 9시 33분 사이, 10일은 대략 7시 59분부터 11시 14분 사이에 첫 만조가 있었다. 위 〈도표〉로 제시한 전통 물때 파악법으로 어림하면 알 수 있듯이 9일의 만조 시각은 전날인 8일보다 대략 한 시간 정도씩 늦게 잡으면 되며 10일은 9일의 물때 시간에서 다시 대략

1시간 정도를 늦춰 잡으면 된다. 이런 규칙성은 백제 시대에도 대략 지금과 같았다. 이것을 토정 이지함의 조수왕래법으로 계산해보는 것도 의미가 있을 듯하다.

이런 물때의 규칙성을 감안하면, '황산벌에서 김유신의 군대가 계백군과 한참 싸우고 있을 때 소정방이 웅진강으로 들어왔다'라는 기록을 신뢰할 수 있을 것 같다. 그날의 조석 간만 및 일출 시간을 감안할 때 이렇게 가정해볼 수 있다. 황산벌에서 백제·신라 양측 군대는 날이 밝으면서 싸움을 시작했을 것이다. 음력 7월 9~10일이면 오전 5시 반이면 날이 밝으니 황산벌 싸움은 6~7시 무렵에 시작되었을 것이다. 그리고 서해안 밀물이 초들물에 들어선 7~8시경을 전후하여 당군이 금강을 거슬러 올라 상륙하기 시작하였고, 소정방은 9시를 전후한 시간에는 반조원리에 내려 당 고종이 준 조서詔書를 읽었을 것이다. 아무리 늦어도 소정방이 10시 이전에는 반조원리에 내렸으며, 당군의 상륙은 점심 무렵까지 이어지다가 썰물로 잠시 중단되었다. 그리고 그날 저녁 초들물 시각인 6~7시경 이후에 당군은 두 번째 상륙을 서둘렀다. 이때 반조원리에 내렸던 선발대도 건너편 석성면 봉정리 일대로 옮겨갔다.

### 2) 토정 이지함의 조수왕래법으로 보는 백제의 물때

과학적으로 측정한 바닷물의 간만 시각과 물 높이를 일목요연하게 정리한 현대의 물때표가 나오기까지 민간에서는 '전통적인 물때표'를 사용하였다. 이것은 현대의 물때표와는 완전히 다른 것이다. 한 달을 둘로 나누어 15일 주기로 매일의 바닷물 물 높이와 만조 시각, 간조 시각을 어림할 수 있게 정리한 민간 물때표이다. 조수(=바닷물)가 들고나는 데도 법(규칙)이 있다 해서 조선 시대에는 그것을 조수왕래법潮水往來法이라고 불렀다. 조석

시각과 만조 및 간조의 물 높이를 점치는 법이라 해서 점조법占潮法이라고
도 했다. 간단히 말해서 이것은 선조들이 편리하게 사용한 약식 물때표에
해당한다. 전해오는 말로는 고려 시대 이후로 민간에서 쓰이던 물때표를
토정土亭 이지함李之菡(1517~1578)이 실제 바닷물의 간만 시각과 물 높이를 측
정한 자료를 바탕으로 통계를 내어 조수왕래법이란 이름으로 민간에 보급
하였다고 한다.

　이지함은 충청도 아산현감으로 나가 있을 때 항간에 쓰이던 물때표를
완성하였다고 한다. 그 당시 아산현의 중심은 영인면(영인현)에 있었다. 그
래서 아산현감을 영인현감으로도 불렀는데, 그가 영인현감으로 있을 때
충남 당진의 대진(大津 : 지금의 당진시 한진포구)에 사람을 내보내어 매일매일
의 간조와 만조 시각, 간·만조 시의 조고(潮高 : 물 높이)를 측정하게 했고, 그
자료를 통계로 민간에서 사용하기 쉬운 물때표를 개량했다고 한다. 그래
서 나온 것이 토정 이지함의 조수왕래법이다. 아산만에서 측정한 자료 값
을 바탕으로 한 만큼, 토정의 조수왕래법은 아산만에서 가장 잘 맞는다고
알려져 있었다. 토정 이지함이 제시한 조수왕래법은 조선 중기 이후 지식
층이라면 모르는 사람이 없었다. 이 조수왕래법은 5언절구와 유사한 시로
구성되어 있어 알고 보면 퍽 쉽다. 이지함이 이런 공식을 만들어낸 뒤로
조선의 유학자들은 그것을 쉽게 암기하여 서로 전하였다.


　三兎三龍水(삼토삼용수)

　三巳一馬時(삼사일마시)

　羊三猴亦二(양삼후역이)

　月黑復如斯(월흑부여사)

그러나 어쩐 일인지 유몽인은 『어유야담』에서 이 조수왕래법이 고려 이
규보가 조강(祖江)에 있을 때 조수가 들고나는 것을 보고 노래한 것이라고 하
였다. 조강은 한강과 임진강이 만나는 곳으로, 경기도 김포시 월곶면 일
대의 한강을 이르는 지명이다. 그러나 정작 이규보의 『동국이상국집』에
는 이와 관련된 시가 없다. 다만 서영보(徐榮輔)와 심상규(沈象奎)가 쓴 『만기요람
萬機要覽』에는 점조시(占潮詩)라 하여 작자 미상의 시로 소개하고 있다. 그렇다
고 토정 사후에 엮은 『토정유고』에도 이에 관한 내용은 없다. 이지함은 자
신의 일을 글로 남기는 것을 별로 즐겨하지 않았으므로 생전에 자신의 이
야기를 글로 엮어놓은 것이 별로 없다. 물론 그는 조수왕래법에 관한 어떤
기록도 남겨놓지 않았다.

유몽인(1559~1623)은 한산 이 씨로서 명문가의 형제인 이지함, 이지번보

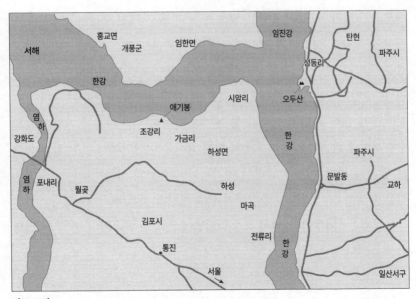

김포 조강

다 40~50여 년 후에 태어났다. 그러나 유몽인은 이지함과 그의 형인 이지번李之蕃(1508~1575)을 모르지 않았고, 그 아들 이산해(1539~1609)와 마찬가지로 북인이었다. 이지함의 명성도 익히 알았고 이들 한산 이 씨 가문과 그리 소원하게 지내지는 않았는데 어찌하여 이것을 고려 이규보의 작품이라고 하였는지 알 수 없다. 유몽인은 광해군의 세자 시절 스승이었다. 그러나 목은 이색의 후손으로서 명문 벌족이었던 이지번·이지함 가문과 달리 유몽인은 그 가계가 크게 벌족을 이룬 집안 출신은 아니었으므로 토정 이지함이 개량한 조수왕래법에 얽힌 내력을 잘 몰랐을 수 있다.

1980~1990년대에 직접 답사를 통해 조사해본 결과, 조수왕래법은 아산·예산·당진·서산의 유학자 전통을 가진 집안에서는 다들 토정의 작품으로 알고 이 물때 공식을 공유하고 있었다. 아산·예산·서산·당진의 여러 사람들로부터 들은 바로는 한결같이 이것이 토정 이지함의 작품이라고 전해오고 있었다. 그들이 전하는 말로는 "유학을 가르친 선생님들로부터 이지함이 창안한 것이라고 대를 물려가며 배워 왔으며, 그것을 기록해두고 글을 모르는 이들이 그때그때 바닷물때를 물어보면 알려주었다."라는 것이었다. 이지함이 영인현감으로 있을 때 한진포구에 사람을 내보내어 매일매일의 간조 및 만조 시각과 물 높이를 측정하여 그 자료를 바탕으로 조수왕래법을 만들었으므로 토정의 물때 공식은 아산만에서 가장 잘 맞는다는 말까지 한결같았다. 그래서 여기서는 이규보의 작품이라는 유몽인의 설을 배제하고, 이지함이 종합하여 새로 개량한 것으로 소개하였다.

유몽인은 『어우야담』에서 조수왕래법에 관하여 다음과 같은 부연 설명이 덧붙였다.

"밀물이 묘시에 만조가 되면 썰물은 유시에 이르러 반드시 대칭이 된다. 사방

의 바다에는 모두 밀물과 썰물이 있지만 유독 우리나라 동해에는 밀물과 썰물
이 없는데, 선배 유학자들의 말이 일찍이 여기까지 미치지는 못하였다. 중국의
동해가 어찌 우리의 서해가 아니겠는가. 우리나라의 동해는 천하에서 지극히
깊은 곳이라서 밀물과 썰물이 미치지 못하는 곳인데, 선배 유학자들의 견문이
이에 미치지 못한 게 아닌가!"

물때를 알아내는 것이어서 점조시占潮詩라고도 부르는 이 시는 하루 24
시간을 10간12지의 12지支에 등장하는 동물명으로 만조 시각을 제시한 일
종의 공식이다. 하루를 12지의 12시간(2시간 단위)으로 나누어 간조와 만조
가 있는 날짜와 시간을 알기 쉽게 요약한 것인데, 자세하게 설명한다.

먼저 삼토삼용수三兎三龍水의 토兎는 12간지의 묘卯를 가리킨다. 용龍은 간
지상의 진辰, 삼사일마시三巳一馬時의 마馬는 오午, 양삼후이역이羊三猴亦二의 양羊
은 미未, 후(猴, 원숭이)는 신申이다. 이런 기초지식을 토대로 하여 앞에 제시
한 내용을 해석하면, 맨 앞의 삼토三兎는 음력 초하루부터 3일까지는 토시
兎時 즉, 묘시(卯時, 오전 5~7시)에 바닷물의 만조가 있다는 걸 의미한다. 다시
말해 그 사흘 동안의 만조는 통상 오전 5~7시에 있게 되고, 같은 날 열두
시간 뒤에 다시 만조가 있게 된다는 뜻이다. 달은 매일 50분씩 늦게 뜨고,
바닷물의 만조 또한 그에 맞춰 늦어지므로 다음부터는 그 시간을 더해서
계산하면 된다.

마찬가지 방법으로, 그다음 삼룡三龍은 음력 초3일 이후로부터 3일간을
가리킨다. 즉, 4~6일은 용시龍時가 만조 시각임을 나타낸다. 다시 말해서 용
龍은 다른 말로 진辰이니 진시(辰時, 오전 7~9시)에 만조가 있게 된다는 것이다.

또 삼사三巳는 다시 그 후로 3일, 그러니까 음력 7~9일에는 사시(巳時, 오
전 9~11시)에 바닷물의 만조가 있게 되고 그다음 10일 하루는 마시馬時, 다시

말해서 오시(午時, 11~13시)에 만조가 있음을 일마시-馬時로 표시하였다. 이것을 기준으로 하면 660년 7월 9일에는 적어도 9~11시 무렵 소정방과 당군이 부여군 세도면 반조원리에 상륙한 것으로 볼 수 있다.

현대의 과학적 물때표와는 다소의 차이가 있지만 음력 7월 9일의 만조시각은 오전 9~11시, 10일은 오전 11~13시에 있다는 토정의 물때 공식에 따르면 소정방과 그의 군대는 이르면 오전 7~8시경에 부여군 세도면 반조원리의 금강변에 상륙을 시작하였다고 판단할 수 있다. 만조 시각이 9~11시에 있다는 뜻이니까 그로부터 2~3시간 전인 7~8시경의 초들물때부터 반조원리에 상륙할 준비를 시작했을 것이므로 당군의 상륙 시점을 오전 7~8시경으로 앞당겨 잡을 수 있다. 나아가 이런 조건이었다면 썰물로 오후 1~2시 무렵엔 반조원리에 배를 댈 수 없었을 것이고, 저녁 7~8시경에 다시 두 번째 들물이 시작되어 상륙을 재차 시도하였을 것이다.

양삼¥三은 11~13일 사흘의 만조 시각이 양시, 즉 미시(未時, 13~15시)에 있음을 나타낸 것이다. 또 14일과 15일 이틀은 후시猴時에 만조가 있게 된다는 뜻이다. 후猴는 원숭이인데, 이것을 12간지에서는 신申으로 표시하므로 보름과 그 전날 2일 동안은 신시申時(15~17시)가 만조 시각이라는 것이다.

그다음에 월흑부여사月黑復如斯라고 하였으니 이것은 "달이 기운 뒤에는 다시 이와 같다"라는 뜻이다. 월흑月黑은 달이 검게 되는 것을 의미하므로 '그믐'을 가리킨다. 다시 말해서 음력 그믐날부터는 다시 처음으로 돌아가서 똑같은 물때가 반복된다는 이야기이다. 이런 원리를 적용하면 16~18일엔 유시酉時, 19~21일엔 술시戌時, 22~23일엔 해시亥時에 만조가 있다는 의미로 받아들일 수 있다.

위의 한문 내용을 다시 정리하면, 다음과 같은 내용이다.

"무릇 조수는 1일부터 3일까지는 묘시에 이르고, 4일부터 6일까지는 진시에 이르며, 7일부터 9일까지는 사시에 이르고 10일 하루만은 오시에 이른다. 11일에서 13일까지는 미시에 이르며 14일부터 15일까지는 신시에 이른다. 보름 후에는 보름 전과 같으며 매월 한 바퀴 돌아 다시 시작한다."

그러나 전통 물때에 관한 이야기가 이것으로 끝나는 것이 아니다. 여기에 다시 보름(음력 15일)과 그믐(음력 29일 또는 30일)의 사리, 음력 8일과 23일의 조금, 9일과 24일의 무쉬, 1일(7매)·2일(8매)·3일(9매) …… 7일(13매), 그리고 다시 10일부터 22일까지(1매에서 13매), 25일부터 30일까지(1매에서 6매)로 계산하는 15일 주기의 민간 물때법을 보태어 계산해야 한다. 다시 말해서 위 기준에 음력 8일부터 23일까지 만조 시 물 높이를 8일(조금), 9일(무시), 10일(1매), 11일(2매), 12일(3매), 13일(4매), 14일(5매), 15일(6매, 사리) …… 22일(13매), 23일(조금), 24일(무시)의 물때 기준을 대입하여 15일 이후 29일(또는 큰달의 경우 30일까지)의 물때를 추리해 내는 것이다. 이런 원리로 음력 날짜와 바닷물 높이를 합성하면 14일과 15일 신시의 사리물때는 29일과 30일의 물때와 대략 같고, 11~13일의 만조물때는 26~28일에 다시 반복되는 것으로 이해할 수 있을 것이다.

여기서 한발 더 나아가 생각해보면, 간조와 만조물때는 하루 두 번 있게 되므로 14일, 15일과 29일, 30일의 만조는 신시와 그 후 12시간 뒤인 인시(寅時, 오전 3~5시)에 대략 있게 되며, 11~13일, 26~28일은 미시와 축시(丑時, 오전 1~3시)에 있게 되니 이런 원리를 다른 날짜에도 그대로 적용하면 어렵지 않게 간만 시각을 짐작할 수 있다. 물론 이것은 과학적으로 정확한 물때 공식은 아니다. 그저 편리하게 사용하기 위해 대략의 바닷물 높이와 간만 물때 시각을 제시한 것이어서 현대의 과학적인 조석표와는 상당한 차

이가 있다. 그러나 과학적인 측정 방법이 없던 과거에 이런 공식은 실생활에 많은 도움을 주었다.

토정 이지함이 만든 점조시占潮詩는 일단 외우기가 쉽다. 조금만 익히더라도 그 내용을 쉽게 풀어서 적용할 수 있어서 바닷가에 사는 사람들에게는 현대의 물때표가 보급되기까지는 매우 요긴한 지식이었다. 이 조수왕래법은 조선 시대에 민간에 빠르게 전파되어 각 지역의 유학자와 지식층이 공유하고 있었고, 특히 바닷가에 사는 사람들은 그들의 도움으로 사철 물때에 맞춰 바다에 나가 해산물을 채취하고 편리하게 물고기를 잡을 수 있었다. 지금도 휴대폰과 컴퓨터의 도움이 없는 먼바다 또는 먼 섬에 나가 있을 때, 바닷물의 조석 시각을 알 수 없는 경우에는 토정 이지함의 조수왕래법을 활용해볼 만하다.

하루를 자시子時부터 해시亥時까지 2시간 단위로 나누어 바닷물의 움직임을 관찰하던 조선 시대의 조수파악법이 편리한 이점도 있다. 복잡한 바닷물의 변화를 누구나 쉽게 어림하여 활용할 수 있기 때문이다. 다만 이런 전통 물때 파악법은 물때의 시간과 물 높이를 대략 어림할 수 있는 장점은 있으나 현대의 과학적인 물때표와는 정확성에 큰 차이가 있다.

전통 물때 파악법과 현대의 조석표를 잘 알면 바다에서의 서핑이나 낚시 등 해양스포츠에도 도움이 될 뿐 아니라 바닷가에 여행을 갈 때도 유리하다. 바닷물의 간만 차가 적은 조금이나 무쉬 등을 피해서 가야 풍성한 해산물을 좀 더 저렴하게 맛볼 수 있으니까.

조수왕래법으로 알아낸 바닷물의 만조 시각을 바탕으로 다시 현대 물때표 상의 조시 차潮時差를 적용하면 바닷물 간만 시각까지 어림해낼 수 있다. 가령 울돌목은 아산만에 비해 간만 시각이 한 시간 가량 이르다. 따라서 토정의 조수 왕래 시간 계산법에 한 시간 가량을 더 빨리 적용하면 울돌목의 조수 간만 시각이 된다. 한 예로, 아산만의 만조 시각이 오전 9시 30분이라면 울돌목의 만조 시각은 그보다 대략 한 시간이 빠른 오전 8시 30분 전후에 있게 된다는 뜻이다.

이순신이 명량해전에서 왜군을 무찌를 수 있었던 것은 토정 이지함이 제시한 조수왕래법과 조시 차를 적용하는 방법을 잘 이해했기 때문이었다. 다시 말해서 토정 이지함이 만든 아산만 기준의 조수왕래법 공식에 울돌목 현지의 조시 차潮時差를 적용하여 물때마다 밀물과 썰물 시각을 알았기 때문에 조석 간만에 따른 조류를 이용하여 이순신은 명량해전에서 왜군을 효과적으로 물리칠 수 있었다. 조선 중기에 토정이 종합한 조수왕래법은 그야말로 조석 간만 관련 첨단 과학이었다고 해도 과언이 아니다.

끝으로 물때와 조수왕래법을 설명하면서 1매, 2매라는 용어를 사용하였는데, 그에 대한 설명도 필요하겠다. 우리가 현재 사용하는 물때에서는 '물'이라는 용어를 많이 쓰고 있다. 그것은 1970~1980년대 이후에 영남지방 사람들의 영향으로 나타난 변화이다. 1970년대 이후 영남지방 사람들이 1물, 2물, 3물 등으로 바꿔 부르면서 전통적으로 사용해온 용어인 '매'라는 어휘가 뒷전으로 밀려버리고 말았다. '매'라는 말은 본래 부여·고구려 계통의 말로서 백제도 함께 썼다. 그 의미는 똑같이 '물'이다. 다만, 신라어에는 '매'라는 말이 없었다. 다시 말해서 이것의 신라어 대응어가 '물' 또는 '미'이다. 그러나 '미'라는 말은 '미더덕'이나 '미나리' '눈썰미' 외에는 사용례가 흔하지 않다. 미더덕은 물에서 나는 더덕, 미나리는 '물에 사는 나리'가 되겠다. 1970년대 이후로 낚시인들이 1물, 2물, 3물 … 이라는 물때 용어를 사용하면서 1매, 2매, 3매 등과 같은 전통적인 용어를 버리다시피 했지만 한 매, 두 매, 세 매 … 의 본래 명칭을 사용하는 것이 바람직하다는 사실도 붙여둔다.

### 3) 사비성 함락과 의자왕의 웅진성 피난 시각

현재의 석성면 봉정리 및 석성리 일대 '소부리 벌판'(所夫里之原)에서 진격해온 신라군과 당군은 7월 12일부터 사비도성을 공격하였지만, 그날 사비성을 함락시키지는 못하였다. 아마도 백제인들이 도성 방어에 총력을 기울였고, 사비성의 방비가 잘 되었기 때문일 것이다. 내성과 외성의 이중 구조로 되어 있는 데다 백제가 국력을 기울여 저항했으므로 공격자의 입장에서도 만만치 않았을 것이다. 그러나 신라와 당의 15만 군대를 당해내기에는 너무나 벅찼다. 나당군의 총공격을 받은 사비도성은 하루가 지나기 전인 13일에 항복했고, 의자왕과 부여륭 일행은 함락 직전에 웅진성으로 피난하였다.

그러면 의자왕이 어느 시간대에 사비도성을 빠져나갔을까? 의자왕의 피난 시각을 추리해보는 것도 의미가 있을 것이다. 그것을 아는 데도 바다 물때가 유용한 수단이 된다.

보름을 사흘 앞둔 날이었으므로 12일 늦은 밤의 저녁 달빛이 밝았다. 자정 넘어 7월 13일의 첫 물때는 4매이다. 음력 7월 보름(15일)을 전후한 시기는 연중 해수면이 가장 높은 시기다. 아마도 군산항 기준으로 음력 7월 13일로 접어든 시각의 만조 수위는 최소한 5m는 넘었을 것이다. 더구나 7월은 여름철 홍수기였으므로 금강물의 수위가 평소보다 높았다면 만조 시엔 불어오르는 바닷물과 강물이 만나 강의 수위도 상당히 올라가 있었을 것이다. 그렇다면 13일 새벽과 그날 오후의 만조 시각에는 청양 왕진王津 나루까지 의자왕을 태운 배는 별 어려움 없이 강을 거슬러 올라갈 수 있었을 것이다. 1970년대 초에도 4~5매 이상의 만조물때에는 범선이 청양의 왕진나루까지 어렵지 않게 오르내렸다.

그런데 의자왕이 공주로 피신한 음력 13일의 만조 시각은 언제쯤 있었

## 군산항 기준 조석시간표(潮汐時間表)로 본 의자왕義慈王과 태자 륭隆 공주 피난일(예상)의 물때 시간

| 월 | 일 | 물때 | 2011년 | 2012년 | 2013년 | 2014년 |
|---|---|---|---|---|---|---|
| 7 | 12 | 3매 | 01:26(624)<br>08:11(199)<br>13:35(551)<br>20:13(121) | 01:25(640)<br>08:09(166)<br>13:38(589)<br>20:16(96) | 00:17(616)<br>07:09(240)<br>112:31(560)<br>19:13(144) | 06:08(270)<br>11:33(528)<br>18:17(171)<br>------ |
| 7 | 13 | 4매 | 02:19(655)<br>08:59(158)<br>14:25(587)<br>21:01(92) | 02:15(675)<br>08:55(118)<br>14:26(632)<br>21:00(65) | 01:26(664)<br>08:14(185)<br>13:37(608)<br>20:19(96) | 01:37(615)<br>07:27(228)<br>12:48(561)<br>19:29(127) |

| 월 | 일 | 물때 | 2015년 | 2016년 | 2017년 | 2018년 |
|---|---|---|---|---|---|---|
| 7 | 12 | 3매 | 04:56(291)<br>10:28(488)<br>17:11(212)<br>23:42(554) | 06:17(291)<br>11:53(488)<br>18:19(210)<br>------ | 00:27(536)<br>07:03(277)<br>12:37(188)<br>18:53(212) | 00:27(549)<br>07:09(278)<br>12:32(493)<br>19:00(207) |
| 7 | 13 | 4매 | 06:29(264)<br>11:57(507)<br>18:32(178)<br>------ | 00:59(566)<br>07:27(252)<br>12:59(518)<br>19:23(172) | 01:23(575)<br>07:56(232)<br>13:31(528)<br>19:49(171) | 01:29(580)<br>08:06(242)<br>13:32(524)<br>19:56(176) |

| 월 | 일 | 물때 | 2019년 | 2020년 | 2021년 | 2022년 |
|---|---|---|---|---|---|---|
| 7 | 12 | 3매 | 01:05(593)<br>07:48(239)<br>13:09(524)<br>19:43(161) | 01:16(602)<br>08:01(219)<br>13:23(528)<br>19:57(147) | 07:00(252)<br>12:16(509)<br>18:59(157)<br>------ | 00:13(598)<br>07:08(251)<br>21:23(517)<br>19:03(143) |
| 7 | 13 | 4매 | 02:01(623)<br>08:42(207)<br>14:03(553)<br>20:35(136) | 02:11(638)<br>08:52(178)<br>14:15(570)<br>20:50(113) | 01:22(627)<br>08:12(208)<br>13:30(543)<br>20:07(118) | 01:27(642)<br>08:20(206)<br>13:34(552)<br>20:12(102) |

을까? 통상 새벽 1~2시 전후에 있었을 것이므로 아마도 의자왕 일행이 이 무렵에 사비도성 북문을 빠져나갔다면 서해 바닷물이 불어나는 만조 시각에 맞춰 배를 타고 금강을 거슬러 올라 피신하는데 수월하였을 것이다. 그 시간이 아니라면 그다음 만조물때인 13일 오후 1~2시 경에 맞춰 사비도성 북문을 빠져나갔을 수도 있다.

위 물때표는 의자왕 일행이 공주로 피신한 시간을 추정하기 위해 일단 7월 12일 밤, 자정을 넘긴 시각으로부터 13일 오후의 실제 물때(2011년 ~2022년, 12년간)를 예시한 것이다. 이것을 종합해 보면 13일 만조가 최고조에 이른 시간은 대략 오전 1~3시였고, 다음 만조 시각은 13일 13~14시 전후였다. 13일로 가는 밤의 자정 직후 오름물때에 사비도성 북문을 빠져나와 배로 이동했다면 새벽 1~2시 전후가 의자왕의 피난시간이었을 것이다. 피난 준비는 그로부터 몇 시간 전에 해두었을 것이다.

그러나 기록에는 단지 13일에 피난을 한 것으로 되어 있으므로 의자왕의 피난시간을 그 이상 자세히 알기는 어렵다. 다만 13일 오후에 떠났다 하더라도 육로보다는 배를 타고 피난했을 수 있다. 그 시간이라면 이미 사비도성과 부여 동쪽 지역을 신라군이 장악하였을 것이므로 부여~탄천~공주간 도로에도 신라군 복병이 배치되었을 가능성이 있어 육로 피난은 될 수 있으면 피했을 것이다.

# 7. 사비도성 함락 후의 여러 상황들

**소정방의 회군과 전쟁포로 의자왕 일행의 당나라 압송**

　소정방은 660년 8월 2일 신라군과 함께 사비성에서 승전축하연을 벌인데 이어 26일에는 예산 임존성을 공격하였다. 그러나 임존성 공략에 실패하고 곧바로 철수하여 9월 3일 의자왕과 부여륭 및 대신과 장병 88명 그리고 1만2천807명의 백성을 당나라로 압송하였다. 「유인원기공비」에는 "그왕 부여의자扶餘義慈, 태자 륭隆 및 좌평, 달솔 이하 7백여 명을 사로잡았다."라고 되어 있으니 신라군과 당군의 기습공격을 받아 사비도성에 비상 집결해 있던 백제 왕을 비롯한 수뇌부 대부분이 포로가 되었음을 알 수 있다.

　그러나 소정방이 9월 3일에 군대를 데리고 당나라로 철군하면서 의자왕과 포로를 데려갔다는 기사는 실제와는 약간 거리가 있는 것 같다. 부여군 양화면 암수리 유왕산留王山에는 의자왕과 관련된 설화가 있다. 의자왕을 잠시 머무르게 하기 위해 백제 사람들이 이곳에 모였다는 이야기와 함께 의자왕이 당나라로 떠나면서 유왕산 앞 물가에 배를 대고 마지막으로 쉬어 갔다는 이야기가 전해오고 있다. 유왕산留王山이라는 이름이 '왕이 머물렀던 산'이라는 의미인데, 실제로 소정방이 의자왕을 당나라로 보내기 전인 8월 10일부터 7일 동안 유왕산 일대에 머물면서 가족이나 친지와 마지막 석별의 정을 나누게 했다는 것이다. 또 의자왕을 향해 사람들이 절을 올렸다는 망배단도 있었다고 하는데, 이와 같은 행사를 해마다 음력 8월

16~17일에 진행했으며, 이 추모제 때 사람들은 백제 패망의 한과 슬픔을 산유화가(山有花歌)에 담아 불러왔다고 한다.

중국과 우리의 기록에는 소정방이 9월 3일 사비도성에 유인원과 1만여 명의 당군을 남겨두고 철군하면서 의자왕과 백제인 포로들을 데리고 귀환한 것으로 전하고 있지만, 이와 같이 부여 지방에서는 그보다 한참 전인 8월 16~17일에 의자왕이 당나라로 출발한 것으로 전해오고 있는 것이다. 지금까지 부여 지역에 남아 있는 이러한 전승을 감안할 때 소정방은 추석 바로 다음 날인 660년 8월 16일에 맨 먼저 의자왕과 왕족 및 소수의 귀족층 포로들을 당나라로 보냈고, 자신은 9월 3일에 마지막 포로들과 함께 떠났을 것으로 추정된다.

그런데 이 문제를 좀 더 분명하게 하기 위해 의자왕이 당 고종 앞에서 항복 의례를 가진 사실부터 살펴보고 가는 것이 좋겠다. 소정방이 요동과 평양성을 치기 위해 군대를 이끌고 당으로 돌아간 날(660년 9월 3일)로부터 2개월 뒤인 고종(高宗) 5년 11월 『구당서』 고종 본기에는 소정방이 의자왕과 태자 부여륭 및 58명의 백제인 포로를 당 고종에게 바친 기록이 남아 있다.

"11월 무술 삭(초하루) 형국공 소정방은 백제 왕 부여 의자, 태자 륭 등 58명을 측천문에서 포로로 바쳤는데, (황제는) 책망하고 그들을 용서해주었다."[129]

소정방이 인솔한 포로들과 관련하여 『구당서』 소정방전에는 "포로 의자왕과 태자 륭·왕자 태 등을 동도에서 바쳤다."[130]라고만 하였고, 『신당

---

129)  十一月戊戌朔邢國公蘇定方獻百濟王扶餘義慈太子隆五十八人俘於則天門責而宥之[『구당서』 권4 본기 제
      4 고종(高宗, 上)]
130)  俘義慈及隆泰等獻于東都

서』 소정방전에도 "포로 의자왕·륭·태 등을 동도東都에서 바쳤다."[131]라고
하였다. 당나라의 동도東都 즉, 낙양洛陽 측천문에서 당 고종은 의자왕과 백
제인 포로들을 받고 흡족해했던 것 같다.

간단한 내용이지만, 이것은 의자왕과 부여륭 등 백제 최상층 포로들이
당 고종 앞에서 항복 의식을 치른 사실을 간략하게 전하는 기사이다. 당군
의 침입 이후 포로가 되어 두 달여의 긴 여정 끝에 낙양에서 항복 의식을
치른 의자왕과 태자 륭 등 58명은 그해 8월 16~17일에 먼저 포로로 보낸
이들 가운데 핵심 인물들이었을 것이다.

항복 절차가 끝난 뒤, 의자왕은 곧바로 장안長安으로 보내졌다. 그러나
장안에 들어간 지 며칠 안 되어 11월 7일에 의자왕은 세상을 떴다. 그 사
실을 『구당서』 백제전에는 "수도 장안에 이른 지 며칠 지나서 의자왕은 죽
었다. 금자광록대부위위경이라는 시호를 주고, 특별히 그의 옛 신하들이
나아가 곡을 하고 보내줄 것을 허락하였다. 손호와 진숙보의 묘 옆에 장사
지냈다."라고 하였다.

## 계백의 3營과 김유신의 3道에 대한 몇 가지 견해들

계백의 3영과 김유신의 3도에 관한 문제는 탄현의 위치를 찾는데 아주
중요한 요소가 된다. 공격자의 진격 루트인 3도와 방어자의 거점인 3영에
관해서는 몇 가지 연구가 있어 그 대략만을 소개할 필요가 있다.

먼저 1)운주면 탄현설을 제기한 홍사준은 계백의 3영을 벌곡면과 양촌
면 경계에 있는 웅치석성(273m), 산직리산성(장동석성, 200m), 황령산성(토
성, 벌곡면과 연산면 경계, 404m) 세 군데로 추정하였다. 그리고 남아 있는 지명

을 참고하여 백제군이 패퇴하여 후퇴하는 과정을 승적골-나리티고개-황산리-시장골(시정골)로 보았다. 승적골은 '적을 이긴 골짜기', 시장골은 '屍葬골'로서 계백군의 '시체를 장사지낸 골짜기'라는 한자 이름에서 유래한 것으로 파악하였다. 이는 공격자인 김유신 군대의 3도 진출로를 ①곰내마을-황산벌(논산시 연산면 신양리 황산마을), ②웅치석성-벌곡면 한삼천-황령토성-황산벌(논산시 연산면 신양리 황산마을), ③승적골-나리티고개-황산벌(논산시 연산면 신양리 황산마을)로 상정한 것이다.

반면 성주탁(1990a)은 계백의 3영을 황령산성(404m), 산직리산성(200m), 신흥리산성(155m)으로 꼽고, 산직리산성에는 계백의 중군이 배치되었으며, 황령산성에는 좌군, 모촌리산성에는 우군이 배치되었다고 보았다.

연산사거리 남쪽 인내(仁川) 길로 10여 리 거리에 모촌리가 있고, 그 마을 뒷산이 해발 163m의 배암재이다. 논산군 양촌면 모촌리 배암재에 토성이 있어 모촌리산성茅村里山城이라는 이름으로 부르게 되었다. 성의 둘레는 목측으로 약 600m. 성 안에서 백제 토기편이 나오고, 성 밖에서는 백제 시대 고분군이 확인되었다. 모촌리산성 서쪽 1.5km 거리에는 둘레 20m 가량의 석축 보루인 귀명봉보루가 있다. 황령산성은 누룩이재[黃嶺]를 넘어 한삼천을 따라 황산벌로 들어오는 통로 가운데 그 고개 정상 해발 390m 지점에 있다. 성 안에서 백제 토기편이 수습되었는데, 성은 산꼭대기를 가운데 두고 빙 돌아가며 흙으로 쌓은 테뫼식 토성이다. 김유신군의 진격로인 3도를 벌곡면 도산리를 기점으로 ①좌군은 신흥리산성, ②중군은 곰치에서 산직리산성으로 내려가고, ③우군은 한삼천을 지나 황령산성을 공격한 것으로 추정하였다.

성주탁은 특히 3영과 3도를 설명하면서 신라군이 운주를 통해 황산벌로 진출했다고 보기 어려운 점을 들어 반박하고, 신라군은 진산을 경유하여 황산벌로 진격했다고 주장하였다. 산직리산성山直里山城은 석축 성으로서 둘레는 약 600m 정도이다. 산직리산성과 모촌리산성 중간에 '적을 이겼다' 해서 지어진 지명이라고 전해오는 승적골[勝敵洞]이 있는 점을 들어 바로 이곳으로 신라군이 쳐들어왔다고 본 것이다. 성 안에서는 백제계 승석문 토기편과 기와편이 많이 출토되어 백제 시대부터 고려와 조선을 통해 계속 사용된 산성임을 알 수 있었다.

반면, 지헌영(1970)은 3영을 논산시 ㉮연산면 함지산성, ㉯외성리산성, ㉰청동리산성으로 추정하고 황산벌을 연산리와 연산역 일대로 보았다. 논산군 연산면 청동리와 양촌면 명암리에 걸쳐있는 청동리산성靑銅里山城은 토축 성으로서 그 둘레는 약 360간이라고 하였다. 속칭 여우고개에 있는 성인데, 남아 있는 토성 흔적은 별로 많지 않다. 외성리산성처럼 규모도 크지 않고 높지 않은 구릉에 있어 황산성의 전초 보루였을 것으로 추정한다. 황산벌 넓은 들판 가운데 있어서 산직리 뒷목재 고개를 넘어오는 적이나 모촌리에서 거사리·반곡리·명암리·청동리로 들어오는 적 그리고 황령산성에서 오는 적을 방어하기 위한 성으로 볼 수 있다. 성 북쪽으로 연산천이 흐른다. 여기서 연산읍 서남쪽으로 호치산성狐峙山城이 있다. 지헌영은 바로 이 호치산성이 계백의 3영 가운데 하나이며 김유신의 3군 중 하나가 통과한 곳일 거라고 추정하였다. 대전~논산 간 국도상에 청동리산성과 외성리산성이 있어 황산성 아래 덕암리德岩里, 백석리白石里를 거쳐 노성산성으로 가는 이 노선이 석성면 십자가와 부여 및 공주로 들어가는 주요 통로였으리라고 보는 것이다.

그러나 당시의 지형과 도로 여건을 감안할 때 김유신의 신라군이 거쳐 간 삼도三道를 ①우군 : 진산~침현~두마면~개태사앞~연산 ②중군 : 진산~탄현~벌곡면 ③좌군 : 진안 싸리재~장선천~용계원~운주~양촌으로 보고, 거기에 맞춰 계백이 3영營을 설치했으리라고 추정하는 게 순리에 맞을 것이므로 신라군의 진군 3로를 이상의 ①②③으로 새롭게 제시하는 바이다.

## 사비성 함락 직후 김춘추의 이동로

태종무열왕은 김유신·진주·천존·김법민 등과 함께 660년 5월 26일 경주를 출발하여 6월 18일 남천정(이천)에 도착하였다. 그리고 6월 21일 김유신과 진주·천존·김법민 등으로 하여금 덕물도에서 소정방을 맞이하게 하였다. 그로부터 20일 가량이 지난 7월 9일 김인문과 소정방은 부여 세도면과 그 맞은편 석성면 일대 웅진강으로 상륙하였다. 같은 날 김유신과 신라군은 황산벌에 도착하였다. 신라군은 9~10일을 황산벌에서 백제군과 치열한 싸움을 벌이고, 11일에 김유신과 김문영(독군)은 석성면 일대의 사비원泗沘原으로 가서 소정방을 만났다. 신라군과 당군은 12일에 사비도성 공격을 시작하였다. 의자왕과 부여륭 등은 마침내 13일에 사비성을 버리고 공주로 도망하게 되는데, 이때 소정방은 사비도성에 들어가 있었다. 사비성은 7월 13일 중에 함락되었다. 그리고 그로부터 닷새 후인 18일에 예식진·예군 등은 포승줄로 의자왕을 묶어가지고 웅진성(공주)을 나와 사비도성으로 가서 항복하였다.

그 무렵 태종무열왕은 상주 금돌성金突城에 머무르고 있었다. 김유신이 이천~옥천~금산~연산의 노선으로 나아갈 것에 대비하여 신라군을 이끌고 와서 자신은 금돌성에 남아 있고, 5만 군대를 보내어 김유신이 인솔해 가지고 황산벌로 나가게 미리 대비하였다. 그리고는 7월 13일의 사비도성 함락과 18일의 의자왕의 항복 소식을 들었다. 황산벌에서 상주 금돌성까지의 거리를 고려할 때, 태종무열왕이 의자왕의 항복 소식을 들은 날은 7

월 18일로부터 대략 2~3일 뒤였을 것이다. 의자왕의 항복 소식을 전해 들은 태종무열왕은 7월 29일 부여에 도착한다. 다음은 『삼국사기』 신라본기 태종무열왕 7년 7월 18일 조의 기사.

(7월) 18일에 의자왕이 태자와 웅진방령의 군사 등을 이끌고 웅진성으로부터 와서 항복하였다. 왕은 의자왕이 항복했다는 말을 듣고 29일에 금돌성에서 소부리성에 이르렀으며 제감弟監 천복天福을 당에 보내어 승전 보고를 하였다.

사비성 함락과 의자왕의 항복 직후 당군과 신라군은 무자비하게 백제인들을 약탈하고 살육하였다. 그 처참한 광경을 목도한 흑치상지 등은 분연히 일어나 임존성을 중심으로 반당反唐 운동을 주도했다. 그리하여 8월 26일 소정방은 임존성을 공격하였으나 함락시키지 못하였다. 소정방은 9월 3일 철군하면서 당군 1만 명과 함께 유인원을 사비도성에 남겨두었다. 신라에서는 김춘추의 아들 김인태金仁泰와 사찬 일원日原, 급찬 길나吉那 등으로 하여금 병력 7천 명을 남겨두어 유인원을 돕도록 하였다.[132]

그리고 그로부터 20일 후인 9월 23일, 복신 등의 백제군은 사비성을 포위하고 공격을 퍼부었다. 기록에는 사비성에 잡혀 있는 백제 포로들을 찾아가기 위한 것이었다고 한다. 그러나 신라군 대장 김인태는 아직 나이가 어렸고, 당군 장수는 유인원 뿐이었으므로 부여풍과 복신, 도침 등은 해볼만한 싸움이라고 판단했던 것 같다. 이에 태종무열왕 김춘추는 군사를 데리고 보은에서 부여로 내려갔다. 그로부터 10여일 뒤인 10월 9일에 태종무열왕은 연산의 이례성을 공격하였고, 18일에 성을 빼앗았다. 그리고

---

132) 九月三日郎將劉仁願以兵一萬人留鎭泗沘城王子仁泰與沙湌日原級湌吉那以兵七千副之(『삼국사기』 신라본기 태종무열왕 7년)

계속하여 11월 7일에 왕흥사잠성을 함락시켰고, 복신군을 진압하였다. 그 후 김춘추는 곧바로 철수하여 보름만인 11월 22일에 경주에 도착한다.

태종무열왕과 김유신 및 주요 장수와 신라군이 백제 침공을 마치고 9월 과 10월 사비성 주변과 그 인근에서 저항하는 백제인들을 진압한 것과, 그 후 경주에 이르기까지의 일정을 요약해 보았는데, 위 자료를 살펴보면 김 유신·김법민·천존·진주 등이 소정방을 만나고 돌아온 6월 하순 이후 태 종무열왕은 금돌성으로 돌아가 있었던 걸로 판단할 수 있다.

여하튼 그 기간 김유신은 덕적도로 나갔다가 다시 이천으로 되돌아온 뒤 에 황산벌 싸움을 거쳐 사비원으로 왔다. 그런데 그가 거쳐온 노정과 소요 된 시간을 정확히 알 수는 없다. 6월 21일에 덕적도에서 김유신 등이 소정 방을 만나기 위해 이천을 떠난 시점은 아무리 늦어도 6월 17~18일 경이었 을 것이다. 이천에서 덕물도까지의 거리 등을 감안할 때 적어도 3~4일은 걸렸을 것이기 때문이다. 그렇다면 김유신이 이천으로 다시 돌아온 기간은 6월 24~25일 이후로 볼 수 있다. 이렇게 계산할 경우 김유신과 그의 군대가 이천에서 황산벌까지 이르는데 걸린 기간은 14일 정도밖에 되지 않는다.

여기서 감안해야 할 것은 애초 김유신·천존·진주 등이 남천정으로 갈 때 5만 군사를 데리고 간 것은 아니라는 점이다. 김유신은 이천에서 곧바 로 남하하였고, 그때 그가 거느린 군대는 소수의 병력뿐이었을 것이다. 이 천에서 황산벌로 가는 도중 어딘가에서 김유신은 태종무열왕이 보낸 5만 대군을 만나 그들을 인솔하였을 것이다. 이런 과정을 감안하여 태종무열 왕은 5월 26일 경주를 출발한 것이다. 기록에는 없지만 이때 김법민·김유 신·천존·죽지 등 이천을 거쳐 덕물도로 나갔던 사람들도 함께 출발한 것 같다. 그들이 다시 이천→보은으로 되돌아왔고, 김유신 일행이 보은에서 옥천→금산으로 이르는 시간에 보은에서 상주 금돌성으로 전갈이 전해져 김유신과 5만 신라군이 금산이나 그 외 어딘가에서 김유신을 만나도록 태종무열왕이 조치한 것으로 볼 수 있다. 김유신이 돌아와 황산벌로 진격하는 것을 돕기 위해 태종무열왕은 군사를 동원하여 금돌성에 주둔하고 있었던 것이다. 신라군은 금산을 거쳐 연산으로 가기 위해 반드시 한 가지 노선만을 고집하지는 않았을 것이다. 전략 전술상 신라군이 몇몇 경로를 거쳐 황산벌에 집결하는 것이 백제군의 집중 공격을 피할 수 있고, 인력과 물자 및 시간 손실을 막을 수 있는 가장 효과적인 방법이었을 것이다. 그렇다면 김유신의 진격로를 포함하여 금돌성에서 태종무열왕이 보낸 군사라든가 그 외에 상주上州나 하주下州 등 여러 곳에서 징집한 신라군이 각기 거쳐 갈 수 있는 중간 거점은 모두 신라군의 진격로가 되었을 것이다. 금산이나 그 외 연산으로 가는 길목 어딘가에서 5만 신라군이 집결하여 김유신의 지휘를 받았을 것이므로 될수록 비밀리에, 그리고 가능하면 짧은 시간에 백제 국경을 돌파하려 하였을 것이다. 따라서 신라군은 백제와의 국경선에서 가장 가까운 지금의 충남과 충북의 경계 지역 그리고 전북 북부와 충남의 경계 지역에서 황산벌로 들어갈 수 있는 단거리 경로를 감안하여 영동이나 무주 또는 금산 지역에 정해진 시간에 집결하였을 것이다.

만약 신라군이 신라와 백제의 국경을 7월 5~6일경에 지났다고 가정하면 신라군이 백제 침공 준비를 시작한 5월 말부터 계산하면 대략 한 달 보름 가량의 기간이 걸린 것으로 볼 수 있다. 김유신이 이천에서 출발한 6월 25일경 전후로 보면 열흘 가량이 지난 뒤이다. 김유신·천존·진주 등이 신라군 5만과 만난 곳이 어디인지, 그것도 신라군의 진격로와 관련하여 매우 중요한 요소가 된다. 신라군의 집결 정보가 백제에 알려지는 것을 막기 위해 황간이나 양산 등 신라의 영역 내에서 대기하다가 김유신과 합류하였을 가능성이 크지만, 남아 있는 자료만으로는 그곳이 어디인지를 가릴

부소산 낙화암 위의 사비루(부여군청 제공)

수 없다. 다만 김유신과 신라군은 금산 및 영동 그리고 무주 지역을 거쳐 갔을 것이다.

한편 조선 시대 안정복은 『동사강목東史綱目』에서 충북 황간현에 있는 백화산성白華山城이 금돌성金突城이라고 밝혔다. 전체적으로, 당시의 사정을 감안할 때 그것이 합당하다고 판단하여 지금은 그의 주장을 따르고 있는데, 『동국여지승람』에는 "백화산이 황간읍에서 10리 거리, 상주 중모현中牟縣과 접해 있다."라고 되어 있다. 그에 따르면 중모현은 지금의 상주시 모동면이니 황간읍과 모동면 사이의 오도재 인근 어디쯤이 될 것 같다. 경북 상주尙州에는 진흥왕 13년(백제 성왕 32)에 군단급 부대인 상주정上州停을 설치하였고,[133] 그 후로도 그곳은 계속해서 백제 및 고구려와의 관계에서 매우

---

[133]    二曰上州停眞興王十三年置至文武王十三年改爲貴幢衿色靑赤(『삼국사기』 職官 下)

중시하던 요충이었다. 그러므로 사비도성 침공작전 때에도 태종무열왕은 금돌성을 마치 총사령부와 같은 지휘본부로 활용하였을 것이며, 삼국통일 이후인 문무왕 13년에는 상주정의 중요성을 감안하여 귀당貴幢으로 승격시켰다.

사비도성을 함락시키고 의자왕 이하 포로를 잡았다는 소식을 금돌성에서 전해 들은 무열왕이 금돌성에서 사비도성으로 갈 때 거쳐 간 노선은 아마도 황간에서 영동군 양산면을 거쳐 제원면으로 들어간 뒤, 금산으로 통하는 40~50리 길이었을 것이다. 이 길 대신 영동-옥천을 경유하면 대전 방향으로 멀리 우회하게 되므로 영동-옥천 노선은 피했을 것이다. 더구나 그 길은 높은 산으로 에워싸여 있어 험하였다. 그러나 금돌성-황간-영동-금산-진산을 거쳐 황산벌로 가면 지름길로서 퍽 용이하다. 김유신의 5만 신라군 가운데 주력군이나 태종무열왕 역시 이 길을 거쳐 갔을 것이다. 다만 김유신은 이천에서 보은을 거쳐 옥천~추부~금산~진산의 노선을 거쳐 갔을 가능성이 있다.

### 백마강과 소정방의 조룡대(釣龍臺) 전설에 관한 견해

백마강 및 조룡대와 관련하여 『충청도읍지』 부여 조에 다음과 같은 기록이어 있다.

"백마강은 부여현 서쪽 5리에 있다. 강 좌우를 따라 천정대와 조룡대가 있다.[134] …… 조룡대는 부여현 동북의 강 가운데에 있다. 당나라 장수 소정방이 백제를 칠 때 비바람이 크게 일어서 강을 건널 수 없게 되자 소정방은 즉시 바

---

[134]    白馬江在縣西五里沿江左右天政臺釣龍臺 …

위 위에 올라서서 백마를 미끼로 용을 낚았다. ······"[135]

    그러나 실제로는 위 기록과 달리 조룡대는 부여 동북쪽 고란사 가까이에 있다. 누가 보더라도 소정방이 백마를 미끼로 써서 용을 낚았다는 이야기는 실제 있었던 일이라고는 할 수 없다. 황당무계한 이야기이다. 다만 이것은 백제 멸망 이후 신라 또는 당나라에서 의도적으로 지어서 퍼트린 이야기로 볼 수 있다. 그래서 일부에서는 치졸하고 황당한 이야기라서 검토할 가치가 없다고 말하는 이도 있다. 과연 그토록 치졸한 이야기일까? 이런 이야기가 나왔다면 왜 나왔는지, 분명 의도와 목적이 있었을 것이니 한 번쯤은 짚고 넘어가야 한다.

    이 이야기는 삼국 전쟁이 끝난 뒤 신라 측에서 퍼트린 내용일 수도 있고, 나당연합군이 백제 공격 전후에 군영에서 퍼트린 이야기일 수도 있다. 그러나 한편으로 곰곰이 곱씹어 보면 "소정방이 백마를 미끼로 써서 용을 낚은 곳"이라는 이야기 속에서 숨겨진 진실을 추려낼 수도 있을 것 같다. 여기서 용은 의자왕이며 백제일 수 있다. 미끼는 백마인데, 백색은 음양오행설에 따르면 서쪽이고 말은 병마의 상징이니 백마는 곧 당나라 군대와 군사를 뜻한다고 볼 수 있다. 즉, 백마는 당군이므로 이 이야기의 기본골격은 "당군을 미끼로 써서 소정방으로 하여금 의자왕(백제)을 낚은 곳"이라고 이해할 수 있다. 그렇다면 이 이야기 뒤에 숨겨진 주체는 신라이다. 즉 신라 측에서 지어서 퍼트린 이야기일 가능성이 높다는 뜻이다.

    소정방은 사비성에서 남쪽으로 30리 거리(기록에 一舍 거리로 표기)의 석성면 봉정리 일대와 그 주변에 군영을 설치하고 7월 11일 하루를 그냥 보냈

---

135)    釣龍臺在縣東北江中唐將蘇定方伐百濟時風雨大作不能渡卽定方立於岩上白馬爲餌釣龍 …

다. 당군의 전력 보강을 위해서도 휴식이 필요했을 것이다. 신라군도 사비원에 그대로 대기하고 있었다. 신라군은 9일과 10일 황산벌에서 힘겹게 싸우고, 이튿날 사비원으로 달려왔으므로 병사의 휴식과 전열을 가다듬을 필요가 있었을 것이다. 양측의 화해가 이루어진 뒤인 12일에야 신라군과 당군은 사비도성 공격에 들어갔다. 그리고 12일 밤에 사비성은 완전히 포위되었다. 13일에는 의자왕과 그 아들 륭隆이 공주 웅진성으로 달아났다. 그러나 의자왕이 사비도성을 빠져나간 시간이 12일 자정을 넘긴 13일 새벽 시간인지, 아니면 그날 늦은 저녁 시간이었는지는 설명하지 않았다. 앞뒤의 상황으로 판단하건대, 우선 13일 새벽 시간에 피난하였을 것이라고 추정해본다.

그리고 그로부터 닷새 후인 7월 18일 웅진방령 예군과 그 동생 예식진 등이 의자왕을 포승줄에 묶어서 공산성을 나와, 사비성으로 가서 항복하기까지 소정방과 당나라군은 사비도성에 머물러 있었다. 소정방은 반조원리 도착 직후부터 의자왕이 공산성으로 피신하였다가 사비성으로 돌아와 항복하기까지 대략 8일 동안 매우 바빴을 것이다. 간단히 말해서 그가 조룡대에 올라가서 한가하게 낚시를 할 여유가 없는 상황이었다.

김유신과 소정방의 연합군이 사비도성을 에워싼 12일에는 하루 종일 양측의 격렬한 공성전攻城戰이 이어졌다. 아마도 의자왕이 공주로 피신한 13일에서야 당나라 군대는 사비도성으로 들어가 사비성의 북쪽 대왕포大王浦 일대를 장악하였을 것이다. 이때 운용한 별도의 당나라 수군이 있었음을 암시하는 게 조룡대 설화일 수는 있다. 다만 "비바람이 거세게 일어서 소정방이 강을 건널 수 없었다"라는 구절 가운데 '비바람이 거세게 일었다'라는 것만큼은 사실일 수 있을 것 같다. 아마도 7월 10~13일경 드센 바람 속에 많은 비가 내렸고, 강물이 불어났을 것이다.

소정방은 소야도에서 웅진강으로 떠나기에 앞서 13만 대군 가운데 일부를 떼어 '좌군'을 편성하고 이들을 백강白江으로 보냈다. 물론 자신이 소야도를 떠난 뒤, 좌군이 소야도를 출발하도록 했을 것이라고 설명하였다. 백강白江(기벌포)을 경유한 당나라 군대 일부는 그 뒤, 예산과 청양을 거쳐 규암·은산 지역으로 들어가서 그곳을 점령하고 왕흥사(부소산 서쪽 맞은편) 일대에서 백마강을 건너려고 시도했을 수 있다. 물론 기록에 있는 이야기는 아니다. 사비도성 포위공격이 한창일 즈음, 이들이 백마강을 건너 동쪽 조룡대와 대왕포, 사비도성의 북문으로 진격하여 북문을 통제하려고 했을지 모른다. 소정방과 김유신 군대가 남쪽과 동쪽에서 포위해 들어오자 의자왕 일행은 북문 쪽으로 탈출하였을 것이다. 강 건너 서쪽에서는 당군이 대왕포를 겨냥하여 강을 건널 계획이었으나 비바람이 심해서 도강작전은 지연되었고, 그 바람에 당군은 공주로 도주하는 의자왕 일행을 놓쳤을 수는 있다.

하여튼 조룡대 전설 가운데 강을 건너 조룡대에서 용을 낚았다는 이야기는 백강을 경유한 당군이 청양을 거쳐 은산과 규암 지역의 사비하 북편으로 진격했으며, 이들이 서쪽에서 강을 건너 사비도성 북문을 차단하고 의자왕을 생포하는 계획도 세웠을 가능성을 전해주는 이야기로 이해해볼 수도 있다. 소정방 자신은 웅진강으로 들어와 사비도성은 물론 부여나성 밖의 동편(염창리~능산리), 그리고 남쪽을 먼저 포위해 좁혀 들어갔으며 신라군은 부여의 동쪽 지역을 장악했을 것이므로 금강변을 따라 사비도성~공주 공산성에 이르는 길은 나당군의 세력 밖에 있었을 것이다. 이미 건너편 은산·청양 지역에는 백강을 거쳐온 당군이 들어와 있었거나 웅진강을 거슬러 오른 소정방의 당군이 있었을 것이므로 의자왕과 부여륭은 강 건너 임존성이나 주류성으로 갈 엄두를 내지 못하고 그때까지 안전하다고 여겼던 공산성을 택했을 수도 있다. 물론 이것은 기록에 있는 것은 아니고 가정해본 이야기이다.

이런 상황으로 내몰리게 된 것은 당의 수군이 금강(웅진강)을 장악한 때문이었다. 당군의 침입에 앞서 얼마 전부터 백제인과 왕흥사의 승려들 사이에 당군이 사비하를 거슬러 오르는 상황을 대단히 공포스럽게 염려했던 것 같다. 소정방의 당군과 신라군의 침공이 있기 직전인 의자왕 20년(660) 6월 기록은 당시의 그와 같은 두려움을 드러낸 것으로 보인다.

"왕흥사의 여러 승려들이 모두 배의 돛대처럼 생긴 것이 큰물을 따라 절문으로 들어오는 것을 보았다. 들사슴처럼 생긴 개 한 마리가 서쪽에서 사비하 기슭으로 와서 왕궁을 향해 짖어대더니 …."

이 기록에서 다른 곳보다 취약한 사비도성 서북부에 대한 우려를 엿볼 수 있다. 이것은 당시 백제 상층부 사람들이 갖고 있던 불안감을 노출한 것이라고 이해할 수 있겠다. 아마도 부소산 건너편의 방비가 허술하였으므로 그에 대한 두려움이었을 수 있다. 이런 이야기들은 단적으로 금강하구로부터 사비하까지가 가장 취약한 곳이었다는 의미로 받아들일 수 있겠다.

어찌 되었든 조룡대 설화는 백제 멸망 전후에 신라 측에서 지어낸 이야기로 보는 게 타당할 듯하다. 먼저 조룡대라는 곳이 백마강 건너 부소산 가까이에 있다. 소정방이 백마강을 건너지 못해 조룡대에 올라서 백마를 미끼로 용을 낚았다면, 강 서편 가까이에 조룡대가 있어야 한다. 그러나 그와 반대로 조룡대는 고란사 바로 앞에 있다. 즉, 조룡대에 올랐다면 강을 건너 부소산 아래로 이미 거의 다 건너왔다는 뜻이다. 이 점에 대해서는 일찍이 정약용이 「조룡대기釣龍臺記」라는 글에서 명확히 지적한 바 있다.

"옛날에 내가 서울에서 노닐던 때, 어떤 사람의 집에서 벽에 걸려 있는 그림을 보았다. 황금투구에 무쇠 갑옷을 입은 용맹스런 장수가 팔에는 무쇠로 된 끈 한 가닥을 감고 물 가운데 있는 바위 위에 서서 용을 낚으려고 하는데, 용이 입을 크게 벌리고 하늘을 향해 머리를 들고 발로는 돌을 버티며 위로 끌려 올라가지 않으려고 하였다. 그 장수와 용이 서로 안간힘을 쓰면서 혈전을 벌이고 있었다. 내가 '저게 무슨 그림인가요?' 하고 묻자 그가 '옛날 소정방이 백제를 치던 때 백마강에 이르러 신룡神龍이 짙은 안개와 이상한 바람을 일으키므로 배를 탄 군사들이 강을 건널 수 없게 되자 소정방이 크게 화를 내며 백마를 미끼로 그 용을 낚아 죽였습니다. 그런 뒤에 안개가 걷히고 바람이 자므로 군사들이 강을 건널 수 있었다고 하는데, 이것이 바로 그것을 그린 그림입니다.' 하고 대답하였다.

그래서 나는 '그 말이 이상하다.'라고 하였다. 올가을에 내가 금정金#에 있었는데, 그때 한원례韓元禮가 부여현령으로 있으면서 여러 차례 나에게 글을 보내어 백제의 고적을 구경하자고 하였다. 마침내 9월 보름에 고란사 아래에 배를 띄우고 이른바 조룡대 위에 올라가서 바라보았다.

아, 우리나라 사람들이 황당한 것을 좋아함이 어쩌면 이다지도 심하단 말인가. 조룡대는 백마강 남쪽에 있으므로 소정방이 이 조룡대를 올라왔다면 군사는 이미 강을 건넌 것이니 어찌 눈을 부릅뜨고 안간힘을 써가면서 용을 낚을 필요가 있었겠는가. 또 조룡대는 백제성 북쪽에 있으니 소정방이 조룡대로 올라왔다면 성은 이미 함락된 것이다. 배를 탄 군사들이 바다 어귀로 들어와서 성 남쪽에 이르렀으면 마땅히 상륙하였을 것인데, 어찌해서 물의 근원까지 수십 리를 거슬러 올라와 이 조룡대 아래에 이르렀겠는가.

신라 시조가 탄생한 시기는 한나라 선제宣帝 때인데, 기록된 고적이 모두 황당하여 정도에서 어긋나고 백제가 멸망한 시기도 당나라 고종 때인데, 용을 낚았다는 설이 이처럼 잘못되었으니 하물며 한나라와 당나라 이전의 사실이야 말할 나위가 있겠는가. …"(정약용, 「조룡대기釣龍臺記」).

이상의 여러 이야기와 백마강이란 이름에서 우리는 한 가지는 명확히 알 수 있다. 백마강이란 이름은 소정방이 조룡대에서 백마를 미끼로 용을 낚았다는 설화가 유포된 뒤에 생긴 이름이며, 그 전에는 부여 지방 금강을 백마강이라 부르지 않았다는 것이다. 『충청도읍지』 청양 조에 의하면 지금의 까치내[鵲川] 하류를 사수탄泗水灘[136]으로 불렀다고 한다. 까치내의 백제 시대 이름이 사수泗水였다는 얘기다. 그렇다면 사수와 비수가 따로 있어서 '사수에서 비수까지를 사비수 또는 사비하'라고 하였을 것이라고 추리할 수 있다. 아마도 석성천 또는 논산천을 비수沘水라고 했을 것이다. 백제의 고다진古多津이 부여군 석성면 봉정리 강가에 있었던 나루였으니 아마도 논산천까지를 사비하로 볼 수 있을 것 같다. 사비하泗沘河라고 부른 구간이 그리 넓지는 않은 것이다. 부여 도성을 사비성이라고 하였고, 사비성 인근의 강을 사비하라 하였으니 '사비'를 삼국통일 후 신라인들이 '솗다(白)+하河'로 이해하여 사비하를 백강으로 바꿔 부르게 되었으리라는 추정이 가능하다. 이를 바탕으로 나중에 또다시 백마강이란 이름을 만들어낸 것이다. 결국 백마강이란 이름이 쓰이기 시작한 시점을 알려주는 것이 바로 조룡대 설화라고 하겠다.

『신증동국여지승람新增東國輿地勝覽』 부여현 산천 조에는 "부여현 서쪽 5리에 양단포와 금강천이 있어 공주의 금강과 합류하는데, 여기서부터 금강이 임천면 경계로 들어가는 고다진古多津까지를 백마강이라고 한

---

136)    鵲川在縣東二十里七甲山下於乙項川下流 및 泗水灘在鵲川下(『忠淸道邑誌』 靑陽條)

소정방이 백마를 미끼로 써서 용을 낚았다는 조룡대. 고란사 앞 가까이에 있다.

다"[137]라고 하였다. 그렇다면 금강천(사수탄)[138]과 양단포[139]로부터 고다진까지가 백마강이 분명한 것이다. 이를 바탕으로 추리해보면『신증동국여지승람』에 기록된 대로 금강천이 사수泗水 또는 사수탄이며 사수와 금강의 합류 지점에 양단포良丹浦가 있었던 것이고, 백제 시대의 비수沘水는 임천 고다진 가까이에 있었을 것이니 고다진 아래 논산천의 비수沘水까지가 사비였고, 바로 이 사비하가 후일 백강 또는 백마강으로 잘못 전해진 것이라고 이해할 수 있다.

　결국 '사비하'란 지명은 백제인의 표기법을 따른 이름이고, 백강은 신라

137)　在縣西五里良丹浦及金剛川與公州之錦江合流爲此江入林川界爲古多津
138)　金剛川在縣北二十三里(금강천은 부여현 북쪽으로 23리 거리에 있다(『忠淸道邑誌』靑陽條). 지금의 까치내, 그러니까 청양 작천을 사수로 볼 수 있다.
139)　良丹浦在縣西七里源出羅所峴

고란사(부여군청 제공)

인들의 작명이다. 백제 시대 사비도성 인근의 금강 일부를 가리키는 이름
이던 사비하가 삼국통일 이후 백강으로 탈바꿈했고, 소정방의 조룡대 설
화가 등장한 이후에는 다시 백마강으로도 불리게 된 것이다. 그러니까 백
제 멸망 이전에는 부여권 금강을 백강이나 백마강이라고 부르지 않았다.
백제 시대에는 그저 사비하였으며 백강은 전혀 다른 곳에 있었다. 이렇게
해서 백제 시대의 웅진강은 삼국통일 후에 백강으로 불리게 되었다. 후일
고려의 『삼국사기』, 『삼국유사』 편자들이 웅진강과 백강을 어떻게 혼동하
게 되었을지를 바로 이 대목에서 선명하게 이해할 수 있다. 『삼국사기』 백
제본기 동성왕~의자왕 시대의 기록에는 백강과 웅진강·사비하를 명확히
구분하여 썼다. 이에 대해서는 따로 설명하였다.

이상을 다시 정리하여 요약하자면 사비泗沘를 '숲다(白)'의 '숲'(삷)이란 의
미로 받아들여 숲이+河→ㅅ비하→白江으로의 변화과정을 거쳐 백제 멸망

백마강 낙화암 일대. 당군이 서쪽에서 강을 건너 부소산으로 갔다는 기록은 어디에도 없다.

이후에는 금강(백제 시대의 웅진강)이 백강으로 불리게 되었다. 그리하여 실제의 백강은 다른 데 있었음에도 백강과 사비하(사비하 백강)를 혼동하게 되었고, 결국 웅진강·사비하, 중국 자료상의 백강을 모두 백강이란 한 가지 이름으로 혼동하게 되었다. 게다가 다시 소정방의 조룡대 설화와 뒤섞여 고려~조선 이후 '백마강=백강', '소부리주 기벌포伎伐浦', '백강 기벌포' 또는 '웅진강 기벌포'라고 왜곡되어 잘못 전해진 것이다. 김부식과 일연一然 모두 똑같은 잘못을 저질렀다. 김부식이 『삼국사기』를 편찬하면서 『구당서』나 『신당서』 등 중국의 기록을 좀 더 꼼꼼하게 살펴봤더라면 '웅진강'을 백강으로 기록하는 잘못은 저지르지 않았을 것이다. 똑같은 『삼국사기』의 내용인데도 백제본기는 백강과 사비하를 구분하여 쓰지 않았는가. 그나마 다행히도 백제본기에 백강과 사비하를 구분하여 기록해 두었는데, 그것은 아마도 그 이전 백제 자료를 그대로 옮겨 쓴 결과일 것이다. 반면, 신라본기나 김유신전 등 신라 관련 기록에서는 백강·기벌포·사비하를 소부리주에 있는 금강(웅진강)의 다른 이름으로 잘못 전했다. 그래서 그 뒤로는 실제의 백강白江과 금강(웅진강)을 혼동하게 되었다. 웅진강을 백강이라고 여기고 보니 백강은 소부리주에 있어야 하고, 백강을 웅진강으로 만들어 버렸으니 '웅진강=백강=기벌포' 한 가지로 인식한 크나큰 실수를 저질렀던 것이다.

앞에서 설명한 대로 부여 읍내를 흐르는 사비하를 백마강이라고 부른 것은 신라의 삼국통일 이후의 일이다. 그리하여 백강이나 백마강은 금강의 한 부분을 이르는 이름이 되었다. 그러나 백제 시대에는 금강이 백강이나 백마강으로 불린 적이 없었다. 웅진강으로 불렸으며, 중국의 『신당서』와 『구당서』에도 웅진강으로 되어 있다.

# 8. 신라·당·백제·왜·고구려 5국의 대결전(大決戰), 백강해전의 비밀 코드

　의자왕과 백제 지배층 대부분이 포로로 잡히고, 660년 8월경부터 시작된 백제인들의 국권 회복운동은 663년 8~9월, 백강해전에서의 패배와 주류성 항복 그리고 임존성 함락으로 한갓 꿈이 되어 버렸다. 3년이 넘는 구국운동 기간이었지만, 그중에서도 백강해전과 주류성 전투는 백제 유민들이 모든 것을 바쳐 되찾으려 했던 나라를 영원히 역사 속에 묻어버린 대결전의 마지막 단원이었다. 그럼에도 백강해전에 관한 기록은 많지 않아서 백강해전과 그 전후의 사정을 상세하게 파악할 길이 없다.

### 한국과 중국·일본 3국의 백강해전 관련 자료들

　다만 『구당서』·『신당서』·『책부원구』·『자치통감』이라든가 『삼국사기』·『일본서기』 등에 전하는 간략한 기록을 토대로 백강해전 관련 기사를 날짜별로 정리하여 전후 사정을 대략 가늠해볼 수는 있다. 우선 『구당서』 백제전에는 백강해전에 대한 대략적인 설명이 있다. 663년 6월 부여풍이 복신을 죽이고 왜와 고구려에 원병을 요청한 사실과, 유인원의 요청으로 663년 7월 당 고종이 파견한 7천 명의 지원군을 인솔한 손인사가 백제로 건너오다가 왜군과 만나 싸운 일, 그리고 백강해전에 대하여 이렇게 설명하고 있다. (괄호 안의 연월일은 다른 사료와 교차검증하여 찾아낸 것이다.)

A) 이때 복신이 이미 병권을 쥐고 마음대로 하였고, 부여풍과 점차 서로 시기하였다. 복신이 거짓으로 병이 났다며 동굴에 누워서 풍이 문병 오기를 엿보다가 습격하여 죽이려고 하였다. 부여풍이 그것을 알고, 측근을 데리고 몰래 가서 습격하여 복신을 죽였다(6월). 또 사신을 고구려 및 왜국에 보내어 군사를 청해다가 당군에 맞섰다(6월).[140] 손인사가 백제로 건너오던 길에 그것을 맞아쳐서 깨트렸다. 마침내 손인사의 부대가 유인원의 무리와 서로 합하여 군대의 기세가 크게 떨쳤다(7월 17일). 손인사와 유인원 및 신라 왕 김법민은 육군을 데리고 나아가고, 유인궤 및 별군 장수 두상과 부여륭은 수군 및 군량선을 이끌고 웅진강에서(663년 8월 13일 출발) 백강으로 가서(8월 17일 도착) 육군과 만나 함께 주류성으로 향하였다. 유인궤가 부여풍의 무리를 백강 입구에서 만나서 네 번 싸워 모두 이기고, 그 배 400척을 불태우니 적의 무리가 크게 무너졌다(9월 8일). 부여풍이 몸을 빼어 달아났다(8월 28일). 가짜 왕자 부여충승과 부여충지 등이 사녀士女[141]와 왜의 무리를 이끌고 모두 항복하였다. 백제의 여러 성이 모두 다시 귀순하였다(9월 7일).[142]

그러나 『신당서』 백제전에는 그 내용이 더욱 간략하게 전한다.

B) 우무위장군 손인사를 웅진도행군총관으로 삼아 제齊 지역의 병사 7천 명을

---

**140)** 이 앞부분은 『일본서기』에 용삭(龍朔) 3년(663) 6월로 되어 있다.

**141)** 고대사회에서 士(사)는 전사를 의미하였다. 그러므로 여기서는 전사의 처나 그 자식을 이르는 말로 이해하면 되겠다.(저자 註)

**142)** 時福信旣專其兵權 與扶餘豊漸相猜貳 福信稱疾 臥於窟室 將候扶餘豊問疾 謀襲殺之 扶餘豊覺而率其親信掩殺福信又遣使往高麗及倭國請兵以拒官軍孫仁師中路迎擊破之遂與仁願之衆相合兵勢大振於是仁師仁願及新羅王金法敏帥陸軍進劉仁軌及別帥杜爽扶餘隆率水軍及糧船自熊津江往白江以會陸軍同趨周留城仁軌遇扶餘豊之衆於白江口四戰皆捷焚其舟四百艘賊衆大潰扶餘豊脫身而走僞王子扶餘忠勝忠志等率士女及倭衆竝降百濟諸城皆復歸順(『舊唐書』 199上 列傳 149上 東夷 百濟)

뽑아 가지고 갔다(663년 7월 1일). 복신이 나라 일을 맘대로 하고 부여풍을 죽이려고 모의하였다. 부여풍이 친히 신임하는 측근을 데리고 가서 복신의 목을 베었다(663년 6월). 그리고 고구려와 왜와 연락하였다(6월). 유인원이 이미 제齊 지역 병사를 얻고 나니 병사들의 사기가 떨쳤다(7월 17일). 곧 신라 왕 김법민과 함께 보병 및 기병을 인솔하고, 유인궤를 보내어 수군을 데리고 웅진강에서 함께 주류성으로 나아갔다. 부여풍의 무리는 백강 입구에 주둔하고 있었다. 네 차례 만나 싸워서(8월 27일·28일, 9월 7일·8일) 모두 이기고 배 400척을 불살랐다(9월 8일). 부여풍은 달아났는데 그가 간 곳을 알 수 없었다(8월 28일). 가짜 왕자 부여충승과 부여충지는 나머지 무리와 왜인을 데리고 항복하며 목숨을 청하였다. 여러 성이 다시 회복되었다(9월 7일).[143]

이 외에 『구당서』 유인궤전에도 백강해전 전후의 사정을 전하고 있는데, 그 내용은 대략 비슷하다.

C) 얼마 후 부여풍扶餘豊이 복신을 습격하여 죽였다(663년 6월). 또 사신을 고구려 및 왜국에 보내어 군사를 청해다가 당군을 막아 싸웠다(663년 6월). 우위위 장군 손인사에게 조서를 내려 병사를 이끌고 바다를 건너가서 원병이 되게 하였다. 손인사는 유인궤 등과 서로 군사를 합치니 병사들의 사기가 크게 떨쳤다(663년 7월 17일). 이에 여러 장수가 모여서 논의하였다. 누군가 "가림성은 수륙의 요충이니 먼저 공격하기를 청합니다."라고 하였다. 이에 유인궤가 "가림성은 험하고 단단하여 급히 공격하면 병사를 상하게 되고, 굳게 지키면 날짜만

---

143) 右威衛將軍孫仁師爲熊津道行軍摠管發齊兵七千往福信顧國謀殺豊率親信斬福信與高麗倭連和仁願已得齊兵士氣振乃與新羅王金法敏率步騎而遣劉仁軌率舟師自熊津江偕進趣周留城豊衆屯白江口四遇皆克火四百艘豊走不知所在僞王子扶餘忠勝忠志率殘衆及倭人請命諸城皆復(『新唐書』 220 列傳 145 東夷 百濟)

보내며 오래도록 버틸 것이니 주류성을 먼저 공격하는 것만 못하다. 주류성은 적의 소굴이다. 나쁜 무리가 모인 곳에서는 악을 제거하여 근본에 힘써야 하니, 그 원천을 뽑아버려야 한다. 주류성을 이기면 여러 성이 저절로 함락될 것이다."라고 하였다(663년 8월 13일). 이에 손인사와 유인원 및 신라 왕 김법민은 육군을 이끌고 나아가고, 유인궤 및 별군 장수 두상과 부여륭은 수군 및 군량선을 이끌고 웅진에서 백강으로 가서, 육군과 만나 함께 주류성으로 향하였다. 유인궤가 왜군을 백강 입구에서 만나서 네 번 싸워 이겼다. 그 배 400척을 불태우니 연기와 불꽃이 하늘을 가리고 바닷물이 붉게 되었으며, 적의 무리가 크게 무너졌다(9월 8일). 부여풍이 몸을 빼어 달아났으며, 그 보검을 얻었다(8월 28일). 가짜 왕자 부여충승과 부여충지 등이 사녀 및 왜의 무리와 탐라국耽羅國 사신을 데리고 한 번에 모두 항복하였다. 백제의 여러 성이 모두 다시 귀순하였다(9월 7일). 적의 우두머리 지수신이 임존성에 의지하여 항복하지 않았다(10월 21일).[144]

『신당서』 유인궤전의 내용도 대략 같다.

D) 그리고 부여풍이 과연 복신을 습격하여 죽이고, 사신을 보내어 고구려·왜에 구원을 청하였다(663년 6월).[145] 때마침 조서를 내려 우위위장군 손인사를

---

144)  俄而餘豊襲殺福信 又遣使往高麗及倭國請兵 以拒官軍 詔右威衛將軍孫仁師率兵浮海以爲之援 仁師
      旣與仁軌等相合 兵士大振 於是諸將會議 或曰 加林城水陸之衝 請先擊之 仁軌曰加林險高 急攻則傷
      損戰士 固守則用日持久 不如先攻周留城 周留賊之巢穴 群兇所聚 除惡務本 須拔其源 若克周留 則諸
      城自下 於是仁師仁願及新羅王法敏帥陸軍以進 仁軌乃別率杜爽 扶餘隆率水軍及糧船 自熊津江往白
      江 會陸軍同趣周留城 仁軌遇倭兵於白江之口 四戰捷 焚其舟四百艘 煙焰漲天 海水皆赤 賊衆大潰 餘
      豊脫身而走 獲其寶劍 僞王子忠勝忠志等率士女及倭衆幷耽羅國使 一時並降 百濟諸城 皆復歸順 賊帥
      遲受信據任存城不降
145)  『일본서기』에 龍朔 3년(663) 6월의 일로 되어 있다.

파견해 군대를 이끌고 바다를 건너 이르니, 사기가 크게 떨쳤다.[146] 이에 여러
장수가 장차 어디로 갈지를 논의하였다. 어떤 사람은 "가림성은 수륙의 요충인
데, 어찌 먼저 공격하지 않습니까?"라고 하였다. 유인궤는 "병법에 실한 것을
피하고 빈 것을 공격하라고 하였다. 가림성은 험하고 견고하여 공격하면 병사
를 상하고 지키면 날짜만 보낸다. 주류성은 백제의 소굴이어서 여러 나쁜 놈들
이 모여있으니, 만약 이기면 여러 성이 저절로 함락될 것이다."라고 하였다(8월
13일). 이에 손인사·유인원 및 김법민은 육군을 이끌고 나아가고, 유인궤 및 별
군 장수 두상·부여융은 웅진에서 백강으로 가서 만났다. 왜군을 백강 입구에
서 만나서 네 번 싸워 모두 이겼는데, 배 4백 척을 불태워서 바닷물이 붉어졌다
(663년 9월 8일).[147] 부여풍이 몸을 빼어 달아나고 그 보검을 얻었다(8월 28일).
가짜 왕자 부여충승扶餘忠勝·충지 등이 그 무리를 이끌고 왜군과 함께 항복하였
다(9월 7일). 유독 우두머리 지수신만이 임존성에 근거하여 함락되지 않았다(10
월 21일).[148] (『신당서』 108 열전 33 劉仁軌)

그런데 다음 『책부원구』에는 다른 사서에서는 볼 수 없는 내용이 있다.

E) 유인궤는 검교대방주자사 겸 웅진도행군장사熊津道行軍長史가 되었다(660년 9
월). 현경 5년(660)에 대군이 백제를 정벌하였을 때 유인궤는 따로 수군 2만을
거느리고 가서 왜적 수만 명을 백강에서 습격하여 격파하고 전함 400여 척을

---

146) 『삼국사기』 김유신전에 龍朔 3년(663) 7월 17일의 사건으로 되어 있다.
147) 『신당서』 本紀에 龍朔 3년(663) 9월 8일(戊午)로 되어 있다.
148) 而豊果襲殺福信 遣使至高麗倭丐援 會詔遣右威衛將軍孫仁師率軍浮海而至 士氣振 於是 諸將議所向
或曰 加林城水陸之衝 盡先擊之 仁軌曰 兵法避實擊虛 加林險而固 攻則傷士 守則曠日 周留城 賊巢穴
群凶聚焉 若克之 諸城自下 於是 仁師仁願及法敏 帥陸軍以進 仁軌與杜爽扶餘隆 繇熊津白江會之 遇
倭人白江口 四戰皆克 焚四百艘 海水爲丹 扶餘豊脫身走 獲其寶劍 僞王子扶餘忠勝忠志等率其衆與倭
人降 獨酋帥遲受信據任存城 未下(『新唐書』 108 列傳 33 劉仁軌)

노략질하였다. 왜적 및 탐라 등의 나라가 모두 사신을 보내어 유인궤에게 나아가 항복을 청하였다(663년 9월 7~8일).

처음에 유인궤가 장차 대방주帶方州로 떠나려 할 때 사람들에게 "하늘이 장차 이 늙은이를 부귀하게 하려는구나!"라고 말하였다. 그리고는 주사州司에 역일曆日(책력, =달력) 한 권과 (당나라) 7대 황제의 이름을 청하였다. 사람들이 그것을 괴이하게 여기자 "요해遼海를 평정하고, 나라의 정삭을 반포하여 오랑캐로 하여금 받들게 하리라"라고 하였다. 과연 군공이 두드러지게 나타나자 그에게 정식으로 대방주자사를 제수하고 또 검교웅진도독檢校熊津都督으로 삼아 웅진부성에 남아서 병마에 관한 일을 전부 맡도록 하였다(660년 9월).[149]

바로 이 『책부원구』 기사에서 주목되는 내용은 663년 9월 7~8일 전후의 마지막 해전에서 유인궤가 2만 명의 수군으로 왜군 수만 명을 격파하고 왜선 4백 척을 불태웠다는 것이다. 이와 비슷한 내용이 『태평어람太平御覽』에도 있다.

F) 『구당서』 유인궤전에 전한다. … 현경 5년에 대군이 요동을 정벌하였을 때 유인궤로 하여금 수군을 감독하고 통솔하게 하였다. 그러나 기일에 늦어서 그 자리에서 해임되었는데, 특별히 명령하여 백의종군하여 정성을 다하였다(660년 6~8월). 나중에 검교대방주자사 겸 웅진도행군장사가 되었다(660년 9월). 이어서 따로 수군 2만을 거느리고 가서 왜적 수만 명을 백강에서 습격하여 격파하고 전함 400여 척을 사로잡았다. 왜 및 탐라 등이 모두 사신을 보내어 그에게

---

149) 劉仁軌 爲簡較帶方州刺史兼熊津道行軍長史 顯慶五年 大軍征遼 仁軌仍別領水軍二萬 襲破倭賊數萬 於白江 虜掠船艦四百餘艘 倭賊及眈羅等國 皆遣使詣之 請降 初 仁軌將發帶方州 謂人曰 天將富貴此翁耳 於州司 請曆日一卷 幷七廟諱 人怪其故 答曰 擬削平遼海 頒示國家正朔 使夷俗尊奉焉 至果以軍功顯 正除帶方州刺史 又檢較熊津都督總知留鎭兵馬事(『冊府元龜』 358 將帥部 19 立功 11 劉仁軌)

항복을 청하였다(663년 9월 8일). 처음에 유인궤가 장차 대방주로 출발하려 할 때 사람들에게 "하늘이 장차 이 늙은이를 부귀하게 하려는구나!"라고 말하였다. 이에 주사에 역일曆日[150] 한 권과 당나라 7대의 황제 이름을 청하였다. 사람들이 그것을 괴이하게 여기자 "요해를 평정하는 일을 헤아려보니 나라의 정삭을 반포하여 이적夷狄의 풍속으로 하여금 존중하고 받들게 할 것이다."라고 하였다. 이 때에 이르러 과연 군공이 두드러지게 나타나자 정식으로 대방주자사를 제수하였다(660년 9월).[151]

이 역시 4백 척의 왜선을 불태운 당군 장수를 유인궤로 그리고 있는 점이 같다. 그런데 당시의 사정을 『삼국사기』 신라본기 문무왕 11년(671) 기록은 다음과 같이 전한다. 설인귀가 임윤법사 편에 문무왕에게 보낸 서신에 대한 문무왕의 답신(문무왕답설인귀서) 가운데 나오는 내용이다.

G) 가을 7월 26일에 대당 총관摠管 설인귀薛仁貴가 임윤법사琳潤法師 편에 편지를 보내왔다. …… 대왕이 그 편지에 답하였는데, 내용은 다음과 같다. "… 용삭 3년(663)에 이르러 총관 손인사가 병사를 거느리고 와서 부성府城[152]을 구하였다. 신라의 병마가 또한 함께 정벌하러 가서 주류성 아래에 이르렀다(7월 17일). 이때 왜국의 배와 병사가 와서 백제를 도왔다. 왜선은 1천 척인데 백사白沙에 정박해 있었다. 백제의 정예기병은 강가 언덕 위에서 배를 지켰다. 신라의 날

150) 달력, 즉 책력(冊曆)을 이른다.(저자 註)
151) 唐書 …… 顯慶五年 大軍征遼 令仁軌監統水軍 以後期免 特令以白衣隨軍自効 尋擢校帶方州刺史兼 熊津道行軍長史 仍別領水軍二万 襲破倭賊數万於白波 虜獲舡艦四百餘艘 倭及耽羅等國 皆遣使詣 之 請降 初 仁軌將發帶方州 謂人日 天將富貴此翁耳 乃於州司請歷日一卷幷七廟諱 人恠其故 答日 擬削平遼海 頒示國家正朔 使夷俗遵奉焉 至是 果以軍功顯 正除帶方州刺史(『太平御覽』 276 兵部 7 良將下 劉仁軌)
152) 웅진부성 즉, 사비성.

랜 기병은 한漢(당나라를 지칭)의 선봉이 되어 먼저 강가의 진영을 격파하였다. 주류성이 놀라서 마침내 항복하여 함락되었다(9월 8일). 남쪽이 평정되고 나서 군사를 돌려 북쪽을 쳤는데(南方已定 廻軍北伐) 임존성 하나만은 미혹하여 항복하지 않았다(10월 21일). 두 나라 군대가 힘을 합하여 함께 한 성을 공격하였으나, 굳게 지키고 막아서 공격하여 취할 수 없었다. 신라가 곧 돌아가려고 하자, 두대부杜大夫가 말하였다. '칙서에 따라 평정한 이후에 함께 서로 회맹할 것입니다. 임존성 하나가 비록 아직 항복하여 함락되지 않았으나 곧 함께 서로 맹서할 수 있을 것입니다.' 이에 신라는 말하였다. '칙서에 따라 평정한 이후에 함께 서로 회맹한다 해도 임존성이 아직 항복하지 않았으므로 평정했다고 할 수 없습니다. 또 백제는 간사하기가 이를 데 없으니 말을 뒤집어 변덕이 많습니다. 지금 비록 함께 서로 회맹하더라도 나중에 배꼽을 씹는 걱정이 있을까 두렵습니다.' 회맹을 멈추기를 청하였다(11월 4일).[153]

또 『삼국사기』 백제본기에도 비슷한 내용이 있다. 이것 또한 『구당서』와 『신당서』를 옮겨놓은 것이어서 줄거리가 대략 같다.

H) 이 때 복신이 이미 권력을 독점하였고, 부여풍과 점차 서로 시기하였다. 복신이 거짓으로 병을 칭하여 동굴에 누워서, 부여풍이 문병 오기를 기다렸다가 죽이려고 하였다. 풍이 그것을 알고 측근을 이끌고 엄습하여 복신을 죽였다(663년 6월). 사신을 고구려와 왜국에 보내어 군사를 청해다가 당군을 막아 싸

---

153) (文武王十一年) 秋七月二十六日 大唐摠管薛仁貴使琳潤法師寄書曰 …… 大王報書云 …… 至龍朔三年 摠管孫仁師領兵來救府城 新羅兵馬 亦發同征 行至周留城下 此時 倭國船兵 來助百濟 倭船千艘 停在 白沙 百濟精騎 岸上守船 新羅驍騎 爲漢前鋒 先破岸陣 周留失膽 遂卽降下 南方已定 廻軍北伐 任存一城 執迷下降 兩軍倂力 共打一城 固守拒捍 不能打得 新羅卽欲廻還 杜大夫云 準勅旣平已後 共相盟會 任存一城 雖未降下 卽可共相盟誓 新羅以爲準勅 旣平已後 共相盟會 任存未降 不可以爲旣平 又且百濟 姦詐百端 反覆不恒 今雖共相盟會 於後恐有噬臍之患 奏請停盟 …… (『三國史記』 7 新羅本紀 7 文武王 下)

왔다(6월). 손인사가 도중에 왜와 고구려의 원병을 맞아 싸워 격파하였고, 마침내 유인원의 무리와 서로 합하니 사기가 크게 떨쳤다(7월 17일). 이에 여러 장수가 장차 어디로 갈지를 논의하였다. 누군가가 '가림성은 수륙의 요충이니 먼저 공격하는 것이 합당합니다'라고 말하였다. 그러나 유인궤는 '병법에 실한 것을 피하고 빈 데를 공격하라고 하였다. 가림성은 험하고 견고해서 그곳을 공격하면 병사를 상하게 되고, 지키면 날짜만 허비할 것이다. 주류성은 백제의 소굴이다. 무리가 모여있으니 만약 그곳을 이기면 여러 성이 저절로 함락될 것이다'라고 하였다(8월 13일). 이에 손인사와 유인원 및 신라 왕 김법민은 육군을 데리고 나아가고, 유인궤 및 별군 장수 두상과 부여륭은 수군 및 군량선을 이끌고 웅진강에서 백강으로 가서, 육군과 만나 함께 주류성으로 나아갔다. 왜군을 백강 입구에서 만나 네 번 싸워 모두 이겼다(8월 17일~9월 8일). 그 배 400척을 불태우니 연기와 불꽃이 하늘을 가리고 바닷물이 붉게 되었다(9월 8일). 부여풍이 몸을 빼어 달아나니 그가 있는 곳을 몰랐다. 어떤 사람은 (부여풍이) 고구려로 도망갔다고 하였다. 그의 보검을 얻었다(8월 28일). 왕자 부여충승과 부여충지 등이 그 무리를 이끌고 왜군과 함께 모두 항복하였다(이상 9월 7일). 오직 지수신만이 임존성에 의지하여 함락되지 않았다(10월 21일).[154]

한편 다음의 『자치통감』도 백강해전 및 주류성과 임존성 함락 당시의 사정을 비교적 상세하게 전해주고 있다.

---

154) 時福信旣專權 與扶餘豊浸相猜忌 福信稱疾 臥於窟室 欲俟豊問疾執殺之 豊知之 帥親信 掩殺福信 遣使高句麗倭國 乞師以拒唐兵 孫仁師中路迎擊 破之 遂與仁願之衆相合 士氣大振 於是 諸將議所向 或曰 加林城水陸之衝 合先擊之 仁軌曰 兵法 避實擊虛 加林嶮而固 攻則傷士 守則曠日 周留城百濟巢穴 群聚焉 若克之 諸城自下 於是 仁師仁願及羅王金法敏 帥陸軍進 劉仁軌及別帥杜爽扶餘隆 帥水軍及糧船 自熊津江往白江 以會陸軍 同趨周留城 遇倭人白江口 四戰皆克 焚其舟四百艘 煙炎灼天 海水爲丹 王扶餘豊脫身而走 不知所在 或云奔高句麗 獲其寶劍 王子扶餘忠勝忠志等帥其衆 與倭人並降 獨遲受信據任存城 未下(『三國史記』28 百濟本紀 6)

I) ··· 처음에 유인원·유인궤가 이미 진현성에서 이겼을 때, (당 황제는) 손인사에게 조서를 내려 병사를 거느리고 바다를 건너가서 그들을 돕게 하였다(662년 7월 30일). 백제 왕 풍이 왜군을 남쪽으로 불러서 당군에 맞섰다(663년 6월). 손인사가 오던 길에 그를 맞아 싸워 깨트렸다. 마침내 유인원· 유인궤와 병사를 합하니 세력이 크게 떨쳤다(663년 7월 17일). 여러 장수가 가림성이 수륙의 요충이라고 여겨 먼저 공격하려고 하였다. 유인궤가 말하기를 '가림성은 험하고 견고하므로 급히 공격하면 사졸을 상하게 되고, 공격을 늦추면 시일만 허비할 것이다. 주류성은 적의 소굴이라 흉악한 자들이 모두 모여 있으니 악을 제거하여 근본에 힘쓰려면 마땅히 이곳부터 먼저 공격해야 한다. 만약 주류성을 이기면 여러 성이 저절로 함락될 것이다.'라고 하였다(8월 13일). 이에 손인사와 유인원 및 신라 왕 김법민은 육군을 거느리고 나아가고, 유인궤 및 별군 장수 두상·부여륭은 수군 및 군량선을 거느리고 웅진에서 백강으로 가서 육군과 만난 뒤, 함께 주류성으로 나아갔다. 백강구에서 왜군을 만나 네 번 싸워 모두 이겼다(663년 8월 17일~9월 8일). 그 배 400척을 불태우니 연기와 불꽃이 하늘을 가리고 바닷물이 붉게 변하였다(9월 8일). 백제 왕 풍이 몸을 빼내어 고구려로 도망쳤다(8월 28일). 왕자 부여충승과 부여충지 등이 무리를 이끌고 항복하였다. 백제가 모두 평정되었다(9월 7일). 오직 별군 장수 지수신만이 임존성에 근거하여 함락되지 않았다(10월 21일). 처음에 백제 서부西部 사람 흑치상지黑齒常之는 키가 7척 남짓이고, 날래고 용감하며 계략이 있었다. 백제에서 관직에 나아가 달솔 겸 군장이 되었는데(649년), 그것은 중국의 자사刺史와 같은 직책이다. 소정방이 백제를 이기자 흑치상지는 부하를 이끌고 그 무리를 따라 항복하였다(660년 7월). 소정방이 그 왕 및 태자를 잡아두고 병사를 풀어 약탈하자 (백제의) 건장한 자들이 많이 죽었다. 흑치상지가 두려워하여 측근 10여 명과 함께 도망쳐 자신의 서부로 돌아가서, 도망가고 흩어진 무리를 불러 모아 임존산任存山을

백제 시대 바닷가였을 아산시 선장면 해안. 이 수로를 지나 전의로 간 나당군에 의해 주류성이 함락되었다.

지키고 목책을 엮어 스스로 굳건히 하였다. 여러 날 사이에 귀부하는 자가 3만여 명이나 되었다(660년 8월). 소정방이 병사를 파견하여 그를 공격하자 흑치상지가 맞서 싸우니 당 병사가 불리하였다(8월 26일). 흑치상지는 다시 200여 성을 취하였고 소정방은 이길 수 없어서 돌아왔다. 흑치상지는 별부장 사타상여 沙吒相如와 각각 험한 곳에 의거하여 복신에게 호응하였다(660년 8월).

백강해전에서의 패전과 주류성 항복으로 북부 지역이 평정되자 나당군은 임존성으로 옮겨갔다. 거기서 유인궤는 흑치상지·사타상여를 회유하여 그들로 하여금 스스로 임존성을 취하게 하였다.

이어서 군량과 무기를 내주며 돕자 손인사가 '이 무리들은 짐승 같은 마음을 갖고 있는데 어떻게 믿을 수 있습니까?'라고 하였다. (이에) 유인궤가 '내가 두 사람을 보니 모두 충성스럽고 용맹하며 꾀가 있는 데다 신의가 두텁고 의리를 중시한다. …… 지금이 바로 그들이 감격하여 본보기를 세울 때이니 쓰고 의심하지 않는다.'라고 하였다. 마침내 병사를 나누어 그들을 따르게 하여 임존성을 공격하여 함락시켰다. 그러자 지수신은 처자를 버리고 고구려로 도망쳤다. (당 황제가) 조서를 내려 유인궤는 병사를 거느리고 백제를 지키고 손인사·유인원을 불러서 돌아오게 하였다. 백제는 병화의 영향으로 집집마다 시들고 손상되어서 쓰러진 시체가 들판에 가득하였다. 유인궤가 비로소 명령하여 해골을 묻고 호구를 호적에 등록하며, 촌락과 취락을 다스리고 관장을 임명하며, 도로를 개통하고 교량을 건립하며, 제방을 보완하고 보와 저수지를 수리하며, 경작과 누에치기를 장려하고 빈곤하고 모자라는 자들을 진휼하며, 고아와 노인을 봉양하고 당의 사직을 세워 정삭과 종묘의 기휘忌諱를 반포하였다. 백제가 크게 기뻐하여 경계에 문을 닫고 각각 그 생업이 안정되었다. 그런 다음에 둔전을 수리하여 군량을 쌓으며, 사졸을 훈련시켜 고구려를 도모하였다. 유인원이 수도에 도착하자 황제가 그에게 물었다. '경이 해동에 있으면서 전후로 주청한 것은 모두 이치에 합당하면서도 문리가 있었다. 경은 본래 무인인데 어떻게 이와 같이 할 수 있었는가?' 유인원이 '이것은 모두 유인궤가 한 일이지 신이 미칠 바가 아닙니다'라고 하였다. 황제가 기뻐하며 유인궤에게 6품계의 관작을 더해주고 정식으로 대방주자사를 제수하였다. 장안長安에 저택을 지어주고 그 처자에게 물품을 후하게 하사하였으며 사신을 파견하여 유인궤를 위로하였다. 상관의上官儀가 말하기를 '유인궤는 관직에서 쫓겨났으나 충성을 다할 수 있었고, 유인원은 절제할 줄 알고 현명한 자를 추천하였으니 모두 군자라 할 만하다.'(663년 11월 이후)[155]

---

[155]  (九月) 初 劉仁願劉仁軌旣克眞峴城 詔孫仁師將兵 浮海助之 百濟王豊 南引倭人以拒唐兵 仁師與仁願 仁軌合兵 勢大振 諸將以加林城水陸之衝 欲先攻之 仁軌曰 加林險固 急攻則傷士卒 緩之則曠日持久

## 연대와 월일별로 다시 정리한 한·중·일 3국 자료들

한·중·일 삼국 자료를 연대와 월일에 따라 교차 검토하여 사건별로 기술한 이상의 A)~I) 기사를 연월 및 날짜별로 해체하여 다시 정리하면 다음과 같이 된다.

### 1) 660년 6월

현경顯慶 5년, 대군이 백제를 정벌하였을 때 유인궤로 하여금 수군을 감독하고 통솔하게 하였다. 그러나 기일에 늦어서 그 자리에서 해임되었는데, (당 고종이) 특별히 명령하여 백의종군하게 하니 정성을 다하였다.[156]

### 2) 660년 9월

①유인궤는 검교대방주자사 겸 웅진도행군장사熊津道行軍長史가 되었다.[157](『책부원구』)

---

周留城 虜之巢穴 盡凶所聚 除惡務本 宜先攻之 若克周留 諸城自下 於是 仁師仁願與新羅王法敏 將陸軍以進 仁軌與別將杜爽扶餘隆 將水軍及糧船 自熊津入白江 以會陸軍 同趣周留城 遇倭兵於白江口 四戰皆捷 焚其舟四百艘 煙炎灼天 海水皆赤 百濟王豊脫身奔高麗 王子忠勝忠志等帥衆降 百濟盡平 唯別帥遲受信據任存城 不下 初 百濟西部人黑齒常之 身七尺餘 驍勇有謀略 仕百濟爲達率兼郡將 猶中國刺史也 蘇定方克百濟 常之帥所部隨衆降 定方縶其王及太子 縱兵劫掠 壯者多死 常之懼 與左右十餘人遁歸本部 收集亡散 保任存山 結柵以自固 旬月間歸附者三萬餘人 定方遣兵攻之 常之拒戰 唐兵不利 常之復取二百餘城 定方 不能克而還常之與別部將沙吒相如各據險以應福信百濟旣敗 皆帥其衆降 劉仁軌使常之相如 自將其衆 取任存城 仍以糧仗助之 孫仁師曰 此屬獸心 何可信也 仁軌曰 吾觀二人皆忠勇有謀 敦信重義 但暴者所託 未得其人 今正是其感激立效之時 不用疑也 遂給其糧仗 分兵隨之 攻拔任存城 遲受信棄妻子 奔高麗詔劉仁軌將兵鎮百濟 召孫仁師劉仁願還 百濟兵火之餘 比屋彫殘 僵尸滿野 仁軌始命瘞骸骨 籍戶口 理村聚 署官長 通道塗 立橋梁 補隄堰 復陂塘 課耕桑 賑貧乏養孤老 立唐社稷 頒正朔及廟諱 百濟大悅 闔境各安其業 然後脩屯田 儲糗糧 訓士卒 以圖高麗 劉仁願至京師 上問之曰 卿在海東 前後奏事 皆合機宜 復有文理 卿本武人 何能如是 仁願曰 此皆劉仁軌所爲 非臣所及也 上悅 加仁軌六階 正除帶方州刺史 爲築第賜安 厚賜其妻子 遣使齎璽書勞勉之 上官儀曰 仁軌遭黜削而能盡忠 仁願秉節制而能推賢 皆可謂君子矣(『資治通鑑』201 唐紀 17 高宗 中之上)

156)  顯慶五年 大軍征遼 令仁軌監統水軍 以後期免 特令以白衣隨軍自効(『태평어람(太平御覽)』)

157)  劉仁軌 爲檢較帶方州刺史兼熊津道行軍長史

②조금 있다가 검교대방주자사 겸 웅진도행군장사가 되었다.[158](『태평어람太平御覽』)


### 3) 662년 7월 30일

··· 처음에 유인원·유인궤가 이미 진현성에서 이겼다.[159](『자치통감』)


### 4) 662년 7월 1일

①우위위장군右威衛將軍 손인사孫仁師에게 조서를 내려 병사를 이끌고 바다를 건너가서 원병이 되게 하였다.[160](『구당서』유인궤전)

②우위위장군 손인사를 웅진도행군총관熊津道行軍總管으로 삼아 제 지역의 병사 7천 명을 뽑아 가지고 갔다.[161](『신당서』백제전)

③7월 1일(戊子日) 우위위장군 손인사가 웅진도행군총관이 되어 백제를 쳤다.[162](『신당서』고종 본기)

④유인원은 곧 황제에게 청하여 병사를 늘려줄 것을 요청하였다. 치주淄州와 청주靑州, 내주萊州, 해주海州의 병사 7천 명을 징발하여 웅진으로 건너가게 하였다.[163](『자치통감』고종 본기)

⑤손인사에게 조서를 내려 병사를 거느리고 바다를 건너가서 그들을 돕게 하였다.[164](『자치통감』)

---

158) 尋撿校帶方州刺史兼熊津道行軍長史

159) 初 劉仁願劉仁軌旣克眞峴城(이것은 『資治通鑑』에 662년 7월 30일(丁巳日)의 사건이다.)

160) 詔右威衛將軍孫仁師率兵浮海以爲之援

161) 右威衛將軍仁師爲熊津道行軍摠管發齊兵七千往

162) (七月戊子) 右威衛將軍孫仁師爲熊津道行軍總管 以伐百濟(『신당서』 3 본기 3 高宗)

163) 仁願乃奏請益兵 詔發淄靑萊海之兵七千人以赴熊津(『資治通鑑』 200 唐紀 16 高宗 上之下). 『신당서』와 『자치통감』의 자료에 의하면 이 기사는 7월 1일(戊子日)의 사건으로 추정할 수 있다.

164) 詔孫仁師將兵 浮海助之(『資治通鑑』 201 唐紀 17 高宗 中之上). 『신당서』 본기에도 이 사건은 662년 7월 1일(戊子日)의 일로 되어 있다.

⑥손인사에게 조서를 내려 병사를 이끌고 바다를 건너가서 그들의 원군이 되게 하였다.[165](『책부원구』)

⑦『신당서』 본기에 전한다. 용삭 2년(662) 7월 1일(戊子日)에 우위위장군 손인사가 웅진도행군총관이 되어 백제를 쳤다.[166](『옥해玉海』)

⑧『자치통감』에 전한다. "용삭 2년(662)에 ⋯ 유인원이 이에 그 병사를 더해줄 것을 청하였다. (이에 당 고종은) 조서를 내려 치주·청주·내주·해주의 병사 7천 명을 징발하여 웅진으로 가게 하였다."[167]

⑨조서를 내려 우위위장군 손인사를 파견하여 병사 40만을 이끌고 덕물도에 이르러 웅진부성熊津府城으로 나아가게 하였다. 왕은 김유신 등 28명[30이라고도 한다]의 장군을 거느리고 가서 그와 합류하였다.[168]

⑩유인원이 병사를 더해 줄 것을 (황제에게) 청하였다. 조서를 내려 치주淄州·청주靑州·내주萊州·해주海州의 병사 7천 명을 징발하고 좌위위장군左威衛將軍 손인사를 파견하여 병사 40만을 이끌고 덕물도에 이르러 웅진부성으로 나아가서 유인원의 무리에 보태게 하였다. 신라 왕은 김유신 등 28명의 장수를 이끌고 와서 그와 합류하였다.[169]


### 5) 663년 6월

①이때 복신이 이미 그 병권을 쥐고 마음대로 하였고, 부여풍과 점차 서로 시기하였다. 복신이 거짓으로 병을 칭하여 동굴에 누워서 장차 부여풍

---

165) 『冊府元龜』366 將帥部 27 機略 6 劉仁軌
166) 龍朔二年七月戊子 右威衛將軍孫仁師爲熊津道行軍摠管 伐百濟(『玉海』191 兵捷露布 3 唐熊津道行軍摠管破百濟)
167) 『玉海』191 兵捷露布 3 唐熊津道行軍摠管破百濟
168) 『삼국사기』6 신라본기 6
169) 『삼국사절요』10

이 문병 오기를 엿보다가 습격하여 죽이려고 하였다. 부여풍이 그것을 알고 측근을 데리고 몰래 가서 습격하여 복신을 죽였다. 또 사신을 고구려 및 왜국에 보내어 군사를 청해다가 당군에 맞섰다.[170]『구당서』백제전)

②복신이 나라 일을 맘대로 하고 부여풍을 죽이려고 모의하였다. 부여풍이 친히 신임하는 측근을 데리고 가서 복신의 목을 베었다. 그리고 고구려 및 왜와 연락하였다.[171]『신당서』백제전)

③얼마 후 부여풍이 복신을 습격하여 죽였다(6월). 또 사신을 고구려 및 왜국에 보내어 군사를 청해다가 당군을 막아 싸웠다.[172]『구당서』유인궤전)

④이때 복신이 이미 권력을 독점하고는 부여풍과 점차 서로 시기하였다. 복신이 거짓으로 병을 칭하여 동굴에 누워있으면서 부여풍이 문병 오기를 기다렸다가 죽이려고 하였다. 풍이 그것을 알고 측근을 데리고 몰래 습격하여 복신을 죽였다(6월). (그리고는) 사신을 고구려와 왜국에 보내어 군사를 청해다가 당군을 막아 싸웠다.[173]『삼국사기』백제본기)

⑤백제 왕 부여풍이 왜군을 남쪽으로 불러서 당군에 맞섰다.[174]『자치통감』)

⑥그리고 부여풍이 과연 복신을 습격하여 죽이고 사신을 고구려·왜에 보내어 구원을 요청하였다(663년 6월).[175]『신당서』유인궤전)

---

170) 時福信旣專其兵權 與扶餘豐漸相猜貳 福信稱疾 臥於窟室 將候扶餘豐問疾 謀襲殺之 扶餘豐覺而率其親信掩殺福信 又遣使往高麗及倭國 請兵以拒官軍

171) 福信顓國 謀殺豐 豐率親信斬福信 與高麗倭連和(『日本書紀』에 의하면 이것은 龍朔 3년(663) 6월의 사건이다.)

172) 俄而餘豐襲殺福信 又遣使往高麗及倭國 請兵以拒官軍(이것은 『일본서기』에는 용삭 3년, 즉 663 6월에 일어난 사건으로 기록되어 있다.)

173) 時福信旣專權 與扶餘豐寖相猜忌 福信稱疾 臥於窟室 欲俟豐問疾執殺之 豐知之 帥親信 掩殺福信 遣使高句麗倭國 乞師以拒唐兵

174) 百濟王豐 南引倭人以拒唐兵(이것은 『日本書紀』에 663년 6월에 일어난 일로 되어 있다.)

175) 『일본서기』에 龍朔 3년(663) 6월의 일로 되어 있다.

## 6) 663년 7월 17일

①(백제가) 고구려 및 왜국에 사신을 보내어 군사를 청해다가 당군에 맞섰다. 손인사가 백제로 건너오던 길에 맞아 쳐서 깨트렸다.[176] 마침내 손인사의 부대가 유인원의 무리와 서로 합하여 군사의 기세가 크게 떨쳤다.[177](『구당서』 백제전)

②유인원이 이미 제齊 지역 병사를 얻고 나니 병사들의 사기가 떨쳤다.[178](『신당서』 백제전)

③손인사는 이미 유인궤 등과 서로 합하여 병사들의 사기가 크게 떨쳤다.[179](『구당서』 유인궤전)

④용삭 3년(663)에 이르러 총관 손인사가 병사를 거느리고 와서 부성府城을 구원하였다.[180](『삼국사기』 신라본기 문무왕 11년)

⑤손인사가 도중에 왜와 고구려의 원병을 맞아 싸워 격파하였고,[181] 마침내 유인원의 무리와 서로 합하니 사기가 크게 떨쳤다.[182](『삼국사기』 백제본기)

⑥용삭 3년 계해(663)에 백제의 여러 성이 몰래 부흥을 꾀했는데, 그 우두머리가 두루성豆率城에 웅거해 왜국에 원군을 청하였다. 문무왕이 몸소 김유신·김인문·천존·죽지 등 장군들을 거느리고 7월 17일에 토벌을 떠나 웅진주熊津州에 이르러 당의 진수관 유인원과 군사를 합쳤다.[183] 8월 13일

---

176) 이에 대해서는 손인사가 무찔렀다는 상대가 왜군인지, 고구려군인지를 명확히 제시하지 않았지만, 내용으로 보면 왜군을 맞아 싸워 이긴 것으로 볼 수 있겠다.

177) 孫仁師中路迎擊 破之 遂與仁願之衆相合 兵勢大振(이것은 『삼국사기』 김유신전에 7월 17일의 일로 되어 있다.)

178) 仁願已得齊兵 士氣振[이것은 『삼국사기』 김유신전에는 龍朔 3년(663) 7월 17일로 되어 있다.]

179) 仁師旣與仁軌等相合 兵士大振(『삼국사기』 김유신전에 龍朔 3년(663) 7월 17일의 사건으로 되어 있다.)

180) 至龍朔三年 摠管孫仁師領兵來救府城

181) 손인사가 격파했다는 상대가 누구인지는 분명히 제시하지 않았다. 그래서 '왜와 고구려의 원병'으로 해석하였지만, 왜군일 가능성이 높다.

182) 孫仁師中路迎擊 破之 遂與仁願之衆相合 士氣大振

183) 龍朔三年癸亥 百濟諸城潛圖興與復 其渠帥據豆率城 乞帥於倭爲援助 大王親率庾信仁問天存竹旨等

두루성(주류성)에 도착하니 백제인들이 왜군과 함께 나와 진을 쳤다. 우리 군사가 힘써 싸워 크게 깨뜨리니 백제와 왜의 군사들이 모두 항복하였다(9월 8일).(『삼국사기』 열전 김유신)

⑦손인사가 유인원·유인궤와 병사를 합하니 세력이 크게 떨쳤다.[184](『자치통감』)

⑧때마침 조서를 내려 우위위장군 손인사를 파견해 군대를 이끌고 바다를 건너 이르니, 사기가 크게 떨쳤다.[185](『신당서』 유인궤전)

### 7) 663년 8월 13일

①손인사와 유인원 및 신라 왕 김법민은 육군을 데리고 나아가고, 유인궤 및 별군 장수 두상과 부여륭은 수군 및 군량선을 이끌고 웅진강에서 백강으로 가서 육군과 만나 함께 주류성으로 향하였다.[186](『구당서』 백제전)

②곧 신라 왕 김법민과 함께 보병 및 기병을 인솔하고, 유인궤를 보내어 수군을 데리고 웅진강에서 함께 주류성으로 나아갔다.[187](『신당서』 백제전)

③이에 여러 장수가 모여서 논의하였다. 누군가가 "가림성은 수륙의 요충이니 먼저 공격하기를 청합니다."라고 하였다. 이에 유인궤가 "가림성은 험하고 단단하여 급히 공격하면 병사를 상하게 되고, 굳게 지키면 날짜만 보내며 오래도록 버틸 것이니 주류성을 먼저 공격하는 것만 못하다. 주류성은 적의 소굴이다. 나쁜 무리가 모인 곳에서는 악을 제거하여 근본에

---

將軍 以七月十七日征討 次熊津州 與鎭守劉仁願合兵

184) 仁師與仁願仁軌合兵 勢大振(이것은 『三國史記』 김유신전에 663년 7월 17일에 있었던 일로 되어 있다.)

185) 『삼국사기』 김유신전에 龍朔 3년(663) 7월 17일의 사건으로 되어 있다.

186) 於是 仁師仁願及新羅王金法敏 帥陸軍進 劉仁軌及別帥杜爽扶餘隆 率水軍及糧船 自熊津江往白江 以會陸軍 同趨周留城(이것은 『일본서기』에 663년 8월 13일의 일로 되어 있다.)

187) 乃與新羅王金法敏率步騎 而遣劉仁軌率舟師 自熊津江偕進 趨周留城

힘써야 하니, 그 원천을 뽑아버려야 한다. 주류성을 이기면 여러 성이 저절로 함락될 것이다."라고 하였다. 이에 손인사와 유인원 및 신라 왕 김법민은 육군을 이끌고 나아가고, 유인궤 및 별군 장수 두상과 부여륭은 수군 및 군량선을 이끌고 웅진에서 백강으로 가서, 육군과 만나 함께 주류성으로 향하였다.[188](『구당서』유인궤전)

④이에 여러 장수가 장차 어디로 갈지를 논의하였다. 누군가가 "가림성은 수륙의 요충이니 먼저 공격하는 것이 합당합니다."라고 말하였다. 그러나 유인궤는 "병법에 실한 것을 피하고 빈 데를 공격하라고 하였다. 가림성은 험하고 견고해서 그곳을 공격하면 병사를 상하게 되고, 지키면 날짜만 허비할 것이다. 주류성은 백제의 소굴이다. 무리가 모여있으니 만약 그곳을 이기면 여러 성이 저절로 함락될 것이다."라고 하였다.[189](『삼국사기』백제본기)

⑤가을 8월 13(갑오일), 백제 왕이 자신의 훌륭한 장수를 참수하였다는 말을 듣고 신라는 곧바로 그 나라로 들어가서 먼저 주유성을 취하려고 의논하였다. 이에 백제는 적의 계획을 알고, 여러 장수들에게 말하였다. "지금 들으니 대일본국大日本國의 구원군 장수 이오하라노키미오미廬原君臣가 건아健兒 1만여 명을 이끌고 바다를 건너올 것이라고 한다. 여러 장군들은 그에 대비하여 미리 도모해야 할 것이다. 나 자신은 백촌白村으로 가서 기다렸다가 그를 맞이하려고 한다."[190](『일본서기』27 天智紀)

---

188) 於是 諸將會議 或曰 加林城水陸之衝 請先擊之 仁軌曰 加林險固 急攻則傷損戰士 固守則用日持久 不如先攻周留城 周留 賊之巢穴 羣兇所聚 除惡務本 須拔其源 若克周留 則諸城自下 於是 仁師仁願及新羅王金法敏 帥陸軍以進 仁軌乃別率杜爽扶餘隆 率水軍及糧船 自熊津江往白江 會陸軍 同趣周留城(이것은 『일본서기』에 龍朔 3년(663) 8월 13일(甲午)의 일로 되어 있다.)

189) 於是 諸將議所向 或曰 加林城水陸之衝 合先擊之 仁軌曰 兵法 避實擊虛 加林嶮而固 攻則傷士 守則曠日 周留城百濟巢穴 群聚焉 若克之 諸城自下

190) 秋八月壬午朔甲午 新羅以百濟王斬己良將 謀直入國 先取州柔 於是 百濟知賊所計 謂諸將曰 今聞 大日本國之救將廬原君臣 率健兒萬餘 正當越海而至 願諸將軍等應預圖之 我欲自往 待饗白村(『日本書紀』27 天智紀)

⑥8월 13일 두루성豆率城(=주류성)에 도착하니 백제인들이 왜군과 함께 나와 진을 쳤다. 우리 군사가 힘써 싸워 크게 깨트리니 백제와 왜의 군사들이 모두 항복하였다. 대왕이 왜인들에게 일러 말하였다.[191](『삼국사기』 열전 김유신)

⑦여러 장수가 가림성이 수륙의 요충이라고 여겨 먼저 공격하려고 하였다. 유인궤가 말하기를 "가림성은 험하고 견고하므로 급히 공격하면 사졸을 상하게 되고, 공격을 늦추면 시일만 허비하여 오래도록 버틸 것이다. 주류성은 적의 소굴로서 모두 흉악한 자들이 모여있다. 악을 제거하여 근본에 힘써야 하므로 마땅히 주류성을 먼저 공격해야 한다. 만약 주류성을 이기면 여러 성이 저절로 함락될 것이다."라고 하였다.[192](『자치통감』)

⑧이에 여러 장수가 장차 어디로 갈지를 논의하였다. 어떤 사람은 "가림성은 수륙의 요충인데, 어찌 먼저 공격하지 않습니까?"라고 하였다. 유인궤는 "병법에 실한 것을 피하고 빈 것을 공격하라고 하였다. 가림성은 험하고 견고하여 공격하면 병사를 상하고 지키면 날짜만 보낼 것이다. 주류성은 백제의 소굴이어서 나쁜 놈들이 모여있다. 만약 (이곳을) 이기면 여러 성이 저절로 함락될 것이다."라고 하였다.(『신당서』 유인궤전)

## 8) 663년 8월 17일

8월 무술일(17일) 적의 장수가 주유성에 이르러서 그 왕성을 에워쌌다. 대당군의 장수가 전선 170척을 이끌고 백촌강白村江에 진을 펼쳤다.[193](『일본

---

191)  八月十三日 至于豆率城 百濟人與倭入出陣 我軍力戰大敗之(『三國史記』 42 列傳 2 金庾信 中)

192)  諸將以加林城水陸之衝欲先攻之仁軌曰加林險固急攻則傷士卒緩之則曠日持久周留城虜之巢穴盡凶所聚除惡務本宜先攻之若克思留諸城自下[이것은 『일본서기』에 663년 8월 13일(甲午日)에 있었던 사건으로 되어 있다.]

193)  (八月)戊戌 賊將至於州柔 繞其王城 大唐軍將率戰船一百七十艘 陣烈於白村江(『日本書紀』 27 天智紀)

그런데 『삼국사기』 열전 김유신 전에는 8월 13일 신라군이 주류성에 도착하였다고 하였고, 『일본서기』엔 8월 13일 '신라는 백제 왕이 훌륭한 장수(=복신)를 목 베었다는 소식을 듣고 그 나라로 들어가서 주류성을 취하려고 했다'라며 조금씩 차이가 있다. 이것과 함께 8월 17일 주류성에 이르러 왕성을 포위했다는 것이라든가 당군 장수가 전선 170척을 이끌고 백촌강으로 가서 진을 펼쳤다는 내용을 비교해보면 부흥 백제국의 왕성인 주류성을 포위한 적의 장수는 신라 장수를 이르는 것이고, 백촌강에 진을 펼친 당군 장수는 8월 13일 사비성을 출발한 유인궤·두상·부여륭 등을 이르는 것임을 알 수 있다. 즉, 6월에 부여풍이 복신을 죽인 사실을 알고, 문무왕이 7월 17일에 먼저 백제 땅으로 출발하였다. 이것이 북벌北伐의 시작이었으니 사전에 사비도성의 유인원과 구체적인 전략과 날짜 등을 당군 및 신라 장수들이 서로 공유하였을 것이다. 그리하여 8월 17일에 드디어 당나라 수군 170척이 백촌강에 진을 쳤고, 신라 장수와 신라군은 주류성을 포위하였으니 당군이 8월 13일 사비도성을 출발하여 백강까지 가서 전투 태세를 갖추는 데 총 5일이 걸렸음을 알 수 있다. 그리고 신라군이 주류성에 다다른 날짜를 8월 13일이라고 한 기록도 있으나 그것은 따로 설명한 대로 사비성에서 출발한 날짜이며, 8월 17일에 주류성에 도착한 것으로 보아야 한다.

**왜·백제군과 나·당군 백강에서 네 차례 대규모 해전 치러**

그러나 8월 17일의 기사에는 양측이 접전한 내용이 없다. 뿐만 아니라 『일본서기』에는 왜군이 주둔한 곳을 백강이 아니라 백촌강이라고 하였다.

백촌강이 백강과 어떻게 다른지는 알 수 없다. 이 백촌강을 백강의 다른 이름으로 본다면 이날 양측이 대치한 가운데 서로의 전력을 떠보기 위해 소규모 접전은 있었을 수도 있겠다.

### 9) 663년 8월 27일(1차 백강해전)

8월 무신일(27일) 일본 수군으로서 처음 도착한 자가 당의 수군과 부딪쳐 싸웠다. 일본이 불리하여 물러나니 당이 진을 견고하게 하여 지켰다.[194](『일본서기』27 天智紀)

### 10) 663년 8월 28일(2차 백강해전)

①부여풍이 몸을 빼어 달아났다.[195](『구당서』백제전)

②부여풍은 달아나 간 곳을 알 수 없다.[196](『신당서』백제전)

③부여풍이 몸을 빼어 달아났으며, 그 보검을 얻었다.[197](『구당서』유인궤전)

④부여풍이 몸을 빼어 달아나니 그가 있는 곳을 몰랐다. 어떤 사람은 고구려로 도망갔다고 하였다. 그의 보검을 얻었다.[198](『삼국사기』백제본기)

⑤용삭 3년에 … 백제 가짜 왕 부여풍이 달아나 고구려에 투항하였다. … 풍이 몸을 빼어 달아났다. 그 보검을 얻었다.[199](『책부원구』)

⑥부여풍이 몸을 빼어 달아났다.[200](『삼국사기』신라본기)

---

194) (八月) 戊申 日本船師初至者 與大唐船師合戰 日本不利而退 大唐堅陣而守(『日本書紀』27 天智紀)

195) 扶餘豊脫身而走(이것은 『일본서기』에 의하면 龍朔 3년, 즉 663년 8월 28일의 일로 되어 있다.)

196) 豊走 不知所在

197) 餘豊 脫身而走 獲其寶劍

198) 王扶餘豊脫身而走 不知所在 或云奔高句麗 獲其寶劍

199) (龍朔三年) 百濟僞王扶餘豊走投高麗 …… 豊脫身而走 獲其寶劍(『冊府元龜』366 將帥部 27 機略 6 劉仁軌). 이것은 언제 일어난 사건인지 알 수 없다. 다만 『일본서기』에 8월 28일(己酉)의 일로 되어 있으니 용삭 3년 (663)의 일로 판단할 수 있다.

200) 扶餘豊脫身走(『三國史記』6 新羅本紀 6)

⑦부여풍이 몸을 빼어 달아나고 고구려로 도망하였다.[201](『삼국사절요』)

⑧백제 왕 풍이 몸을 빼어 고구려로 달아났다.[202](『자치통감』)

⑨8월 28일(己酉日) 일본의 여러 장수가 백제 왕과 기상을 보지 않고 서로 말하기를, "우리들이 앞을 다투어 싸우면 저들은 마땅히 스스로 물러날 것입니다."라고 하였다. 더욱이 어지러운 일본의 중군 병졸 대오를 이끌고 나아가 당군의 견고한 진영을 쳤으나 대당 수군은 곧 좌우에서 배를 사이에 두고 에워싸며 싸웠다. (그리하여) 순식간에 관군(=백제 및 왜군)이 패하여 물에 빠져 죽은 자가 많았고, 뱃머리와 고물을 돌릴 수도 없었다. 에치노타쿠츠朴市田來津가 하늘을 우러러 맹세하고 이를 갈고 성을 내며 수십 명을 죽이고는 전사하였다. 이때 백제 왕 풍장은 여러 사람과 함께 배를 타고 고구려로 달아났다.[203](『일본서기』27 天智紀)

⑩백제 왕 풍이 몸을 빼내어 고구려로 도망쳤다.[204](『자치통감』)

⑪부여풍이 몸을 빼어 달아나고 그 보검을 얻었다.(『신당서』유인궤전)

## 11) 663년 9월 7일(3차 백강해전)

①가짜 왕자 부여충승과 부여충지 등이 사녀와 왜의 무리를 이끌고 모두 항복하였다. 백제의 여러 성이 모두 다시 귀순하였다.[205](『구당서』백제전)

②가짜 왕자 부여충승과 충지는 나머지 무리와 왜인을 데리고 항복하며

---

**201)** 豊脫身走 奔高勾麗(『三國史節要』10)

**202)** 百濟王豊脫身奔高麗(『資治通鑑』201 唐紀 17 高宗 中之上)

**203)** (八月) 己酉 日本諸將與百濟王不觀氣象 而相謂之曰 我等爭先 彼應自退 更率日本亂伍中軍之卒 進打大唐堅陣之軍 大唐便自左右夾船繞戰 須臾之際 官軍敗績 赴水溺死者衆 艫舳不得廻旋 朴市田來津仰天而誓 切齒而嗔殺數十人 於焉戰死 是時 百濟王豊璋與數人 乘船逃去高麗(『日本書紀』27 天智紀)

**204)** 百濟王豊脫身奔高麗[이것은 『일본서기』에 663년 8월 28일(己酉日)의 일로 되어 있다.]

**205)** 偽王子扶餘忠勝忠志等率士女及倭衆並降 百濟諸城 皆復歸順[이것은 『일본서기』에 의하면 龍朔 3년(663) 9월 7일(丁巳)로 되어 있다.]

목숨을 청하였다. 여러 성이 다시 회복되었다.[206](『신당서』 백제전)

③가짜 왕자 부여충승과 부여충지 등이 사녀 및 왜의 무리와 탐라국 사신을 데리고 한꺼번에 모두 항복하였다. 백제의 여러 성이 모두 다시 귀순하였다.[207](『구당서』 유인궤전)

④왕자 부여충승과 부여충지 등이 그 무리를 이끌고 왜군과 함께 모두 항복하였다.[208](『삼국사기』 백제본기)

⑤왕자 부여충승과 부여충지 등이 무리를 이끌고 항복하였다. 백제가 모두 평정되었다.[209](『자치통감』)

⑥가짜 왕자 부여충승扶餘忠勝·충지 등이 그 무리를 이끌고 왜군과 항복하였다.(『신당서』 유인궤전)


## 12) 663년 9월 8일(4차 백강해전)

①유인궤가 부여풍의 무리를 백강 입구에서 만나서 네 번 싸워 모두 이기고, 그 배 400척을 불태우니 적의 무리가 크게 무너졌다.[210](『구당서』 백제전)

②부여풍의 무리는 백강 입구에 주둔하고 있었다. 네 차례 만나 싸워서 모두 이기고 배 400척을 불살랐다.[211](『신당서』 백제전)

③유인궤가 왜군을 백강 입구에서 만나서 네 번 싸워 이겼다. 그 배 400척을 불태우니 연기와 불꽃이 하늘을 가리고 바닷물이 붉게 되었고, 적의

---

206) 僞王子扶餘忠勝忠志率殘衆及倭人請命 諸城皆復
207) 僞王子扶餘忠勝忠志等率士女及倭衆幷耽羅國使 一時並降 百濟諸城 皆復歸順[이것은 『日本書紀』에 龍朔 3년(663) 9월 7일(丁巳)의 일로 되어 있다.]
208) 王子扶餘忠勝忠志等帥其衆 與倭人並降
209) 王子忠勝忠志等帥衆降 百濟盡平[이것은 『日本書紀』에 663년 9월 7일(丁巳日)에 있었던 사건으로 되어 있다.]
210) 仁軌遇扶餘豐之衆於白江之口 四戰皆捷 焚其舟四百艘 賊衆大潰
211) 豐衆屯白江口 四遇皆克 火四百艘(이것은 『일본서기』에 龍朔 3년(663) 8월28일(己酉)의 사건으로 되어 있다.)

무리가 크게 무너졌다.[212](『구당서』유인궤전)

④현경 5년에 대군이 백제를 정벌하였을 때 유인궤는 따로 수군 2만을 거느리고 가서 왜적 수만 명을 백강에서 습격하여 격파하고 전함 400여 척을 노략질하였다. 왜적 및 탐라 등의 나라가 모두 사신을 보내어 유인궤에게 나아가 항복을 청하였다.[213](『책부원구』유인궤)

⑤곧 이어서 따로 수군 2만을 거느리고 가서 왜적 수만 명을 백강에서 습격하여 격파하고 전함 400여 척을 사로잡았다. 왜 및 탐라 등이 모두 사신을 보내어 그에게 항복을 청하였다.[214](『태평어람太平御覽』)

⑥신라의 병마가 또한 출발하여 함께 정벌을 나가서 주류성 아래에 이르렀다. 이때 왜국의 배와 병사가 와서 백제를 도왔다. 왜선은 1천 척인데 백사白沙에 정박해 있었다. 백제의 정예기병은 물가 언덕 위에서 배를 지키고 있었다. 신라의 날랜 기병은 한漢의 선봉이 되어 먼저 물가에 있는 진영을 격파하였다. 주류성이 놀라서 마침내 항복하여 함락되었다.[215](『삼국사기』신라본기 문무왕 11년)

⑦백강 입구에서 왜군을 만나 네 번 싸워 모두 이겼다. 그 배 400척을 불태우니 연기와 불꽃이 하늘을 가리고 바닷물이 붉게 되었다.[216](『삼국사기』백제본기)

⑧백강구에서 왜군을 만나 네 번 싸워 모두 이겼다. 그 배 400척을 불태

---

212) 仁軌遇倭兵於白江之口 四戰捷 焚其舟四百艘 煙焰漲天 海水皆赤 賊衆大潰

213) 顯慶五年 大軍征遼 仁軌仍別領水軍二萬 襲破倭賊數萬於白江 虜掠船艦四百餘艘 倭賊及耽羅等國 皆遣使詣之 請降

214) 仍別領水軍二万 襲破倭賊數万於白波 虜獲舡艦四百餘艘 倭及耽羅等國 皆遣使詣之 請降

215) 新羅兵馬 亦發同征 行至周留城下 此時 倭國船兵 來助百濟 倭船千艘 停在白沙 百濟精騎 岸上守船 新羅驍騎 爲漢前鋒 先破岸陣 周留失膽 遂卽降下[『新唐書』본기에 9월 8일(戊午)의 일로 되어 있다.]

216) 於是 仁師仁願及羅王金法敏 帥陸軍進 劉仁軌及別帥杜爽扶餘隆 帥水軍及糧船 自熊津江往白江 以會陸軍 同趍周留城 遇倭人白江口 四戰皆克 焚其舟四百艘 煙炎灼天 海水爲丹

우니 연기와 불꽃이 하늘을 가리고 바닷물이 붉게 변하였다.[217](『자치통감』)

⑨왜군을 백강 입구에서 만나서 네 번 싸워 모두 이기니, 배 4백 척을 불태워서 바닷물이 붉어졌다.[218](『신당서』 유인궤전)

## 백강해전 패전 및 주류성 항복 이후 임존성 전투

663년 9월 7일과 8일의 3차와 4차 백강해전 패전 및 주류성 항복 이후 곧바로 예산 대흥의 임존성으로 달려간 신라군과 당군은 흑치상지군과 치열한 싸움을 전개하였다. 그러나 11월 4일 신라군이 철수하기까지 당군과 신라군은 임존성을 제대로 공격하지 못하였다. 그 뒤로는 당 고종의 명령에 따라 흑치상지를 회유하여 그로 하여금 임존성을 함락시키는 전략을 취하였다. 하지만 그것이 언제 있었던 일인지는 기록에 분명하게 제시되어 있지 않다. 한국과 중국 및 일본 삼국의 어느 기록에도 명확히 날짜가 제시되어 있지 않기 때문이다. 다만 11월 초 신라군이 철수한 뒤, 당·신라 모두 군사를 움직인 기록이 없는 것으로 보아 당분간 휴전 상태로 들어간 것 같다. 더구나 12~1월은 혹한기이므로 양측 모두 잠시 숨을 고르며 쉬고 있다가 이듬해 봄 이후에 흑치상지를 회유하여 그로 하여금 임존성을 취한 것으로 볼 수 있다.

다음은 임존성으로 옮겨간 신라 및 당의 군대가 10월 21일 이후의 싸움에서 임존성을 함락시키지 못하고 철수하기까지의 기록을 따로 모은 내용이다.

---

**217)**  於是 仁師仁願與新羅王法敏 將陸軍以進 仁軌與別將杜爽扶餘隆 將水軍及糧船 自熊津入白江 以會陸軍 同趨周留城 遇倭兵於白江口 四戰皆捷 焚其舟四百艘 煙炎灼天 海水皆赤[이것은 『신당서』 本紀에 663년 9월 8일(戊午日)의 일로 되어 있다.]

**218)**  『신당서』 本紀에 龍朔 3년(663) 9월 8일(戊午)로 되어 있다.

## 13) 663년 10월 21일

①적의 우두머리 지수신이 임존성에 의지하여 항복하지 않았다.[219]('구당서』유인궤전)

②남쪽이 이미 평정되니 군대를 돌려 북쪽으로 정벌하러 갔다. 임존성 하나가 미혹하여 항복하지 않았다.[220]('삼국사기』신라본기 문무왕 11년)

③오직 지수신만이 임존성에 의지하여 함락되지 않았다.[221]('삼국사기』백제본기)

④오직 지수신만이 임존성에 근거하여 함락되지 않았다. 겨울 10월 21일부터 공격하였으나 이기지 못하였다.[222]('삼국사기』6 신라본기 6)

⑤용삭 3년 계해에 …… 오직 임존성만 땅이 험하고 성이 단단한 데다가 식량도 많았다. 이런 까닭에 30일이나 공격하였으나 함락시킬 수 없었다.[223]('삼국사기』42 열전 2 김유신 中)

⑥유독 지수신만이 임존성에 근거하였는데, 땅이 험하고 성이 단단한 데다가 식량도 많아서 30일이나 공격하였으나 함락되지 않았다. 피곤하여 병사를 물렸다.[224]('삼국사절요』10)

⑦오직 별군 장수 지수신만이 임존성에 근거하여 함락되지 않았다.[225]('자치통감』)

⑧자치통감에 전한다. "… 오직 별군 장수 지수신만이 임존성에 근거하

---

219)  賊帥遲受信據任存城 不降['三國史記』 신라본기에 龍朔 3년(663) 10월 21일의 사건으로 되어 있다.]

220)  南方已定 廻軍北伐 任存一城 執迷下降(三國史記 新羅本紀에 10월21일로 되어 있다.)

221)  獨遲受信據任存城 未下

222)  獨遲受信據任存城 不下 自冬十月二十一日 攻之不克(三國史記 6 新羅本紀 6)

223)  (龍朔三年癸亥) 唯任存城 地險城固 而又粮多 是以攻之三旬 不能下(三國史記 42 列傳 2 金庾信 中)

224)  獨遲受信據任存城 地險城固 粮儲又多 攻之三旬 不下 疲困猷兵(三國史節要 10)

225)  唯別帥遲受信據任存城 不下(資治通鑑 201 唐紀 17 高宗 中之上). 이것은 『삼국사기』 신라본기에 663년 10월 21일에 있었던 사건으로 기록되어 있다.

---

여 함락되지 않았다."[226]([『玉海』])

⑨유독 우두머리 지수신만이 임존성에 근거하여 함락되지 않았다.[227]([『신당서』] 유인궤전)


### 14) 663년 11월 4일

①두 나라 군대가 힘을 합하여 함께 성 하나를 공격하였으나, 굳게 지키고 막아서 취할 수 없었다. 신라가 곧 돌아가려고 하자, 두대부杜大夫가 말하였다. "칙서에 따라 평정한 이후에 함께 서로 회맹할 것입니다. 임존성 하나가 비록 아직 항복하여 함락되지 않았으나 곧 함께 서로 맹서할 수 있을 것입니다." 신라는 말하였다. "칙서에 따라 평정한 이후에 함께 서로 회맹한다 해도 임존성이 아직 항복하지 않았으므로 평정했다고 할 수 없습니다. 또 백제는 간사하기가 100단百端이나 되니 말을 뒤집어서 일정하지 않습니다. 지금 비록 함께 서로 회맹하더라도 나중에 배꼽을 씹는 걱정이 있을까 두렵습니다." 회맹을 멈추기를 아뢰어 청하였다.[228]([『삼국사기』] 신라본기 문무왕 11년)

②11월 4일에 이르러 군대를 이끌고 철수하여 설리정[舌利停, 后利停이라고도 한다]으로 돌아왔다. 공을 논하여 차등 있게 상을 주고 크게 사면하였다. 의

---

**226)** (通鑑) … 唯別帥遲受信 據信存城不下(『玉海』191 兵捷露布 3 唐熊津道行軍摠管破百濟)

**227)** 而豐果襲殺福信 遣使至高麗倭丐援 會詔遣右威衛將軍孫仁師率軍浮海而至 士氣振 於是 諸將議所向 或曰 加林城水陸之衝 盍先擊之 仁軌曰 兵法避實擊虛 加林險而固 攻則傷士 守則曠日 周留城 賊巢穴 群凶聚焉 若克之 諸城自下 於是 仁師仁願及法敏 帥陸軍以進 仁軌與杜爽扶餘隆 繇熊津白江會之 遇倭人白江口 四戰皆克 焚四百艘 海水爲丹 扶餘豐脫身走 獲其寶劍 僞王子扶餘忠勝忠志等率其衆與倭人降 獨酋帥遲受信據任存城 未下(『新唐書』108 列傳 33 劉仁軌)

**228)** 兩軍併力 共打一城 固守拒捍 不能打得 新羅卽欲廻還 杜大夫云 準勅旣平已後 共相盟會 任存一城 雖未降下 卽可共相盟誓 新羅以爲準勅 旣平已後 共相盟會 任存未降 不可以爲旣平 又且百濟 姦詐百端 反覆不恒 今雖共相盟會 於後恐有噬臍之患 奏請停盟(『삼국사기』 신라본기에 11월 4일로 되어 있다.)

상을 지어 웅진부성에 머무는 당군에게 지급하였다.[229]({『삼국사기』 신라본기})

③겨울 11월 신라 왕이 군대를 돌려 돌아왔다. 설리정에 이르러 크게 사면하였다. 공을 논하여 차등 있게 상을 주었다. 웅진부성에 머물러 지키는 당군에게 겨울옷을 보냈다.[230]({『삼국사절요』 10})

④사졸들은 피로해 싸움을 싫어하였다. 이에 대왕은 "지금 비록 성 하나가 떨어지지 않고 있으나 여타의 나머지 성과 보루들이 모두 항복했으니 공이 없다고 하지는 못할 것이다."라 하고, 군대를 정돈해 돌아왔다. 겨울 11월 20일에 수도에 돌아와 유신에게 밭 5백 결을 내려주고, 그 밖의 장수와 병졸들에게도 상을 차등 있게 내려주었다.[231]({『삼국사기』 열전 김유신전, 중})

⑤이에 이르러 황제가 사자를 파견하여 불러서 깨우치니, 곧 유인궤에게 나아가 항복하였다. 유인궤는 진심으로 그들을 대하여 임존성을 취하여 스스로 본보기가 되게 하고, 곧 갑옷·무기·군량 등을 주었다. 손인사가 말하기를, "야심은 믿기 어려우니, 만약 갑옷을 주고 곡식을 구제한다면 이것은 노략질을 돕는 것입니다." 유인궤가 "내가 흑치상지와 사타상여 두 사람을 보니 충성스럽고 지략이 있어서 기회를 따라 공을 세울 수 있는데 오히려 어째서 의심하는가?"라고 말하였다. 마침내 그 지략을 이용하여 임존성을 취하였다. 지수신은 처자를 맡기고 고구려로 도망갔으며 나머지 무리는 모두 평정되었다.[232]({『삼국사절요』})

---

**229)** 至十一月四日 班師 至舌[一作后]利停 論功行賞有差 大赦 製衣裳 給留鎭唐軍(『三國史記』 6 新羅本紀 6)

**230)** 冬十一月 新羅王還師 至舌利停 大赦 論功行賞有差 遺冬衣于留鎭唐軍(『三國史要』 10). 이 기사에는 날짜가 기록되어 있지 않다. 다만 『삼국사기』 신라본기에 따라 11월 4일의 일로 추정한다.

**231)** (龍朔三年癸亥) …… 士卒疲固肰兵 大王曰 今雖一城未下 而諸餘城保皆降 不可謂無功 乃振旅而還 …… (『삼국사기』 42 列傳 2 金庾信 中). 이 기사는 날짜가 없다. 『三國史記』 신라본기에 따라 11월 4일로 추정한다.

**232)** 至是 帝遣使招諭 乃詣仁軌降 仁軌以赤心待之 俾取任存自效 即給鎧仗粮糒 仁師曰 野心難信 若授甲濟粟 是資寇也 仁軌曰 吾觀常之相如二人 忠而有謀 可以因機立功 尙何疑哉 訖用其謀 取任存城 受信委妻子 奔高勾麗 餘黨悉平(『三國史節要 10』). 이 기사는 연대를 알 수 없다. 다만 『삼국사기』 신라본기의 기록에 기준을 두고 663년(문무왕 3) 11월 4일로 본다.

이상과 같이 각각의 사건 기사를 내용별로 분해하여 같은 날짜, 동일한 사건 기사끼리 모아서 다시 정리하여 분석해 보면 몇 가지 문제 해결에 도움을 얻을 수 있다.

먼저, 유인원이 당 고종에게 지원 병력을 요청한 시점과, 손인사가 7천 명의 병사를 거느리고 백제로 건너온 시점에 관한 문제이다. 4)의 ④, ⑧, ⑩의 기사로써 유인원이 군사 증원을 요청한 해가 용삭 2년(662)이었음이 확인된다. 중국의 여러 사료에 의하면 유인원이 지원병을 요청한 시점은 662년 7월 1일 이전이다.

유인원의 병력 증강 요청을 받고도 별다른 조치가 없다가 손인사와 그의 군대가 백제로 건너온 것은 그로부터 1년 후인 용삭 3년(663) 7월 1일이다.{앞 6)의 ①~⑤, ⑦~⑧ 기사}. 손인사가 7천 명의 군사를 데리고 백제로 건너오던 길에 고구려·왜 지원 병력을 만나서 그들을 격파했다고 한 것이나 손인사가 웅진부성을 구하고 유인원·유인궤의 군대와 합류한 뒤에 군사의 사기가 크게 떨쳤다고 한 것이 그 증거이다. 만약 1년 전인 662년 7월 1일에 손인사가 바다를 건너왔다면 그해 7월 30일에 유인원과 유인궤가 어렵게 대전 진현성을 함락시켰을 때 손인사와 그의 군대도 어떤 역할을 했어야 하건만, 그때 이후로 손인사의 부대가 활동한 흔적이 없다. 당시 당나라 측에서 고구려 침공을 병행하고 있었기 때문에 662년에는 병력을 추가로 보낼 여유가 없었던 것 같다. 다시 말해서 당의 백제 침략은 고구려와 협력관계에 있던 백제를 먼저 깨트린 뒤에 고구려를 원정하기 위한 것이었고, 662년에는 고구려 공격에 집중하다 보니 백제에 지원병을 보낼 여력이 없었다.

하지만 유인원의 증원병력 요청이 용삭 2년 7월 1일에 한 차례만 있었던 것은 아니다. 그 이전에도 사비도성의 당군은 증원군을 요청하였다.

『신당서』유인궤전에 있는 다음 내용을 살펴볼 필요가 있다.

J) 이때 소정방이 고구려를 정벌하여 평양을 포위하였으나 이기지 못하였다. 고종이 유인궤에게 조서를 내려 "군대를 빼어 신라로 가서 김법민과 계속 머무를지, 아니면 돌아올지 그 계책을 논의하라."라고 하였다. 장수와 병사들은 모두 돌아가고자 하였다. 이에 유인궤가 말하였다. "춘추의 뜻은 대장부가 강역(=나라 밖)을 나서면 사직과 국가를 편안히 할 수 있으니, 그것에 전념할 수 있다. 지금 천자(황제)가 고구려를 멸망시키고자 하므로 먼저 백제를 멸망시키고 병사를 머무르게 하여 지켜서 그들의 심복을 제압한 것이다. 비록 적들이 다리를 뛰어넘고 병사의 힘이 완전하지는 않으나 마땅히 무기를 버리고 말에게 먹이를 주어 대비가 없는 것을 틈타서 뜻하지 않은 곳을 공격해야 하니 백 번 내려가도 만 번 온전할 것이다. 싸워서 이긴 날에 형세를 열어 벌려 놓고 격문을 보내 군사를 구제하면 성원하는 것이 겨우 이어지기만 하더라도 적들은 망할 것이다. 지금 평양의 군사들이 이기지 못하였는데 웅진에서도 또 발을 빼면 백제의 무리들이 다시 불탈 것이니 고구려의 멸망은 기약이 없을 것이다. 우리가 비록 신라로 들어간다 하더라도 바로 앉혀진 손님과 같아서 뜻과 같이 되지 않으면 후회해도 얻을 수가 없다. 부여풍은 시기하여 겉으로는 화합해도 안으로는 끊고 있으니 그 세력은 오래 지탱하지 못할 것이다. 마땅히 굳게 지키면서 변화를 살펴보다가 그것을 도모해야 하니, 가볍게 움직일 수는 없다."라고 하였다. 무리가 그 논의를 따르고, 이에 병사를 더해주기를 청하였다.[233]

---

233) 時 定方伐高麗 圍平壤不克 高宗詔仁軌 拔軍就新羅 與金法敏議去留計 將士咸欲還 仁軌曰 春秋之義 大夫出疆 有可以安社稷便國家者 得專之 今天子欲滅高麗 先誅百濟 留兵鎭守 制其心腹 雖孼竪跳梁 士力未完 宜厲兵秣馬 乘無備 擊不意 百下百全 戰勝之日 開張形勢 騰檄濟師 聲援接 虜亡矣 今平壤不勝 熊津又拔 則百濟之燼復炎 高麗之滅無期 吾雖入新羅 正似坐客 有如志 悔可得邪 扶餘豐猜貳 表合內攜 勢不支久 宜堅守伺變以圖之 不可輕動 衆從其議 乃請益兵(「新唐書」108 列傳 33 劉仁軌)

『구당서』본기에 따르면 이 일은 용삭龍朔 2년(662) 3월 24일(癸丑日)에 있었던 일이다. 그러니까 도침과 복신의 군대가 사비성을 포위하여 웅진강에서 싸우다가 패하여 임존성으로 물러난 뒤로 다시 1년이 지난 시점에 유인원은 병력을 보내줄 것을 본국에 요청한 것이다.

이 일이 있기 몇 달 전, 당나라는 고구려 침공에 집중하고 있었는데, 그 한 사례가 『구당서』본기에 "현경 6년(661) 정월에 당나라는 하남·하북·회남의 67주에서 44,646명의 병력을 모집하여 고구려를 치기 위해 평양으로 보냈다."[234]라고 한 기록이다. 그러나 이것은 병사를 모집해서 평양으로 보내라는 당 고종의 명령이 661년 정월에 있었음을 말해주는 것일 뿐, 실제로 당군이 고구려로 출발한 것은 그해 5월이었다.[235] 그 이듬해인 용삭 2년(662)에는 별다른 당군의 움직임이 없었다. 662년 2월 중에 고구려로 원정을 간 임아상任雅相이 군영에서 죽고, 3월에 소정방이 위도葦島에서 고구려를 격파한 데 이어 곧바로 진격하여 평양성을 공격하였으나 이기지 못하고 돌아간 일이 있었다.[236] 하지만 그해 7월 중엔 당나라 안의 죄수를 사면하는 정치적 행사 외에는 병사를 선발했다거나 백제 또는 고구려로 군대를 파견했다는 기록이 없다.

이상의 몇 가지 측면을 고려할 때, 662년 7월부터 663년 6월까지 백제에 증파된 당병唐兵은 없었다. 그렇다고 662년 6월 이전에 당나라 병사가 백제에 파견된 기록도 없다. 손인사가 병력을 거느리고 바다를 건너 덕물도를 거쳐 와서 사비도성의 유인원·유인궤군을 구한 것은 663년 7월 1일 이후

---

**234)** 六年春正月乙卯於河南河北淮南六十七州募得四萬四千六百四十六人往平壤帶方道行營(『구당서』권4 본기 제4 高宗). 참고로 당나라는 이 해 3월 1일에 연호를 용삭으로 바꿨다(龍朔元年三月丙申朔改元).

**235)** 五月丙申命左驍衛大將軍凉國公契苾何力爲遼東道大總管左武衛大將軍邢國公蘇定方爲平壤道大總管兵部尙書同中書門下三品樂安縣公任雅相爲浿江道大總管以伐高麗(『구당서』권4 본기 제4 高宗).

**236)** 蘇定方破高麗于葦島又進攻平壤城不克而還(『구당서』권4 본기 제4 高宗 龍朔 2년 3월).

의 일이었다. 손인사는 먼저 덕물도 근처에서 왜의 지원병을 만나 격파하였다. 그리고 "웅진부성의 포위를 풀고 유인원과 유인궤를 구한 뒤, 병사를 합치니 당군의 기세가 크게 떨쳤다"[앞 6)]라고 하였는데, 그것은 663년 7월 17일의 일이다. 『삼국사기』 김유신전에 "김유신이 여러 장군들을 거느리고 가서 유인원의 부대와 합쳤다"라고 한 것도 그해 7월 17일의 일로 명시하였으니 이들 자료를 토대로 유인원의 증원군 요청이 있은 때로부터 1년이 지난 뒤에야 손인사의 7천 명 병력이 백제로 왔음을 알 수 있다.

참고로, J)에서 주목해야 할 또 한 가지는 "부여풍은 시기하여 겉으로는 화합해도 안으로는 끓고 있으니 그 세력은 오래 지탱하지 못할 것"[237]이라고 유인궤가 꿰뚫어 보고 있었던 점이다. 이미 그해 3월 중에 유인궤는 부여풍과 복신의 불화를 속속들이 알고 있었을 것이다.

## 당군은 전통적으로 누선과 전선(戰船)을 동원하였다!

유향劉向의 『세본世本』에는 "옛날 사람이 낙엽이 물에 떠서 가라앉지 않는 것을 보고 그 원리를 깨달아 배를 만들었다"라는 소설 같은 이야기가 전한다. 중국 상商 왕조의 갑골문자에 舟라는 글자의 원형이 있는 것을 보면 인류가 배를 만들어 일찍부터 교역과 수운水運에 사용하였음을 알 수 있다. 그런데 해전이나 수전에 배가 본격적으로 사용된 사실은 기원전 1027년 강태공과 주 무왕의 부대가 맹진孟津[238]에서 강을 건너 북으로 진격한 것을 시작으로 춘추 시대 이후의 기록에 자주 보인다. 특히 춘추전국 시대에 나라마다 패권을 다투면서 이미 수전水戰에 뛰어난 기량을 보였다. 전국 시대

---

237)   扶餘豐猜貳 表合內攜 勢不支久
238)   현재의 하남성(河南省) 기현(淇縣)

에도 조선 및 항해 기술이 발전하면서 육지와 바다에서 봉화가 끊이지 않았다.

무엇보다도 수군 전쟁에 관해서는 일찍이 중국의 오나라와 월나라 역사에서 명확히 찾아볼 수 있다. 오월吳越의 전쟁에서 오나라는 특별히 고안된 배(전함)로 월나라를 공격할 수 있었다. 오나라는 여황艅艎과 삼익三翼이라는 전선戰船을 전투에 동원하여 월나라를 괴롭혔다. 여황은 일종의 대형 지휘선. 폭이 넓고 길이가 긴 배였다. 뱃머리와 고물이 높이 솟은 형태였던 반면, 삼익은 크기 별로 대익大翼, 중익中翼, 소익小翼의 세 가지가 있었다. 대익은 폭이 15척(尺, 약 4.5m), 길이 100척(약 30m), 중익은 폭 13척에 길이 170척, 소익은 폭 12척에 길이 56척으로서 당시 오나라의 선박 제작 기술은 이미 상당히 높은 수준으로 발전해 있었다. 이런 규모라면 용골을 쓰지 않고는 만들 수 없다. 즉, 중국의 선박 제작은 아주 오랜 옛날부터 용골을 기본으로 한 전통이 있었다.

그러다가 전한 무제武帝 시대(기원전 141~87)에 이르러 중국 남부의 변방 부족들을 불러들여 장안長安 근처의 곤명지昆明池에서 수군을 연습시키며 몇 차례 훈련을 거듭했는데, 그것은 강남 지역 사람들이 물에 익숙한 장점을 갖고 있었기 때문이다. 그들을 동원하여 수군을 훈련시킨 뒤, 군사들을 정복 전쟁에 내세운 것이다.

전한 시대에 전쟁에 동원한 전선은 누선樓船이었다. 길이가 대략 10장丈[239] 남짓 되는 배도 있었지만, 누선의 크기는 여러 가지였다. 층수도 고르지 않아서 2~4층까지 다양했다. 그중에서 가장 일반적인 것은 3층 누선이었다. 망루望樓와 잘 짜인 다락을 갖춘 지휘선이자 전선戰船으로서 매층마다

---

239)   1丈=10尺. 대략 3m

4면에 적의 화살이나 창 또는 돌의 공격을 막기 위한 방호시설로서 여장女墻(칸막이)을 설치한 배였다. 위로는 창구멍을 내고 가죽으로 덮어 방호하였다. 한 무제는 이런 누선을 갖춘 수군을 동원하여 고조선을 멸망시켰다. 당시 누선장군 양복楊僕 등을 제나라 땅에서 출발시켜 발해를 건너 북으로 고조선을 침공하던 당시에 전한 무제가 보낸 전선도 누선이었다.

여기서 전한의 누선 장군 양복은 전형적인 전함인 누선을 거느린 수군 장수였다. 그는 과거 제齊 나라 지역에서 5만 명의 수군을 데리고 발해를 건너 왕검성을 치러 갔다. 그중에서 제나라 병력 선발대 7천 명이 왕검성에 먼저 도착하였는데, 그때 우거왕은 왕검성을 지키고 있다가 양복의 누선군 숫자가 그리 많지 않음을 엿보고는 즉시 성을 나와서 누선군을 공격하였다. 그 바람에 양복은 자신이 거느린 군사를 많이 잃었다. 이런 내용이 『사기』 조선전에 간략하게 실려 있다.[240]

이미 전한 시대 중기에 중국의 선박 제작 및 항해 기술은 상당한 수준으로 발전하여 중국인들은 당시에 해상사주지로(海上絲綢之路, =해상실크로드)를 개척하여 멀리 인도와 스리랑카를 다녀왔을 정도였다. 그 후로 서진西晉 건국 후에 촉蜀 땅에서 수군 부대를 만들면서 대단히 큰 규모의 배를 제작하였는데, 그 당시 누선의 최대 크기는 폭 120보에 2천여 명을 실을 수 있는 것까지 있었다고 한다. 배의 최상층에는 망루望樓를 설치하여 지휘하기 편하게 만들었고, 규모가 커서 선상에서 말을 달려 오갈 수 있는 규모였다고 한다. 3세기 진晉 무제(武帝, 司馬炎) 때 누선과 전함으로 싸움을 한 기록이 『책부원구』와 『구당서』에도 짤막하게 전한다.

---

240) 其秋遺樓船將軍楊僕從齊浮渤海兵五萬人左將軍荀彘出遼東討右渠右渠發兵距險左將軍卒正多率遼東兵先縱敗散多還走坐法斬樓船將軍齊兵七千人先至王險右渠城守窺知樓船軍少卽出城擊樓船樓船軍敗散走將軍楊僕失其衆 …… (『史記』 朝鮮傳)

1) 신이 또 보건대 진晉 나라 때 오吳 나라를 평정한 일이 역사책에 모두 실려 있습니다. 안으로는 무제武帝와 장화張華가 있고 밖으로는 양우羊祜와 두예杜預가 있어서 전략을 짜고 계략을 물었으며 왕준王濬의 무리가 만 리 밖에서 절충折衝 하였습니다. 그런데도 누선樓船과 전함戰艦이 이미 석두石頭에 도착하여서는 가 충賈充과 왕혼王渾의 무리가 오히려 장화張華를 참수하여 천하의 백성들에게 사 죄하려고 했습니다. 그러자 무제武帝가 말하기를 "오나라를 평정하려는 계책은 짐의 뜻에서 나온 것으로, 장화는 짐의 의견에 동의한 것일 뿐 그의 본심이 아 닙니다."라고 하였습니다. 옳고 그름이 같지 않아 서로 어긋남이 이와 같은 것입 니다. 그리고 오나라를 평정한 뒤에는 오히려 왕준을 포승으로 묶었는데 무제 가 옹호해 준 덕분에 비로소 목숨을 보전할 수가 있었습니다. 만약 거룩하고 밝은 무제를 만나지 못했더라면 왕준은 목숨을 보전하지 못했을 것입니다. 신 은 이 글을 읽을 적마다 가슴을 어루만지며 길게 탄식을 토하지 않은 적이 없 었습니다.(『책부원구』)[241]

2) 신이 또 보건대 진晉 나라 때 오吳 나라를 평정한 일이 역사책에 모두 실려 있습니다. 안으로는 무제武帝와 장화張華가 있고 밖으로는 양우羊祜와 두예杜預가 있어서 전략을 짜고 계략을 물었으며 왕준王濬의 무리가 만 리 밖에서 절충折衝 하였습니다. 그런데도 누선樓船과 전함戰艦이 이미 석두石頭에 도착하여서는 가 충賈充과 왕혼王渾의 무리가 오히려 장화를 참수하여 천하의 백성들에게 사죄하 려고 했습니다. 그러자 무제가 "오나라를 평정하려는 계책은 짐의 뜻에서 나온 것으로서 장화는 짐의 의견에 동의한 것일 뿐 그의 본심이 아니다."라고 대답 하였습니다. 옳고 그름이 같지 않아 서로 어긋남이 이와 같은 것입니다. 그리

---

241) … 臣又見晉伐平吳 史籍具載 內有武帝張華 外有羊祜杜預 籌謀策畫 經緯諮詢 王濬之徒 折衝萬里 樓 船戰艦 已到 石頭 賈充王渾之輩 猶欲斬張華 以謝天下 武帝云 平吳之計 出自朕意 張華同朕見耳 非其 本心 是非不同 乖背如此 平吳之後 猶欲苦繩 王濬賴武帝擁護 始得保全 不逢武帝聖明 王濬不存首領 臣每讀其書 未嘗不撫心長嘆 …(『册府元龜』366 將帥部 27 機略 6 劉仁軌)

고 오나라를 평정한 뒤에는 오히려 왕준을 포승으로 묶었는데 무제가 옹호해

준 덕분에 비로소 목숨을 보전할 수가 있었습니다. 만약 거룩하고 밝은 무제를

만나지 못했더라면 왕준은 목숨을 보전하지 못했을 것입니다. 신은 이 글을 읽

을 적마다 가슴을 어루만지며 길게 탄식을 하지 않는 적이 없었습니다.(『구당

서』)[242]

그 후로 동진 시대 승려 법현法顯은 인도에 가서 14년간 계율을 공부하

고 여러 차례 죽을 고비를 넘겼으나 70세에 살아 돌아왔으니 당시 중국의

원거리 항해기술 또한 이미 훌륭하였음을 알 수 있다. 또한 8세기 중반 양

주揚州 출신의 승려 감진鑒眞이 여섯 차례나 동쪽으로 중국해를 건너 일본에

갔으니 동진 시대 이후 당나라 때까지 중국은 조선술뿐 아니라 항해술에

도 선진국이었다.

그러나 중국의 선박 제작 기술이 더욱 크게 발전한 것은 7세기 이후 수

당隋唐 시대이다. 수隋 왕조에서 특히 선박 기술이 한층 발전해서 수 문제

(文帝, 楊堅)는 오아선五牙船이라는 배를 만들었다. 이 배는 높이가 무려 50척

(15m)에 5층으로서 전사戰士 8백 명을 태울 수 있었다고 한다.[243] 그 뒤로 수

나라 양제(煬帝, 楊廣)는 고구려 왕이 조공을 바치지 않는다는 핑계로 612년,

613년, 614년 세 차례에 걸쳐 군사를 보내어 고구려를 공격하였다. 당시

수의 수군은 강회江淮에서 배를 띄워 동래東萊에 집결하였다. 거기서 고구려

평양성을 향해 침공을 시작한 것이다. 614년에도 수 양제의 군대는 동래

---

242) 臣又見晉代平吳 史籍具載 內有武帝張華 外有羊祜杜預 籌謀策畫 經緯諮詢 王濬之徒 折衝萬里 樓船
戰艦 已到石頭 賈充王渾之輩 猶欲斬張華以謝天下 武帝報云 平吳之計 出自朕意 張華同朕見耳 非其
本心 是非不同 乖亂如此 平吳之後 猶欲苦繩王濬 賴武帝擁護 始得保全 不逢武帝聖明 王濬不存首領
臣每讀其書 未嘗不撫心長歎 … (『舊唐書』 84 列傳 34 劉仁軌)

243) 王俊, 『中國古代船舶』, 木帆船的發展與\演變, 中國商業出版社, 北京, 2015

군東萊郡에서 배를 띄워 고구려로 향했다. 고구려 침공을 전후하여 수 양제는 605년, 610년, 616년에 강도江都를 순시하였다. 대업大業 원년(605) 강도江都 순찰을 위해 장안長安에서 강도에 이르는 거리 중간중간에 40여 개의 이궁離宮을 짓게 하고, 도중에 이궁마다 들러서 머물렀다. 그리하여 강도에 가서 용주龍舟를 만들게 하고, 그 외에도 수만 척의 유선游船을 크기와 종류별로 만들도록 하였는데, 이 유선도 전선의 한 종류였다. 그러므로 용주라는 이름의 누선과 유선이 고구려 침공에 쓰였을 것으로 보인다. 이미 춘추전국시대부터 궁궐이나 가옥 등 목조건축 기술을 선박 건조 기술에 접목시켜 규모와 기능이 뛰어난 배를 만들게 한 것을 보면 수 양제 당시의 조선 기술이 매우 수준 높았음을 알 수 있다. 당시 배 짓는 일을 어찌나 엄하고 가혹하게 시켰던지 선박을 건조하다가 죽은 인부가 14~15만이나 되었다고 한다. 그 시기 수 양제가 지시해서 만든 용주는 4층으로 설계되었다. 높이 45척(13.5m)에 길이 200척(60m)이었으며 맨 위층에는 정전正殿과 내전內殿 및 동서 조당朝堂을 마련한 웅장한 배였다. 2층에는 방이 120개나 있었고, 모두 붉은 칠을 했으며 금과 옥, 푸른 비취와 구슬로 장식하여 기이하고 화려하였다. 그 당시 수나라 수군의 배로는 평승平乘, 청룡靑龍, 몽충蒙冲, 조정艚艇, 팔도八棹, 정가艇舸 등과 같은 여러 가지 종류의 전함이 수천 척이 있었다고 한다. 평승은 하물을 싣기 용이하도록 만든 배일 것이며 조정은 속도를 내어 상대를 기습하거나 공격하는데 유리한 배로 추정된다. 팔도는 8개의 노를 갖춘 범선, 그리고 정가는 거룻배 치고는 규모가 큰 범선일 것으로 보인다. 수 양제가 행차할 때 운하 양안을 따라 기병이 따라가고 깃발이 들판을 가렸다고 하며, 수 양제가 처음 강도를 순찰할 때 용주를 호위한 배가 5,191척이나 되었다고 하니 그 규모에 놀랄 수밖에 없다. 말하자면 이것은 수 양제가 고구려 침공을 앞두고 수 왕조의 조선 능력과 수군의 실력을 확인하고 검열한 일종의 사열 행차였다고 평가할 수 있겠다. 그 당시 이미 양주는 말하자면 일종의 조선 기지였던 셈인데, 그 후 당 태종도 양주에서 배를 만들어 내주(萊州, 과거의 東萊)에 수군을 집결시키고는 거기서 북으로 바다를 건너 고구려를 공격하였다.

당 태종은 수 양제를 본받아 강남 양주에서 누선과 전함, 해현海舷, 전가戰舸, 소선艘船과 같은 배를 만들어 고구려를 침략하였다. 그것을 알 수 있는 자료로서 우선 양함楊緘의 묘지명을 들 수 있다.

3) 때마침 요동[244]이 천명을 거스르니 황제가 정벌하러 나섰다. 파도가 높고 사나워서 누선樓船을 기다려서 군사들이 바다를 건널 수 있었다. 1백만 대군을 오래도록 몰아서 군량을 수송하였다. 양함楊緘은 조서를 받들어 대사가 되어 강회江淮 이남에서 배를 만들었고, 곧 이어 소부소감少府少監의 직책도 함께 받아서 군량을 마련하여 요동으로 들어갔다. 황제가 직접 쓴 조서를 자주 받들어 깊이 위로받았다. 군대를 데리고 돌아오자 공훈으로 상주국을 더해주고 식읍食邑 5백 호로 화양현개국백華陽縣開國伯에 봉하였다.[245]

644년 당 태종이 고구려를 정벌하기 위해 선박을 건조한 사실을 『자치통감』에서도 확인할 수 있다.

4) 정관 18년(644)에 이르러 장작대장將作大匠 염입덕閻立德이 강남江南에서 배를

---

244) 고구려를 지칭
245) 屬遼陽放命 戎車薄伐 滄波浩蕩 佇樓船以濟師 百萬長驅 資贏糧於漕運 奉勅充大使 於江淮已南造船 仍除少府少監 兼支度軍糧入遼 頻奉手勅 深蒙慰勞 軍還 勳加上柱國 封華陽縣開國伯 食邑五百戶(『楊緘墓誌銘』, 『全唐文補遺』, 千唐誌齋新藏專輯)

만들 때 강위強偉를 불러서 판좌判佐로 삼았다.[246)

5) 또 정관 20년(646) 다음 해 3월에 조서를 내려 좌무위대장군 우진달을 청구도행군대총관으로 삼고 우무위장군右武衛將軍 이해안李海岸이 그를 보좌하게 하여, 내주萊州에서 바다를 건너게 하였다. 이적李勣을 요동도행군대총관으로 삼고 우무위장군 손이랑孫貳朗·우둔위대장군右屯衛大將軍 정인태鄭仁泰로 하여금 그를 보좌하게 하여 영주도독營州都督의 병사를 이끌고 신성도新城道를 따라 나아가게 하였다.[247)

6) (646년) 3월에 좌무위대장군 우진달을 청구도행군대총관으로 삼고 우무후장군右武候將軍 이해안이 그를 보좌하게 하여 병사 1만여 명을 징발하여 누선樓船을 타고 내주에서 바다를 건너 들어가게 하였다. 또 태자첨사太子詹事 이세적을 요동도행군대총관으로 삼고 우무위장군 손이랑이 그를 보좌하게 하여 병사 3천 명을 거느리고 가되 영주도독의 병사들도 신성도로 들어가게 하였다. 두 군에서는 모두 물에 익숙하고 잘 싸우는 자들을 선발하여 배속시켰다. ……[248)

그리고 또다시 647년 본격적으로 배를 만들어 고구려 정복 전쟁을 준비하였다.

7) 정관 21년 3월에 고구려를 정벌하였다. 좌무위대장군 우진달을 청구도행군대총관으로 삼고 우무위대장군右武衛大將軍 이해안을 부대총관으로 삼아 병사 1

246) (貞觀)至十八年 將作大匠閻立德江南造船 召爲判佐(「强偉 墓誌銘」, 唐代墓誌滙篇附考 6, 「全唐文新編」992)

247) (貞觀二十年)又明年三月 詔左武衛大將軍牛進達爲靑丘道行軍大總管 右武衛將軍李海岸副之 自萊州度海 李勣爲遼東道行軍大總管 右武衛將軍孫貳朗右屯衛大將軍鄭仁泰副之 率營州都督兵 緐新城道以進(「新唐書」220 列傳 145 東夷 高麗)

248) 三月 以左武衛大將軍牛進達爲靑丘道行軍大總管 右武候將軍李海岸副之 發兵萬餘人 乘樓船自萊州汎海而入 又以太子詹事李世勣爲遼東道行軍大總管 右武衛將軍孫 貳朗等副之 將兵三千人 因營州都督府兵 自新城道入 兩軍皆選習水善戰者 配之(「資治通鑑」198 唐紀 14 太宗 下之上)

만여 명을 징발하여 모두 누선과 전가戰舸를 타고 내주에서 바다를 건너 들어가

게 하였다. ……[249]

8) 조서를 내려 우무위대장군 설만철을 청구도행군대총관으로 삼고 우위장군

배행방을 부장으로 삼아 병사 3만여 명에 누선과 전함을 거느리고 내주에서 배

를 띄워 바다로 가서 고구려를 쳤다.[250]

9) 9월 무술일(15일) 송주자사宋州刺史 왕파리王波利 등에게 칙서를 내려 강남江南

12주州의 공인을 징발하여 대선 수백 척을 만들게 하였는데, 고구려를 정벌하

려는 것이었다.[251]

10) 정관 21년(647) 9월에 송주자사 왕파리, 중랑장中郞將 구효충丘孝忠을 보내어

강남 12주에서 인력을 징발하여 바다에 들어갈 대선 및 소선艄船 350척을 만들

게 하여 장차 고구려를 정벌하려고 하였다.[252]

11) 태종이 송주자사 왕파리 등에게 칙서를 내려 강남 12주의 공인을 징발하여

대선 수백 척을 만들게 하였는데. 우리를 정벌하려는 것이다.[253]

12) 정관 21년에 강위强偉는 우부원외랑虞部員外郞 당손唐遜을 보좌하여 해현海舷 1

천 척을 만들었다. 그 해에 칙령으로 송주자사 왕파리를 보좌하라고 명령을 내

린 뒤, 강위를 차출하여 다시 해선海船을 만들었고, 병부원외랑丙部員外郞 배명례

裵明禮를 보좌하여 요동 및 갈석으로 군량을 운반하였다.[254]

---

**249)** (貞觀)二十一年三月 伐高麗 以左武衛大將軍牛進達爲靑丘道行軍大總管 右武衛大將 軍李海崖爲副 發
兵一萬餘人 並樓船戰舸 自萊州泛海而入 …… (『冊府元龜』985 外臣部 30 征討 4)

**250)** (正月)丙午 詔以右武衛大將軍薛萬徹爲靑丘道行軍大總管 右衛將軍裴行方副之 將兵 三萬餘人及樓船
戰艦 自萊州泛海以擊高麗(『資治通鑑』198 唐紀 14 太宗 下之上)

**251)** (九月)戊戌 勑宋州刺史王波利等發江南十二州工人造大船數百艘 欲以征高麗(『資治通鑑』198 唐紀 14 太宗
下之上)

**252)** 『冊府元龜』985 外臣部 30 征討 4

**253)** 『삼국사기』22 고구려본기 10 보장왕 下

**254)** (貞觀)二十一年 副虞部員外郞唐遜 造海舷一千艘 其年 勑差副宋州刺史王波利 更 造海船 副丙部員外
郞裵明禮 運糧遼碣(『强偉 墓誌銘』, 唐代墓誌滙篇附考 6, 『全唐文新編』992)

13) (648년 봄 정월) 황제는 조서로 우무위대장군 설만철을 청구도행군대총관으로 삼고 우위장군 배행방을 그 부장으로 삼았다. 병사 3만여 명과 누선 및 전함을 거느리고 내주에서 배를 띄우고 건너가서 고구려를 치게 하였다.[255]

위 11)의 『삼국사기』고구려본기 기사는 다음 『책부원구』및 『자치통감』을 그대로 옮긴 것이다. 비록 11)의 기사에는 날짜를 따로 명기하지 않았지만, 『신당서』정관 22년(648) 태종본기에 의하면 그것은 1월 25일(丙午)에 있었던 일이다.

14) 정관 22년(648) 정월 태종은 조서로 우무위대장군 설만철을 청구도행군대총관으로 삼고 우위장군 배행대를 부장으로 삼아 병사 1만여 명을 데리고 누선 및 전함으로 내주에서 배를 타고 바다를 건너가서 고구려를 치도록 하였다. 설만철은 압록수로 들어가 사로잡은 포로가 아주 많았다.[256]

15) 정월 병오일(25일) 조서를 내려 우무위대장군 설만철을 청구도행군대총관으로 삼고, 우위장군 배행방裴行方이 그를 보좌하게 하였다. 병사 3만여 명에 누선樓船과 전함을 거느리고 내주萊州에서 바다를 건너서 고구려를 치게 하였다.[257]

당군이 백제로의 출정 시 누선을 동원하였으리라고 추정할 수 있는 하나의 사례가 더 있다. 당군 장수 설인귀가 임윤법사 편에 보내온 서신에

---

255) (春正月) 帝詔右武衛大將軍薛萬徹爲靑丘道行軍大摠管 右衛將軍裴行方副之 將兵三萬餘人及樓舡戰艦 自萊州泛海來擊(『三國史記』 22 高句麗本紀 10 寶臧王 下)

256) (貞觀) 二十二年正月 詔授右武衛大將軍薛萬徹爲靑丘道行軍大總管 右衛將軍裴行大爲副 率兵三萬餘人 幷樓船戰艦 自萊州泛海 以擊高麗 萬徹入鴨綠水 俘獲甚衆(『冊府元龜』 985 外臣部 30 征討 4)

257) 『資治通鑑』 198 唐紀 14 太宗 下之上

대한 답서(문무왕보서라고도 한다) 가운데 다음 구절이다.

16) 당나라는 한 사람의 사신을 보내 일의 근본과 까닭을 물어보지도 않으시고 곧바로 수만의 무리를 보내 저희 나라를 뒤엎으려고 누선樓船들이 푸른 바다에 가득하고 배들이 강어귀에 줄지어 있으면서 저 웅진을 헤아려 신라를 공격하는 것입니까?[258]

고구려와 백제를 쳐 없애기 위해 손을 맞잡았던 당과 신라가 나당전쟁으로 결별하던 당시의 사정을 알려주는 이야기인데, 당군이 누선과 여러 종류의 전함들을 동원하여 신라를 공격하였다. 백제 침공 시 당군이 어떤 전함들을 동원했는지에 대한 언급은 없으나 이 자료를 통해서 백제 공격에도 누선을 사용하였을 것임을 어렵지 않게 추리할 수 있다.

이상에서 거론한 누선과 전가, 전함, 대선, 소선, 해현, 해선 등과 같은 배들은 모두가 전함 종류이다. 강남에서 크기와 종류가 다양한 전선을 만들어 온 중국의 이런 오랜 전통이 있었기에 소정방이 거느리고 백제로 쳐들어온 대규모 전선 또한 강남에서 징발한 것이었을 수 있으며, 전통적으로 누선이나 전선을 반드시 동원하였을 것이다. 또 663년 8월 17일 백강에 도착해 처음 진을 펼친 당나라 수군의 전선은 아마도 손인사가 한 달 전인 7월 중에 제齊 지역 병사 7천 명을 데리고 온 누선樓船을 포함하여 해선, 전함戰艦, 전가戰舸(대형 전선), 해골선海鶻船과 같은 종류들이었을 것이다. 이런 배는 용골을 써서 튼튼하게 건조하였고, 용골에서 흘수선까지의 높이가 높아서 조금이나 무쉬 또는 1~3매 이하의 물때에는 수심 얕은 해안

---

258)　… 一介之使 垂問元由 即遣數萬之衆 傾覆巢穴 樓舡滿於滄海 艫舳連於江口 數彼熊律 伐此新羅 …

의 갯벌 지대라든가 조간대潮間帶에서는 운용하기 어렵다. 그런 까닭에 "조수와 간만의 영향을 별로 받지 않는 조간대 너머"라야 배를 마음대로 움직일 수 있다. 반면 왜와 백제 수군의 배는 규모가 작아서 조간대 또는 연안 가까이에서 싸우기가 훨씬 수월하였을 것이다. 더구나 당선唐船은 수밀격창水密隔艙으로 되어 있어서 일부가 파손되어도 배가 금세 가라앉지 않는 장점이 있다. 구조가 튼튼하고 용골이 강해서 선두나 선미로 왜 및 백제 수군의 배와 충돌해도 냉큼 부서지지 않는다. 또, 건현乾舷이 높아서 왜·백제 수군은 당군 배의 내부를 올려다보거나 당군의 배로 뛰어올라 근접전을 할 수도 없었을 것이다.

더군다나 당군 누선은 배의 상면을 돌아가며 여장을 설치했으니 화살과 창칼의 공격에도 유리하였고, 그만큼 병력 손실도 적었을 것이다. 대신 왜와 백제의 수군이 입은 선박과 장비 및 병력 손실이 커서 대단히 치명적이었을 것이다. 당시 왜나 백제가 나당羅唐을 상대로 어떤 전투선을 사용하여 어떻게 싸웠는지는 기록이 없어 자세히 알 수 없지만, 일본의 왜선倭船은 용골을 쓰지 않은 소형 배였을 것으로 추정된다. 용골을 쓰지 않았다면 방어에 유리한 설비에다 용골을 갖추고 규모가 큰 당군 전선을 해전에서 결코 이길 수 없다. 특히 크고 단단한 용골에 튼튼하게 지은 당군의 대선이 왜 및 백제 수군의 소형 배를 들이받으면 전복되거나 산산조각이 나게 되고, 규모가 큰 배의 많은 전사가 역할을 나누어 전투를 담당하면 이길 수가 없다.

거기다가 당군의 큰 배가 화공을 퍼붓고 소형선을 격돌하기 위해 왜·백제 수군의 배를 해안에서 될수록 멀리 유인해내기 위해 3~4매(=물) 물때 이내의 바닷물 저조기底潮期를 택해 공격을 감행하였으니 싸움 이전에 이미 전력戰力에 큰 차이가 생겼을 것이다. 당군 배의 흘수선이 높고, 배 자체의 높이도 높아서 백제 및 왜 수군을 내려다보면서 공격과 방어를 할 수 있었을 테니 어쩌면 백제와 왜 수군의 참패는 정해진 일이나 다름없었을 것이다.

## 나당군 수군의 전술과 백제·왜군의 패배 원인

뿐만 아니라 음력 날짜에 따른 바닷물의 움직임을 파악하는 기술 또한 백제 및 왜의 수군보다 당군이 앞서 있을 수 있으며, 배의 규모와 기능, 힘과 전투 능력의 차이가 워낙 커서 백제와 왜의 수군은 변변히 싸워보지도 못하고 참패했을 것이다.

당군이 주로 3~4물때 이하, 조금물때를 전투일로 정한 것은 전략적으로 그와 같은 의도와 배경이 있는 것으로 볼 수 있다. 여기에 각종 다양한 공격무기와 전술, 그리고 대선의 이점을 살려 왜·백제 소형선의 대열을 갈라 분산시키면 힘을 쓸 수 없게 된다. 중국은 춘추전국 시대 이후 나라마다 끊임없이 개발해온 각종 무기(공성전, 기마전, 경기병 등)가 훨씬 발전해 있었으므로 왜 및 훈련되지 않은 부흥 백제의 민병 출신 전력으로는 버거운 상대였을 것이다.

정확한 숫자는 알 수 없지만 고구려와 왜로부터 많은 지원군을 받았으면서 백제는 네 차례의 백강해전에서 모두 처참하게 패배하였다. 부여륭이 당과 신라의 편에서 싸웠으므로 백제의 수군도 꽤 동원되었을 테지만, 그 반대편에 부여풍이 있었으니 부여풍이 거느린 백제 부흥군의 수군도 적지 않았을 것이다. 부여풍이 거느린 백제군과 왜 및 고구려에서 건너온 지원군도 참전했으므로 선박 수나 병력 그리고 기타 동원 물자로 보더라도 신라·당보다 적지 않았을 것이고, 해볼 만한 싸움이었을 텐데 어찌하여 한 번도 신라·당의 군대를 이기지 못했을까?

그 원인을 알기 위해서는 고려해야 할 여러 가지 요소들이 있다. 그중에서 가장 중요한 요소라면 선박수, 선박 규모(시설·기능), 병력 수, 무기(장비), 전략·전술, 보급 문제 등을 꼽을 수 있을 것이다. 이러한 것들과 함께 바다에서 이루어지는 고대의 해전에서 가장 중요한 요소가 하나 더 있으니 바로 바다 물때이다. 바닷물의 간만 시각이라든가 조고차潮高差는 해전에서 전략 및 전술을 구사하는데 핵심 요건이 되므로 백제·왜·고구려 수군의 패전요인을 '물때'에 중심을 두고 집중적으로 살펴봐야 한다.

이미 계획된 대로 백강해전 및 주류성 공성전을 치르기 위해 손인사와 유인원·유인궤·두상 및 부여륭 등의 나당연합군이 사비도성을 떠나 백강으로 출발한 것은 663년 8월 13일이다. 『일본서기』와 『삼국사기』의 기록에 의하면 이날 당군과 신라군 및 부여륭의 군량선이 웅진강을 떠나 백강으로 갔다. 주류성을 치러 가는 길이었다. 그로부터 4일 뒤인 8월 17일 백강(백촌강)에 도착한 당군은 전선 170척으로 진을 쳤고, 같은 날 신라군은 주류성을 포위하였다.[259]

당군이 백강에 도착한 음력 8월 17일은 바다 물때로는 8물때(8매)에 해당한다. 당군은 일부러 15일의 사리물때를 이틀 앞두고 부여를 출발하였다. 15일 앞뒤로 이틀씩 4일을 계산하여 바닷물 수위가 가장 높은 시기를 선택, 수군의 이동을 감안한 것으로 볼 수 있다. 하지만 나당군은 도착 당일엔 진을 펼치기만 했을 뿐, 양측의 교전이 있었다는 기록은 없다. 그렇지만 여기서 생각해볼 점이 하나 있다. 왜 이 시기 양측이 교전을 피했을까 하는 문제이다. 만약 당군 수군의 선박 숫자나 전력(군사 수)이 열세에 있

---

[259] 웅진강에서 덕물도를 거쳐 백강으로 가는 데 5일이 걸린 것이다. 소정방이 소야도에서 웅진강 반조원리로 가기까지 4일을 계산했던 것은 바로 이에 근거를 둔 것이었다. 소야도에서 백강까지는 배로 하루 길을 감안한 것이다.

었다면 당군은 사리 전후의 물때에는 될수록 교전을 피했을 것이다. 상대의 수군 선박이 몽땅 동원되어 대치하면 수적 열세에 몰릴 것이기 때문이다. 물론 수군이 현장 상황을 익히고, 휴식을 취하는 시간도 필요했을 것이다.

이때부터 열흘간 양측 군사의 움직임이 없다. 서로 대치한 가운데 그냥 시간이 흘렀을 것이다. 그러다가 첫 백강해전은 8월 27일에 치러졌다. 먼저 백강에 도착해 있던 왜군이 당 수군과 접전을 벌였다. 이것을 일단 1차 백강해전으로 정의해둔다. 그러나 이날의 교전에 대해서는 『일본서기』에만 간략한 기록이 남아 있을 뿐, 중국이나 우리 측 기록엔 싸운 사실이 없다. 이날의 싸움에서 왜와 백제 수군이 불리하여 패퇴한 것으로 『일본서기』에 그려져 있는데, 왜·백제 수군의 전략 전술상 문제가 있었을 것이다. 특히 8월 27일은 3물때(3매)로서 바닷물의 간만 차가 크지 않은 날이다. 더구나 만조 시라 하더라도 삽교호나 아산만 깊숙이 바닷물이 들어오지도 않고, 수위가 그다지 높지 않아서 당군은 규모가 큰 배를 운용하는데 제한이 따른다. 반면 왜군들은 자신들의 나라에서는 겪어보지 않은 서해안의 간만 차 그리고 들물과 날물(썰물)의 격심한 조류 등 익숙치 않은 전장의 조건에서 당군의 배를 대적하면서 수군 운용에 크게 당황하였을 것이다. 따지고 보면 일본이 불리하여 물러났다'라고 한 것도 단순히 전력의 차이나 전술상의 문제로 불리해서가 아니라 물때와 관련이 있을 것 같다. 바닷물 밀물과 썰물의 영향을 받는 조간대에서 주로 이루어진 해전이었으므로 조석 간만은 가장 중요한 변수이다.

중국에서는 이미 은상殷商 시대에 천문 관측을 통해 태음력인 은력殷曆을 완성하여 실생활에 사용하였고, 10간12지를 창안하였다. 기원전 4세기 감동이 목위木衛(목성의 위성)를 발견하였으며, 특히 한대漢代 이후 크게 발전시켜 온 역법曆法으로 음력 날짜의 표준을 제시하였다. 아주 이른 시기부터 중국은 천체 과학에 중요한 진전을 이루었고, 그것을 바탕으로 작성한 역법을 현실 생활에 이용해 왔다. 그간의 축적된 경험을 통해 당군은 음력 날짜에 따른 들물과 썰물 시간·조류·물 높이(=潮高) 등에 대해서 웬만큼은 알고 있었다. 그러나 백제 및 왜군은 상대적으로 천문관측과 역법에 뒤져 있었다. 중국의 책력과 연호를 사용하였으므로 그 분야를 아직 독자적으로 발전시키지 못했으며, 특히 왜 및 백제 수군은 음력과 바닷물의 관계를 당군보다 잘 파악하지 못하였을 것이다. 거기에다 왜군은 백강의 물때에 따른 현장 상황에 익숙하지도 않았던 것 같다.

이런 조건에서 백제 및 왜군은 적극적인 교전을 시도하지 않았을 수도 있다. 만약 3물때의 간조 시각에 싸움이 벌어졌다면 왜군이 크게 불리하였을 것이고, 그래서 교전을 피했을 수도 있다.

한편 『일본서기』 27 천지천황天智天皇 조에 '일본군 1만여 명이 바다를 건너 백제로 갈 것'이라는 내용이 있는 것으로 보아 이때의 싸움에 참전한 왜군은 백제 측에서 6월에 요청하여 백강에 도착한 군대이거나 7월 중에 다시 증파한 병사들로 볼 수 있다.

그다음 날(8월 28일)에 다시 백제·왜 수군 연합군은 당군 수군과 맞붙어 싸웠다. 하지만 중국과 한국의 기록에는 이날 왜·백제군과의 전투 기록은 없다. 다만 이날 부여풍이 고구려로 달아났고, 그의 보검을 주웠다는 사실만이 남아 있다. 반면 『일본서기』에는 간략하지만 그보다는 좀 더 상세한 내용이 전한다. 왜·백제 군대가 대오를 질서 있게 갖추지 않고 어지러이 흩어져서 서로 앞다투어 나가서 싸우다가 크게 패했다는 것이다. 중군 대오를 이끌고 나가서 견고한 당 수군을 쳤으나 오히려 당 수군은 왜·백제 수군을 좌우에서 에워싸고 공격하여 피해가 컸다. 그리하여 ①왜군은 뱃머리와 고물을 돌릴 수조차 없었으며 ②물에 빠져 죽은 왜·백제 수군이 많았다고 전한다.

그렇지만 8월 28일의 2차해전 패전요인에 대해서『일본서기』는 '백제 왕(부여풍)과 왜군 장수가 기상을 살피지 않은 탓'이라고 하였다.(『일본서기』 천지천황 2년 8월 기사) 그러나 '부여풍이 기상을 살피지 않았다'라는 것이 단순한 기상, 즉 날씨나 풍향 등의 문제만을 말한 것으로 보기는 어렵다. 물론 활과 창, 칼을 주된 무기로 하는 고대의 전쟁에서는 통상 화공전을 겸했고, 또 화살이 바람의 영향을 받으므로 비바람은 중요한 요소이다. 하지만 해전에서 그보다 더 중요한 것은 바다 상황을 예측하는 것이다. 고대의 해전에서 가장 중요한 것은 간만 시각과 그 시각의 물 높이 그리고 그에 따른 배와 수군의 운용이다.

### 왜 및 백제 군, 당군의 선박 규모·무기·전략 전술에 뒤져

바다에서 치른 해전이었으므로 '기상'이란 말은 물때(간만 시각, 조고 차 등)를 의미하는 것으로 볼 수 있다. 27일과 28일은 조고潮高가 비교적 낮은 3매, 4매의 물때이므로 수군 운용에 어려움이 있는 날이다. 그러니까 '백제 왕과 일본 장수가 기상을 살피지 않았다'(不觀氣象)라고 한 말은 바다 물때와 간만干滿 시각이라든가 풍향·날씨 등을 살피지 않았음을 지적한 것으로 볼 수 있다. 상대의 전선戰船과 맞닥뜨려 싸워야 하는 마당에 바닷물 간만 시각이라든가 조류의 방향과 세기, 물 높이(간만 차)에 따른 수심 변화, 바람의 세기 그리고 선박의 규모와 병력 수 같은 것들은 매우 중요하다. 이런 것들을 종합적으로 고려하지 않았음을 이른 것으로 볼 수 있다. 고대의 전쟁에서 일월성신日月星辰의 변화와 비바람 같은 것을 예측하는 점풍법占風法, 우박을 점치는 점우박占雨雹, 천둥 번개를 예측하는 점뢰전占雷電, 이슬이나 서리 내리는 것을 예측하는 점상로占霜露와 같은 기술이 장수나 지휘관에게 중요한 덕목으로 인식되어 있었는데, 그것은 오랜 전통이었다.

『일본서기』가 지적한 대로 '백제 및 왜 중군의 대오가 갖춰지지 않은 문제'는 그다음으로 중요한 요소로서 전술적 실패를 거론한 것이다. 서로 앞을 다투어 싸우려는 의욕은 좋았으나 전열을 갖추지 않아서 당 수군이 왜선을 사이에 놓고 포위하는 전략으로 맞서면서 배의 운용이 어려웠음을 설명한 것으로 보아, 전술상의 실패가 치명적이었던 것 같다. 그와 반대로 당군은 전열을 갖추고 조직적으로 대응하였다. 당군이 좌우에서 왜군의 배를 끼고 조이며 배를 돌릴 수도 없게 하였다고 한 것을 보면, 당 수군은 앞뒤로 배를 이어 연환계로써 왜군 선박의 운용을 어렵게 한 것으로 볼 수 있다. 당군 선박이 좌우에서 왜군 배를 옴짝달싹할 수 없게 만들었으니 선박과 수군을 원하는 대로 운용할 수 없었던 것이다. 이런 방식으로 당군 배가 왜군 전함을 공격한 것을 보면 왜군 전함보다 당군 전함의 크기가 월등히 컸을 가능성이 있다.

더구나 이 싸움에서 물에 빠져 죽은 자가 많았다고 한 것을 보면, 당 수군의 전략 전술을 대략 두 가지로 압축해서 생각해볼 수 있다. 당군의 배가 월등히 크고 강력했으므로 왜·백제 전함을 들이받아 파손하는 전략을 폈을 것이다. 선박의 크기와 기능에 차이가 있었고, 무기 및 전략·전술 또한 당군에 크게 뒤졌을 가능성이 있다. 물론 당군이 바람을 등지고 화공을 겸하였으리라는 가정을 해볼 수 있다. 하지만 이날 화공전을 했다는 기록은 어디에도 없다.

결국 8월 28일의 2차 백강해전에서 백제와 왜군은 크게 패했고, 부여풍은 고구려로 도망쳤다. 부흥 백제국의 왕 부여풍이 배를 타고 손쉽게 고구려로 달아난 것을 보면 이 싸움에 고구려 수군도 꽤 참전하였으리라는 짐작이 간다. 부여풍의 피신으로 부흥 백제국은 왕의 궐위 상태나 다를 바 없이 되어 버렸다. 이때 이미 백제와 왜는 상당한 전력을 잃었다고 판단해도 될 것 같다. 백제는 수장이 없는 상태여서 군권軍權이 일사불란하게 집행되지 못했을 것이다. 그러므로 당나라 수군이 군대와 함선을 집결시켜 대결전을 준비하는 동안 3차 해전을 앞두고 백제 및 왜군이 크게 위축되었을 것이다. 2차해전 패전으로 가뜩이나 백제·왜의 군사력이 부족해진 마당에 이미 전의를 상실했을 가능성도 있다. 게다가 백제 및 왜군에 대한 당나라 측의 대대적인 선무공작도 병행되었을 것이다.

8월 27일(3매, =3물)의 1차 백강해전과 그 이튿날 4물때(=4매)의 2차해전 모두 왜군은 중군을 운용한 것으로 보인다. 특히 2차해전에서 왜군은 좌군과 중군 및 우군의 3군 편제로 해전을 치른 게 분명하다. 당나라 수군이 왜군 중군을 가운데 두고 포위하여 왜·백제 주력군이 크게 패했으므로 어쩔 수 없이 부여풍이 고구려로 달아났을 것이라고 판단할 수 있다. 이때 만약 당군이 왜군 중군을 포위하고 화공전을 폈다면 백제군 및 왜군의 피해는 무척 컸을 것이다. 더구나 그때 당군 전선끼리 서로 배를 이어 연환계를 겸했다면 왜군이 분산되고, 화공에 견디지 못해 바다로 뛰어들면서 왜군의 전력이 대부분 무너졌을 것이다.

그런데 그로부터 다시 열흘 뒤인 9월 7일에 3차 백강해전이 벌어졌다. 8월 17일부터 대략 열흘 주기로 양측의 싸움이 반복된 것인데, 어쩐 일인지 9월 7일의 3차 백강해전에서도 양측의 상세한 접전 기록은 없다. 그저 '왕자 부여충승, 부여충지 등이 백제의 사녀士女, 왜의 무리와 탐라국 사신 등을 데리고 항복하였다'라는 사실만 있다. 싸워보지도 않고 항복했는지, 아니면 양측의 접전으로 백제 및 왜군이 워낙 크게 격파당하는 바람에 항복했는지는 알 수 없다. 다만 탐라국·왜·백제가 모두 항복한 것으로 보아 이날에도 격전이 있었고, 그 싸움에서 패하여 왜·백제·탐라인이 항복한 것이라고 추정할 뿐이다. 하지만 전장에 나온 전사들이 싸워보지도 않고 쉽게 항복했다고 보기는 어려울 것 같다. 열흘 전인 8월 28일의 2차 해전에서 왜·백제가 대패한 이후, 다시 전력을 수습하여 3차해전을 맞았을 텐데 막상 싸움터에 나가서는 싸워보지도 않고 전군이 곧바로 항복했다고 판단할 수 없기 때문이다. 다만 이 3차해전에서 이미 승부는 결정 난 것이나 다름없었던 것 같다. 물론 2차 백강해전도 왜·백제의 대패로 끝났지만, 9월 7일의 3차 해전에서 부여충승과 부여충지 등이 사녀와 함께 항복한 것은 변변히 싸워보지도 못하고 패배한 데 있으리라고 추정할 수 있다. 교전도 없었고, 왜·백제의 피해가 없었다면 왜·탐라의 사신들이 항복할 이유도 없다. 바로 이 3차 백강해전에서 왜·백제의 군대가 패배한 원인에 대해서는 남아 있는 기록으로 어느 정도 짐작할 수 있다. 9월 7일은 조금 하루 전의 13매(물) 물때로서 만조 시각이라 해도 바닷물 수위가 낮아서 해안 가까이에서 수군을 원활하게 운용할 수 없었을 것이다. 2차 백강해전에서의 패전으로 '백제의 여러 성이 회복되었다'라거나 '백제가 모두 평정되었다'라고 한 기록을 보면 이미 싸움은 결판이 난 것이나 다름없었던 것 같다. 이런 마당에 3차 백강해전에서 다시 패했으니 백제 부흥군은 싸울 의욕조차 없어졌을 수 있다. 그리하여 부여풍과 복신에게 돌아왔던 여러 성들이 다시 신라와 당에 항복하였고, 왕자 부여충승, 부여충지 및 사녀들이 항복한 것이라고 이해할 수 있다. 사녀란 당시 장수나 고위장교의 부녀자들을 총칭하는 개념이었을 것이니 넓게 보면 백제 측 전사들의 처자식을 가리키는 것으로 판단된다. 결국 조금 하루 전날, 물때·간만 시각·풍향 등을 제대로 파악하지 않고서 싸움에 임한 것을 두고 '백제 왕과 일본 장수가 기상을 살피지 않았다'라는 말로 요약한 것이라고 하겠다. 거기에다 전략·전술상의 문제가 있었고, 1·2차 해전에서의 연이은 패배로 인한 전력 손실과 사기 저하 등으로 말미암아 백제·왜가 대패하였을 것이라고 짐작할 수 있다.

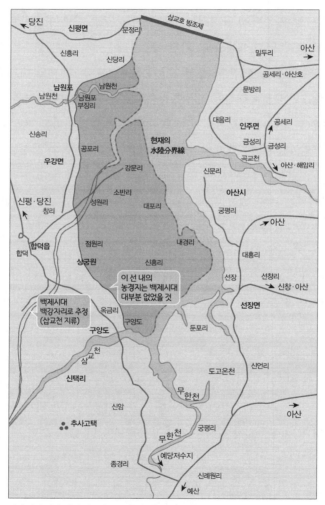

백제 시대 백강 및 기벌포와 그 주변 지역(검게 표시한 부분).

당과 신라의 수군이 백강 입구에서 부여풍의 백제·왜 수군을 완전히 격파한 싸움은 9월 8일의 4차 백강해전이었다. 『구당서』 유인궤전은 '4백 척을 불사르고 당군과 신라군이 승리를 거둔 4차 백강해전을 먼저 기록하고 나서 그 뒤에 "부여풍이 몸을 빼어 달아났다. 그 보검을 주웠다"라며 8월 28일에 있었던 2차 백강해전 결과를 이어 썼다.

4차 백강해전을 주도한 장수는 유인궤였다. 그는 2만 명의 수군으로 백제·왜의 수만 명 군사를 물리쳤다. 그런데 이 4차 백강해전에 대해서는 몇 가지 세밀하게 살펴봐야 할 점들이 있다. 먼저 8월 17일의 백강 도착 후 당군은 대략 10일 간격으로 해전을 벌였다. 이 열흘 간격이 물때를 고려한 것으로 보인다. 27일과 28일은 3물때, 4물때로서 네 차례의 해전 가운데 바닷물 수위가 가장 높은 날이었다. 이런 조건이면 27일(3매)과 28일(4매)의 만조 시에는 대략 신평 남원포와 아산 선장권에 있는 배들까지 모두 움직일 수 있었을 것이다. 그러나 소정방이 조금물때 직후인 7월 9일(무시)에 웅진강에 상륙한 것처럼, 9월 7일과 8일을 마지막 백강해전의 결전일로 택한 것도 물때와 조고潮高, 그에 따른 백제·왜 수군 운용의 어려움을 고려한 것으로 보인다. 당군은 음력 날짜에 따른 바닷물의 간만 차를 웬만큼 알고 있었고, 그것을 실전에 충분히 활용했을 것이라는 뜻이다. 반면 백제와 왜는 당군보다 현장의 물때에 어두웠을 수 있다.

마지막으로 9월 8일의 4차 백강해전은 당군 및 신라군의 전술적 측면에서 반드시 짚어봐야 할 중요한 요소가 있다. 앞에서 잠시 설명하였듯이 조금물때인 9월 8일을 마지막 결전의 날로 삼았기 때문이다. 이날 신라의 육군은 따로 주류성으로 가서 성을 포위하였다. 당과 신라가 동과 서에서 양면 협공을 병행함으로써 공격 효과를 한층 높였다. 이날 왜의 수군은 배 1천 척을 백사白沙에 정박해 두었고, 백제의 정예기병은 해안에서 그 배들을 지키고 있었다. 조금물때를 감안하면 7일과 8일 해전의 주요 전장戰場은 지금의 삽교호 내 합덕과 신평 일대, 그리고 아산 선장권에 형성되었을 것이다. 그렇다면 그곳은 백강을 포함한 보다 넓은 범위였다. 기록에 백사白沙라고 하였으니 그 이름대로라면 모래밭 해변을 의미한다. 따라서 가까이에 백촌白村 마을이 있었다고 판단할 수 있는데, 그곳을 백강구라고 전한 기록도 있다. '백사~백촌~백강구'의 비교적 넓은 지역이었을 것이다.

그 당시 삽교천 주변의 신평~우강~합덕읍의 소위 '합덕평야(우강평야)' 일대 논들은 대부분 없었을 것이며, 합덕읍 앞의 저지대 대부분은 해수면이었을 것이다. 같은 시대 김해만처럼 바닥이 깊어서 조금물때에도 배를 댈 수 있는 곳이 많았을 것이다.

9월 8일 백제·왜는 간조 시각에 선박을 대부분 백사 해안에 정박시켜 놓았다. 해안에 정박해 있던 배를 지키던 백제의 기병을 신라의 정예기병이 기습하여 격파하고, 배를 불태우자 백제와 왜는 수군을 제대로 운용할 수 없었다. 이런 점을 감안하여 호극胡戟은 "당과 백제·고구려의 전투에 관한 자료 중에 폭약이나 화기를 사용한 어떠한 자료도 없다." 또는 "적벽전에서 썼던 오래된 화공전술로 백제의 선박 4백 척을 불살라 연기와 불꽃이 하늘을 가리고 바닷물이 모두 붉게 되었다."[260]라고 보았는데, 이런 판단은 대체로 받아들일 만한 것이라 하겠다. 백강해전이 있었던 때와 비슷한 시기에 화공전을 알려주는 기사가 하나 있다.

"인덕 원년(664)에 근욱靳勗은 관직에 나아가 대방주녹사帶方州錄事에 임명되었는데, 얼마 후에 예주사마禮州司馬로 자리를 옮겼다. 삼한의 풍속이 길을 달리하

---

260) 胡戟,「中國 水軍과 白江口戰鬪」,「百濟史上의 戰爭」 p.355, 忠南大學校 百濟研究所, 2000, 서경문화사

니 국경을 접하고 있는 유주幽州 지역에서는 고구려의 성이 희미하게 보이는데,

봉화 연기가 낮에도 경계를 하고 있다. 큰 물결을 일으키며 흐르는 백랑수白狼

水²⁶¹⁾에서는 불을 뿜는 전함이 연기구름을 피워 올린다. 뭇 사람들 속에서 현명

한 인재를 뽑을 때 군무에 밝은 자에게 일을 맡기고자 하였는데, 근욱이 웅대

한 계략으로 응하였으니 현묘한 선발이었다. 웅진군자총관熊津軍子總管을 제수하

고 조의랑朝議郎·상주국上柱國·행건주소무현령行建州邵武縣令을 더해주었다."²⁶²⁾

근욱은 당나라의 백제 침공 때 웅진군자총관(일종의 군수사령관)으로 왔던
인물이다. 위「근욱묘지명」의 일부 내용은 당나라가 고구려 침공에서 나서
던 때, 전함에서 화공전을 펼친 사실을 알려주는 기록이다. 물론 이와 관
련하여 당시의 화공전에서 화약을 썼을까 하는 문제에 대하여 논란이 있
을 수 있다.

일찍이 도가道家 사상가들이 신선술을 믿고 불로장생의 묘약을 찾는 데
심취하여 단약丹藥이란 이름의 화학혼합물을 만들어 냈는데, 그것이 바로
화약 발명의 시작이었다. 초기 단약은 초석硝石과 유황硫黃을 섞은 것이었
다. 우연히 초석과 유황을 섞은 혼합물이 연소되거나 폭발하는 현상을 알
았는데, 이것을 최초로 시험한 사람이 동진東晉 시대의 도가道家 갈홍葛洪이
라는 사람이다. 그는 일찍이 초석과 유황·숯 등을 섞어서 돼지의 창자에
넣어 연소시험을 해보았는데, 실제로 그것이 폭발하였다. 이 '소시지 폭
탄'이 인류 최초로 만든 인공 폭발물이었다. 그 후 당나라 헌종憲宗 원화元和

---

261)  지금의 대릉하(大凌河) 상류를 이른다.
262)  麟德元年 釋褐補帶方州錄事 俄轉進禮州司馬 途分韓俗 境接燕垂 隱隱兎城 煙烽晝警 滔滔狼水 火艦
宵浮 盛簡賢才 寄深戎旅 君以雄略 來膺妙選 授熊津軍子總管 加朝議郎上柱國行建州邵武縣令(「靳勗
墓誌銘」全唐文補遺 3)

3년(808)에 원시적인 형태의 화약이 만들어졌다고 보는 게 정설이다.

당 고종과 친분이 있었던 손사막孫思邈이 화약을 발명했다고 하는 이야기도 있으나 아직까지 그것은 인정받지 못하고 있다. 그는 한의학에도 밝았고, 유황과 초석을 섞으면 불에 잘 타고 폭발력도 크다는 사실도 잘 알고 있었다. 그로부터 수 세기가 지나서 원나라 때 화약이 개발되어 한국과 아랍 및 서양으로 전해져 널리 사용되었다. 다만 손사막은 유황 사용법을 잘 알고 있었으므로 당군이 식물성 기름과 함께 유황과 초석을 섞은 물질을 화공전에 활용했을 가능성은 있다. 물론 그런 재료들로 화구火球를 만들어 썼을 수도 있다.

일찍이 손자孫子는 자신의 『손자병법』에서 화공에 대하여 다섯 가지를 말했다.

> 손자가 이르기를 불로 공격하는 방법에는 다섯 가지가 있다. 첫째는 불로 사람을 태우는 화인火人이고, 두 번째는 적이 쌓아둔 것(물자)을 불태우는 화적火積, 세 번째는 수레를 불태우는 화치火輜, 네 번째는 적의 창고를 불태우는 화고火庫, 다섯 번째는 적군 대오를 불태워 어지럽히고 적을 격파하는 화대火隊이다. 불을 피우는 데는 도구가 필요하고, 불을 피우는 데도 때와 날짜가 따로 있으니 바로 건조한 때이다.[263]

음력 9월 8일, 건조한 가을 날씨에 당군은 전통적인 군사전략에 따라 백제 및 왜의 수군을 상대로 화공을 펼쳤다. 사람과 물자, 수레(배) 그리고 적(백제 및 왜)의 군대를 불 질러서 그 기세를 꺾어놓은 뒤, 나머지를 따로 격

---

[263] 孫子曰凡火攻有五 一曰火人(焚其人) 二曰火積(焚其蓄積) 三曰火輜 四曰火庫(焚其府庫) 五曰火隊(焚其隊伍使亂而擊之) 行火必有因烟火必素具發火有時起火有日時者天之燥

파하는 방식을 택한 것이다. 반면 3년 전 7월 삼복더위에 소정방이 사비도성을 함락시킬 때는 습도가 높아서 화공작전을 할 수 없었을 것이고, 또 사비성 공성전에서 화공을 했다는 기록이 없다.

## 당군은 물때를 잘 활용해 화공전으로 승리하였다!

본격적인 4차 백강해전에 앞서 당군의 선봉이 된 신라군 기병이 먼저 백제 정예기병을 무찌르면서 싸움의 주도권을 쥐었다. 그것은 일종의 기습전이자 나당군의 전술·전략적 승리였다고 평가할 수 있다. 신라 기병은 조금물때의 간조 시각을 택해 백사 해안가에 정박한 왜·백제 수군의 배를 불태워 쳐부수었고, 그로 말미암아 백제와 왜는 싸워보기도 전에 전함 및 수군 전력에 큰 손실을 입었다.

여기에 더하여 당군이 3차 및 4차 백강해전을 9월 7일(13물)과 8일의 조금을 택해 마지막 해전을 치른 데에도 전략적으로 그럴만한 이유가 있었다. 4차해전에서 당군은 일부러 조금 간조 시각을 택해 왜·백제의 수군을 공격해 먼저 왜·백제 선박을 격파하였는데 그 이유는 무엇보다도 나당군의 선박과 수군의 수적 열세에 있었다고 봐야 한다. 유인궤가 가진 적은 숫자의 전함으로 많은 수의 왜군 선박을 상대하기 버거웠을 것이다. 부여풍이 가진 백제 수군과 선박은 얼마 되지 않았을지라도 왜군 선박은 1천 척이나 되었고, 당시 고구려의 수군도 막강했으니 백제·왜·고구려 3국 연합군의 수군 전력은 수적으로 당군을 압도하였을 것이다.

그러면 당 수군이 마지막 4차 백강해전을 조금날인 9월 8일로 정한 이유는 무엇이었을까? 조수의 영향을 많이 받는 연안에서 그것도 조금 전후의 물때를 선택해 해전을 치른 데는 그래야만 할 무언가가 있을 것이라고 판단할 수밖에 없다. 조금과 무시 그리고 조금 전날은 바닷물의 움직임이 별로 없어서 백제·왜군이나 당·신라 수군 모두 수군의 운용에 어려움이 있다. 썰물 시간 양측 수군의 선박 대부분이 해안에 정박해 있는 상태에서 먼저 신라의 기병이 기습전과 화공으로 백제·왜 수군을 무력화시키고, 나머지를 해상에서 격파한 것으로 볼 수 있다.

9월 7~8일을 당군이 마지막 결전일로 택한 이유를 간단히 정리하면 방어자인 백제 및 왜로 하여금 싸우기 어려운 조건을 택해 상대를 이기는 책략이었다. 다시 말해서 백제·왜의 배를 연안에서 될수록 멀리 끌어내 격파하려 한 전술로 볼 수 있다. 이 점에서 당군의 배는 대체로 규모가 큰 대선大船이었고 왜·백제의 전선戰船은 소형선이었을 거라고 판단할 수 있다. 대선은 전사와 격군格軍을 따로 두어 역할 분담으로 전력을 높일 수 있다. 배가 튼튼하고 커서 소형 선박과 격돌해도 유리하게 밀어부칠 수 있다. 춘추전국시대 이후 발전을 거듭해온 중국의 선박 제작 기술은 그 당시 가장 앞서 있었고, 특히 강남의 선박은 그 종류가 다양했다. 당 태종의 고구려 침공 때와 마찬가지로 양주揚州와 강남에서 제작된 누선과 전함을 백제 침략 때에도 동원했을 가능성이 있지만, 그 당시까지 축적한 선박 제작 기술이나 해전 및 수전水戰 경험이 백강해전에서도 상당히 유리한 요인으로 작용했을 것이다.

그렇다면 그다음으로 양측의 전력(병력)이나 선박, 무기와 같은 조건을 살펴볼 필요가 있다. 4차 백강해전에 양측의 수군 선박과 총인원이 얼마나 참전했는지를 알려주는 기록은 없다. 다만 8월 17일 백강에 도착한 당 수군 전선은 170척이었고, 백강에 온 왜 수군 선박은 1천 척이었다. 물론 그것이 전부는 아니었을지라도 이때 양측이 동원한 전선 숫자에 단서가 있다고 본다. 단순히 수적으로만 보면 당 수군이 열세였다. 대신 당군 전선(누선·전함·유선·해선 등)은 규모가 컸고, 왜 수군 선박은 규모가 작았던 것으로 판단된다. 선박의 규모가 같았다면 병력과 선박 숫자에 워낙 격차가 커서 당군이 당연히 패했어야 한다. 170척의 적은 배로 1천 척이나 되는 왜선을 감당하기 어렵다. 백강해전을 앞두고 손인사가 7천 명을 데리고 다시 건너왔는데, 수군 전력을 보강하기 위해 이때도 많은 선박을 가져왔으리라고 가정해볼 수는 있다. 배 1척당 1백 명을 싣고, 식수·식량·무기 등을 함께 실어왔다면 전선 70척은 있어야 한다. 수군 전력 보강을 위해 총 150척을 가져왔다고 가정하더라도 당군 배는 300여 척에 불과하여 숫자로만 보면 왜·백제·고구려 연합군의 수군을 상대하기 힘들다.

이런 조건에서 당군이 상대의 전력을 약화시키는 방법으로서 우선 해안에 정박한 백제·왜 수군의 배를 기병이 습격하여 불태움으로써 병력과 전력을 꺾어놓은 뒤, 그 나머지를 조금물때의 만조 시에 해전에서 무찌르는 것이 최선의 전략이었다. 이런 전략 전술이 효과를 거두어 당군은 크게 승리하였다. 들물때라 해도 9월 7~8일의 조금물때에는 규모가 큰 당군 전함은 해안 가까이 접안할 수 없다. 밀물과 썰물의 영향을 많이 받는 조간대에서의 해전에는 왜 및 백제 수군보다 당군이 배의 운용에 한결 불리하다. 결국 왜·백제 수군이 조수의 영향을 덜 받는 조간대 밖으로 나가 접전이 이루어졌을 것이므로 규모가 작은 왜·백제의 선박은 그만큼 불리할 수밖에 없었다. 백강해전 결전일을 조금일로 택한 이유가 여기에 있다고 보아야 한다.

당시 아산 선장~신창 지역이라든가 당진 우강·신평 일대엔 북부 주류성 및 서부 임존성 휘하의 민병들도 당과 신라의 수군이 상륙하는 것을 막기 위해 진을 치고 대기하였을 것이며, 해안에는 많은 수의 왜·백제 수군 선박이 정박해 있었고, 보조인력도 상당히 많이 투입되었을 것이다.

아울러 백강, 백강구, 백촌 주변과 연안의 바다 수심에 관한 여건을 살펴봐야 할 것이다. 백제 시대 해수면이 지금보다 훨씬 높았다고는 할 수 없다. 대신 삽교호 바닥이 지금보다 현저히 낮아서 조금날이라 하더라도 현재의 삽교호 내 아산 선장면과 당진 우강 일대에 배를 댈 수 있었을 것이다. "임존성이 함락되던 날 흑치상지가 예당저수지 제방 자리의 냇가에 있던 은행나무에 매어두었던 배를 풀어서 타고 곧장 당나라로 갔다"라는 이야기가 전해오는 것으로 보아 백제 시대 무한천 깊숙이 큰 배가 들어왔을 만큼 바닥이 깊었음을 알 수 있다. 이런 조건이면 현재의 삽교 읍내에는 조선 시대와 달리 물때와 관계없이 연중 대선大船이 들어와 정박했을 것이며, 맞은편 곡교천 또한 과거의 온양 읍내를 지나 곡교천 중상류까지 배가 들어갔을 것이다. 그러므로 만약 이런 조건이었다면 신라 수군이 백강에 진입하는 것만으로도 부흥 백제에게는 상당한 압박이 되었을 것이다. 양측의 전장은 자연히 백강에 집중될 수밖에 없는 조건이었다. 다시 말해서 신라 및 당의 수군이 백강에 집결하는 것만으로도 당진·예산의 서부와 아산·천안의 북부 지역 병력과 물자가 동원되어 비상 체제로 들어갔을 것이므로 지킬 곳이 많은 백제로서는 큰 부담이 될 수밖에 없었다.

다음으로, 왜·백제 수군의 소형 선박으로는 용골을 쓴 당군의 대형선박을 대적하기가 몹시 어려웠을 것이다. 우선 배 높이에 차이가 커서 백제·왜의 군대가 접전을 하기 어렵고, 당군의 공격무기에도 그만큼 취약했을 것이다. 선박 규모의 차이는 자연히 전력의 차이로 이어졌을 것이다. 당군 전함에는 노예나 죄수로 구성된 격군格軍이 따로 있어서 소규모의 백제 및 왜 선박으로는 당군을 감당하기 어려웠을 것이며, 춘추전국시대 이후 줄곧 발전시켜온 당군의 공격 및 방어무기 또한 백제·왜의 연합군은 막아내기 어려웠을 것이다.

거기다가 당군은 음력 날짜에 따른 물때의 주기성을 잘 알고 있었을 것이며, 조직적 전술을 구사하여 화공으로 왜선 400척을 불태워 궤멸시켰으니 백제·왜군으로서는 속수무책이었을 것이다. 당시 왜·백제 수군의 패전 모습을 "연기와 불꽃이 하늘을 가리고 바닷물이 붉게 물들었다."라고 묘사한 것으로 보아 4백 척의 배를 불사른 것은 아마도 아침이나 저녁에 가까운 시간이었을 것이다. 현재의 물때표와 토정 이지함이 개량한 조수왕래법으로 보더라도 조금날의 만조물때는 대략 오후 3~5시 이후에 있었을 것이다. 햇볕이 쨍쨍한 한낮에는 1백여 리 밖의 바다에서 피어오르는 연기구름과 화염이 또렷하게 잘 보이지 않는다. 아마도 3차 및 4차 백강해전에서 백제·왜 수군이 화공전에 패한 때는 날씨가 다소 흐렸거나 땅거미가 지기 전의 저녁 가까운 시간이었을 수 있다.

『구당서』 유인궤전의 다음 기록을 통해 2차 및 4차 백강해전에 대하여 좀 더 자세히 살펴볼 수 있겠다.

a) 이에 손인사와 유인원 및 신라 왕 김법민은 육군을 거느리고 나아가고, 유인궤는 별장 두상을 인솔하여 가고 부여륭은 수군 및 군량선을 인솔하여 웅진강으로부터 백강으로 가서 육군과 만나 주류성으로 나아갔다. 유인궤는 백강구에서 왜병을 만나 네 번 싸워 이겼다. 그 배 4백 척을 불사르니 연기와 화염이 하늘을 가렸으며 바닷물이 모두 붉었다(9월 8일). 적의 무리가 크게 무너져 부여풍은 몸을 빼어 달아났다. 그 보검을 주웠다(8월 28일).[264]

앞서 한 차례 설명한 대로, 위 a) 기사를 다음 b) 기록과 대조해보면 9월

264)  於是仁師仁願及新羅王法敏帥陸軍以進 仁軌乃別率杜爽 扶餘隆率水軍及糧船 自熊津江往白江 會陸
      軍同趣周留城 仁軌遇倭兵於白江之口 四戰捷 焚其舟四百艘 煙焰漲天 海水皆赤 賊衆大潰 餘豊脫身
      而走 獲其寶劍(『구당서』 유인궤전)

8일 백강구에서 치른 마지막 해전에서 배 4백 척을 불사르고 백제 및 왜군을 크게 무찌른 것은 유인궤였다.

> b) "유인궤는 거듭 수군 2만을 데리고 왜적 수만 명을 백강구에서 습격하여 깨트렸다. 4백여 척을 쳐부수었으며 왜적과 탐라 등이 모두 사신을 보내와 항복을 청했다."[265)

b)는 『책부원구』에 전하는 기사인데, 이것과 『태평어람』[266)의 해당 내용이 서로 같고, 그들 두 기록 가운데 왜선 4백 척을 격파했다는 내용이 다른 기록과 일치한다. 백강구에서 벌어진 4차 백강해전에서 2만여 명의 수군으로 유인궤는 왜·백제군의 배 4백 척을 불사르고 최종적으로 승리한 것이다. 백강해전에 참전한 왜군 선박은 물론 백제군 모두 네 차례의 해전에서 완패했으므로 왜군은 병력 대부분을 잃었고, 더 싸울 수도 없었을 것이다.

1차부터 4차까지의 백강해전을 총지휘한 것은 유인궤였다. 그러나 4차 백강해전에서 가장 큰 공을 세운 사람은 손인사였다. 중국 측의 기록에 유인궤의 2만 수군이 왜·백제의 전선 4백 척을 불태웠고, 신라 기병이 백제 기병을 무너뜨린 것으로 되어 있으나 정작 그때 직접 지휘하여 백제와 왜

---

265) 仁軌仍別領水軍二萬 襲破倭賊數萬於白江 虜掠船艦四百餘艘 倭賊及眈羅等國 皆遣使詣之 請降 初 仁軌將發帶方州 謂人曰 天將富貴此翁耳 於州司 請曆日一卷 幷七廟諱 人怪其故 答曰 擬削平遼海 頒示國家正朔 使夷俗尊奉焉 至果以軍功顯 正除帶方州刺史 又簡較熊津都督總知留鎭兵馬事(『冊府元龜』 358 將帥部 19 立功 11 劉仁軌)

266) 顯慶五年 大軍征遼 令仁軌監統水軍 以後期免 特令以白衣隨軍自効 尋撿校帶方州刺史兼熊津道行軍長史 仍別領水軍二万 襲破倭賊數万於白波 虜獲舡艦四百餘艘 倭及眈羅等國 皆遣使詣之 請降 初 仁軌將發帶方州 謂人曰 天將富貴此翁耳 乃於州司請曆歷日一卷幷七廟諱 人恠其故 答曰 擬削平遼海 頒示國家正朔 使夷俗遵奉焉 至是 果以軍功顯 正除帶方州刺史(『太平御覽』 276 兵部 7 良將 下 劉仁軌)

수군을 격파한 사람은 손인사였음을 『신당서』 고종본기와 『자치통감』의 다음 내용이 알려주고 있다.

① 9월 무오일(8일) 손인사가 백제에 이르러 백강에서 싸워 이겼다.[267](『신당서』 고종 본기)

② 9월 무오일(8일) 웅진도행군총관熊津道行軍摠管·우위위장군 손인사 등이 백제의 남은 무리와 왜병을 백강에서 격파하고 주류성을 함락시켰다.[268](『자치통감』)

이상의 ①, ② 기사와 b)의 내용을 비교해보면 4차 백강해전의 교전 장소는 백강으로부터 현재의 삽교호 일대였다.

네 차례의 백강해전에서 당군이 거둔 승리는 유인궤의 오랜 경험에서 비롯된 것이었다고 볼 수 있다. 유인궤가 수군 운용에 경험이 있는 사실은 몇몇 자료로도 알 수 있다. 먼저 『신당서』에는 "현경顯慶 5년(660) …… 이의부李義府가 유인궤의 죄를 이유로 쫓아내려고 하여 조운을 감독하게 하였다. 그런데 배가 전복되어 사라지니 그 일에 연루되어 유인궤는 관직에서 쫓겨나 백의종군하였다. 처음에 소정방이 백제를 평정하고, 낭장 유인원을 남겨 그 성을 지키게 하였다."[269]라고 하였고, 『구당서』 열전 유인궤전에는 "현경 5년(660) …… 유인궤로 하여금 수군을 감독하고 통솔하게 하였다. 그러나 기일에 늦어서 그 자리에서 해임되었는데, 특별히 명령하니 백의종군하여 정성을 다하였다."라는 내용이 있다.

---

267) 『新唐書』 3 本紀 3 高宗
268) 『資治通鑑』 201 唐紀 17 高宗 中之上
269) 『新唐書』 108 列傳 33 劉仁軌

이러한 기록들로 보면 유인궤는 일찍부터 수군 및 조운에 관한 감독을 하던 사람으로서 바다에 관한 일을 잘 알았다고 할 수 있다. 『자치통감』에 "청주자사가 되어 백제를 정벌하는데 유인궤가 바다에 떠서 표류하여 나아가지 못하였다. 이의부가 그들을 통솔하다가 바람을 만나 배를 잃었으며 장정 가운데 물에 빠져 죽은 자가 매우 많았다. 황제가 제명하자 백의종군하여 자효自效하였다."[270]라고 한 것이라든가 "당 청주자사 유인궤는 해운을 맡았으나 잃은 배가 극히 많아서 제명되어 백성(평민)이 되었다가 마침내 요동에서 자효自效하였으나 병에 걸려 평양성 아래에서 누웠다."[271]라고 한 『태평광기』의 기록은 그가 백제 침공 및 고구려 침략에도 참여한 일까지 다루고 있다. 그러나 이것은 유인궤가 청주자사青州刺史로 있던 때 실수한 일과 백제로 나갈 때 백의종군하였음을 이른 것이다. 또 "청주자사 유인궤가 해운을 감독하는 일을 책임진 자리에 있을 때 배가 전복된 사건에 연루되어 백의종군하여 정성을 다하였다."[272]라는 『자치통감』의 내용을 보면 아주 이른 시기부터 670년(咸亨 원년) 그 자신이 관직에서 물러나기까지 유인궤는 늘 해운 관련 업무나 수군을 책임지는 자리에 있었으므로 해전에 관한 지식이 많았을 것이다.

한편 백제 왕 풍장(부여풍)이 일본의 지원군을 백촌에서 맞이하여 잔치를 베풀던 날인 8월 13일, 유인궤와 신라 수군은 웅진강을 떠나 백강으로 향했다. 당과 신라 수군은 백제 및 왜군이 백강에 와 있는 사실을 알고 그날 출발한 것으로 볼 수 있다. 그해 6월에 부여풍이 복신을 죽였다는 소식을

---

270) 『자치통감』 권 201
271) 唐青州刺史劉仁軌 知海運 失船極多 除名爲民 遂遼東効力 遇病 臥平襄城下 褰幕看兵士攻城 有一卒 直來前頭背坐 叱之不去 仍惡罵曰 你欲看 我亦欲看 何預汝事 不肯去 須臾 城[原文逸失](太平廣記 146 定數 1 劉仁軌)
272) 青州刺史劉仁軌坐督海運覆船 以白衣從軍自效(『資治通鑑』 200 唐紀 16 高宗 上之下)

접하고, 경주에서는 이미 7월 17일에 군사를 움직인 것으로 보아 김춘추는 손인사와 당군이 파견될 것이라는 사실도 그 전에 알고 있었을 것이다. 결국 8월 17일 신라군은 주류성에 도착하였고, 당군 역시 같은 날 백강에 도착하여 진을 친 것으로 보아 백강해전은 이미 7월 이전에 시작된 전투였다고 하겠다. 백강에 도착해서 진을 펼친 날로부터 대략 20일 후인 9월 7~8일 신라의 정예기병이 백강 연안에 정박한 백제 기병을 습격하여 큰 타격을 입히고, 유인궤의 수군은 백강해전에서 최종적으로 승리하였다. 신라군이 경주를 떠난 시점부터 계산하면 50여 일 만이다. 당군은 열흘 주기로 매번 필요한 바다 물때를 골라 백강해전을 치렀으니 이런 것들을 보면 백강해전은 부여풍이 도침을 죽인 사건을 계기로, 신라와 당이 치밀하게 계획한 전투였을 것이다.

백제와 왜가 동원한 수군과 선박을 정면으로 대응하여 이길 승산이 없다고 판단한 나당군은 일부러 만조 수위가 높지 않은 3~4물때 이하 조금 전후의 물때를 택해 백제와 왜의 수군을 무력화시키는 전략을 폈다. 해안에 정박해 있는 왜·백제의 수군 선박을 급습하여 무너뜨렸으니 왜·백제 수군은 변변히 싸워보지도 못하고 패한 것이다. 마지막으로 4차 백강해전에서 승리를 거둔 당군과 신라군은 이후 곧바로 주류성으로 짓쳐들어갔다.

9월 8일의 4차 백강해전에서 대패하는 장면을 목격한 주류성과 북부의 백제 유민들은 항복을 결정하였고, 마침내 부흥 백제의 왕성이 함락되었다. 국권 회복을 위한 백제인들의 염원이 막을 내리던 그날의 광경을 『일본서기』 천지천황 2년(663) 9월 조의 기사는 다음과 같이 생생하게 전해주고 있다.

c) 9월 신해일이 초하루인 정사일(7일) 백제 주유성州柔城이 비로소 당에 항복하였다. 이때 백제 사람들이 서로 말하였다. "주유성이 항복하였으니 이 일을 어찌할 수 없구나! 백제의 이름이 오늘에서야 끊어지는구나! 조상의 묘가 있는 이 땅에 다시 오지 못하게 되었다. 이 뒤로는 다만 호례성코禮城으로 가서 일본 장수들을 만나 필요한 대책을 세울 일이다."라고 말하고는 마침내 침복기성枕服岐城에 머물러 두었던 처자식들에게 일러 나라를 떠날 것을 알렸다.[273]

백제·왜의 군대가 패하는 장면을 임존성에서 고스란히 내려다본 흑치상지와 사타상여·지수신 등의 심정은 착잡하였을 것이다.

---

[273]    九月辛亥朔丁巳百濟州柔城始降於唐是時國人相謂之曰州柔降矣事无奈何百濟之名絶于今日丘墓之所豈能復往但可往於弓禮城會日本軍將等相謀事機所要遂教本在枕服岐城之妻子等令知去國之心辛酉發途於牟弓癸亥至弓禮甲戌日本船師及佐平余自信達率木素貴子谷那晋首憶禮福留幷國民等至於弓禮城明日發船始向日本(『日本書紀』27 天智紀)

# 9. 백강해전에서의 패배와 주류성 함락

**나당군의 남벌(南伐)에 이은 북벌, 그리고 백강해전과 주류성 함락**

사비성 함락 직후부터 백제인들의 국권 회복 운동은 매우 활발하게 진행되었다. 그리하여 662년 7월 이전까지만 해도 부흥군의 세력이 만만치 않았으며, 옛 백제 땅의 많은 성들이 다시 부여풍과 복신 편에 섰다. 백제 측의 이와 같은 움직임에 맞서 신라군과 당군도 부산하게 움직였다. 그리하여 663년으로 들어서면서는 부흥 백제국의 세력이 크게 위축되었다. 먼저, 『일본서기』 천지천황 2년(663) 군사 관련 기록을 통해서 당시 백제·왜와 신라·당의 사정을 어느 정도 짐작할 수 있다. 663년 봄부터 신라는 백제 부흥군에 대한 공세를 높여갔다. 이에 위협을 느낀 부여풍은 피성避城에서 주유성州柔城으로 돌아갔다. 그리고 곧바로 그해 2월에 복신은 당군 포로 속수언을 일본에 보냈다. 그것은 왜군의 출병 요청을 위한 것이었다.

663년으로 들어서서 신라군이 처음으로 백제 남방 지역을 약탈하고 점령한 때를 『일본서기』는 2월로 제시하였다. 『일본서기』 천지천황天智天皇 2년(663) 3월 조에는 당시 왜에서 군대를 보내어 신라를 친 것으로 되어 있는데, 이때 건너온 왜군은 복신이 2월에 출병을 요청한 병력이었음을 미루어 알 수 있다.

d) 천지천황 2년(663) 봄 2월의 을유일乙酉日이 초하루인 달의 병술일(丙戌日, 2

일)에 백제는 달솔 김수金受 등을 파견하여 조調를 바쳤다. 또 신라 사람이 백제 남부의 4주(四州, 居列·居忽·沙平·德安)를 불태우고 안덕安德 등의 요지를 점령하였다. 이에 피성避城은 적과 가까워 거처할 수 없는 형세였으므로 에치노다쿠츠 朴市田來津의 의견 대로 주유성州柔城으로 돌아와 거처하였다. 이달에 좌평 복신이 당의 포로 속수언續守言 등을 보내왔다.[274]

대체로 백제의 옛 땅에서 '남방'은 지금의 전남 및 남원 이남 지역이었을 것이다. 663년 2월에 신라 장수 흠순과 천존이 경남 진주와 남원 이남 그리고 지금의 전남 나주 및 광주 지역을 친 것이 신라의 백제 땅 남부4주 점령, 즉 남벌南伐에 해당하는 사건이었다고 판단된다.

신라가 백제의 남부 지역 가운데 네 개 주州를 점령하여 압박해오자 2월에 이미 복신은 왜에 당군 포로와 함께 사신을 보내 알리면서 왜군 지원군 파병을 요청하였다. 그다음 달에 왜군 2만7천 명이 건너와 신라군과 싸우는 내용이 바로 앞의 『일본서기』 d) 기사인데, 그 사건을 『삼국사기』 문무왕 3년(663) 2월 조는 다음과 같이 전한다.

e) 2월에 흠순과 천존이 군사를 거느리고 백제의 거열성(居列城, 진주)을 쳐서 빼앗고, 7백여 명의 목을 베었다. 또 거물성居勿城과 사평성(沙平城, 남원)을 쳐서 항복을 받았으며 덕안성德安城(은진)을 공격하여 1,070명의 목을 베었다.[275]

---

[274]  二年春二月乙酉朔丙戌百濟遣達率金受等進調新羅人燒燔百濟南畔四州并取安德等要地於是避城去賊近故勢不能居乃還居於州柔如來津之所計是月佐平福信上送唐俘續守言等三月遣前將軍上毛野君稚子間人連大蓋中將軍巨勢神前臣譯語三輪君根麻呂後將軍阿倍引田臣比邏夫大宅臣鎌柄率二萬七千人打新羅夏五月癸丑朔犬上君關名馳告兵事於高麗而還見糺解於石城糺解仍語福信之罪(『日本書紀』 권27 天智天皇 2년 2월)
[275]  二月 欽純天存領兵 攻取百濟居列城 斬首七百餘級 又攻居勿城沙平城降之 又攻德安城 斬首一千七十級(『三國史記』 6 新羅本紀 6)

『일본서기』와 『삼국사기』가 똑같이 신라가 점령한 백제 땅 남부 지역 4개 주 가운데 하나를 덕안성德安으로 전하고 있지만 거열성, 거물성, 사평성과는 덕안성이 너무 동떨어진 것으로 보아 여기서 말하는 덕안은 은진(충남 논산)의 백제 지명 덕안성과는 다른 곳으로 볼 수밖에 없다. 그리고 또 이 덕안성과 다른 득안성得安城이 따로 있어 혼란을 주고 있다. 득안성은 백제의 5방성 가운데 동방성東方城이었다. 그러므로 동방 방령의 주둔지인 득안성과 백제 남방 4주의 하나인 덕안성이 어떻게 다른지도 앞으로 밝혀야 할 과제이다.

이번에는 다른 자료를 보자.

f) 3월에 전장군前將軍 가미츠케노노키미와카코上毛野君稚子 · 하시히토노무라지오오후타間人連大蓋, 중장군中將軍 고세노카무사키노오미오사巨勢神前臣譯語 · 미와노키미네마로三輪君根麻呂, 후장군後將軍 아헤노히케타노오미히라부阿倍引田臣比邏夫 · 오오야케노오미카마츠카大宅臣鎌柄를 파견해 2만7천 명을 이끌고 신라를 공격하였다. 여름 5월 초하루(계축일)에 이누카미노키미犬上君[이름은 누락되어 있다]가 말을 달려 고구려로 가서 전쟁이 있었음을 알리고 돌아오다가 석성石城에서 규해糺解를 만났다. 규해는 이누카미노키미犬上君에게 거듭 복신의 죄를 말하였다.[276]

그런데 f)는 자료 d) 다음에 이어지는 내용이다. 이것은 663년 2월 복신

---

276) 三月遣前將軍上毛野君稚子間人連大蓋中將軍巨勢神前臣譯語三輪君根麻呂後將軍阿倍引田臣比邏夫大宅臣鎌柄率二萬七千人打新羅夏五月癸丑朔犬上君闕名馳告兵事於高麗而還見糺解於石城糺解仍語福信之罪(『日本書紀』 27 天智紀)

이 속수언 등, 당군 포로를 일본에 보내어 왜군 지원군을 요청하자 3월에 백제 남쪽 지방에 출병한 것으로 볼 수 있다. 다시 말해 이같은 백제의 요청에 따라 663년 3월에 왜병이 백제의 옛 남부 지역으로 출병한 사실을 전해주는 기록이 f)이다. 그때 들어온 왜 지원군이 5월에 이르도록 백제군을 돕고 있었음을 알려주는 기사라 하겠다.

아울러 "용삭 3년(663) …… 부여풍이 왜적倭賊을 남쪽으로 불러서 관군 (=당군)에 맞섰다."[277]라고 한 중국의 『책부원구冊府元龜』 기사와 "용삭 3년 계해에 백제의 여러 성이 몰래 부흥을 꾀했는데 그 우두머리가 두루성豆率城에 웅거하며 왜국에 원군을 청하였다."[278]라고 한 『삼국사기』의 기사는 위 『일본서기』 천지천황 2년(663) 2월 조에서 복신이 왜군 파병을 요청한 사실을 이른 것이거나 6월에 부여풍이 따로 왜군 추가 파병을 요청한 사실을 말한 것으로 볼 수 있다.

그 무렵 백제는 고구려에도 사람을 보내어 신라 및 당군의 침략과 양측의 교전 사실을 알렸다. 그해 2~3월에 신라는 백제의 남방을 철저히 약탈하였고, 5~6월 무렵엔 전북 지방도 나당군의 수중에 떨어진 것 같다. 그리고 5월 초하루 누군가가 왜군 장수에게 복신의 죄를 알린 이가 있었는데, 일본의 다른 기록에는 그것이 참언이라고 하였으니 복신을 음해하는 내용이었다고 볼 수 있다. 662년 3월부터 이미 부여풍과 복신의 관계는 멀어지고 있었고, 마침내 6월엔 돌이킬 수 없는 사이가 되었다.

g) 6월에 전군前軍의 장군 가미츠케노노키미와카코上毛野君稚子 등이 신라의 사비기沙鼻岐·노강奴江 두 성을 취하였다. 백제 왕 풍장豊璋은 복신이 모반할 마음이

---

277) (龍朔三年) 扶餘豊南引倭賊 以拒官軍(『冊府元龜』 366 將帥部 27 機略 6 劉仁軌)
278) 『삼국사기』(42 列傳 2 金庾信 中)

있다고 하여 복신의 손바닥을 뚫고 가죽끈으로 결박하였다. 그러나 그때 스스로 결단하기 어려워 어찌할 바를 모르고 망설이면서 여러 신하에게 "복신의 죄가 이와 같으니 참수해도 좋지 않은가?"라고 물었다. 이에 달솔 덕집득德執得이 "이처럼 사악한 반역자는 놓아주어서는 안 됩니다."라고 하였다. 복신이 곧 덕집득에게 침을 뱉으며 "썩은 개 같은 미치광이 놈아!"라고 하였다. 왕이 건장한 자들로 하여금 복신의 목을 베고 그 머리로 젓갈을 담갔다.[279](『일본서기』)

결국 663년 6월 부여풍은 복신의 목을 베었다. 외적보다 무서운 것이 내홍內訌임을 이들의 관계에서 다시 한 번 확인할 수 있는데, 이 일로 백제국의 재건 운동은 새로운 변화를 맞았다. 부여풍이 복신을 죽인 이유는 확실하지 않지만, 『속일본기』에 그 배경을 짐작할 수 있는 구절이 있다.

h) (6월) 임자일(28일)에 형부경刑部卿 종3위 백제 왕 경복이 죽었다. 그 선조는 백제국 의자왕으로부터 나왔다. 고시강본궁어우천황(高市岡本宮馭宇天皇, =舒明天皇, 629~641) 때 의자왕이 그 아들 풍장왕豊璋王 및 선광왕禪廣王을 보내어 천황을 모시게 하였다. 나중에 강본조정(岡本朝廷, =齊明天皇) 때에 이르러 의자왕이 전쟁에서 패하여 당나라에 항복하자 그 신하인 좌평 복신福信이 사직을 원래대로 회복하고자 멀리서 풍장을 맞이하여 끊어진 왕통을 이어 일으켰다. 풍장은 왕위를 이은 뒤, 방자하다는 참언을 듣고 복신을 죽이니 당나라 병사가 그것을 알고 주유성州柔城을 다시 공격하였다. 풍장은 우리 병사에 대항하였으나 구원군이 불리하게 되자 배를 타고 고려(고구려)로 도망하였고, 이로 말미암

---

[279]    六月 前將軍上毛野君稚子等 取新羅沙鼻岐奴江二城 百濟王豊璋 嫌福信有謀反心 以革穿掌而縛 時難自決 不知所爲 乃問諸臣曰 福信之罪 旣如此爲 可斬以不 於是 達率德執得曰 此惡逆人 不合放捨 福信 卽唾於執得曰 腐狗癡奴 王勒健兒 斬而醢首(『日本書紀』 27 天智紀)

아 선광은 자기 나라로 돌아가지 못하였다. 등원조정[藤原朝廷, =持統天皇 치세]
에서 백제 왕이라는 칭호를 내려주었으며, 죽은 뒤에 정광참正廣參에 추증하였
다.[280] (『속일본기』 27)


부여풍이 복신을 처참하게 죽이기 전까지만 해도 신라는 우선 백제의
남반(南畔, 남부) 4주만을 확보하는데 일차적인 목표를 두었던 것 같다. 2월
과 3월에 이어 6월에도 상당히 많은 왜군이 파견되었으나 백제군 및 왜군
은 신라군에 패하여 남반 4주를 내주었다. 그리고 곧 이어 중부 지역도 나
당군에 넘어가고, 대전과 논산 이남 지역이 정리되는 사이, 복신의 죽음이
알려지자 나당군은 고삐를 늦추지 않고 북벌을 계획하였다.

## 북방성 관할 지역에 대한 총공격이 북벌의 핵심

신라와 당의 백제 지역 평정은 7월로 들어서며 곧 북벌로 이어졌다. 그
계기가 된 것이 바로 그해 6월에 부여풍이 복신을 죽인 사건이었다. 6월
이후에 다시 백제가 왜군을 남쪽 지방으로 불러들여 신라 및 당군에 대항
한 사실은 여러 자료로 알 수 있다.


① 용삭 3년(663) …… 부여풍이 왜적을 남쪽으로 불러서 관군에 맞섰다.[281]

② 백제 왕 풍이 왜군을 남쪽으로 불러서 당군에 맞섰다.[282]

---

280) (六月) 壬子 刑部卿從三位百濟王敬福薨 其先者出自百濟國義慈王 高市岡本宮馭宇天皇御世 義慈王遣
其子豊璋王及禪廣王入侍 泊于後岡本朝廷 義慈王兵敗降唐 其臣佐平福信剋復社稷 遠迎豊璋 紹興絶
統 豊璋纂基之後 以讒橫殺福信 唐兵聞之復攻州柔 豊璋與我救兵拒之 救軍不利 豊璋駕船遁于高麗
禪廣因不歸國 藤原朝廷賜號曰百濟王 卒贈正廣參 子百濟王昌成 幼年隨父歸朝 先父而卒 飛鳥淨御原
御世贈小紫 子郞虞 奈良朝廷從四位下攝津亮 敬福者卽其第三子也(『續日本紀』 27 稱德紀)

281) 『冊府元龜』 366 將帥部 27 機略 6 劉仁軌

282) 『資治通鑑』 201 唐紀 17 高宗 中之上

뿐만 아니라 그 후의 기사로서 『자치통감』에도 "백제 왕 풍이 왜군을 남쪽으로 불러서 당군에 맞섰다."[283]라고 한 663년 6월의 기사가 더 있다.

③ 복신이 이미 권력을 독점하여, 백제 왕 풍과 점차 서로 시기하였다. 복신이 거짓으로 병을 칭하여 동굴에 누워서, 풍이 문병 오기를 기다렸다가 죽이려고 하였다. 풍이 그것을 알고 측근을 이끌고 가서 습격하여 복신을 죽였다. 사신을 파견해 고구려·왜국에 나아가서 군사를 요청하여 당군에 맞섰다.[284]('자치통감」)

④ 이때 복신이 이미 권력을 독점하였고, 풍과 몰래 서로 시기하였다. 복신이 거짓으로 병을 칭하여 동굴에 누워서, 풍이 문병 오기를 기다렸다가 죽이려고 하였다. 풍이 그것을 알고 측근을 이끌고 몰래 습격하여 그를 죽였다. 고구려와 왜국에 사신을 보내어 군사를 빌어다가 당군에 맞서려고 하였다.[285]('삼국사절요」)

⑤ 『자치통감』에 전한다. "…… 복신이 이미 권력을 독점하여, 백제 왕 풍과 점차 서로 시기하였다. 복신이 거짓으로 병을 칭하여 누워있다가 풍이 문병을 오면 죽이려고 하였다. 풍이 그것을 알고 측근을 이끌고 습격하여 복신을 죽였다. 사신을 고구려·왜국에 보내어 군사를 빌어다가 당군에 맞서려고 하였다. …… 백제 왕 풍이 왜군을 남쪽으로 불러서 당군에 맞섰다."[286]('옥해」)

⑥ 그리고 풍이 과연 복신을 습격하여 죽이고 고구려·왜에 사신을 보내어 지원을 요청하였다(663년 6월). 때마침 조서를 내려 우위위장군 손인사를 파견해 군

---

283) 遣使高句麗倭國 乞師以拒唐兵
284) 『資治通鑑』200 唐紀 16 高宗 上之下
285) 『三國史節要』10
286) 『玉海』191 兵捷露布 3 唐熊津道行軍摠管破百濟

대를 이끌고 바다를 건너오니 사기가 크게 떨쳤다(7월 17일).[287] (『자치통감』)

⑦ 그리고 풍이 과연 복신을 습격하여 죽이고 고구려·왜에 사신을 보내어 지원을 요청하였다(663년 6월). 조서를 내려 우위위장군 손인사를 파견해 군대를 이끌고 바다를 건너오니 사기가 크게 떨쳤다(7월 17일).[288] (『신당서』)

위 ①~⑥과 똑같은 내용이 『책부원구』에도 전하고 있는데, 그것은 아마도 부여풍이 복신을 죽이고 출병을 요청하자 왜에서 보내온 병력이 도착한 것으로 볼 수 있다.

그런데 6월에 건너온 왜군은 아마도 전북 고부 지역에서 나당군에게 패한 게 아닌가 싶다. 바로 그 왜 지원군이 패한 곳을 전북 고부의 평왜현平倭縣으로 보고자 한다. 당나라가 백제 평정 후 도독부를 설치하면서 고사부리현古沙夫里縣을 평왜현으로 고친 것을 보면, 그 당시 왜군이 건너와서 고부 지역에 주둔했으며, 그 왜군을 신라와 당군이 평정하면서 지명을 평왜현으로 바꾼 것이라 추정된다. 『삼국사기』 지리지 편에는 "고부군古阜郡은 본래 백제의 고사부리군古沙夫里郡인데, 경덕왕이 이름을 고쳤으며 지금도 그대로 부른다."[289]라고 하였다. 그런데 백제 멸망 후 당이 설치한 도독부 가운데 고사주古四州의 5개 현에 관한 설명에는 "평왜현平倭縣은 본래 고사부촌古沙夫村이다."라고 하였다. 도독부 설치 후에 바뀐 '평왜平倭'라는 지명에 관한 설명인데, 그것이 '왜를 평정했다'는 뜻을 갖고 있으니 신라와 당군이 북벌을 시작하기 전에 먼저 '왜를 평정한 현'이라는 의미에서 그런 이름

---

287) 而豐果襲殺福信 遣使至高麗倭丐援 會詔遣右威衛將軍孫仁師率軍浮海而至 士氣振(『資治通鑑』 201 唐紀 17 高宗 中之上)

288) 而豐果襲殺福信 遣使至高麗倭丐援 會詔遣右威衛將軍孫仁師率軍浮海而至士氣振於是諸將議所向或曰加林城水陸之衝盍先擊之(『新唐書』 108 列傳 33 劉仁軌)

289) 『삼국사기』 권 제36, 잡지 제5

을 부여했을 것이므로 왜 지원군이 바로 이 고부군 일대에서 당군에게 패한 것으로 볼 수 있다. "남쪽 지방이 이미 평정되었으므로 군대를 돌려 북쪽을 쳤다."(南方已定廻軍北伐)라고 한 것은 나당군이 진주·남원 지역을 포함한 백제 남쪽 지방 '남반 4주'를 진압한 데 이어 백제의 중방 관할인 고부 지역에서 왜군을 평정하고 익산과 논산(은진) 지역까지도 모두 아울렀음을 이르는 내용으로 파악할 수 있다.

이렇게 당과 신라는 663년 2월부터 6월경까지 백제 남방 및 중방을 정리하고, 7월부터 군사를 돌려 북벌에 들어갔다. 7월 중에 백제에 추가 파병된 왜 지원군은 부여풍이 복신을 죽이고 나서 6월 중에 왜에 요청한 병력이었을 것이며, 그들이 기벌포(백강)해전에서 나당군과 싸워 패한 것으로 추정할 수 있겠다. "손인사와 유인원 및 신라 왕 김법민은 육군을 데리고 나아가고, 유인궤 및 별군 장수 두상과 부여륭은 수군 및 군량선을 이끌고 웅진강에서 백강(기벌포)으로 가서 육군과 만나 함께 주류성으로 향하였다."라는 『구당서』·『신당서』의 내용으로 미루어 볼 때 손인사가 '웅진부성(사비도성)을 구했다'(7월 17일)라고 한 것은 이때 백제 부흥군의 사비성 공격이 있었음을 시사하는 것이며, 유인궤의 군대와 군사를 합친 뒤 곧바로 백강 및 주류성으로 간 것은 8월 13일 이후의 일이다. 그때 신라와 당은 추가로 파병된 왜군이 백강에 와 있는 사실을 알고, 주류성을 함락시키기 위해 사전에 치밀하게 기벌포(백강)해전을 준비한 것이다. 그리하여 『일본서기』 천지천황 2년 가을 8월 조에는 다음과 같은 기사가 있다.

i) 가을 8월 임오일이 초하루인 갑오일(13일) 신라는 백제 왕이 자신의 훌륭한 장수를 목 베었다는 소식을 듣고 곧바로 그 나라로 들어가서 먼저 주유성州柔城을 취하려고 하였다. 이에 백제는 적의 계략을 알고, 여러 장수에게 "대일본국

大日本國의 구원군 장수 이오하라노키미오미廬原君臣가 1만여 명의 병사를 이끌고 지금 당장 바다를 건너올 것이라고 하니 여러 장군들은 미리 계획을 세워두고 도모하기 바란다. 나는 백촌白村으로 가서 기다렸다가 그들을 맞이하여 대접하고자 한다."라고 말하였다.

그런데 아래 『삼국사기』(권42) 열전 2 김유신전(中)에 의하면 문무왕이 직접 김유신·김인문·천존·죽지 등 여러 장수들을 거느리고 7월 17일 경주를 떠나 豆率城(두루성)에 도착한 것은 8월 13일이라고 적었다.

j) 대왕(문무왕)이 몸소 김유신·김인문·천존·죽지 등 장군들을 거느리고 7월 17일에 토벌을 떠나 웅진주熊津州에 이르러 당의 진수관 유인원과 군사를 합하였다. 8월 13일 豆率城(두루성)에 도착하니 백제인들이 왜군과 함께 나와 진을 쳤다. 우리 군사가 힘써 싸워 크게 깨트리니 백제와 왜의 군사들이 모두 항복하였다. 대왕이 왜군에게 말하였다. "나와 너희 나라는 바다를 사이에 두고 강역을 나누어서 일찍이 서로 얽히지 않았고, 우호관계를 맺어 평화를 지키고 교류하였을 뿐이다. 무슨 까닭으로 오늘날 백제와 함께 악행을 저질러 우리나라를 도모하는가? 지금 너희 군졸은 우리의 손바닥 안에 있으나 차마 죽이지 못하겠으니 너희들은 돌아가 너희 왕에게 이야기하라." 그리고는 그들이 가고자 하는 대로 맡겼다. 병사를 나누어 여러 성을 공격하고 함락시켰다.[290]

한편, 문무왕 11년(671) 7월 26일 총관 설인귀가 임윤법사 편에 보내온 편지에 대한 답서에서 문무왕이 밝힌 이야기 가운데에는 다음과 같은 내

---

**290)** 『삼국사기』 42 열전 2 김유신(中)

용이 『삼국사기』 신라본기에 전한다.

k) 용삭 3년(663)에 이르러 총관 손인사가 군사를 거느리고 와서 부성을 구하였다(7월 17일). 신라도 병마를 동원하여 함께 치게 되어 주류성에 이르렀다. 이때 백제를 돕기 위해 왜국의 수군이 와서 배가 백사에 정박해 있었고, 백제의 정예기병이 강 언덕 위에서 배를 지키고 있었다. 신라의 날랜 기병이 당군의 선봉이 되어 강가의 적진을 깨트리니 주류성이 놀라서 마침내 항복하였다(9월 8일).[291] 남쪽 지방이 이미 평정되었으므로 군사를 돌려 북쪽을 쳤다. (그러나) 임존성 한 곳만이 어리석게도 항복하지 않으므로 두 나라 군사가 힘을 합쳐 성 하나를 쳤으나 굳게 지키면서 막아 싸우는 바람에 쳐부수지 못하였다.[292]

위 기사에는 7월 17일 손인사가 웅진부성(사비성)을 구했고, 신라 군대가 주류성으로 가서 성을 포위한 8월 13일에 유인궤·두상·부여륭 등 나당 수군은 사비성을 출발한 것과 같은 달 17일 백강에 도착한 내용을 순서대로 나열하였다. 그러나 『일본서기』 천지천황 2년 8월 기사는 8월 17일에 신라군이 주류성을 포위하였고, 그날 당군은 백강에 도착하여 진을 펼친 사실을 각기 따로 나누어 기술하였다.

l) 8월 무술일(17일, 8매)에 적(=신라)의 장수가 주유州柔에 이르러서 그 왕성을

---

291)  이것은 『新唐書』 本紀에 9월 8일(戊午)의 사건으로 되어 있다.

292)  (文武王十一年) 秋七月二十六日 大唐摠管薛仁貴使琳潤法師寄書曰 … 大王報書云 … 至龍朔三年 摠管 孫仁師領兵來救府城 新羅兵馬 亦發同征 行至周留城下 此時 倭國船兵 來助百濟 倭船千艘 停在白沙 百濟精騎 岸上守船 新羅驍騎 爲漢前鋒 先破岸陣 周留失膽 遂卽降下 南方已定 廻軍北伐 任存一城 執 迷下降兩軍倂力 共打一城 固守拒捍 不能打得 新羅卽欲廻還 杜大夫云 準勅旣平已後 共相盟會 任存 一城 雖未降下 卽可共相盟誓 新羅以爲準勅 旣平已後 共相盟會 任存不降 不可以爲旣平 又且百濟 奸 詐百端 反覆不恒 今雖共相盟會 於後恐有噬臍之患 奏請停盟 … (『三國史記』 7 新羅本紀 7 文武王 下). 이 일 은 『三國史記』 新羅本紀에 10월 21일에 있었던 것으로 전하고 있다.

둘러쌌다. 대당군의 장수가 전선 170척을 이끌고 가서 백촌강白村江에 진을 펼쳤다.

"부여풍이 몰래 복신을 죽였다. …… 손인사·유인원·신라 왕 김법민은 육군을 인솔하고, 유인궤·두상·부여륭은 수군과 군량선을 이끌고 웅진강에서 백강으로 갔다."라는 『구당서』와 "유인원·김법민이 보병과 기병을 인솔하고, 유인궤는 수군을 데리고 웅진강에서 주류성으로 나갔다"라는 『신당서』의 내용을 k), l) 등과 비교해보면 당군이 사비성을 떠난 날짜를 짚어낼 수 있다. 그리고 j)에서는 나당군이 "8월 13일에 도착하였다."라고 했으나 다른 기록엔 당군과 신라군이 주류성으로 가기 위한 논의를 한 날짜가 8월 13일이고, 주류성과 백강에 도착한 것이 17일이니 사비성을 떠난 날짜를 8월 13일로 보는 게 옳을 것 같다. 당시의 전후 사정을 살펴보면 김법민·김유신 등이 豆率城(두루성)에 도착한 날짜는 8월 13일이 아니며, 그날 사비성을 출발한 것으로 봐야 앞뒤 아귀가 맞는다. 다시 말해서 이 문제만큼은 신라군이 주류성에 도착한 날짜가 8월 17일이라고 한 『일본서기』의 기록이 훨씬 믿을 만하다.

**부여풍이 복신 죽인 뒤 나당군의 북벌 시작돼**

신라와 당군은 6월에 부여풍이 복신을 죽인 것을 확인하고는 곧바로 그 다음 달부터 북벌 작전에 들어갔다. j)에서 신라군이 웅진주에 도착하여 유인원의 당군과 군사를 합친 날짜는 제시하지 않았으나 당군은 8월 13일 날 사비도성에서 주류성을 칠 것을 논의하고, 곧바로 유인궤와 손인사 및 두상·부여륭 등이 수군을 이끌고 백강으로 출발한 것으로 볼 수 있다. 8월 17일에 백강에 도착하여 진을 친 것으로 설명하였으니 이동거리와 소요시간 등을 감안하면 부여에서 백강까지 총 5일이 걸렸다. 부여륭은 당과 신라의 편에 섰고, 부여풍은 백제·왜의 군사를 앞세워 백강으로 나갔으니 백제는 부여륭과 부여풍 두 편으로 나뉘어 형제끼리 칼을 겨눈 싸움으로 바뀌었다.

8월 13일 이후 신라의 육군은 주로 주류성周留城을293) 맡았고, 당 수군은 백강해전을 주도한 것 같다. 당군이 백강에 도착해 처음 진을 펼친 날로부터 20여일 뒤에 벌어진 1차 및 2차 백강해전에서 백제 및 왜군이 당군에게 패한 사실을 『일본서기』 천지천황 2년(663) 8월 27일과 28일의 두 기록이 알려준다.

m) 8월 무신일(27일)에 일본 수군으로서 먼저 도착한 배와 대당大唐의 수군이 만나 싸웠다. 일본이 불리하여 물러나니 대당이 진을 견고하게 하여 지켰다.

n) 8월 기유일(28일)에 일본의 여러 장수들과 백제 왕은 기상을 잘 관측하지 않고 서로 이르기를 '우리가 앞을 다투어 공격해 들어가면 저들은 스스로 물러날 것이다'라고 하면서 일본의 중군 병졸을 이끌고, 대열을 잘 정비하지도 않은 채 나아가 이미 굳게 진을 친 당군을 쳤다. 그러자 당군은 곧 좌우에서 배를 내어 에워싸고 공격해왔다. 잠시 후에 일본군이 패하여 물에 빠져 죽은 자가 많았고, 뱃머리와 고물을 돌릴 수 없었다. 에치노타쿠츠朴市田來津가 하늘을 우러러 맹세하되, 이를 갈고 성을 내며 수십 명을 죽이고는 마침내 전사하였다. 이때 백제 왕 풍장이 몇몇 사람과 함께 배를 타고 고구려로 달아났다.294)

---

293) 『일본서기』를 비롯하여 일본의 기록에는 주유성(州柔城)만 있고, 주류성(周留城)은 없다. 다만, 주유성이 주류성일 것으로 추정할 뿐이다.

294) 秋八月壬午朔甲午新羅以百濟王斬己良將謀直入國先取州柔於是百濟知賊所計謂諸將曰今聞大日本國之救將廬原君臣率健兒萬餘正當越海而至願諸將軍等應預圖之我欲自往待饗白村 戊戌賊將至於州柔繞其王城大唐軍將率戰船一百七十艘陣烈於白村江戊申日本船師初至者與大唐船師合戰日本不利

앞에서 설명하였지만 8월 27일과 28일의 백강해전은 이틀 동안 계속된 싸움이었다. 그러나 3차 백강해전에서도 백제 및 왜군은 크게 패했다. 백제 부흥군에게는 28일의 3차 백강해전이 더 치명적이었다. 그래서인지 j), k), l)에서는 8월 27일의 백강해전은 거론하지 않았다. 다만 n)에서는 8월 28일 백사 해안에 정박해 있던 왜군 전함을 신라의 기병이 깨트린 사건 뒤에 곧바로 "주류성이 놀라서 마침내 항복하였다"라는 9월 8일의 기사를 이어서 써놓았다. 그리고 다시 북벌을 시작하게 된 시점으로 돌아가서 "남쪽 지방이 평정되었으므로 군사를 돌려 북쪽을 쳤다."(南方已定 廻軍北伐)라고 하였다. 여기서 문제가 되는 것이 바로 "남쪽 지방이 이미 평정되었으므로 군사를 돌려 북쪽을 쳤다."라고 한 구절이다. 이것은 그 앞에 제시한 내용에 대한 보충설명이다. 옛 백제의 남쪽 지방을 완전히 평정하고 나서, 그다음 작전을 위해 군사를 돌려 북벌을 단행했다는 것이다. 따라서 기벌포(백강) 해전과 주류성 공격이 북벌에 해당하는 것이니 북벌의 대상은 당연히 백제의 북방성北方城 관할 지역에 있어야 한다. 당시 북방은 북부와 서부로 나뉘어 있었고, 서부의 중심은 임존성이었으니 결국 주류성은 북부에 있다는 뜻이 된다. 다시 말해서 백강과 주류성은 백제 말기의 상황에서 백제의 북부(북방 관할)에 있어야 하니 이것은 다음 두 가지 자료로도 설명이 된다.

o) 유인궤로 하여금 왕문도를 대신하게 하였다. 무왕의 조카 복신이 일찍이 병
  사를 거느린 경험이 있어 이에 승려 도침과 더불어 주류성에서 반란을 일으켰
  다. 옛 왕자 부여풍을 왜에서 맞아다가 왕으로 세웠다. 서부가 모두 그에 응하

---

而退大唐堅陣而守己酉日本諸將與百濟王不觀氣象而相謂之曰我等爭先彼自退更率日本亂伍中軍
之卒進打大唐堅陣之軍大唐便自左右夾船繞戰須臾之際官軍敗績赴水溺死者衆艫舳不得??旋朴市田來
津仰天而誓切齒而嗔殺數十人於焉戰死是時百濟王豊璋與數人乘船逃去高麗

니 병사를 이끌고 가서 (웅진부성의) 유인원을 포위하였다.[295]

p) 유인궤로 하여금 그(왕문도)를 대신하게 하였다. 무왕의 조카 복신이 일찍이 병사를 거느린 적이 있어 승려 도침과 더불어 주류성을 거점으로 반란을 일으켰다. 일찍이 왜국에 볼모로 가 있던 옛 왕자 부여풍을 맞이하여 왕으로 세웠다. 서부와 북부가 모두 그에 응하니 병사를 이끌고 도성(사비성)의 유인원을 포위하였다. (당에서는) 조칙을 내려 유인궤를 검교대방주자사檢校帶方州刺史로 삼고, 왕문도의 병사를 데리고 편의대로 신라 병사를 뽑아 가지고 가서 유인원을 구하도록 하였다. 유인궤가 기뻐하여 말하기를 "하늘이 장차 이 늙은이를 부귀하게 하려는구나!"라고 하고는 당나라 달력과 황제의 이름을 청하여 가지고 가서 말하기를 "내가 동이를 쓸어 평정하고 당나라의 정삭正朔을 바다 밖에 반포하려 한다."라고 하였다. 유인궤가 군대를 엄하고 질서정연하게 통제하여 이동해 나아가면서 싸우니 복신 등은 웅진강 입구에 두 개의 목책을 세워 막았다.[296]

따로 자세히 설명하였지만, o)와 p) 모두 현경顯慶 5년(660) 9월에 있었던 일을 다룬 기사이다. 먼저 o)는 복신이 도침과 함께 660년 9월 이후에 주류성에서 부흥 운동을 시작하였고, 주류성이 있는 북부가 중심이 되어 부여풍을 맞아다가 왕으로 세우자 서부가 드디어 북부에 호응하였음을 설명한 기사이다.

p)는 북부가 중심이 되어 먼저 일어난 일을 따로 설명하지 않고 단지 서

---

295) 以劉仁軌代之 璋從子福信嘗將兵 乃與浮屠道琛據周留城反 迎故王子扶餘豐於倭 立爲王 西部皆應 引兵圍仁願(『新唐書』 220 列傳 145 東夷 百濟)

296) 以劉仁軌代之 武王從子福信嘗將兵 乃與浮屠道琛據周留城叛 迎古王子扶餘豐 嘗質於倭國者 立之爲王 西北部皆應 引兵圍仁願於都城 詔起劉仁軌檢校帶方州刺史 將王文度之衆 便道發新羅兵 以救仁願 仁軌喜日 天將富貴此翁矣 請唐曆及廟諱而行日 吾欲掃平東夷 頒大唐正朔於海表 仁軌御軍嚴整 轉鬪而前福信等立兩柵於熊津江口以非之(『三國史記』 28 百濟本紀 6)

부와 북부가 모두 호응한 사실만 다뤘지만, o)의 내용으로 충분히 전후 사정을 짐작할 수 있다. 다만 여기서 북방과 남방의 기준이 무엇인가 하는 점이 중요한데, 백제 부흥군이 마지막까지 주로 활동한 곳은 웅주熊州이고, 그중에서도 금강 이북이 중심이었다. 북벌의 대상이 된 북방은 금강 이북의 웅주 지방이었던 것이다. 그러므로 남방은 백제의 중부 이남 지역이 된다. 그렇다면 남방과 북방의 경계는 당연히 중방이 되겠는데, 『북사北史』 백제전에 의하면 "중방中方은 고사성古沙城 즉, 지금의 전북 고부인 고사부리성이었고 남방南方은 구지하성久知下城이었으며 북방은 웅진성이었다." 그러므로 북방성(웅진성, =웅주)의 관할 지역에 대한 마지막 총공격이 북벌이었던 것이다.

그리하여 663년 신라군이 주류성의 항복을 받은 것은 9월 7일과 8일의 마지막 백강해전 승전 직후였다. 신라 및 당의 대군이 7월부터 북벌에 들어갈 수 있었던 것은 앞에 설명한 대로 그해 6월까지 백제 고토故土의 남부와 중부를 평정하여 논산 이남 지역을 완전히 장악했기 때문이다. 말하자면 북벌을 위한 사전작업이 계획대로 추진되었고, 복신이 죽임을 당하면서 부흥군의 세력이 크게 약화되었으므로 한결 수월하게 북벌을 추진할 수 있었다. 이 점에서 복신의 죽음은 신라와 당 측의 간계奸計에 의한 것이었을 수 있다. 주류성 항복 이후, 그해 10~11월 임존성 공격까지의 북벌 기간을 감안하면 6월 중에 복신이 살해된 것 자체가 북벌의 핵심 작전이었을 것이라고 보는 바이다

북벌의 주요 대상은 주류성과 임존성 및 가림성 등, 지금의 금강 이북 충남 지방이었다. 주류성과 임존성을 차례로 함락시킴으로써 가림성은 유인궤의 바람과 예측대로 스스로 무너졌을 것이다. 결국 임존성 함락이 북벌을 마무리한 사건이었다고 하겠다.

## 부여륭·부여풍·부여용 및 복신의 관계

부흥 운동에 앞장섰던 백제 왕가의 대표적인 인물들로서 부여풍扶餘豐과 부여용扶餘勇·부여륭扶餘隆 및 복신을 들 수 있다. 그러면 이들은 부여륭扶餘隆 과는 어떤 관계였을까? 그것도 기록을 통해 살펴봐야 할 것이다. 먼저, 복 신과 부여풍에 관한 기록은 다음 두 가지를 들 수 있겠다.

1) 무왕의 조카 복신이 일찍이 병사를 거느린 경험이 있어 이에 승려 도침과 더 불어 주류성에서 반란을 일으켰다. 옛 왕자 부여풍을 왜에서 맞아다가 왕으로 세웠다.[297]

2) 무왕의 조카 복신이 일찍이 병사를 거느린 적이 있어 승려 도침과 더불어 주 류성을 거점으로 반란을 일으켰다. 일찍이 왜국에 볼모로 가 있던 옛 왕자 부 여풍을 맞이하여 왕으로 세웠다.[298]

위 두 기록에서 복신을 '무왕의 종자從子'라고 하였다. '종자'는 종질從姪 을 의미한다. 즉, 그는 무왕의 조카였다. 반면 부여풍은 '옛 왕자'(故王子) 로 되어 있다. 왜 굳이 고왕자故王子라고 한 것일까? 그에 대한 검토도 있 어야 할 것이다. 故는 여러 가지 뜻을 가진 글자다. 그중에서 '①이전의· 옛날의 ②원래·본래 ③나이 많은'이라는 세 가지 의미를 모두 고려한 것 으로 보인다. 부여풍은 백제 본국의 왕자로서 오래전에 왜국에 질자(質子, 볼모)로 가 있었다. 그러므로 일차적으로 '나이가 많은 왕자'에 대한 호칭 이었다고 본다. 이로 미루어 짐작하건대 부여륭보다 나이가 많았을 것이

---

297) 璋從子福信嘗將兵 乃與浮屠道琛據周留城反 迎故王子扶餘豐於倭 立爲王(『新唐書』220 列傳 145 東夷 百 濟)

298) 武王從子福信嘗將兵 乃與浮屠道琛據周留城叛 迎古王子扶餘豐 嘗質於倭國者 立之爲王(『三國史記』28 百濟本紀 6)

다. 의자왕의 왕자인 부여륭이 있었음에도 부여풍을 '고왕자'라고 하였으니 부여륭보다 부여풍이 나이가 훨씬 많았던 것 같다. 즉, 부여풍을 부여륭의 형으로 볼 수 있는데, 이 문제는 부여용을 통해 보다 더 선명하게 이해할 수 있을 것이다. 부여용에 대해서는 『구당서』와 『책부원구』에 나와 있다.

3) 부여풍은 북쪽에 있고 부여용은 남쪽에 있다. …… 부여용은 부여륭의 아우인데 왜국에 도망가 있으면서 부여풍에 호응하고 있다.[299]

4) 부여용은 부여풍의 동생으로, 이때 왜국으로 달아났다가 부여풍에 호응하고 있다. …… 부여풍이 북쪽에 있고 부여용이 남쪽에 있으며 고구려와 백제는 예전부터 서로 도왔다. 왜인들은 비록 멀리 떨어져 있으나 역시 백제와 서로 호응하고 있다.[300]

이들 기사를 통해서 부여용은 부여륭과 부여풍의 동생임을 알 수 있다. 부여풍을 예전 본국의 왕자로서 왜에 볼모로 가 있던 '나이 많은 왕자'로 표현했으니 부여풍이 부여륭보다 나이가 훨씬 많았던 게 틀림없다. 여기서 고왕자故王子라는 의미를 감안하여 부여풍을 부여륭의 형으로 보면 자연히 부여풍–부여륭–부여용의 서열이 정해진다.

한편 복신은 무왕 형제의 아들로서 의자왕과 사촌 간이니 부여풍·부여륭·부여용은 복신의 당질들이다. 즉, 복신은 부여풍의 당숙堂叔이었다. 당

299) 陛下若欲殄滅高麗 不可棄百濟土地 餘豐在北 餘勇在南 百濟高麗 舊相黨援 倭人雖遠 亦相影響……
仍授扶餘隆熊津都督 遣以招輯其餘衆 扶餘勇者 扶餘隆之弟也 是時走在倭國 以爲扶餘豐之應(『舊唐書』 84 列傳 34 劉仁軌)

300) 扶餘勇者 扶餘豐之弟也 時走在倭國 以扶餘豐之應 …… 餘豐在北 餘勇在南 百濟高麗 舊相黨援 倭人雖遠 亦明影響(『册府元龜』 366 將帥部 27 機略 6 劉仁軌)

시 왜국엔 부여용과 부여풍이 있었는데 복신이 굳이 왜국에서 당질인 부여풍을 맞아다가 왕으로 세운 배경에는 당숙인 자신보다 나이 많은 왕자라는 점과, 의자왕의 왕자로서 적통이라는 점을 고려하였을 것이다. 통상 고대 왕권사회에서 적국에 볼모로 간 왕자는 왕위계승에 우선권을 갖는다. 추정이지만, 고왕자라는 말로 보면 부여륭보다 부여풍이 먼저 태자로 책봉되었을 수 있다.

복신이 자신을 왜국에서 불러들여 왕으로 추대했음에도 부여풍은 당숙 복신을 죽여 그 머리로 젓갈을 담았을 만큼 잔혹한 면을 보였다. 그만큼 부여풍은 복신을 불신하였고, 둘 사이의 증오심은 깊었다. 두 사람의 갈등이 '거짓으로 꾸며낸 참언'에서 비롯되었다고 하므로 그 배경에 당과 신라의 이간책이 있었으리라고 앞에서 의심을 해보았다. 물론 부여풍과 그의 형제들을 중심으로 한 세력과 복신 세력 사이의 불화로 복신이 제거된 것일 수도 있겠다.

위 3)과 4)의 인용문은 각각 아래 『구당서』와 『책부원구』 유인궤전에서 뽑은 것인데, 그 앞뒤로 조금 더 상세한 원문 내용을 보기로 한다.

5) "…… 폐하께서 만약 고구려를 모조리 멸망시키려고 하신다면, 백제 땅을 버릴 수 없습니다. 부여풍이 북쪽에 있고 부여용이 남쪽에 있는데, 백제·고구려는 예전부터 한 무리로서 도왔고, 왜인이 멀리 있어도 서로 도왔습니다. 만약 병마가 없으면 다시 한 나라를 이룰 것이니, 진압해야 합니다. …… 폐하께서 백제를 얻었고, 고구려를 취하려면 안팎이 마음을 같이 해야 합니다. ……"

황제가 그 말을 깊이 받아들였다. 또 유인원을 보내어 군사를 데리고 바다를 건너가 전에 머물러 지키던 병사들과 교대하게 하였다. 이어 부여륭에게 웅진도독을 제수하고 본국에 보내어 그 나머지 무리를 모으게 하였다. 부여용이라는 자는 부여륭의 아우이다. 이때 달아나 왜국에 있으면서 부여풍에 호응하였으므로 유인궤는 황제에게 올리는 글에서 이렇게 말한 것이다. 유인궤는 바다를 건너 서쪽으로 돌아왔다.[301]

6) "…… 폐하께서 만약 고구려를 멸망시키고자 한다면 백제 땅을 버리면 안 됩니다. 부여풍이 북쪽에 있고 부여용이 남쪽에 있으며 고구려와 백제는 예전부터 서로를 지원하였고 왜인들은 비록 멀리 떨어져 있으나 역시 백제와 서로 호응하고 있습니다. 그러니 만약 백제에 군사를 남겨두지 않는다면 백제는 도로 한 나라가 될 것입니다. 또 백제를 진압하고 둔전屯田을 설치한 것은 군사들도 한마음 한뜻이 되어 일한 데에 있는 것입니다. 그런데 지금 병사들 사이에 이미 이런 의논이 있으니, 전에 시행하던 대로 그대로 시행해서는 안 됩니다. 그들이 바다를 건너 원정한 공로와 백제를 평정하고 고구려를 정벌하러 간 공훈을 돌려주어야만 할 것입니다. 그 외에도 따로 포상하고 위로하는 칙서를 내려서 모집해 온 군사들의 마음을 북돋워 주어야만 합니다. 폐하께서는 백제를 평정하였고 다시 고구려를 취하려고 하십니다. 그러려면 안과 밖이 한마음이 되고 위와 아래가 함께 분발하게 한 다음, 빠뜨린 계책 없이 행해야 비로소 성공할 수 있습니다. 백성들에게 이미 이런 의논이 있으니 다시금 조처하는 것이 마땅합니다. 신은 이와 같이 귀에 거슬리는 말을 폐하께 모두 아뢸 사람이 없을까 염려됩니다. 저 자신을 돌아보건대 늙고 병이 날로 더해가고 있으니 앞으로 얼마나 더 살겠습니까? 갑자기 죽는다면 구천九泉에서 원통할 것입니다. 이에 속마음을 드러내어 죽음을 무릅쓰고 폐하께 아뢰는 바입니다."

그러자 고종이 그 말을 깊게 받아들였다. 우위위장군右威衛將軍 유인원을 보내어

301) 陛下若欲殄滅高麗 不可棄百濟土地 餘豐在北 餘勇在南 百濟高麗 舊相黨援 倭人雖遠 亦相影響 若無兵馬 還成一國 旣須鎭壓 …… 上深納其言 又遣劉仁願率兵渡海 與舊鎭兵交代 仍授扶餘隆熊津都督 遣以招輯其餘衆 扶餘勇者 扶餘隆之弟也 是時走在倭國 以爲扶餘豐之應 故仁軌表言之 於是仁軌浮海西還(『舊唐書』84 列傳 34 劉仁軌)

군사를 거느리고 백제로 건너가서 먼저 지키고 있던 군사들과 교대하도록 하였다. 이어 부여륭을 웅진도독에 제수하고 본국으로 돌아가서 신라와 더불어 화친하고 남은 백성들을 불러 모으게 하였다. 부여용은 부여풍의 동생이다. 그 때 왜국으로 달아나 있다가 부여풍에 호응하였으므로 유인궤가 황제에게 올린 글에서 말한 것이다.[302]

그런데 『일본서기』 효덕천황孝德天皇 관련 기록에는 "백제의 군君 풍장豊璋, 그 아우 색성塞城과 충승忠勝 …"이라는 인물이 나오는 것을 보면 부여충지도 부여풍의 동생일 것으로 보이며, 규해는 부여풍의 아들로 추정하였다. 부여풍을 백제로 돌려보낼 때 그의 형제들을 함께 귀국시켰을 것으로 짐작되는데, 아마도 그것은 의자왕과 부여륭 및 왕가의 사람들이 모두 포로로 잡혀가고 권력 공백이 생긴 상태에서 정치적 영향력이 적은 부여풍을 돕기 위한 배려였을 것이다.

## 전북 남원이 대방 땅으로 불리게 된 사연

7) 겨울 10월 경진일(6일)에 검교웅진도독檢校熊津都督 유인궤가 (황제에게) 말씀을 올렸다. "신이 엎드려 보건대 남아 있는 병사들은 파리하고 마른 사람이 많

---

302) 陛下若欲殄滅高麗 不可棄百濟土地 餘豊在北 餘勇在南 百濟高麗 舊相黨援 倭人雖遠 亦明影響 若無兵馬 還成一國 旣須鎭壓 又置屯田 事籍兵士 同心同德 兵士旣有此議 不可得成功效 除此之外 更須褒賞 明勅慰勞 以起兵士之心 若依今日已前處置 臣恐師老且疲 無所成就 臣又見晉伐平吳 史籍具載 內有武帝張華 外有羊祐杜預 籌謀策畫 經緯諮詢 王濬之徒 折衝萬里 樓船戰艦 已到 石頭 賈充王渾之輩 猶欲斬張華 以謝天下 武帝云 平吳之計 出自朕意 張華同朕見耳 非其本心 是非不同 乖背如此 平吳之後 猶欲苦繩 王濬賴武帝擁護 始得保全 不逢武帝聖明 王濬不存首領 臣每讀其書 未嘗不撫心長嘆 伏惟陛下 自旣得百濟已亡 欲取高麗 須內外同心 上下齊奮 擧無遺策 始可成功 百姓旣有此議 更宜改調 臣恐是逆耳之事 無人爲陛下盡言 自顧老病日侵 殘生能幾 奄忽是逝 啁恨九泉 所以披露肝膽 昧死奏陳 帝深納其言 遣右威衛將軍劉仁願率兵渡海與舊鎭兵交代 仍授扶餘隆熊津都督 遣歸本國 共新羅和親 以招集其衆之 扶餘勇者 扶餘豊之弟也 時走在倭國 以扶餘豊之應 故仁軌表言之(『册府元龜』 366 將帥部 27 機略 6 劉仁軌)

으며 용감하고 건장한 사람은 적으며, 의복은 모자라서 해어졌고 오직 서쪽으로 돌아갈 생각만 하고 있으며 본보기를 펼쳐 보일 마음이 없습니다. 신이 물었습니다. '지난날 해서海西에서 백성들이 사람마다 응하여 다투어 군대에 가려고 하면서 어떤 사람은 스스로 의복과 양식을 갖추겠다고 해서 그것을 의정義征이라고 하였는데, 어찌하여 오늘날의 사졸士卒은 이와 같은가?' 그러자 모두가 말했습니다. '오늘날의 관부官府는 지난날과 같지 않으며 사람의 마음도 다릅니다. 옛날에는 동쪽 서쪽으로 전쟁을 나가서 왕의 일을 위하여 몸이 죽으면 나란히 칙사가 조문하고 제사 지내는 것을 받게 되었고, 관작을 추가로 올려주고 혹 죽은 사람의 관작을 자제에게 돌려주며, 무릇 요해遼海를 건너는 사람은 모두 공훈을 한 바퀴 돌려받았습니다. 현경顯慶 5년(660) 이후 사람들이 여러 차례 바다를 건너 정벌을 떠났지만 관청에서는 기록하지 않았고, 그 가운데 죽은 사람이 누군인지를 묻는 사람도 없었습니다. 주와 현에서는 백성을 징발하여 병사로 삼았지만, 건장하고 부유한 사람들은 서로 다투어 돈을 주고받아 도망하거나 숨어 병역을 면제를 받았고, 가난한 사람은 몸이 비록 늙고 약하더라도 발견되면 바로 잡혀 나갔습니다. 최근에 백제와 평양을 깨뜨리는데 고전하게 되자, 장수들이 호령하여 공훈과 상을 내리겠다고 하니 이르지 않은 것이 없었지만, 서쪽 해안에 도달하자 오직 족쇄를 채우고 밀어서 감금하여 하사한 것을 빼앗고 공훈을 깨뜨리고 주와 현에서 추가로 불러들이니 스스로 살아남지 못하여 공사公私 간에 곤란하고 폐단이 생긴 것은 다 말할 수 없습니다. 이 때문에 앞서 해서海西로 출발하는 날 도망하여 자해한 사람이 있으니 비단 해외에서 그리 한 것만 아닙니다. 또 본래 전쟁으로 인한 공훈의 급수는 영광스럽고 총애로 여겼지만, 최근의 출정에서는 모두 공훈을 세운 관원으로 하여금 수레를 끌게 하였으니 그 노고가 백정白丁과 다름이 없어 백성들이 종군하려고 하지 않음은 모두 이것에서 말미암은 것입니다.' …… 폐하께서는 군사들을 해외에 남겨

두어 고구려를 없애려 하십니다. 백제와 고구려 사람들이 서로 돕고 왜인은 비록 멀리 있지만 역시 함께 돕고 있는데 지키는 병사를 없애면 다시 한 나라를 이룰 것입니다. ….” 황제가 그 말을 받아들이고 우위위장군右威衛將軍 유인원劉仁願을 보내어 군사를 거느리고 바다를 건너가서 전에 지키던 군사와 교대하게 하고, 유인궤에게 명령하여 모두 돌아오게 하였다.[303]

7)의 기사는 『자치통감』에 검교웅진도독檢校熊津都督 유인궤가 인덕麟德 원년(664) 겨울 10월(冬十月) 경진일(庚辰日, 6일)에 올린 표문으로 되어 있다. 이때 이후 유인궤를 불러들이고, 대신 유인원을 다시 파견하기로 결정하였을 것이므로 유인궤가 대방주자사로 있던 때를 그가 당나라로 복귀한 665년 8월 초순경까지로 볼 수 있다. 그가 돌아간 날짜를 알 수 있는 자료가 『자치통감』에 남아 있다.

8) 8월 13일 유인궤는 신라 백제 탐라 왜인 4국의 사신을 데리고 배를 타고 서쪽으로 돌아와 태산의 제사에 참석하였다.[304]

이와 똑같은 기사[305]가 『삼국사기』 신라본기에도 실려 있으나 다만 『삼국사기』엔 명확한 날짜가 제시되어 있지 않다. 『자치통감』에 8월 무자일(八月 壬子日, 13일)로 나오며, 그 내용이 『삼국사기』의 해당 내용과 거의 비슷한 것으로 보아 『삼국사기』의 해당 내용은 『자치통감』에서 베낀 것으로 볼 수 있다.

---

303) 『자치통감(資治通鑑)』 201 당기(唐紀) 17 고종(高宗)
304) (八月壬子) 劉仁軌以新羅百濟耽羅倭國使者浮海西還 會祠泰山(『資治通鑑』 201 唐紀 17 高宗)
305) (秋八月) 於是 仁軌領我使者及百濟耽羅倭人四國使 浮海西還 以會祠泰山(『三國史記』 6 新羅本紀 6)

아울러 당 고종 인덕麟德 2년(665) 8월 13일의 『책부원구』에는 "이에 유인궤는 신라·백제·탐라·왜인 4국의 사신을 데리고 바다를 건너 서쪽으로 돌아와 태산 아래로 나아갔다."[306]라고 하였으니 유인궤가 대방주자사에서 물러나 당나라로 돌아간 것은 665년 8월의 일이다. 이 대목에서 참고로, 남원성의 대방주자사 유인궤 관련 기사를 살펴볼 필요가 있겠다. 『세종실록지리지』에는 남원부를 다음과 같이 기록하였다.

본래 백제의 고룡군古龍郡인데, 후한後漢 건안(建安, 196~220) 때 대방군帶方郡이 되었다. 조조의 위魏 나라 때 남대방군南帶方郡이 되었다. 신라가 백제를 병합하고 문무왕 2년 계해[662, 당나라 용삭龍朔 3년]에 당나라 고종高宗이 유인궤를 검교대방주자사檢校帶方州刺史로 삼았다. 신문왕神文王 4년 을유[당 측천후則天后 수공垂拱 원년]에 소경小京을 두었다가 경덕왕이 남원소경南原小京으로 고쳤다. 고려 태조 23년 경자[후진後晉 고조高祖 천복天福 5년]에 남원부南原府로 고쳤다. 고려 충선왕忠宣王 2년[307]에 다시 대방군으로 하였다가 뒤에 남원군으로 고쳤다. 공민왕恭愍王 9년[308]에 남원부南原府로 승격하였다. 조선 태종 13년[309]에 도호부都護府로 삼았다. 속현屬縣이 하나이니, 거령居寧이다. 거령은 본래 백제의 거사물현居斯勿縣이었는데, 신라가 청웅현靑雄縣으로 고쳐서 임실任實의 현으로 삼았다가 고려에서 거령현居寧縣으로 고쳤다. 그런데 『신증동국여지승람』 남원도호부 고적 조에 거령폐현居寧廢縣에 관한 설명으로 "거령폐현의 居는 巨로도 쓴다. 본래 백제 거사물현居斯勿縣인데, 신라가 청웅현靑雄縣으로 고쳐서 임실군任實郡 소속의 현으로

---

**306)** (唐高宗麟德二年八月) 於是 仁軌領新羅百濟耽羅倭人四國使 浮海西還 以赴太山之下(『册府元龜』 981 外臣部 26 盟誓)

**307)** 원나라 무종(武宗) 지대(至大) 3년

**308)** 원나라 순제(順帝) 지정(至正) 20년

**309)** 명나라 태종(太宗) 영락(永樂) 11년

삼았다. 고려에서 지금의 이름으로 고치고 남원에 속하게 했다. 따로 영성寧城
이라고도 부르는데 남원부의 동북쪽 50리에 있다."

그러나 특이하게도 『신증동국여지승람』에는 남원도호부의 치소, 그러
니까 남원성이 바로 유인궤성이라는 설명과 함께 조선 전기 강희맹의 시
가 소개되어 있다.

유인궤성은 지금 남원부의 치소이다. 둘레는 몇 리나 된다. 옛터가 남아 있다.
강희맹의 시에 "버려진 우물 저녁연기 속에 황량하네. 유공의 사업 얘기는 서
로 전해온다네. 당나라가 포용할 계책은 세우지 않고 외로운 성을 쌓아 옛날의
웃음거리가 되었네"[310]

위 인용문 가운데 '당나라가 포용할 계책은 세우지 않고 외로운 성을 쌓
아 웃음거리가 되었다'라는 말은 그 배경에 무언가 깊은 곡절이 있는 이야
기일 텐데, 그것이 무엇인지를 고증할 자료가 없다.
아울러 유곡성楡谷城과 정전유기井田遺基에 관한 설명도 참고할 만하다.

① 유곡성-돌로 쌓았으며 둘레는 4천6백81자, 높이 13자이다. 안에는 우물이
9개가 있고, 군창이 있다.[311]
② 정전유기-당나라 유인궤가 자사 겸 도독으로 있으면서 읍내에 정전법井田法

---

310) 劉仁軌城 卽今府治所周回數里有舊基姜希孟詩 廢井荒涼鎭暮烟 劉公事業說相傳 大唐不作包荒計 謾
設孤城笑昔年
311) 石築周四千六百八十一尺 高十三尺 內有泉井九又有軍倉

을 써서 9개 지역으로 구획하였는데, 아직도 그 터가 남아 있다.[312]

이런 것들은 유인궤가 대방주자사로 남원에 머물면서 남긴 자취들이다. 유곡성이 남원 대방주자사(유인궤)가 머물던 남원성의 전신이라는 뜻이다. 그러나 이런 기록들도 남원성이 임진왜란을 겪으면서 유인궤가 대방주자사로 있던 시절의 이야기들은 임진왜란 때의 사건들로 가려져서 기억에서 멀어져 갔다. 그리하여 유인궤 관련 기록도 남아 있는 게 별로 없다.

이와 같이 백제가 당의 침입을 받아 느닷없이 남원이 대방 땅이 되어버렸다. 현재의 기준으로 압록강 너머 중국 땅에 있었어야 할 '대방 고지故地'를 황해도로, 평양을 낙랑으로 설명하는 것들은 언젠가 중국의 침입에 의해 점령된 땅에 낙랑·대방을 옮겨놓은 데서 그리 된 것이라고 봐야 할 것이다.

## 고구려 멸망 후 전쟁포로 부여풍과 부여륭의 영남 유배

백제에 이어 고구려를 멸망시킨 직후, 당나라는 고구려의 옛 땅에 대한 지배 역시 백제에서와 똑같은 방식으로 진행하였으며, 고구려 포로 문제 또한 백제의 포로와 똑같은 방식으로 처리하였다. 고구려의 보장왕과 그 아들들, 연개소문의 아들들에 대한 대우는 물론, 부여풍과 부여륭에 대한 조치도 동일한 기준에서 이루어졌다.

그러나 보장왕이나 연개소문의 아들들은 의자왕과 부여륭 등이 포로가 된 과정과는 차이가 있다. 『구당서』와 『신당서』는 남건男建 및 남산南

---

312)  唐劉仁軌爲刺史兼都督邑內里廳取法井田劃爲九區至今遺址尙存

<sup>産</sup> 등 연개소문의 아들들이 포로로 잡히는 과정을 다음과 같이 전하고
있다.

(1) 총장總章 원년(668) 9월 …… 5일이 지나서(17일) (승려) 신성信誠이 과연 성문
을 열자 이적李勣이 군사를 놓아 북을 치고 소리를 지르며 성에 올라가서 성의
문루門樓를 불태웠다. 사면이 불길에 휩싸였다. 남건男建은 궁지에 몰려 스스로
몸을 찔렀으나 죽지 않았다.<sup>313)</sup>

(2) 건봉 3년(668) 9월 …… 닷새 만에(17일) 성문이 열렸다. 군사들이 고함을 지
르며 들어가서 성문에 불을 놓아 화염이 사방에서 치솟았다. 남건은 궁지에 몰
려 스스로 몸을 찔렀으나 죽지 않았다. 보장왕과 남건 등을 사로잡고 5부 176
성과 69만호를 접수하였다.<sup>314)</sup>

(3) 9월 계사일(12)에 이적李勣이 평양성을 함락시켰다. …… 계필하력이 먼저
군사를 이끌고 평양성 아래에 도착하였다. 이어서 이적의 군사가 평양을 포위
하고 한 달여가 되었는데, 고구려 왕 고장(高藏, =보장왕)이 천남산泉男産을 보내
어 수령 98명을 거느리고 백기를 들고 와서 항복하니 이적이 그들을 예의로 대
접하였다. 천남건泉男建은 오히려 문을 닫고 막아 지키며 자주 군사를 보내어 나
와서 싸웠지만 모두 패하였다. 남건은 군사를 승려인 신성信誠에게 위임하였는
데, 신성이 몰래 이적에게 사람을 보내어 안에서 호응하겠다고 청하였다. 닷새
후에 신성은 문을 열었고 이적은 군사를 풀어서 성에 올라가서 북을 울리고 성
을 태우는데 넉 달이나 걸렸다. 남건은 스스로 찔렀으나 죽지 않았다. 드디어

---

313) (總章元年 九月) 經五日 信誠果開門 勣從兵入 登城鼓譟 燒城門樓 四面火起 男建窘急自刺不死(『舊唐書』
199上 列傳 149上 東夷 高麗)

314) (乾封三年九月) 五日 闔啓 兵譟而入 火其門 鬱焰四興 男建窘急 自刺不殊 執藏男建等 收凡五部
百七十六城 戶六十九萬(『新唐書』220 列傳 145 東夷 高麗)

그를 사로잡았다. 고구려는 모두 평정되었다.[315]

(4) 9월 21일에 당 군사와 합하여 평양을 포위하였다. 고구려 왕은 먼저 천남산 등을 보내 영공(英公, =李勣)에게 나아가 항복을 청하였다. 이에 영공(이적)은 보장왕과 왕자 복남, 덕남, 대신 등 20여만 명을 이끌고 당으로 돌아갔다.[316]

이처럼 보장왕은 천남산을 시켜 스스로 항복하게 하였고, 남건은 싸우려 하였으나 여의치 않아 승려 신성에게 군사 문제를 위임하였건만, 신성은 당군 장수 이적李勣에게 몰래 항복을 청하고서는 정해진 날짜에 성문을 열어 적을 불러들였다. 남건은 스스로 칼로 찔러 자결하려 하였으나 죽지 못했다. 그들 각자의 행동을 감안하여 당 측에서는 포로에 대한 대우를 달리하였다. 평양성 함락과 그들의 항전 및 항복 과정이 포로가 된 이후의 대우에 감안된 사실을 『자치통감』과 『구당서』·『신당서』는 간단히 다루고 있지만, 남아 있는 자료만으로도 전후 사정을 충분히 짐작할 수 있다.

① 12월 정사일(7일)에 황제가 함원전에서 포로를 받았다. 고장(高藏, =보장왕)은 스스로 정치한 것이 아니므로 용서하여 사평태상백司平太常伯 원외동정員外同正으로 삼았다. 천남산泉男産은 사재소경司宰少卿, 승려 신성信誠은 은청광록대부銀靑光祿大夫, 천남생泉男生은 우위대장군右衛大將軍으로 삼았다. 이적李勣 이하 사람

315) 九月癸巳 李勣拔平壤 勣旣克大行城 諸軍出他道者皆與勣會 進至鴨綠柵 高麗發兵拒戰 勣等奮擊 大破之 追奔二百餘里 拔辱夷城 諸城遁逃及降者相繼 契苾何力先引兵至平壤城下 勣軍繼之 圍平壤月餘 高麗王藏遣泉男産帥首領九十八人 持白幡詣勣降 勣以禮接之 泉男建猶閉門拒守 頻遣兵出戰 皆敗 男建以軍事委僧信誠 信誠密遣人詣勣 請爲內應 後五日 信誠開門 勣縱兵登城鼓譟 焚城四月 男建自刺不死 遂擒之 高麗悉平(『資治通鑑』 201 唐紀 17 高宗)

316) 九月二十一日 與大軍合圍平壤 高句麗王 先遣泉男産等 詣英公請降 於是 英公以王寶臧 王子福男德男 大臣等二十餘萬口廻唐 角干金仁問大阿湌助州 隨英公歸(『三國史記』 6 新羅本紀 6)

들에게도 책봉하고 차등 있게 상을 주었다. 천남건泉男建은 금중黔中으로 유배를
보냈고 부여풍扶餘豊은 영남嶺南에 유배를 보냈다. 고려(=고구려)는 5부五部로 나
뉘어 176성·69만 7천 호가 있었는데, 9도독부·42주·100개의 현으로 삼고, 안
동도호부를 평양에 두어 다스리게 하였다. 우두머리 가운데 공이 있는 자를 뽑
아 도독·자사 및 현령縣令을 제수하여 중국 사람과 함께 다스리게 하였다. 우위
위대장군 설인귀를 검교안동도호로 삼아 군사 2만 명을 거느리고 진무하게 하
였다.[317]

② 총장 원년(668) 12월에 수도에 이르러 포로를 함원궁에 바쳤다. 조서로 고장
(보장왕)은 자신이 정치를 한 것이 아니므로 사평태상백을 제수하였다. 남산은
먼저 항복하여 사재소경을 제수하였다. 남건은 금주로 유배보냈다. 남생男生은
길을 인도한 공이 있으므로 우위대장군을 제수하고 변국공卞國公에 봉했으며
옛날과 같이 특진特進을 시켰다. 지난날 고구려는 5부部에 1백 76성·69만 7천
호가 있었다. 이에 그 땅을 나누어 9도독부·42주·1백 개의 현을 두었으며, 또
안동도호부를 두어 다스리게 하였다. 우두머리 가운데 공이 있는 자를 뽑아 도
독·자사 및 현령을 제수하여 중국 사람과 함께 백성을 다스리게 하였다. 이어
서 좌무위장군 설인귀를 보내어 군사를 거느리고 진무하게 하였다. 그 뒤에 도
망쳐 흩어진 자가 자못 있었다.[318]

③ 건봉 3년(668) 12월에 고종이 함원전에 앉아서 이적李勣 등을 가까이 불러보

---

317) 十二月丁巳 上受俘于含元殿 以高藏政非已出 赦以爲司平太常伯外同正以泉男産爲司宰少卿 僧信
誠爲銀靑光祿大夫 泉男生爲右衛大將軍 李勣以下 封賞有差 泉男建配黔中 扶餘豊流嶺南 分高麗五部
百七十六城六十九萬餘戶 爲九都督府 四十二州百縣 置安東都護府於平壤以統之 擢其酋帥有功者爲
都督刺史縣令 與華人參理 以右威衛大將軍薛仁貴檢校安東都護 總兵二萬人以鎮撫之(『資治通鑑』 201 唐
紀 17 高宗)

318) (總章元年) 十二月 至京師 獻俘於含元宮 詔以高藏政不由己 授司平太常伯 男産先降 授司宰少卿 男
建配流黔州 男生以鄕導有功 授右衛大將軍 封卞國公 特進如故 高麗國舊分爲五部 有城百七十六 戶
六十九萬七千 乃分其地置都督府九州四十二縣一百 又置安東都護府 以統之 擢其酋渠有功者 授都督
刺史及縣令 與華人參理百姓 乃遣左武衛將軍薛仁貴總兵鎮之 其後頗有逃散(『舊唐書』 199上 列傳 149上
東夷 高麗)

고 궁정에서 포로를 받았다. 고장(보장왕)은 평소 위협을 받았으므로 용서하여 사평태상백으로 삼고, 남산男産은 사재소경으로 삼았다. 남건男建은 금주로, 백제 왕 부여륭扶餘隆은 영외嶺外로 귀양 보냈다. 헌성獻誠(男生의 아들)을 사위경司衛卿으로 삼고, 신성은 은청광록대부로 삼았다. 남생男生은 우위대장군으로 삼고, 계필하력을 좌위대장군으로 삼았다. 이적은 겸태자태사兼太子太師로 삼고, 설인귀는 위위대장군으로 삼았다. 그 땅을 9도독부·42주·1백현으로 나누었고 다시 안동도호부를 두었다. 우두머리 가운데 공이 있는 자를 뽑아서 도독·자사·현령을 제수하여 중국 관리와 함께 다스리게 하였다.[319]

부여풍이 유배를 간 영남은 지금의 광동廣東 지역을 말한다. 여기서 말한 영남의 령嶺은 지금의 대유령大庾嶺을 이르는 것으로, 당송唐宋 이후 그곳은 유배객들이 넘어야 하는 높은 고개였다. 예로부터 매화나무가 많아서 매령梅嶺이라는 이름으로도 불리었는데, 광동성廣東省과 남월南越 사이에 해당하는 지역이다. 멀고 험한 곳으로 알려져 있던 그 시대의 통념과 달리 기후가 따뜻하고 물산이 풍부하여 살기 좋은 곳이었다. 부여풍과 마찬가지로 부여륭 또한 '영외嶺外'로 유배보냈다고 하였는데, 이때의 영외嶺外는 대유령 밖의 광서廣西 지역, 그러니까 현재의 광서장족자치구廣西壯族自治區를 이른다. 부여륭은 영외, 부여풍은 영남으로 유배를 갔으므로 대유령 서쪽과 남쪽의 차이가 있다. 그러나 구체적인 지명은 전하는 바 없으므로 그 이상 자세한 내용은 알 수 없다.

다만, 부여풍은 백제의 부흥을 위해 끝까지 싸우다 고구려로 망명하였

---

[319] (乾封三年) 十二月 帝坐含元殿 引見勳等 數俘于廷 以藏素脅制 赦爲司平太常伯 男産司宰少卿 投男建黔南 百濟王扶餘隆嶺外 以獻誠爲司衛卿 信誠爲銀靑光祿大夫 男生右衛大將軍 何力行左衛大將軍 勳兼太子太師 仁貴威衛大將軍 剖其地爲都督府者九 州四十二 縣百 復置安東都護府 擇酋豪有功者授都督刺史令 與華官參治(『新唐書』 220 列傳 145 東夷 高麗)

고, 추정하건대 고구려에서도 함께 당과 신라에 항전하였을 것이므로 '영남 유배'를 이해할 수 있겠다. 부여륭이 영외嶺外로 유배를 가게 된 이유는 당나라에서 부여한 임무를 제대로 수행하지 않고 고구려로 달아났기 때문일 것이다. "부여륭을 웅진도독으로 삼아 본국으로 돌려보내어 신라와 화친하고 남은 백성들을 불러 모으게 하였다."라는 기록이 있는데, 그는 인덕麟德 2년(665) 웅진도독 백제군공 웅진도총관 겸 마한도안무대사로 임명되어 웅진성으로 와 있다가 665년 8월 13일 유인궤가 참석한 가운데 신라 문무왕과 공주 취리산就利山에서 화친을 맺는 회맹을 한 이후 어느 시점엔가 신라의 압력을 못 이기고 고구려로 몸을 피했으며, 668년 고구려의 멸망과 더불어 고구려 포로들과 함께 당군에게 다시 사로잡힌 몸이었으므로 부여풍과 함께 유배형을 받은 것이다. 그런데 『삼국사기』 백제본기에는 "의봉儀鳳 연간(676~678)에 부여륭을 웅진도독대방군왕으로 삼아 귀국시켜 남은 백성들을 안정시키도록 하였다. 아울러 안동도호부를 신성新城으로 옮겨 관할하게 했는데, 이때 신라가 강성해져서 부여륭은 감히 옛 나라로 들어가지 못하고 고구려에 의탁해 있다가 죽었다."라고 하였다. 그러나 고구려는 이미 668년(당 總章 원년)에 멸망하였고, 그해 12월 7일에 당 고종이 고구려 포로와 함께 부여륭과 부여풍을 포로로 받아 유배형을 내렸으므로 『삼국사절요』에 "부여륭은 신라의 강성함을 두려워하여 감히 백제 옛 땅에 돌아가지 못하고 고구려에서 머물다 죽었다."[320]라고 한 것은 사실이 아니다. 부여륭은 부여풍과 함께 고구려에서 포로로 당에 잡혀갔다. 다만 부여륭은 유배에서 풀려나 후일 다시 웅진도독대방군왕 자리를 받았으나 백제로 들어오지는 않았다. 총장總章 원년(668)에 유인궤는 웅진도안무대사

---

[320]   隆畏新羅之強 不敢入舊國 寄治高勾麗死(『三國史節要』 10)

熊津道安撫大使가 되었는데, 그것은 당나라의 대백제 전략에 변화가 있었음을 알려주는 것이다. 당나라는 백제의 옛 땅을 신라로부터 분리하여 자기네의 영향력 아래에 두려고 하였던 것인데, 676년 대당전쟁을 끝으로 웅진도독부를 건안고성建安故城으로 옮기면서 이 문제는 일단락되었다.[321] 『구당서』 고종 본기 의봉儀鳳 2년(677) 2월 정사일(丁巳日, 6일)의 기사에 다음과 같은 내용이 있다.

> "공부상서 고장(고구려 보장왕)에게 요동도독부 조선군왕을 수여하고 안동부로 돌려보내 고구려의 나머지 무리를 모으도록 하였다. 사농경 부여륭에게는 웅진주도독 대방군왕을 제수하고 가서 백제의 남은 무리를 모아 편안히 하도록 하였으며, 거듭해서 안동도호부를 신성으로 옮겨 통치하도록 하였다."[322]

그러므로 영외嶺外로 나갔던 부여륭은 의봉儀鳳 2년(677) 이전에 유배에서 풀려났다가 죽어서 낙양 북망산에 묻혔다. 676년(儀鳳 원년) 2월 갑술일(6일)에 웅진도독부를 현재의 요령성遼寧省 남부 개주시蓋州市 일대 건안고성으로 옮겼으며, 부여륭이 웅진도독 대방군왕에 임명된 것은 의봉儀鳳 2년(677) 2월이었다. 이때 백제 땅으로 돌아가지 못하고 건안고성의 백제유민들을 웅진도독으로서 이끈 것이다. 위 『구당서』 고종 본기의 기사로 보면 그는 668년 고구려 멸망 직후 광서 지역으로 유배를 갔다가 676년 2월 6일 이전 어느 시점에 유배에서 풀려나 다시 건안고성의 웅진도독으로 간

---

321) 총장(總章) 원년에 유인궤가 웅진도안무대사(熊津道安撫大使)가 되었다. 의봉(儀鳳) 원년 2월 갑술일(甲戌 : 6) 웅진도독부를 건안고성(建安故城)으로 옮겼다.(『玉海』 133 官制屬國都護都督 唐百濟五都督府)

322) 工部尙書高藏授遼東都督府朝鮮郡王遣歸安東府輯高麗餘衆 司農卿扶餘隆熊津州都督封帶方郡王令往安輯百濟餘衆仍移安東都護府於新城以統之(『구당서』 고종본기 의봉(儀鳳) 2년 2월 정사일)

것으로 볼 수 있다. 이때 부여륭을 광록대부태상원외경 겸 웅진도독 대방군왕光祿大夫太上員外卿兼熊津都督帶方郡王으로 삼은 것인데, 그 후 부여륭은 682년에 68세의 나이로 죽어서 북망산에 묻혔다. 그가 죽은 뒤에 당나라는 보국대장군輔國大將軍으로 추증하였다. 부여륭이 죽은 뒤에는 당 측천무후則天武后가 부여륭의 손자 부여경扶餘敬으로 하여금 대방군왕 지위를 이어받도록 하였다.

## 바다 건너 왜(倭)로의 망명길에 오른 백제 유민들

당군과 신라군의 침공으로 백제 사회는 그야말로 엄청난 동란動亂을 겪었다. 당나라와 신라·백제·고구려·왜국의 다섯 나라가 뒤엉킨 싸움으로 한반도와 현재의 중국 요령성遼寧省 및 길림성吉林省 일대의 고구려 땅까지 전쟁의 소용돌이가 휩쓸었다. 다섯 나라의 인민은 큰 고통을 겪어야 했고, 많은 사상자가 발생했으며, 다른 나라로 삶의 터전을 옮겨가는 이들이 수없이 생겨났다. 668년 9월 고구려 평양성이 함락되면서 20여만 명의 고구려 포로가 당나라로 잡혀갔고, 그 나라는 없어졌으며 백제 또한 660년 9월 1만3천 명에 가까운 포로가 당나라로 잡혀갔고, 일본으로의 망명길에 오른 이들도 상당하였다. 백제·고구려의 인구를 감안하여 백제를 떠나 일본으로 건너간 유민도 대략 20만은 될 것이라고 보는 이들도 있다. 그 당시 백제 피난민의 고달픈 여정을 읽을 수 있는 기록이 『일본서기』에 전한다.

가) 9월 신해일이 초하루인 정사일(7일) 백제 주유성이 비로소 당에 항복하였다. 이때 나라 사람들이 서로 "주유성이 항복하였으니 이 일을 어찌할 수 없구나! 백제의 이름이 오늘로 끊어졌구나! 언덕 위의 무덤자리에 어찌 다시 갈 수

있을까? 다만 호례성ㅌ禮城에서 갈 수 있을 것이다."라고 말하였다. 때마침 일본
군의 장수들이 필요한 기밀을 서로 모의하여 마침내 침복기성枕服岐城에 머무르
고 있던 처자들을 가르쳐 나라를 떠나는 마음을 알게 하였다.[323]

나) 기유일(己酉, 28일)에 일본의 장군들과 백제의 왕은 기상을 잘 관측하지 않
고 '우리 편이 앞을 다투어 공격해 가면 상대는 스스로 물러날 것이다'라고 협
의하고 일본의 중군 병졸을 이끌고 배의 대열을 잘 정비하지도 않은 채 진격하
여 이미 굳게 진을 친 당군에 공격을 가했다. 그러자 당군은 좌우에서 배를 내
어 에워싸고 공격했다. 잠깐 사이에 일본군은 패하여 많은 이가 물에 빠져 죽
고 뱃머리를 돌릴 수도 없었다. 에치노다구쓰朴市田來津는 하늘을 우러러 맹세하
고 이를 갈고 성을 내면서 수십 명을 죽였으나 마침내 전사하였다. 이때 백제
왕 풍장은 몇 사람과 함께 배를 타고 고려로 도망하였다. 9월 신해辛亥 삭朔 정
사일(丁巳日, 7일)에 백제의 주유성州柔城이 드디어 당에 항복하였다. 이때 백제
사람들은 '주유州柔가 항복했으니 어찌 할 수 없다'라고 말하였다.[324]

다) 9월 신해辛亥 삭朔 정사일(7일)에 백제의 주유성州柔城이 드디어 당에 항복하
였다. 이때 백제 사람들은 '주유州柔가 항복했으니 어찌 할 수 없다. 백제의 이
름도 오늘로 절멸한 것이다. 조상의 분묘가 있는 땅에 이제는 두 번 다시 오지
못하게 되었다. 이 뒤로는 호례성으로 가서 일본 장군들과 만나 필요한 대책을
세울 뿐이다'라고 서로 말하고 이미 침복기성枕服岐城에 머물러 둔 처자들을 타
일러 나라를 떠날 결심을 하게 되었다. 신유일(辛酉, 11일)에 그들은 모호에서

---

323) 『일본서기』 27 天智天皇

324) 秋八月壬午朔甲午 新羅以百濟王斬其良將 謀直入國先取州柔 於是 百濟知賊所 計謂諸將曰 今聞 大
日本之救將盧原君臣 率健兒萬餘 正當越海而至 願諸將軍等 應預圖之 我欲自往待饗白村 戊戌賊將至
於州柔 繞其王城 大唐軍將率戰船一百七十艘 陣烈於白村江 戊申日本船師初至者 與大唐船師合戰 日
本不利而退 大唐堅陣而守 己酉日本諸將與百濟王 不觀氣象而相謂之日 我等爭先 彼應自退 …… 須
臾之際 官軍敗績 赴水溺死者衆 …… 是時百濟王豊璋 與數人乘船逃去高麗 九月辛亥朔丁巳百濟州柔
城始降於唐 是時國人相謂之日 州柔降矣 事無奈何云云

출발하였다. 신해일(癸亥, 13일)에 호례에 도착하였다. 갑술일(甲戌, 24일)에 일본의 군선과 좌평 여자신余自信, 달솔達率 목소귀자木素貴子, 곡나진수谷那晋首, 억례복류億禮福留, 백제의 백성들이 호례성에 이르렀다. 다음날 배를 출발시켜 처음으로 일본으로 향하였다.[325]

라) 9월 11일 모호牟弖를 떠난[326] 백제 유민들은 13일에 호례弖禮에 도착하였다.[327] 그로부터 열하루 뒤(24일)에 다시 일본 수군과 좌평 여자신餘自信, 달솔 목소귀자木素貴子·곡나진수谷那晋首·억례복류憶禮福留 및 그들을 따르는 나라 백성들이 호례성에 도착하였다.[328] 그리고 그 이튿날(25) 이들은 모두 일본으로 향하였다.[329]

그리고 그로부터 얼마 후인 "봄 2월에 백제국의 관위官位에 맞춰 일본에서의 신분과 직책을 정했다. 이는 좌평 복신福信의 공 때문으로, 귀실집사鬼室集斯에게 소금하小錦下를 제수했다[그의 관위는 본래 달솔이었다]. 다시 백제의 백성 남녀 400여 명을 아흐미노쿠니近江國 가무사키노코오리神前郡에서 살게 했다.[330] 3월에는 가무사키노코오리의 백제인에게 토지를 주었다."[331]라고 『일본서기』에 기록하였으니 이런 것들은 일본에서 백제 유민들을 어떻게 대우했는지를 엿볼 수 있는 기사이다. 하지만 백제를 떠나 일본으로의 망

---

325) 九月辛亥朔丁巳 百濟州柔城 始降於唐 國人相謂之曰 州柔降矣 事无奈何 百濟之名 絶于今日 丘墓之所 豈能復往 但可往於弖禮城 會日本軍將等 相謀事機所 要 遂敎本在枕服岐城之妻子等 令知去國之心 辛酉 發途於牟弖 癸亥 至弖禮 甲戌 日本船師 及佐平余自信 達率木素貴子 谷那晋首 億禮福留 幷國民等 至於弖禮城 名日發船始向日本

326) (九月) 辛酉 發途於牟弖(『日本書紀』 27 天智紀)

327) (九月) 癸亥 至弖禮(『日本書紀』 27 天智紀)

328) (九月) 甲戌 日本船師 及佐平餘自信達率木素貴子谷那晋首憶禮福留 幷國民等 至於弖禮城(『日本書紀』27 天智紀)

329) (九月甲戌) 明日 發船始向日本(『日本書紀』 27 天智紀)

330) (春二月) 是月 勘校百濟國官位階級 仍以佐平福信之功 授鬼室集斯小錦下[其本位達率] 復以百濟百姓男女四百餘人 居于近江國神前郡(『日本書紀』 27 天智紀)

331) (三月) 是月 給神前郡百濟人田(『日本書紀』 27 天智紀)

명길에 오른 백제 유민들이 얼마나 많은 숫자였는지, 그것을 구체적으로 증언해주는 자료는 별로 남아 있지 않다. 다만, 앞에 제시한 가)~라)의 기사는 백제 망명자들의 극히 일부를 보여주는 사례일 뿐이다.

## 흑치상지·사타상여에 의한 임존성 함락

4차 백강해전에서의 패배로 9월 8일 주류성이 항복하자 흑치상지·사타상여·지수신 등은 백제 서부의 임존성을 더욱 굳게 지켰다. 당군과 신라군은 이제 북부 주류성에서 서부로 군대를 옮겨서 임존성을 공격하였다. 그러나 한 달에 걸쳐 임존성을 공격하고도 성을 함락시키지 못하였다. 결국 11월로 들어서며 신라군은 철수하였고, 양측은 휴전 상태로 접어들었다. 그러자 얼마 후, 당 고종이 사신에게 들려 보낸 밀서에 따라 유인궤는 흑치상지와 사타상여를 회유하였다. 그 당시의 사정을 알려주는 기록을 보면 그 내용이 대략 같다.

> 1) 용삭龍朔 3년(663), 고종이 사신을 보내어 그(=흑치상지)를 불러 깨우쳤다. 흑치상지가 그 무리를 모두 이끌고 항복하였다. 여러 번 관직을 옮겨 좌령군원외장군左領軍員外將軍이 되었다.[332]('「구당서」 흑치상지전)
>
> 2) 용삭 연간(661~663) 고종이 사신을 보내어 그를 불러서 타일렀다. 이에 유인궤에게 나아가 항복하고, 여러 번 관직을 옮겨 좌령군원외장군·양주자사가 되었다.[333]('「신당서」 흑치상지전)
>
> 3) 용삭龍朔 3년(663), 백제 서부 사람 흑치상지가 와서 항복하였다. 흑치상지는

---

[332] 　龍朔三年 高宗遺使招諭之 常之盡率其衆降 累轉左領軍員外將軍(「舊唐書」 109 列傳 59 黑齒常之)

[333] 　龍朔中 高宗遺使招諭 乃詣劉仁軌降 累遷左領軍員外將軍洋州刺史(「新唐書」 110 列傳 35 諸夷蕃將 黑齒常之)

충남 예산군 대흥면 봉수산의 백제 서부 임존성 성벽.

키가 7척 남짓인데 굳세며 지략이 있었다.[334]『(책부원구』)

4) 용삭 연간(661~663)에 고종이 사신을 보내어 그를 불러서 깨우쳤다. 이에 (흑치상지는) 유인궤에게 나아가 항복하고, 당에 들어가 좌령군원외장군左領軍員外將·양주자사洋州刺史가 되었다.[335]『(삼국사기』 흑치상지전)

이처럼 흑치상지와 사타상여를 회유하여 그들로 하여금 대신 싸워 이기기 위한 전략은 당나라 본국의 고종으로부터 유인궤에게 전해졌다. 다만, '이들을 믿을 수 없으니 갑옷과 식량을 내주지 말라'라고 손인사가 반대한 것을 보면 당 고종의 회유전략이 손인사에게는 전달되지 않았던 듯하다.

---

334) 龍朔三年 百濟西部人黑齒嘗2062)之來降 常之長七尺餘 驍勇有謀畧『(册府元龜』997 外臣部 42 狀貌)

335) 龍朔中 高宗遣使招諭 乃詣劉仁軌降 入唐爲左領軍員外將軍洋州刺史『(三國史記』44 列傳 4 黑齒常之)

성벽 일부를 복원한 예산 임존성.

아니면 유인궤가 그 사실을 손인사에게 숨겼거나.

당시 유인궤가 흑치상지와 사타상여의 귀순을 받아낸 사정에 대하여 『삼국사기』 백제본기는 비교적 상세하게 전하고 있다.

"이에 이르러 모두 항복하였다. 유인궤는 그들에게 진심을 보여주면서 임존성을 취하여 스스로 본보기가 되게 하고, 곧 갑옷이며 무기·군량 등을 내주었다. 손인사가 '이들의 야심을 믿기 어려우니 갑옷과 곡식을 주면 노략질을 돕는 것입니다.'라고 하였다. 이에 유인궤는 내가 흑치상지와 사타상여 두 사람을 보기에 충성스럽고 지략이 있어서 기회를 따라 공을 세울 수 있는데 어찌하여 의심하는가?라고 하였다. 흑치상지와 사타상여 두 사람은 마침내 임존성을 취하였다. 지수신은 처자를 맡기고 고구려로 도망가니, 나머지 무리가 모두 평정되었다. 손인사 등이 돌아오자, 유인궤에게 조서를 내려 병사를 거느리고 머물러

임존성에서 내려다본 예당저수지와 그 주변 지역.

지키게 하였다.

병화로 말미암아 집집마다 시들고 손상되며 쓰러진 시체가 잡초가 우거진 것 같았다. 유인궤가 비로소 명령하여 해골을 묻고 호구를 호적에 등록하며, 촌락을 다스리고 관장을 임명하며, 도로를 개통하고 교량을 세우며, 제방과 보와 저수지를 수리하였다. 농업과 양잠을 장려하고 가난하고 모자라는 자들을 진휼하였으며, 고아와 노인을 봉양하고 당나라의 사직을 세워 정삭과 종묘의 기휘忌諱를 반포하였다. 백성들이 모두 기뻐하며 각기 맡은 바가 안정되었다. 황제가 부여륭을 웅진도독으로 삼고, 백제 땅으로 돌아가 신라와의 옛 원한을 풀고 유민들을 불러 돌아오게 하였다."[336]

---

336) 至是皆降 仁軌以赤心示之 俾取任存自效 卽給鎧仗糧糒 仁師曰 野心難信 若受甲濟粟 資寇便也 仁軌曰 吾觀相如常之 忠而謀 因機立功 尙何疑 二人訖取其城 遲受信委妻子 奔高句麗 餘黨悉平 仁師等振旅還 詔留仁軌統兵鎭守 兵火之餘 比屋凋殘 殭屍如莽 仁軌始命瘞骸骨 籍戶口 理村聚 署官長 通道塗

임존성 내에 마련된 백제복국운동기념비

 

이것은 『구당서』 유인궤전의 내용을 그대로 전재한 것으로 볼 수 있다. 다음은 『구당서』의 관련 내용 일부이다.

이에 이르러 그 무리를 이끌고 항복하였다. 유인궤가 은혜와 믿음으로 타일러서 스스로 자제를 거느리고 임존성을 취하게 하고, 곧 병기를 나누어 그들을 도우려고 하였다. 손인사가 "사타상여 등은 짐승 같은 마음을 갖고 있어 믿기 어려우니 만약 갑옷과 병장기를 준다면 이것은 도적을 돕는 것입니다."라고 하였다. 그러자 유인궤가 "내가 흑치상지·사타상여를 보기에 모두 충성스럽고 용감하며 지략이 있으며, 은혜에 감동하는 인재들이다. 나를 따르면 성공하고 나를 배신하면 멸망하며, 기회를 따라 공을 세우는 일이 이날에 있으니 의심할

立橋梁 補堤堰 復坡塘 課農桑 賑貧乏 養孤老 立唐社稷 頒正朔及廟諱 民皆悅 各安其所 帝以扶餘隆爲 熊津都督 俾歸國 平新羅古憾 招還遺人(『三國史記』28 百濟本紀 6)

필요가 없다."라고 하였다. 이에 군량과 병장기를 주고 병사를 나누어 그를 따르게 하였더니 마침내 임존성을 함락시켰다. 지수신은 처자를 버리고 고구려로 달아났다. 그리하여 백제의 나머지 무리들이 모두 평정되어 손인사가 유인원과 함께 돌아오자, 조서를 내려 유인궤를 머무르게 하여 병사를 몰아 지키게 하였다.[337)

『신당서』 유인궤전 또한 대략 비슷한 내용으로 되어 있다.

이에 이르러 모두 항복하였다. 유인궤는 적심(赤心, 거짓 없는 참된 마음)을 그들에게 보여주어 임존성을 취하여 스스로 본보기가 되게 하고, 곧 갑옷·무기·군량 등을 지급하였다. 손인사가 '이적夷狄의 마음은 믿기 어려우니, 만약 갑옷과 곡식을 주어 구제한다면 노략질을 돕는 것입니다.'라고 말하였다. 이에 유인궤는 '내가 보기에 흑치상지·사타상여 두 사람은 충성스럽고 지략이 있어서 기회를 따라 공을 세울 수 있는데 오히려 어째서 의심하는가?'라고 하였다. 두 사람은 마침내 그 성을 함락시켰다. 지수신은 처자를 맡기고 고구려로 도망가니, 백제의 나머지 무리는 모두 평정되었다. 손인사 등이 돌아오자 조서를 내려 유인궤가 남아서 병사를 거느리고 지키게 하였다.[338)

다음은 『자치통감』에 전하는 내용이다.

---

337) 至是 率其衆降 仁軌諭以恩信 令自領子弟以取任存城 又欲分兵助之 孫仁師曰 相如等獸心難信 若授以甲仗 是資寇兵也 仁軌曰 吾觀相如常之 皆忠勇有謀 感恩之士 從我則成 背我必滅 因機立効 在於玆日 不須疑也 於是給其糧仗 分兵隨之 遂拔任存城 遲受信棄其妻子走投高麗 於是 百濟之餘燼悉平 孫仁師與劉仁願振旅而還 詔留仁軌勒兵鎭守(『舊唐書』 84 列傳 34 劉仁軌)

338) 至是皆降 仁軌以赤心示之 畀取任存自效 卽給鎧仗糧糒 仁師曰 夷狄野心難信 若受甲濟粟 資寇便也 仁軌曰 吾觀相如常之忠而効 因機立功 尙何疑 二人訖拔其城 遲受信委妻子奔高麗 百濟餘黨悉平 仁師等振旅還 詔留仁軌統兵鎭守(『新唐書』 108 列傳 33 劉仁軌)

복신과 함께 백제 구국운동을 한 승려 도침이 머물렀던 대련사(大蓮寺)의 원통보전(문화재청).

백제가 이미 패하고 나서 모두 그 무리를 이끌고 항복하였다. 유인궤는 흑치상
지와 사타상여로 하여금 스스로 그 무리를 거느리고 임존성을 취하게 하였고,
이어서 군량과 무기로 그들을 도왔다. 손인사가 "이 무리들은 짐승 같은 마음
을 갖고 있는데, 어떻게 믿을 수 있습니까?"라고 말하였다. 이에 유인궤는 "두
사람은 모두 충성스럽고 용맹하며 지략이 있어서 신의가 두텁고 의리를 중시
한다. 다만 지난번에 의탁한 바는 아직 그 사람을 얻지 못하였기 때문이다. 지
금 바로 그들이 감격하여 본보기를 세울 때이니, 쓰고 의심하지 않는다."라고
말하였다. 마침내 그 군량과 무기를 지급하고 병사를 나누어 그들을 따르게 하
여 임존성을 공격하여 함락시켰다. 지수신은 처자를 버리고 고구려로 도망갔
다. 조서를 내려 유인궤로 하여금 병사를 거느리고 백제를 지키게 하고 손인사

와 유인원을 불러서 돌아오게 하였다.[339]


    음력 11월 4일에 신라군은 임존성에서 철수하였다. 무엇보다도 추운 겨울철을 맞아 싸움을 계속하기 어렵다는 판단이 있었을 것이다. 관련 자료가 없어 추정할 수밖에 없으나 양측 모두 겨울 기간 휴전상태로 있다가 이듬해 봄 흑치상지·사타상여를 회유하여 임존성에서 불러내는 전략을 실행하였을 것이다. 아마도 당나라에서는 포로로 잡혀간 백제 지도층의 주요 인물들에 대한 안위를 지렛대로 삼아 흑치상지를 설득하였을 가능성이 있다.

    3년이 넘도록 나당군에 대항하여 함께 싸웠던 흑치상지와 사타상여가 당군의 선봉이 되어 임존성을 공격하자 불과 얼마 전까지만 해도 나당군을 상대로 함께 임존성과 백제 부흥을 위해 몸부림치던 지수신은 처자식마저 버리고 고구려로 달아났다. 흑치상지·사타상여가 임존성을 버리고, 백제인들의 염원에 등을 돌린 배경이 무엇이었는지는 자료가 없어 알 수 없다. 다만, '가림성을 공격하면 시일이 많이 걸리고 병력 손실이 클 것이며, 반면 주류성을 함락시키면 가림성은 스스로 무너질 것'이란 유인궤의 전략이 적중하였다는 사실만은 명확하다.

---

**339)** 百濟旣敗 皆帥其衆降 劉仁軌使常之相如 自將其衆 取任存城 仍以糧仗助之 孫仁師曰 此屬獸心 何可信也 仁軌曰 吾觀二人皆忠勇有謀 敦信重義 但羈者所託 未得其人 今正是其感激立效之時 不用疑也 遂給其糧仗 分兵隨之 攻拔任存城 遲受信棄妻子 奔高麗 詔劉仁軌將兵鎭百濟 召孫仁師劉仁願還(「資治通鑑」201 唐紀 17 高宗 中之上)

'한국 고대사의 비밀' 1360년 만에 풀었다!

# 백제 아포칼립스

❶ 백강과 기벌포는 어디인가?

---

**지은이** 서동인

**펴낸이** 최병식

**펴낸날** 2023년 12월 18일

**펴낸곳** 주류성출판사

서울특별시 서초구 강남대로 435 (주류성문화재단)

TEL | 02-3481-1024 (대표전화) • FAX | 02-3482-0656

www.juluesung.co.kr | juluesung@daum.net

값 22,000원

잘못된 책은 교환해 드립니다.

ISBN  978-89-6246-516-7 93910